教育部学位管理与研究生司2014年专业学位研究生培养模式改革项目资助

高级法律职业人才培养之路

政策分析与实践探索

王 健 著

法律出版社
LAW PRESS · CHINA

纪念法律硕士专业学位研究生教育创办20周年

序一

对法律专业学位人才培养规律的研究和探讨

王利明*

法律专业学位(JM)教育主要培养适应立法、司法、行政执法、法律服务、法律监督以及经济和社会管理需要的高层次法律专业人才,自1995年设置以来,经过20年的发展,我国已确立了法律专业硕士学位教育的基本框架和制度体系,招生培养单位也由最初的8所院校增加到2014年的186所院校,每年招生万余人。法律专业学位教育不仅满足了政法部门和社会其他部门对高层次实践型、复合型法律人才的需求,也反映了我们对法学教育自身发展规律认识的深化,是我们在现有法学教育资源基础上的必然选择。各培养院校在办学过程中紧紧围绕"转变教育理念、创新培养模式、改革管理体制、提高培养质量",在法律硕士培养方针、专业方向、培养模式、选拔方式、考核评价、师资建设、教学改革等方面取得了明显的成效,为我国法治实际部门培养了大批优秀的法律人才,基本形成了既立足于我国国情和现实需要,又注意借鉴世界发达国家有益经验的有中国特色的法律人才培养模式。

但不容回避的是,法律专业学位研究生教育在发展完善过程当中,也存在许多迫切需要解决的问题,例如,人才培养的职业化和应用实践性不强,课程体系和讲授与本科生培养区分度弱、法律素养和实务操作技能训练不足、缺乏职业化专门教材、"双师型"教师大多流于表面、实践基地缺乏制度化约束、对学生

---

* 王利明,中国人民大学常务副校长、法学教授,全国法律专业学位研究生教育指导委员会副主任委员。

职业规划和就业指导不够、国际化程度低、东部地区和中西部地区在法律硕士招生数量规模和质量上都存在较大差距,还存在法律硕士的被认可度不高、就业难等问题,部分用人单位在就业过程中对法律硕士也存在一定的偏见。这些问题,和当前新的历史条件下加强法治工作队伍建设、创新法治人才培养机制、完善法律职业资格准入制度的目标和要求还有很大差距,迫切需要进一步深化我国法律硕士专业学位研究生教育改革,不断深化对法律教育自身发展规律的认识和对法律专业学位人才培养规律的深入研究和探讨,全面深化法律硕士教育管理体制、机制和培养模式改革的实践探索。

王健教授在西北政法大学从事法学教学和研究生教育管理工作,多年来积极参与国务院学位办和法律硕士教指委的相关工作,留意观察,勤于思考,注重总结和写作,对法律硕士教育问题的研究,并非率尔操觚,从中国法律教育的宏观发展状态,到法律硕士研究生培养的各个环节,从理论探索,到应用对策意见和建议,积累并取得了比较系统的和有价值的研究成果,其中有些内容已经转化为法律硕士教指委甚至国务院学位办出台相关政策的一部分内容。本书的集结出版,就是他多年来努力尝试的一个重要结果。我相信他的这些研究成果,对我国法律专业学位研究生教育、乃至整个法学教育改革的探索是有益的,对法学院校举办法律硕士教育、对学位和研究生教育研究都具有参考和启发意义。我期待着他今后能有更进一步的新成果问世,也希望法学界能有更多这样经过扎实积累的研究成果问世。

是为序。

2015 年 9 月 22 日

序二

对法律硕士专业学位教育的思考与分析

朱　勇*

王健教授所学专业为中国法制史，而其所治专业，则以中国法制史为基础，拓展到当代中国的法学教育。当下学界，所治拓展所学，较为普遍，也符合学治规律。但像王健这样，在拓展领域做得风生水起，甚至站立潮头，引领发展，尚不多见。

在法学教育方面，王健有诸多独立思考。从法学人才与社会需求的适应，到法学教育与法律职业改革的关系，从法学人才培养中理论素质养成与职业能力训练的结合，到国家统一司法考试与法学教育的衔接，特别是对于法律硕士专业学位教育的思考与分析，从宏观、中观、微观不同角度均有独到见解。

王健是一名法学教育的实践者，在法学教育的课堂上履行传道、授业、解惑的职责；又是法学教育的研究者，对于法学人才培养规律进行了较为全面、深入的研究；还是一名法学教育管理者，在西北政法大学承担研究生教育的管理工作；除此之外，王健长期参加教育部全国法律硕士教育指导委员会的组织协调工作，主持多项全国法律硕士教育政策、规范、标准的设计、构建工作。我相信，多重身份，多个角色，使得王健在其工作、学习、生活过程中，与法学教育、法律硕士培养结下了不解之缘，也使得他在这条道路上不能自已：

---

* 朱勇，中国政法大学原副校长、法学教授，全国法律专业学位研究生教育指导委员会副主任委员。

在机缘与兴趣的双重作用下，广泛涉猎，深入研究，并达到今天这样一个高度。

王健所著《高级法律职业人才培养之路——政策分析与实施探索》一书，记述了他在法学教育、法律硕士培养方面的思考轨迹和研究心得。从其中，我们能够看到一名法律学者的智慧与责任，也能看到近年来中国法学教育，特别是法律硕士教育发展的艰辛。

2015年8月19日

序三

法律硕士教育的有益探索

韩大元*

2015年是我国开展法律硕士教育的20周年。

1995年，为了适应建设社会主义法治国家的需要，培养复合型、应用型的法律人才，我们借鉴了国外法学教育的有益经验，并结合中国实际设立了法律硕士专业学位制度。经过20余年的不断探索和试验，法律硕士专业学位教育在探索中国特色的高层次的复合型、应用型法律人才培养模式，推进我国法学教育制度的发展，提升法学教育的国际竞争力等方面取得了积极的进展。

但是，在全面推进依法治国的新的背景下，法律硕士专业学位教育也面临着新挑战、新问题。如何坚持法律硕士教育的法律职业定位，强化法律硕士教育的法律职业特色，建立法律硕士教育与司法考试之间的良性互动，进一步提升法律硕士教育的品质是我们共同思考的重要课题。

王健教授的《高级法律职业人才培养之路——政策分析与实施探索》一书的出版对于我们客观地评价法硕教育的发展历程，正视存在的问题，把握其理念与脉络具有重要的学术价值。

首先，这本书客观地记载了法硕教育发展的历程，并对不同阶段的发展进程作了学理的概括与说明，将法硕教育置于中国社会变迁的具体环境之中。正如作者在代序中所说，从1996年开始作者一直思考和研究法硕教育的相关理

---

* 韩大元，中国人民大学法学院院长、法学教授，全国法律专业学位研究生教育指导委员会委员、副秘书长。

论问题,致力于建构法硕教育的体系化框架。作者围绕法学教育发表了大量论文,以学术的热情与社会责任,一直跟踪法硕教育的进程。由于作者熟悉法硕教育的历史,并参与相关政策的制定过程,特别是参与法硕教育指导委员会的相关工作,他提出的理论观点与政策建议具有针对性,接地气,为学界的进一步思考提供有益的方法论与素材。

其次,体例新颖。这本书围绕法硕教育的话题,从不同的视角进行探讨相关的学术或者实践性命题。第一部分从宏观上探讨法学教育的制度与实践功能,强调社会背景对法学教育的影响。第二部分重点对法硕教育所涉及的基本理论与实践问题进行体系化的思考,并针对实践中面临的新问题提出具体的对策。一些建议与政策性论证对于下一步法硕教育的改革具有重要的学术价值。第三部分汇集了有关法硕教育的调研报告等,增加了本书的实践内涵。以问题为导向,客观地展现法硕教育的规律与内在逻辑是本书的一大特点,值得肯定。

最后,面向实际。本书作者长期研究法硕教育,积累了各种素材,同时准确地把握理论命题。其实,法硕教育已实施20多年,但在定位、功能等问题上也存在着不同的认识,有些问题上缺乏共识。在本书中,作者善于把握实践中的问题,善于从实践中提炼理论命题,强调基础理论研究的价值,为法硕教育的理论化、专业化做出了积极的探索。

法硕教育20多年的发展,有成就、有经验,也有教训。我们需要认真总结经验,深化法硕教育机制的改革,进一步提高法律人才的培养质量。希望王健教授继续探索法硕教育的中国经验,为下一轮法硕教育的改革提供新的思考与观点。

2015年9月25日

序四

共同为中国的法学教育祈福

潘剑锋*

王健教授邀我为其《高级法律职业人才培养之路——政策分析与实施探索》一书作序，我感谢他对我的信任。

之所以愿意为该书作序，有两点基本的理由。一是我与王健教授是多年的老朋友，对他有比较多的了解，也很欣赏乃至佩服他这些年来对中国法学教育特别是法律硕士教育的关心和投入，有机会对他的研究成果进行学习并作出评价，应该是件令人愉悦的事；二是我自己这些年来对中国法学教育特别是中国法律硕士教育也有一些认识和体会，借此谈两点自己对中国法学教育的看法，也是一个不错的机会。

阅读了本书的送审稿之后，结合我对王健教授的了解，谈三点对本书的看法：

第一，本书可以说是王健教授对中国法学教育特别是中国法律硕士教育的心力之作。王健教授所学专业是法制史，但其硕士和博士论文都与法律教育有关，这在相当程度上决定了本书中的一些论文有相当的理论性，文章采用的资料信息可靠，运用适当；王健教授从事的是法学教育工作，在西北政法大学负责研究生、特别是法律硕士研究生的管理工作，这在相当程度上决定了本书中的一些论文是对法学教育实践中存在的问题的分析，这些分析意见有的放矢、切中要害，对解决法学教育中的问题提供了不错的参考意见；王健教授自2011年

---

* 潘剑锋，北京大学法学院党委书记、法学教授，全国法律专业学位研究生教育指导委员会委员。

以来，还担任全国法律硕士教学指导委员会的委员，积极参加法硕教指委的各种活动，承担法硕教指委的研究项目，参与起草法硕教指委的有关文件，这在相当程度上决定了本书中一些论文中的见解，对我国法律硕士教育工作产生过些许的影响。本书中许多论文理论与实践的结合比较好，可以说这与王健教授的学习和工作经历是密切相关的；本书中不少论文资料翔实，这与王健教授从事法制史的研究而形成的研究风格无疑也是有关系的。

第二，本书对中国法律硕士教育的研究是比较全面的，作者在不同的文章中提出的许多问题都很值得思考，一些制度建设方面的建议值得制度建设者们重视。如呈现在读者面前的本书所示，本书的表达形式有学术论文、调研报告、会议发言记录、工作总结、工作建议、内部通信和札记等多种，显得有点“杂乱”，但其内容则相对是比较集中或统一的，主要都是围绕着中国法学教育，重点是中国法律硕士教育而展开。这些内容，既有对中国法学教育宏观方面的论述，如对法学教育的政策调整、制度改革与发展的思考，也有对法学教育微观层面的研究，如对法学教育的具体模式、法律硕士学位论文写作规范的探讨，还有一些从操作层面上来讲很有实践价值的工作建议，如书中工作建议部分中的“目前在职法律硕士招生中存在的问题与改进意见”、“关于开展法律专业学位点评估工作的意见”等。本书的重点内容是关于中国法律硕士教育，关于这方面的内容，王健教授从法律硕士教育的性质、法律硕士的招生、法律硕士的培养方式、法律硕士的培养目标等方面，对法律硕士的教育问题进行了比较系统的研究，对法律硕士教育存在的问题作出了认真而深入的思考，并就解决这些问题提出了方案或建议。这些研究和建议，对法学教育工作者都有启发意义。王健教授在书中不仅就自己发现的问题进行了思考，还就其他法学教育工作者指出的法学教育中存在的问题进行了归纳和梳理，从而使得读者能更全面地了解我国法学教育存在的问题以及相关学者对这些问题的看法或态度，这无疑也是本书的一个贡献。

第三，本书也存在一定的不足。一是文字表达的不足。在生活中，王健教授是位聪颖过人、幽默风趣的智者，在从事法学教育研究和工作中，他总能以自己敏锐的眼光发现法学教育制度和法学教育实践中存在的问题，在大大小小的法学教育研讨会或工作会议上，用比较独特的、幽默的言语将自己的意见智慧地表达出来，使与会者受到启发的同时还享受到了快乐。而本书的文字表达，王健教授的上述特点几乎完全没有得以表现。指出这点，是想与王健教授共勉，促使我们写的文章或书更具有可读性。二是问题研究的系统性及深刻程度有一定的欠缺。如上所述，本书关于法学教育特别是法律硕士教育的研究已经比较全面，但从严要求的话，我们不难发现，研究在系统性及深刻程度上还有不足，如对关于法律硕士教育的模式涉及的教学内容、课程设计、教学方式等很重要的问题没有专门的研究，书中有的论文对上述问题有所提及，但问题讨论的深度过于一般。而据我对王健教授的了解，他对上述问题都有过不少有相当深度的思考。因此，我也希望将来能看到王健教授在这些方面的成果。

近些年来，中国的法学教育随着中国经济的迅猛发展而发展，法学教育的改革也在不间断地进行着，客观上也取得了一定的成果。但是，法学教育中仍然存在着许多不尽人意的地方，许多问题还等待着我们去解决。通过阅读本书，结合我国法学教育实践，我们不难发现，法学教育中的许多问题在王健教授这本书中早已被提出来，但至今仍然没有得到解决，甚至没有得到更进一步的认识。这样的一种现象，是值得我们思考的。

许久以来，作为法学教育工作战线的一员，我一直有两个很具体的期待，借此机会在此表达：

第一，希望能有更多的法学教育工作者能投入到法学教育研究中来。从现有的研究成果看，中国关于法学教育的科研成果相当的少，原因之一就是从事该领域研究的学者少。法学教育的研究，需要研究者即具有法学方面的专业知识，又需要研究者具有教育学方面的知识，一定意义上还需要研究者有些法学教学管理工作的经验，同时具备以上素质的学者本身就比较少，加上在科研成果的评价体系中，法学教育方面的研究成果作为法学科研成果，因其不够“法学”而不被重视，甚至可能不被作为法学的科研成果看待。因此，学者对法学教育的研究，积极性不高，法学教育研究的人员很少。而客观上，法学教育要得到很好的发展，规范法学教育的制度要得以先进，都特别需要有科学的、先进的法学教育理论作为支撑。而中国的现实情况一致处于令人感到悲观的状态。这样的状态必须得到改变！为此，我特别的期待能有更多的、具备法学教育研究能力的学者加入到法学教育研究的队伍中来。

第二，希望我们的法学教育改革能取得实际的成效，法学教育制度能科学地建立起来。随着国家经济的发展，国家法学教育展现出一片繁荣的景象，现在我们有600多所的高等院校设有法学院系,在校各类法科学生有近70万人,每年有20多万的法科毕业生,法学教育的成果从数字上看十分的显著。但是,我们的法学教育质量和水平如何?在这些法科毕业生中,法律高端人才占有多大的比例?答案显然是不乐观的。为了提高我们的法学教育水平,这些年来我们也在不间断地进行法学教育改革,新的制度在不断地建立,新的做法在不断地尝试,新的思路也在不断地涌现。但效果不尽人意。为了促进法学教育水平的提高,相关主管部门就法学教育的一些项目进行评估、评比。这些举措,出发点都是好的,但在运行中,不少就变了味:形式上轰轰烈烈,实质上不注重成效;评估、评比中为图名利弄虚作假的现象时有发生。制度建立了,改革开展了,评估、评比也进行了,而法学教育中的一些基本问题仍然没有得到解决,比如,法学教育的规模与质量如何平衡?不同类别的法律人才相对应的教学模式是什么?法学教育与法律职业之间是什么样的一种关系?此外,法学教育中的一些技术方面的问题,如课程设计、教学流程、教学方式等,这些年一直在讨论,但一直没有深入下去。为此,我期待我们的法学教育工作者,在这个略显浮躁的时代,能够沉下心来,以负责的态度、锲而不舍的精神,认真地思考法学教育所存在的问题,脚踏实地地做好法学教育工作。

让我们共同为中国的法学教育祈福!

2015年9月24日

自序

我与法律硕士教育

1996年在《比较法研究》杂志发表"中国的JD"那篇论文的时候，我决没有想到这个题目所指向的领域后来竟让我付出如此之多的时间和精力，就像本书"行程纪略"部分所显现的那样，它甚至成为了我工作和生活中的一项重要内容。这个时间，刚好跟法律硕士教育设立和发展的时间差不多一样长。

在过去将近20年的时间里，我始终保持着对法律教育问题的浓厚兴趣，我的硕士学位论文和博士学位论文，选题都是法律教育。2001年以来，这个题目开始变得越来越超出个人研究兴趣的范畴，而逐渐构成我必须直接面对的日常管理工作的一个方面。

2000年前后，中国的高教管理体制经历了一次重大的调整和变化。一些久已驰名的老字号校名从此消失了，高校的领导关系被重新划定为"国家队"和"地方队"，大部分中央部委所属的、行业特色突出的高校被下放到省级地方政府管理。1950年代初期按照全国统筹、各大区均衡布局和功能分担定位的思路构建起来的五所政法院校统属于中央政府管理的格局由此被打破，中国政法大学归属教育部，中南政法学院并入中南财经大学后改名为中南财经政法大学，亦被纳入教育部直属，华东、西南、西北三所政法院校则分别被"下放"到上海、重庆和陕西。法律教育机构与实务部门本有的体制性联系因此解体了。对于这次教育权力和资源的再分配对于我国法律教育和法治事业的影响、效果和意义，至今没有人或部门做出过全面、正式地评估。这里我只想说的是，法律硕士教育的行业主管部门——法律硕士教指委秘书处在这次下放风潮中幸运地保留在了司法部，一直到今天。这使得司法部传统的统筹和指导全国法律人才培养工作的职能得到一定程度地延续。在经历了短暂的踟蹰徘徊之后，借助指导法硕教育业务这个特殊的工作平台，年富力强、精力充沛的司法部官员霍先丹和姜晶开始了重组法学教育资源一个又一个新的尝试。2001年春季组织开展的全国规模的法律硕士调研，组织论证和规划设计法律硕士教育的发展蓝图，以及后来采取的一系列举动，都是这种尝试的结果。紧接着，2002年国家统一司法考试制度的确立，行业指导和管理部门统摄法律职业和凝聚法学院校资源的重要性迅速提升。也正是在这个时候，我对于法律硕士教育的研究兴趣，开始转入到了相关的工作框架之下。

2003年起，在执教的同时，我开始担负重点学科和研究生教育管理的职分，这促使我常常要在不同的角色之间来回转换——当我在课堂上面对法学或不同本科背景的法律硕士研究生时，我会不由自主地去想，包括我的教学内容、教学方法、教学材料直至考试命题、论文指导和评定成绩在内的这一切，是否符合我所参与制定的那些规章、办法对于培养这类学生的要求？在培养和指导的各个环节，究竟怎样才能更好地处理这类学生与法学本科生或者法学硕士研究生的不同？

在从事管理工作时，我必须领会和解读那些纷繁的红头文件的精神实质。这些文件当中包含的各种政策性信息如此之多，而且不断翻新，常常令人感到眼花缭乱。方流芳教授曾有过一个十分经典的评价，大意是说教育行政部门创制了大量令外人费解的概念，而每一个概念里面都包含着足以构成博士学位论文选题的丰富信息。然而摆在我眼前的是，如何以某种方式恰当地将它们“翻译”或转化为适合本单位的具体做法，以便加以实施或推行。毫无疑问，这项工作的复杂性很大程度上已经超出了那些发表的法律硕士教育“应当如何如何”之议的范畴，而需要更多地考虑“怎么办”，以及选择各种举措的可行性和实效性问题。一旦这些问题遇到高等教育的体制性障碍时，情况更是如此。

参与法硕教指委和秘书处工作时，我意识到我应该努力地去寻求议题的宏观、中观与微观之间的某种平衡，在直接或者间接推动某项政策的形成，或者在执行某项既定政策的过程中，能够尽可能更好地去平衡一般性与特殊性的关系；尽可能更好地体现不同区域、不同（类型）院校之间的条件差异并维护其相对合理的办学利益。置身于“985”和“211”高校之外，会不由自主地采取这种立场。总之，不同的立场和视角，使我在面对法律硕士教育问题时，常常处于应然与实然、内在与外在、局部与整体的种种关系之间，使我有了多方位观察和思考的机会，并因而获得了更多、更丰富的感受和认识。

呈现在读者眼前的这本书，是我多年来关于法律硕士教育研究的一个阶段性总结。它们形成于各种各样的机缘和场合，包括课题成果、参会论文、报刊约稿、发言记录、调研报告、工作总结、内部通信和个人札记，不仅体裁多样，而且广泛分布在1996年到2014年一个较长的时间跨度。按照文字的内容、功用和形式的不同，它们大致为以下三部分：

第一部分是有关中国法律教育的宏观问题，由10篇文章组成，主要涉及中国现代法律教育的发展和演变、当下法律教育与统一司法考试以及法律职业改革的热点问题、教育政策的调整变化对法律教育的影响、法科研究生教育发展的现状、西方发达国家法律人才培养模式的比较分析等方面。之所以把讨论宏观问题的篇章录入本书，主要基于局部与整体相互关联、不可分离的考虑。我认为，这些篇章，除了有其相对独立的某种价值外，还将有助于加深对法硕教育产生和发展背景的了解。

第二部分是本书的主体，由15篇文章组成，包括一般性地探讨法律硕士教育的基本概念、性质与特征、设立与发展沿革，系统描述和阐释现行法律硕士教育管理体制及其基本制度，包括办学主体的准入条件、办学规程与各类型法律硕士人才培养模式、在职攻读法律硕士、质量保障等方面的政策，指出当前在人才选拔、培养指导、师资队伍（双导师制）、课程体系设计、诊所与实践教学、学位论文、培养条件设施等方面存在的诸多困惑、问题和挑战，并提出相应的对策性意见和建议。

第三部分汇集了调研报告、改进或完善相关政策的意见和建议、教指委和秘书处开展相关工作情况的一些报告、信件，这些文字大部分是首次公开。

最后按照编年纪的方式缕述作者参与法律硕士教育活动的大致经历，意欲表明本书的各篇文字并非空穴来风或一时兴起，同时也提供了一个观察法律硕士教育发展的线索。

本书之所以命名为“高级法律职业人才培养之路”，主要针对法律硕士教育的性质考虑的。这里所说的“高级”，并不是指法律硕士教育专为法律实务部门的中高级岗位培养人才（1995年设置法律硕士时，制度设计者曾设想过，该学位获得者应达到胜任政法系统和法律服务部门中级以上专业与管理职务的任职要求）；“高级”是相对于普通或中等程度水平而言的，是指学生已经接受了完整的大学本科教育，包括法学专业本科教育。按目前我国研究生报考政策，报考法学专业硕士研究生，允许同等学力，即大专学历者报考，唯有法律硕士专业学位，报考的学历条件必须是本科毕业生。这样，接受系统法律专业训练的起点就完全提高到了大学本科毕业之后。从这一点来讲，法律硕士教育当然是一种高级程度或水平的教育。

还要说明的是，就法律硕士教育这个研究主题的系统性和完整性而言，本书还存在某些明显的局限，或结构性缺陷。有些论题在书中已经提到了，却没有做出足够明确的回应，如法律硕士教育与司法考试和法律职业准入资格之间的关系问题；有的则涉及很少，如潘剑锋教授敏锐地发现并指出的有关课程体系和教学方法方面的问题。此外，还有好些问题，虽然它们时常萦绕在我的脑际，但至今我也没有完全想明白，现有的大量论著也很少把它们作为讨论的对象。比如，当初教育主管部门把法律硕士界定为“专业学位教育”而非“职业教育”的深层次原因究竟是什么？在我国，“职业教育”概念的内涵及其在学制体系中的定位究竟是如何形成的？大学本科而非高中毕业后第一次系统学习法律专业的结果，为什么授予他（她）一个名为“法律硕士”的学位，而不是“法律学士”或“法律博士”？相对于“非法本法硕”，如何对“法本法硕”的设置给出一个合理的解释和理由？“法本法硕”的前途如何？法律硕士学位总是难以和法律职业准入资格衔接的关节究竟在哪里？从管理体制和权力资源分配的角度观察，“衔接”一词的真实含义究竟是什么？如何归纳和提炼出一份可供法律硕士教育者和学生参考的职业能力指标体系？等等，这些都只能留待以后进一步地思考和探索了。

尽管有些基本概念还需要深入地探讨和推敲，各种实践经验也还需要不断地凝练、总结、推广以求得更加广泛的共识，然而从发展的眼光看，不可否认的是，今天人们关于法律硕士教育的认识和实践，比起十多年前已经有了相当显著的发展变化和进步。例如，越来越多的人把法律硕士教育视为一种高级职业教育，过去关于人才培养定位是素质教育、博雅教育、精英教育、职业教育的争议越来越少了，并且坚信它应当成为当前和今后我国法律实务人才培养的主渠道。以行业或职业分工而非学科目录为导向对法律硕士研究生分方向进行专业化培养，这比最初强调不分专业和进行宽口径培养的说法大大向前迈进了一步；北大法学院十年前自觉开创的这方面尝试，现在正成为越来越多的法学院校创新人才培养模式的一种选择,只不过可能会使用稍有不同的表述。法律诊所、模拟法庭、案例库的开发和运用等实践教学,以及实践基地或工作站、双导师制的实施方面也是今非昔比,强调与实务部门的深度合作和合作培养的制度化、规范化、常态化已成趋势。此外,主管部门关于调整研究生类型结构的改革目标的确立、分类下达招生计划的做法、培养成本分担机制的建立以及各种质量监控举措的实施,为使法律硕士成为应用型人才培养的主渠道提供了制度保障。而随着招生培养规模的扩大,法律硕士研究生不仅逐渐成了法学院的主流,而且他们的社会影响和认知度也较过去有了很大的提高。所有这些,都是法律硕士教育发展进步的突出表现,是值得肯定的发展成绩。我们不仅应当把它们作为以往经验总结的一个重要方面,更应把它们作为进一步推动法律硕士教育发展的重要基础。在当前全面推进依法治国的大背景下,加强法治工作队伍建设和创新法治人才培养机制,固然需要法治人才培养的各种责任主体的重新定位,需要影响和支配法治人才培养的各种资源的重新分配,需要人才培养的理念、制度和技术的更新,但是不论怎样,法律硕士都是必不可少的一个平台和抓手。

和许多专家与官员多年的互动交往,是我产生各种灵感和写出这些文字的重要动力。霍宪丹先生、贺卫方教授、张文显教授、徐显明教授是促使我坚定研究法学教育的引路人;已故的著名法学家曾宪义教授,北京大学常务副校长吴志攀教授,中国政法大学副校长朱勇教授,中国人民大学常务副校长王利明教授、法学院院长韩大元教授,司法部国家司法考试司杜国兴司长、丁露司长、贾丽群司长、姜晶主任、王红副巡视员,都是法律硕士教育事业的领导核心,我真诚感谢他(她)们长期的信任、关注和鼓励。

在和教指委委员、秘书处成员和其他专家各种形式的交流中,我时常分享到他(她)们的真知灼见、重要经验,并得到许多细节上的帮助,他(她)们是:北京大学法学院党委书记潘剑峰教授、龚文东教授,中国人民大学法学院叶秋华教授、法学院办公室郝晓明和路磊,沈阳师范大学法学院霍存福教授,吉林大学法学院前院长徐卫东教授、院长蔡立东教授,中国政法大学方流芳教授、研究生院院长李曙光教授、法律硕士学院院长费安玲教授,已故清华大学法学院王保树教授、院长王振民教授、书记黎宏教授,华东政法大学前校长何勤华教授、校长叶青教授、副校长林燕萍教授、研究生教育院院长杨忠孝教授,中南财经政法大学前校长吴汉东教授、副校长刘茂林教授、研究生院副院长张德淼教授，西南政法大学校长付子堂教授、副校长孙长永教授、研究生部主任李燕教授、国际法学院邓瑞平教授，已故西北政法大学前校长陈明华教授、校长贾宇教授，武汉大学副校长周叶中教授，复旦大学法学院院长孙笑侠教授、胡鸿高教授，对外经济贸易大学沈四宝教授、王军教授，山西大学王继军教授，南京大学法学院邵建东教授、院长李友根教授，南京师范大学法学院李力教授、龚廷泰教授，厦门大学法学院林秀芹教授，湖南师范大学夏新华教授，最高人民法院政治部董文濮，最高人民检察院王少峰，等等，还有许多，恕我无法在此一一列出。

教育部学位管理与研究生司李军司长、黄宝印副司长、唐继卫处长、陆敏调研员，无论在政策解读，还是实际工作，都给了我极为重要和不可替代的帮助和鼓励。

我还要感谢《比较法研究》、《政法论坛》、《法学家》、《华东政法大学学报》、《法制与社会发展》、《南京大学法律评论》、《甘肃政法学院学报》、《政法教育研究》、《中国法学教育研究》、《清华法学》、《望江法学》、《中国大学教学》、《法制日报》等报、刊编者为发表作品给予的宝贵支持和帮助，并允许我将作品汇集出版。

妻子李政多年来对我工作的理解和支持也是不能忘记的。

最后要说明的是，本书大部分作品的写作，得到了全国教育科学“十五”规划课题“中国法律教育改革与发展问题研究”（FIB030864）、西北政法大学教学改革研究项目“法律硕士（JM）教育学理与应用模式研究”的立项支持，并最终得到教育部学位管理与研究生司2014年度专业学位研究生培养模式改革项目的资助。作者在此深表谢意。

2015年10月21日

目　录

第二部分 法律硕士

第三部分 杂 组

调研报告

工作建议

第一部分

综　论

构建以法律职业为目标导向的法律人才培养模式

政策调整与法律教育面临的新挑战

当前法学教育改革与发展的几点思考

法学理论与实务训练的结合

国家统一司法考试制度的完善与发展

法学教育与法律职业改革

当前公正廉洁执法面临的形势、问题及其原因

当代中国法学研究生教育概览

关于法科研究生教育的几个问题

西方国家怎样培养法律人才

构建以法律职业为目标导向的法律人才培养模式

——中国法律教育改革与发展研究报告*

一、引　言

欧美等发达国家的法律相对独立于其他社会规范和法律之被委诸一批专门家予以维护的历史传统,使得法律职业及相关的教育与培训的问题向来受到法律界的普遍重视。在长期连续不断地发展中积累了极为丰富的思想、知识和各具特色的实践经验。近年来所关注的前沿议题主要集中在全球化时代与法律职业、法律教育发展的关系,特别是如何培养高质量法律家的三大问题:其一,在法学院入口处设计出针对优点、能力和悟性的有效的调节装置;其二,发展一套确保在本国体制内所有法学院提供高质量、相互关联的法律教育的支持机制;其三,在法学院出口不断完善保证那些要做法律家的人同时具备知识、能力和道德的评估体系。这和我国法律教育发展所面临的问题有形式上的近似之处或者大体一致。但提出或出现这些问题的背景以及解决这些问题的方式、方法则不完全相同。

我国法律教育问题研究与现代法制建设的状况兼程并进。1980 年代主要停留在"有名无实"的水平,即法学知识体系中虽然列有"法律教育学"这个分类概念,[1]但是除了从认识上反复强调法律人才培养工作对于健全我国民主和法制的重要性外,并无多少实质内容。上世纪末以来,随着我国经济崛起、社会

---

* 本文是笔者主持的全国教育科学"十五"规划项目"中国法律教育改革与发展问题研究"(FIB030864,2003 - 2008)的主要成果,特别感谢曾宪义教授,张文显教授,徐显明教授,贾宇教授,司法部霍宪丹、杜国兴、姜晶、丁露、王红以及教育部黄宝印、李静等专家对于本课题的构思、调研、资料、写作及评议等方面给予的启发和指导。本文曾发表在《法学家》2010 年第 5 期,获第三届中国法学教育研究成果奖二等奖(2013)。

[1] 《中国大百科全书·法学》,中国大百科全书出版社 1984 年版,第 4 页。

生活的迅速变化和加入世贸组织的形势发展,司法改革以及构建专门化、精英法律职业者问题成为法治建设中的关注焦点。法官、检察官和律师等法律工作者的数量和质量问题遂于法学家研究视域中迅速凸显,并引起司法界的广泛关注。这个变化激发了人们对法律教育问题的兴趣。专门论著的发表或出版渐呈加速趋势,相关主题的学术研讨会也频繁召开。探讨的题目广泛涉及法律教育的理念和目标、法学院的建制与培养法律人管理模式、法律教学过程中的技术环节以及法律教育历史演变等等各个方面。但除了少数研究成果外,大部分的研究和讨论,还存在着论题庞大而空泛、内容主要是差异不等的各种经验述说、甚至构思研究对象的低水平重复或徘徊的问题;较为专题性的、深入细致的研究并不很多,尤其是法律教育与社会环境,特别是法律职业的关系在很大程度上被忽视了;尽管对国外法律教育发展状况的关注和介绍越来越多,但还缺乏深入挖掘其背景及其与"本土"问题有机结合的转化分析。在那些少数的有价值的研究成果中,有几篇比较大型的、综合性的研究报告值得重视。这些报告的产生都有一定的官方背景,研究成果的对策性和应用性特点突出,对形成当时或现行的法律教育政策都有不同程度地影响和作用。

第一,1948 年庞德(Roscoe Pound,1870 - 1964)《法律教育第一次报告书》(First Report on Legal Education)。[1] 庞德是美国法学家,曾长期担任哈佛法学院院长,社会法学派领袖人物。他于 1946 年 7 月至 1948 年 11 月间受聘担任国民政府司法行政和教育两部顾问。其间应邀就战后重建中国法治提供法律教育改进意见。为此,庞德于 1948 年 2 月 4 日在教育部法律教育委员会第五次会议上发表了洋洋 3 万多言的长篇报告,内容涉及法律教育在现代立宪政体中的地位、统一的法律教育及发展充实的学理论著的必要、中国法律教育的特种问题以及改进充实中国法律教育四大问题。庞德对他所观察了解到的中国法官、法律教师和律师等所受训练的"分歧,殊觉惊异",明确主张"中国法律教育的首要问题"就是"彻底统一"。报告中,他还就教育部要求他表态的一系列具体问题,诸如法学院的设置方式(单独设置、并入大学或两者并存)、法学院的招生规模、学习年限、入学条件、教学时数、教学方法、法学师资、研究生教育和法

[1] 庞德的这篇报告经王健校订后以"中国法律教育的问题及其变革路向"为题收录在贺卫方主编的《中国法律教育之路》,中国政法大学出版社 1997 年版。

律图书馆等方面的问题提出了自己的见解。这些意见在当时颇受司法行政部和教育部的重视。但随着“伪法统”的被废除,这些意见迅速被化为历史的陈迹,在之后长达将近四十年的时间里再也无人提及。尽管如此,尽管中国早已发生了沧海桑田的变化,但是当我们今天重新细读这篇报告时,一个强烈的印象是,除了法律教育的性质和目的、某些政策性的内容以及数据材料上的差异,庞德所涉及的问题与今天我们面临的问题几乎完全一样。因此他对这些问题发表的意见自然有其参考价值。

第二,2001年霍宪丹(时任司法部教育司官员)和贺卫方(北京大学法学教授)主持完成的《法律硕士专业学位教育的改革与发展报告:构建统一的中国法律教育模式》。[1] 这份报告是由设在司法部法学教育司的全国法律硕士教育指导委员会秘书处组织10多位专家在全国28所高校的教师、管理人员和学生当中进行大规模调研的基础上完成的。尽管主题围绕法律硕士专业学位教育,但报告的内容并不以此为限。报告以现代法律职业的特征和中国现代法律教育的历史发展与现状为引导,全面系统地分析了我国法律教育存在的主要问题以及经济、政治和司法改革对法律人才培养的要求;在对比和评价法律硕士教育和现行其它法律人才培养方式的差异中,分析了法律教育的目标、招生与考试、课程体系与教学内容、教学组织与方法等一系列问题;从人才培养的整体原则出发,提出了管理体制、教育规模、结构层次调整、培养方案和评估机制等政策性建议,突出论证了建立统一司法考试制度的必要性和合理性问题。报告的核心思想就是要确立法律硕士教育在我国法律人才培养体系中的主渠道地位。由于这份报告对现实问题的概括和描述比较准确,主导思想和相关改革措施符合我国法治建设的实际,因此是关于培养应用型法律专门人才有价值的一份研究报告。

第三,2002年初曾宪义和张文显主持完成的《21世纪中国法学教育改革与发展战略研究报告》。[2] 作为教育部“面向21世纪教育振兴行动计划”重大课题之一,这项研究同样动用了相当大政府和学术资源,历时两年完成。报告的基调是为新世纪全面实施依法治国战略,建设社会主义法治国家做好人才资源

[1] 全国法律硕士专业学位教育指导委员会秘书处编:《中国法律硕士专业学位教育的实践与探索》,法律出版社2001年版。

[2] 曾宪义、张文显:《中国法学专业教育教学改革与发展战略研究》,高等教育出版社2002年版。

准备，提出以终身教育思想为指导，高起点、高层次、高质量、高效益、适度超前、可持续发展法学教育的战略思路，以及为实现这一目标在教学环节所要采取的各项改革措施。报告强调，新世纪我国法学教育发展规模要本与经济、社会、民主、法治及人口、资源、环境项协调；要形成全国性院校与区域院校和地方院校的合理布局，综合大学法学院与单独设置的政法院校，以及财经、民族、师范、理工和农医类院校的法律院系之间的合理布局和分工；坚持本科为基础和“以本为本”的原则，其任务是一般通识教育和特殊职业教育，大力发展研究生教育、扩大法律硕士教育，注重对学术型高级法律人才的培养和法律职业培训，积极发展法学继续教育；鼓励设立民办或私立法学院；管理体制上要加强教育部对全国法学教育统一领导与协调作用，等等。报告的突出特点在于提出了中国法学教育未来发展的前瞻性和指导性意见。

基于大体一致的背景，1996～1999 年，李龙教授主持了教育部教学改革项目“面向 21 世纪法学类各专业课程结构、共同核心课及其主要教学内容的改革与实践”，[1] 其核心内容是阐释或论证一元化设置法学专业的必要性和确定法学专业共同核心课（开始是 14 门，后又增加环境与资源保护法和劳动与社会保障法 2 门）的改革方案。

概述这些研究成果，主要不是为了对它们做一般的分析和评论，而是想表明本研究与上述报告之间的联系。事实上，在界定问题、如何表述这些问题，以及现状描述和对策建议等方面，上述报告连同其他少数专家的讨论（特别是方流芳深邃的观察与剖析、贺卫方明敏的思考和精辟见解、徐显明高瞻远瞩的归纳和评析），都是对本研究给予灵感和启发的重要源泉。

在仔细分析研究现状的基础上，本文首先确立三个基本出发点：一是社会因为需要法律而需要法律职业；法律需要法律职业持续不断地维护而需要有法律教育；法律教育的根本目的就是通过法律职业促进法治社会的形成和发展（这一点与上述报告的主张基本一致）。二是要改进我国的法律教育，首先应当立足于现实，全面、深入地了解法律教育的背景和现状，否则，盲人瞎马，无补于事；要么只论及表面或局部，忽略根本。因此，找准问题并把它适当的描述出来是

---

〔1〕 教育部高等教育司、全国高等学校教学研究中心：《中国法学教育改革研究报告——中国法学教育的改革与未来》，高等教育出版社 2000 年版。

关键，特别是，要把根本问题（病根）和问题的表征（症状）分别开来。三是兼顾理想目标和现行政策、制度环境与社会现实之间的协调，以求对策意见的可行性。由此，本文首先以法律教育机构的形成和演变为线索，简要回顾我国现代法律教育的历史发展，进而综合不同角度并用尽可能详细的数据统计全面描述改革开放三十年来我国法律教育的规模与布局的总体情况。透过政法机关、教育部门和法学专家不同的视角，来对比和观察我国法律教育中究竟存在哪些问题，并严格界定这些问题及其各种表现。最后将针对这些问题提出若干政策性意见和措施。

二、现代法律教育机构的演变

早在公元前2世纪，我国就产生了“刑名法术之学”和要求“以法为教”、“以吏为师”的古代法律教育萌芽。从秦汉到唐宋，法律人才的培养和使用受到官方的重视，曾设有选拔法律人才的“明法科”和“律博士”职官。唐宋时代推重法律教育和司法考试，成为中华法系走向成熟的一个标志。元明清三代不重视法律教育，甚至“群相鄙弃”，负有司法职责的各级官员，或在科举考试后通过自修历练掌握法律知识，或借助官学体系之外的刑名幕友充当助手，总之，传统中国最终没能发展出一套培养法律专家的正规机制。

中国现代的法律教育机构，萌发于19世纪末而正式创始于20世纪初废除科举、大办法政教育之际。在改革教育制度和宣布“预备立宪”的背景下，全国各地法政专门学堂蜂起，1912年全国设法政学堂64所，法科（以速成为主）毕业生约4000人，顺应了立宪修律和由封建专制向共和制转变的时代需要，以后逐年减少，至1926年，全国公立和私立法政学校已剩25所（国立2所，公立16所，私立7所。1949年国民政府留下的227所高校（国立138所，私立69所，教会学校20所）中，设法律院系的学校有53所。其中，以培养司法官量多质优而著称的私立朝阳大学、注重英美法和比较法教学的东吴法学院，以及公办的北京大学、中山大学、中央大学、武汉大学、山西大学、四川大学、浙江大学、湖南大学、复旦大学等法学院都是当时法律教育的重心。民国期间国内外法科毕业生总计近3万人。

1949年新中国成立后，为了适应有计划地开展社会主义建设的需要，法科随全国院系调整而被压缩整合和重新布局，到1971年根据全国教育工作会议《关于高等学校调整方案》撤消所有的政法院系这二十年间，先后设立过11个独立设置的政法学院或综合大学法律系（简称“政法院系”），它们是：

东北人民大学（1946年创办，1958年更名为吉林大学）法律系（1948年设，建制保留至今）；

中国人民大学法律系（1950 年由华北大学，特别是并入朝阳大学法科而成立，“文革”时解散，1979 年恢复）；

武汉大学法律系（1952 年院系调整时保留，1958 年撤消并入湖北大学，1979 年复建）；

北京政法学院（1952 年由北京大学、清华大学、燕京大学、辅仁大学的政治系、法律系、社会民政系等专业组建，1971 年撤消，1979 年恢复）；

华东政法学院（1952 年 6 月由原复旦大学、南京大学、震旦大学、安徽大学、上海商学院、东吴法学院 6 校法律系与复旦大学、南京大学、沪江大学、圣约瀚大学 4 校政治系组建，1953 年又将厦门大学法律系并入，1958 年被撤消与复旦大学法律系、上海社会科学院合并成立上海法学研究所，1963 年恢复，1971 年再次被撤消，1979 年恢复）；

西南政法学院（1952 年由四川大学、重庆大学、重庆财经学院、辅仁学院 4 校法律系组建，1953 年又将云南大学法律系、政治系并入，1958 年后与四川公安学院、四川政法干校合并，1962 年改为四川行政学院，1963 年改为西南政法学院，1971 年撤消，1978 年恢复）；

中南政法学院（1953 年以中原大学政治学院为基础，并入湖南大学、中山大学的政治系、广西大学的政治系和法律系以及中山大学社会民政系组建而成，1958 年被撤消并入新成立的湖北大学，1984 年复建）；

1954 年恢复于 1952 年撤消的北京大学法律系和复旦大学法律系（1958 年被撤）；

西北大学法律系（1954 年由司法组改设，1958 年被撤消）；

西北政法学院（1958 年由西北大学法律系和中央政法干部学校西北分校合并成立西安政法学院，不久又与西安财经学院合并为西安政治经济学院，1963 年更名为西北政法学院，1971 年撤消，1979 年恢复）。

此外，1958 年以前，还设立过几所承担全国各大区司法干部培训任务的政法干校，即中央政法干校（1951 年政务院第 94 次会议批准筹建，属政法委领导，彭真任校长，1954 年中政委撤消后划归高教部，1956 年经国务院批准又划归司法部）、中央政法干校东北分校（1952 年在沈阳成立，属东北政法委领导，1958 年调整为辽宁省政法干校）、中央政法干校西北分校（1953 年在西北革命大学一个部基础上成立，属西北政法委领导）、中南政法干校（1956年在武昌成立，1958年并入湖北大学），以及司法部所属的2年制的上海法律学校（1958年停办）、济南法律学校（1958年调整为山东省政法学院）、重庆法律学校（1958年停办）。

1950年代经过调整和改造后的高等政法院系，一方面继承了清末以来我国现代法律教育的遗产，同时又构成了今天我国法律教育规模的来源和基础，是发展社会主义法律教育的重要载体。从宏观管理体制的角度看，它有以下三个突出的特点：

一是全国按大区布局设置。调整政法院系的理由之一就是旧中国设有政治、法律科系的大学多集中在少数大城市，布局很不合理。调整的目标是以发展苏联模式的单科性、多科性专门学院和文理科综合大学为方向，在每个大行政区单独设立一所，由中央或大行政区政法委员会直接领导。

二是在政法教育的总任务都是培养又红又专的法律专门人才的前提下，又考虑了政法院系的职能分工；各类政法院系负有各自侧重的具体任务——政法学院以培养各种政法干部为任务；综合大学法律系主要培养师资和理论研究人员（以享有"工作母机"之称的中国人民大学法律系和北京大学法律系为代表）。

三是政法院系的科班教育和设置政法干校抓紧短期轮训在职干部"两条腿走路"。这是建国初期基于废除国民党"六法全书"、思想改造运动、司法改革的特定社会历史条件的产物。这一做法在1954年全国政法教育会议上得到总结，并被确定为发展政法教育的一项基本方针。

院系调整后的"五院四系"——北京政法学院、西南政法学院、华东政法学院、中南政法学院、西北政法学院和中国人民大学法律系、北京大学法律系、吉林大学法律系、武汉大学法律系[1]——形成了政法院系在全国高度统一的、合

---

[1] 改革开放以来，这五所"政法学院"均相继改名为"政法大学"，四个"法律系"也都先后改名为"法学院"，所以今天又称"五校四院"，指具有全国影响的、代表我国法律教育最高水平的示范性法律教育机构。法学界曾有"四院四系"之说，这是指经1953年第二次院系调整后形成的全国法科布局和规模，即当时的北京、华东、西南、中南四个政法学院和东北人民大学、中国人民大学、武汉大学、西北大学四个法律系（西北大学为司法专修科）。1954年4月全国政法教育工作会议决定恢复北京大学、复旦大学法律系并扩建西北大学法律系后，为"四院六系"。1963年10月教育部和最高人民法院召开全国政法教育工作会议中又恢复为"四院四系"格局，即北京、西南、华东、西北四个政法学院和北大、人大、吉大、湖北四所大学法律系。

理的区域布局和功能上相对分工的配置。这一格局的确立,适应了巩固新生的人民民主政权和社会主义建设的需要,在培养新中国的政法干部和法学教学研究人员,特别是改革开放初期恢复法律教育中发挥了重要作用。

“文革”期间,政法院系的大门全部关闭,仅保留北京大学和吉林大学的法律系建制,这两系于1973、1974年先后恢复招收工农兵学员36名和293名。

从1953年到1979年政法院系培养本科毕业生总计19532人,研究生468人。

1976年“文革”结束,特别是改革开放以来的三十年间,法律教育随着社会主义民主和法制建设的加强而得到快速发展,出现了自清末民初以来政法教育发展的第二个高峰。

三、法律教育的规模、结构与布局

目前我国的法律教育,除全民“普法”的概念外,主要由分布在隶属于不同系统的各种教学、科研和培训机构,通过各种不同的形式,并且在各种不同的层次上实施开展的——从办学主体来看,包括隶属于各级教育系统的普通高校、行业培训机构(如司法、公安、法院、检察院等)、科研院所、党校、军事院校、民办学校等途径或渠道;它们开展的法律教育又分为普通高校全日制教育、在职培训、函授、自学考试,以及广播电视等学历教育或非学历教育形式;从受教育程度的等次上看,又包括中专、大专、本科、硕士研究生、博士研究生五个学历层次(法学博士后科研流动站是为获得博士学位者提供从事高深研究的一个制度设置,不构成独立的学历层次);从满足社会不同需要的人才规格上看,又分学术性法律人才培养(academic training)和职业性法律人才培养(professional training)两种类型。

这种多途径、多形式、多层次、多规格的法律教育构成了一个相当复杂的系统网络,它是在“文革”结束后政法专门人才极端匮乏的特定历史背景下发展起来的。十一届三中全会确立了健全社会主义民主,加强社会主义法治的战略方针。据1983年统计,当时全国政法队伍中法律大专以上毕业的仅占3%,受过一个月以下法律培训的占54%,大约40%的干部没有受过任何法律专业训练。邓小平指出:“现在我们能担任司法工作的干部,包括法官、律师、审判官、检察官、专业警察,起码缺一百万。”又说“我们从建国以来就对办法律学校注意不够。在一些国家,大学毕业以后还要学习法律专科。经济发达国家的领导人当中，许多是学过法律的。建设一个社会主义法制国家，没有大批法律院校怎么行呢？所以要大力扩大、发展法律院校。"1983 年司法部和教育部联合召开了时隔二十多年后的第一次全国高等法学教育座谈会。正是在这次会议上，肯定了"文革"结束后"积极发展多层次、多规格、多种形式的高等法学教育"，在大批培养后备力量的同时，大力培训在职干部的实践经验，并把它作为今后发展高等法律教育的基本方针确定下来。这一总的客观历史因素，在后来的建立社会主义市场经济体制和深化高等教育体制改革中不断被放大，于是形成了今天法律教育规模超常庞杂的局面。这也使得如何全面而准确地描述当代中国法律教育的总体情况成为一件比较困难的事情。

这里兼顾办学途径、形式和层次等几方面的因素，特别是办学主体的隶属关系和经费投入来源方面，对目前我国法律教育分布的总体情况做一描述。

（一）全国法学专业设置情况

全国 615 所普通高校设有法学本科专业，其中 34 所设有法学或知识产权法第二学士学位专业点。普通高校（表现为政法大学或其它多科大学的法学院或法律系）培养法律专业人才的基本教学组织形式是法学专业。据统计，截止 2007 年，我国有本科院校 858 所（含授予学士学位的 619 所），其中有 615 所高校开设了本科法学专业。[1] 这里所说的"法学专业"是一级学科意义上的概念。它提供 4 年制的法学学科的基础理论、专门知识和基本技能训练（以 14 门法学核心课程体系为主要内容），培养对象是通过全国统一高考的高中毕业生，毕业生取得教育部统一颁发的本科毕业证（即国家承认毕业生学历），符合学位授予规定的还将获得法学学士学位证书，这就是我们通常所说的标准的 4 年制法学本科教育。因此，这 615 个法学专业并不包括同样授予法学学士学位的其他法学类专业，如：科学社会主义与国际共产主义运动、中国革命史与中国共产党党史、社会学、社会工作、政治学与行政学（也可授哲学学士学位）、国际政治（也可授哲学学士学位）、外交学（也可授哲学学士学位）、思想政治教育（也可授教育学学士学位）、治安学、侦查学、边防管理，以及监狱学、知识产权等本科

---

〔1〕 此处数据来源于教育部高等教育司财经政法管理处截至 2007 年正式公布的统计结果。笔者感谢高教司李静处长提供的原始资料。另外，据不完全统计，全国还有 10 余所军事院校也设有法学本科专业。

专业。

第二学士学位是为培养跨学科高层次专门人才由教育部批准开办的，学历层次上属于大学本科后教育，与研究生一样，是培养高层次专门人才的一种途径。自1987年正式实施以来，目前全国共有51所高校开设了可授予法学第二学士学位的专业，这些专业包括法学、知识产权法、思想政治教育、社会工作、国际政治、外交学、治安学、侦查学、安全防范工程、国际文化交流。其中，开设法学专业的有30所。这里要说明的是：

第一，全国普通高校设置的法学专业是我国法律教育机构的主体，是我国系统培养政法专业人才的最主要来源之一，改革开放三十年来，其培养规模一直随着我国法治建设的需要而不断增长。据有关统计，1980年全国政法院系招生规模为2457人。1991年在校生达21731人。2000年在校生为111131人。2004年招收法学专业本科生63005人，毕业41232人，在校生237940人。最近每年招生约8万人，在校生总数约30多万人。

第二，在这607所高校的法学专业中，大约有73%是1998年以后新建的，开展法律教育的历史不足十年（1949年以来我国法科机构数量变化详见表1）。

表1　1949～2007年各阶段创办/新增法学专业数量情况一览

地区	1949～1956	1957～1966	1966～1976	1977～1985	1986～1997	1998～2007	总数
华北	3	0	0	10	22	79	114
东北	1	0	0	2	18	36	57
华东	2	0	0	10	37	120	168
中南	2	0	0	5	16	132	156
西南	1	0	0	5	12	45	63
西北	1	1	0	3	11	34	49
全国总计	10	1	0	35	116	445	607

第三，这些法科机构的规模差异很大，全国五所政法大学和北大法学院、人大法学院、吉大法学院和武大法学院等十余所综合大学法学院以其办学历史悠久、师资力量强、教学设施条件水平高而起着主导和示范作用；五所政法大学的每一所仅法学专业师资就多达三五百人。而新设的法学专业通常仅有十数人，甚至不足十人。

第四，这607所高校广泛分布在全国31个省（区、市），其中，有8个省市在30所以上，依次是湖北（41）、北京（39）、广东（35）、湖南（34）、河北（33）、江苏（31）、浙江（31）、河南（31）。最多的是湖北省，共有41所，最少的青海和西藏均为2所（西藏民族学院虽隶属西藏自治区政府，但学校位于陕西省咸阳市，故西藏实际上只有1所）。全国各省（区、市）平均约为20所。西部12省区（新疆、西藏、青海、甘肃、宁夏、云南、四川、陕西、贵州、重庆、广西、内蒙古）共129所，占全国总数的21.3%。也就是说，从雪域高原到海岛边陲，从塔里木河畔到东海之滨，都能听到法科学子的弦诵之声。

（二）全国法学研究生培养情况

现有106个法学硕士研究生培养单位，35个法学博士研究生培养单位，19个法学博士后科研流动站；80个法律硕士专业学位研究生培养单位。我国从1978年恢复培养研究生（包括法学专业）；1980年颁布《中华人民共和国学位条例》后开始实施学位制度；1987年中国政法大学法律史专业、中国人民大学刑法学专业、武汉大学国际法专业培养出我国首批法学博士学位毕业生。经过30年的发展，基本建立起法学高学历人才培养体系。据最近统计，目前全国可授予硕士学位的高校有484个，可授予博士学位的259个。有106个法学硕士培养单位（其中一级学科授权单位31个，二级学科授权单位75个）；[1]有35个法学博士培养单位，其中一级学科授权单位12个，二级学科授权单位23个。[2]这里所说的法学硕士、博士学科专业均指法学一级学科意义上的概念（其二级学科包括法学理论、法律史、宪法学与行政法学、刑法学、民商法学、经济法学、诉讼法学、环境与资源保护法学、国际法学、军事法学），不包括同样授予法学硕士学位、法学博士学位的政治学、社会学、民族学和马克思主义理论学科。

在过去的三十年里，由于法学专业一直是最热门的专业之一，法学本科、法学

---

〔1〕此处数据来源于国务院学位办文理医管理处截至2006年第10次学位授权审核工作结束后的统计。笔者感谢黄宝印处长给予的帮助。

〔2〕有法学一级学科博士学位授权的单位是北京大学、中国人民大学、清华大学、中国政法大学、中国社科院研究生院、吉林大学、华东政法学院、南京师范大学、厦门大学、武汉大学、中南财经政法大学、西南政法大学；23个二级学科授权单位是对外经济贸易大学、中国人民公安大学、中共中央党校、辽宁大学、大连海事大学、黑龙江大学、复旦大学、上海交通大学、南京大学、苏州大学、福州大学、山东大学、中国海洋大学、浙江大学、安徽大学、湘潭大学、湖南大学、湖南师范大学、郑州大学、中山大学、重庆大学、四川大学、解放军西安政治学院。

硕士和博士研究生的招生规模,一直随法学本科招生数量的猛增而成比例地扩大。1991 年全国在校的法学硕士生 1387 人,法学博士生 103 人;2000 年则分别达到 9830 人和 1090 人。

我国自 1992 年起试点设立法学博士后流动站。截至 2007 年,全国已设有 19 个法学博士后科研流动站,即北京大学、中国人民大学、中国政法大学、吉林大学、武汉大学、西南政法大学、华东政法大学、中国社会科学院法学研究所、厦门大学、对外经济贸易大学、南京师范大学、中南财经政法大学、复旦大学、南京大学、清华大学、浙江大学、中国人民公安大学、山东大学、湘潭大学。自 2001 年至 2006 年,全国招收培养法学学科门类的博士后科研人员共 602 人。[1]

以上法学硕士和博士研究生,从学位类型上讲都是学术性学位或研究型学位(academic degree),就是说,攻读法学硕士或博士学位的目的是为了取得法学学术研究上的创造性成果,是学位管理部门对学位获得者在法学学术水平和研究能力程度、水平高低的一个学术性认定。

随着我国市场经济的发展、人才观念的变化和高等教育改革的深入,以培养具有高级教育背景的应用型专业人才的专业学位(professional degree)教育日益受到关注,并成为近年来法科研究生教育重点发展的领域。1995 年国家批准设置了法律硕士专业学位(Juris Master, JM)教育项目,它是为培养高级应用型法律专门人才,针对我国政法工作的实际需要,借鉴美国教育模式而设置的。目前全国已有 80 个法律硕士培养单位,它们都具有较好的法学教学条件。[2] 从 1996 年至 2006 年,十年间累计招生近 50000 人、其中获得学位的 18102 人。现有在校生近 30000 人。在法律硕士教育中,在职攻读类型为提高政法和其他社会管理机关学历层次起到了明显的作用。

最后要说明的是,以上机构主要分布在前述设有法学本科专业的普通高校中,另有一部分为科研机构、党校、军事院校;民办院校目前开办法科的学历和学位教育层次仅限本科和学士学位,尚无一所可授予硕士以上学位的。

---

〔1〕 资料来源:中国博士后网,http://www.chinapostdoctor.org.cn,博士后人员按学科门类分布情况。除此处列出的设站单位外,中共中央党校设有政治学博士后流动站。

〔2〕 自 1995 年开设法律硕士教育至 2007 年,国务院学位委员会办公室先后于 1996 年(8 所)、1997 年(5 所)、1998 年(9 所)、1999 年(6 所)、2003 年(11 所)、2004 年(11 所)、2007 年(30 所)开展了 7 次授权审批工作。目前,全国有 78 所普通高校、1 所军事院校(解放军西安政治学院)和 1 个科研机构(中国社会科学院法学研究所)招收和培养法律硕士研究生。

（三）政法职业培训和教育机构情况

1. 隶属中央或地方政法委、司法部（厅、局）的政法管理干部学院、政法干校和司法学校。除司法部主管的司法行政学院（2001 在原司法部有关培训机构基础上成立）和中央司法警官学院（保定）外，全国各省都至少有一所政法管理干部学院或政法干校，这些学校均由政法委或司法厅主管，性质上属于普通高等职业学校或成人高校。以全日制或远程函授、自学考试等方式提供大专或专升本学历教育以及面向政法系统的各种培训。

全国大多省（区、市）司法厅（局）设立的中专层次的司法学校（有的称司法警官学校或公安学校，但并不属公安厅领导），由于生源严重不足，需要重新定位办学任务等原因，其建制大多在 2000 年前后进行了合并和调整。大体情况如下：

被并入当地的政法管理干部学院或类似院校，如广西司法学校（1996 年并入广西政法管理干部学院）、北京司法学校（2000 年并入北京政法管理干部学院）、安徽司法学校（2000 年并入安徽警官职业学院）、湖北省司法学校（2003 年并入武汉警官职业学院）。

单独或与其他学校合并升格为政法高等职业学院。属于这种调整的情况较多，如江西省司法学校 2000 年与江西省司法警校合并升格为江西司法警官职业学院，广东司法学校 2000 年与广东司法警察学校合并组建广东司法警官职业学院，河北司法学校、河北警官学校、河北政法函授大学 2001 年合并成立河北司法警官职业学院，黑龙江省司法警官学校 2001 年升格为黑龙江司法警官职业学院，吉林司法学校与吉林省监狱警官学校合并后于 2001 年又成立吉林司法警官学院，宁夏司法学校 2002 年单独升格为宁夏司法警官职业学院，南京市公安学校 2002 年改为江苏警官学院，云南省司法警官学校 2003 年升格为云南司法警官职业学院，四川省警官学校 2006 年升格四川司法警官职业学院。

并入普通高校，如杭州市司法学校 2000 年并入杭州师范学院，脱离司法局划归地方教育局；湖南省司法学校 1999 年并入湖南政法管理干部学院，又一起并入湖南师范大学法律院；福建省司法学校 2003 年并入福建师范大学，成为法学院的资源；山西省司法学校并入山西大学成为其专科层次的二级学院，更名为山西大学法律职业学院；河南省司法学校 2003 年并入河南财经学院法律系。

保留体制，继续存在，如天津司法警察学校、上海市司法学校、武汉司法学校、广州市司法学校、新疆司法警官学校。

根据教育部2008年1月21日公布的普通高等教育高职高专专业设置整理情况(教高函〔2008〕1号),核定全国共38所公安警官类院校设有公安类专业共20种,184个专业点。

2. 最高人民法院主管的国家法官学院(1997年在原全国法院干部业余法律大学和中国高级法官培训中心基础上成立)及其在各省的分院或培训机构。国家法官学院为高、中级法院院长、副院长、各级法院高级法官及后备人才提供任职、续职、晋级资格培训和审判业务专项培训,为预备法官提供岗前培训,并举办法学专科升本科和法律(书记官)专业、法律(司法警官)专业的高等学历教育。此外还规划、组织全国法院系统学术研究活动。成立以来,举办各类高级法官培训和专题培训班230期,培训23966人次,有4527人取得本专科学历。截至2007年8月,最高人民法院已批准设置了河南、黑龙江、上海、天津、山东、四川、内蒙古、广西、广东、甘肃、北京、江苏、广州等17个国家法官学院分院;另有9个省正在筹备设立分院。全国省级法官培训机构共举办各类培训班2000余期,培训法官和其他工作人员50余万人次(《人民法院报》2007年9月13日第一版)。

3. 最高人民检察院主管的国家检察官学院(1998年在原中国高级检察官培训中心基础上成立)及各省检察院的培训机构。国家检察官学院为省、市、县各级检察长及后备人才提供任职、晋级资格培训和岗位技能、专项业务培训。经教育部批准,同时面向社会开展成人大专和专升本学历教育。根据最高人民检察院《检察官培训条例(试行)》(2002年),检察官培训工作实行统一领导、归口管理、分级实施的体制,最高人民检察院设立国家检察官学院及分院;省级人民检察院设立省级检察官培训学院或进修学院。目前全国各省(区、市)已设有19个检察官学院,31个培训基地,专兼职教师2500人。据有关统计,2003年以来,各级检察机关举办各类培训8952期,培训干警4615984人次,全国已批准成立19所省级检察官学院,31个省级院建立了培训规模不等的培训基地(《检察日报》2007年8月9日第一版)。

(四)各级党校及行政学院的法学教育情况

中共中央党校设政法教研部和函授学院举办有大专、高中起点本科、专科起点本科、在职研究生课程班和硕士学位、博士学位研究生等各层次法学教育,并为各种党政干部培训班开设法学专门课程。自1991年以来，培养法学硕士研究生近百人；授予同等学力法学硕士学位近50人；函授学院及其在全国各地和全军系统设立的庞大的函授点开办了法学本科函授学历教育。全国省级党校（从单位类别上有的属于科研机构，有的则属于高等院校）也以不同的形式和层次开办了法律教育。其中，除中共北京、黑龙江、吉林、辽宁、上海、浙江、山东、湖南、广东、四川、陕西11个省级党校有法学硕士点（主要是政治学、马克思主义理论等专业，这些专业同样授予法学学位）外，重庆、江苏和湖北省委党校目前都还招收和培养宪法学与行政法学专业硕士研究生。

顺便说明的是，根据中共中央[2000]10号文件，取得党校函授教育学历，待遇参照国民教育相应学历的有关规定。省级党校举办的函授教育，在省委、省政府的领导下由组织、人事、教育、党校等部门研究解决有关学历问题。学员取得省级党校专科、本科学历，按中央文件和省委以及省委组织部、人事厅和省职改办有关文件规定，承认其学历，在任职、晋升和评定职称等方面享受与国民教育同等学力待遇。目前我国的政法系统中，有不少领导、骨干取得了党校函授（法律专业）学历。

1994年正式成立的国家行政学院是直属于国务院领导的正部级事业单位。其办学任务是培养高中级公务员、高级行政管理人员和政策研究人才。学院于1996年设立法学教研部，现有专职教师10人，以行政法为主，开展法律相关教学、研究和咨询活动，如为MPA学生开设宪法、行政法、经济法课程。

（五）中国社会科学院（以法学研究所为依托的法学系）和各省级社科院的法律教育

中国社会科学院研究生院自1978年设法学系，以法学研究所为依托开展法学硕士、博士研究生教育，同时招收法学博士后研究人员；2003年获国务院学位办批准开展以培养应用型法律人才为目标的法律硕士专业学位教育（全国科研系统唯一的法律硕士点）。此外，全国各省级社科院也大多设有法学或政法研究机构，主要从事法学研究和为地方政府服务的相关决策研究与咨询工作，少部分招收和培养法学专业（特别是法学理论和宪法学与行政法学）以及政治学、马克思主义理论等专业硕士研究生（统计暂缺）。在研究实力、研究条件和水平方面，上海社科院法学研究所最为突出。

（六）军事院校的法律教育

在我国军事院校中，目前至少有西安政治学院、空军工程大学（西安）、西安通讯学院、陆军航空兵学院（北京）、防化指挥学院（北京）、海军工程大学（武汉）、炮兵学院（合肥）、南京炮兵学院、南京陆军指挥学院、重庆通信学院、军事经济学院（武汉）、石家庄陆军指挥学院等12所学校开办有四年制的法学本科学历教育。培养的法律人才主要有“军籍生”和“地方生”。作为全军法律人才培养的重要基地，西安政治学院设有军事法学系、刑事侦查学系和国际战争法研究所、军事法学研究所，招收和培养法学本科和法学硕士研究生，并拥有全军唯一的法律硕士专业学位点和唯一的法学博士点（军事法学）。学院由解放军总政治部领导。（军事院校招收培养的各类、各层次法律学生数字不详）

（七）民办高校的法律教育

目前全国除9所民办高校开设了法学本科专业教育（其中上海杉达学院、仰恩大学、湖南涉外经济学院、广东培正学院、西安培华学院共5所学校的法学专业由教育部批准备案，包含在前述607所设置法学专业高校中）外，另有41所民办高校设有3年制专科层次的法律事务或法律文秘专业。

（八）以其他形式展开的法律教育

覆盖全国的广播电视大学和附设于高校的继续教育学院、网络学院和自学考试机构开办的专科、本科层次的法律教育。可以想象，通过这种途径获得法律教育的人员肯定不少，但目前缺乏准确、可靠的统计数字。

总之，最近三十年来，我国的法律教育已成为世界上发展速度最快、层次和途径最为复杂、规模最为庞大的国家。[1]

四、对法律教育问题代表性的认识与表述

改革开放以来，我国重新恢复民主和法治的价值，不断强调“依法治国”在我国现代化建设中的战略地位和重要作用。经过三十多年的努力，建立起了今天世界上规模最大的法律人才培养体系，在恢复和完善法律教育体系自身，不断充实和加强政法队伍建设，满足社会主义法治建设实际需要，保障和促进社

---

〔1〕 截至2006年统计，由全美法律家协会（ABA）批准的法学院共195所；日本目前约有120所高校开设法学专业，德国约有40所大学法学院。资料来源：http://www.abanet.org/legaled；霍宪丹主编：《当代法律人才培养模式研究》（上卷），中国政法大学出版社2005年版。

会主义市场经济发展等方面取得了举世瞩目的发展成就。这里应当看到的是，法律教育发展成就的取得和法律教育各方面的改革是相伴而行的；相对于我国现代化建设过程中不同历史时期、不同阶段的新目标、新任务、新要求而言，这是一个不断出现新问题、新情况和不断克服，不断解决这些问题的过程，也是人们对法律教育以及相关问题的认识逐步深化的过程。多年来，政法部门、教育管理部门，高教界，特别是法学教育界对我国法律教育中存在的问题都提出了大量的评价意见，并基于不同的立场或角度而有不同的问题关注点以及不同的概括和表述。

（一）政法机关

政法部门对法律教育问题的关注，总的来讲，一直坚持如何满足我国法治建设的现实需要为出发点的。在这个大的前提之下，法律教育的问题在不同时期又有不同的侧重和表现。大体上讲，可以分三个时期：在改革开放初期，面临的主要问题是要在几乎空白的基础上迅速恢复和重建中国的法律教育，解决法律教育底子薄，师资、图书和设施“奇缺”，法律人才队伍的数量和质量远远不能满足社会需要，如何千方百计加快发展的问题，或者说是补偿“文革”欠账的问题。进入 1990 年代后，法律教育管理混乱的问题日益突出并引起有关管理部门的重视。在司法部的一份内部材料（1994 年）中，曾对一些部门和地方急功近利，超越职权，不顾条件，低水平重复建设，多头、盲目办学的现象并给予了严厉的批评，由此也提出了法律教育宏观管理失控，法律教育资源“巨大浪费”，法科毕业生就业渠道不畅，教育培训和人事用人制度脱节等重大问题。2001 年实行国家统一司法考试制度以来，在上述问题还未得到完全解决甚至某些方面更趋严重的同时，作为国家确立的法律人才培养质量和规格的一个衡量标准，统一司法考试制度的实施，对我国法律教育的性质和发展目标又提出了新的挑战。法律教育（主要是层次结构、人才培养模式、专业课程设置、教学内容与教学方法等方面）如何反映法律职业的基本要求，进而主动适应国家法治建设发展和司法改革的实际需要，如何从体制上解决法律教育和法律职业脱节，如何构造司法考试与法律教育真正的良性互动关系，成为摆在所有法律人面前不可回避的重大现实问题。

（二）教育管理部门

从人才培养是为满足国家现代化建设需要的方面来讲，教育管理部门和政法部门的认识完全一致。所不同的是,教育管理部门主要关注的是高等教育的内部规律,即规模、层次、结构和质量效益的问题。国家教育发展研究中心郝克明教授1983年即提出法律教育的层次和结构如何适应法制建设的实际需要这个至今仍有价值的命题。1980年代以来进行的高等教育管理体制改革,积极扩张规模,然后又强调提高教育质量,开展教学内容和课程体系改革计划,推进高水平大学和重点学科建设,都可说是不同时期为解决这类问题而采取的重大举措。这些措施,不仅仅是要解决政府包揽办学,教育经费投入单一和不足,学科专业层次不合理,多头分散办学资源浪费,招生制度存在缺陷,人才素质欠缺,高校内部体制改革和教育质量监控保障等高等教育的一般性问题,它对法律教育的规模、层次、结构的多元化格局的形成,也都具有各种各样的重要影响。近年来,教育部门又针对现实,提出我国的法学教育资源究竟如何来整合,法学教育的定位到底是什么,大学本科阶段是否有必要开展法学教育,现在高校都积极办法学院,但到底怎么整合发挥效益等一系列宏观重大问题。认为这些问题的解决,可能需要教育部门与司法部、最高人民法院、最高人民检察院等部门的联合努力。

(三)政法院校

与政法和教育部门相比较,法学界,或法律教育界对中国法律教育问题的观察意见,总体来说,具有更加具体(微观层面)和专业化(从法律角度观察和思考问题)的特点。近三十年来,随着法学研究的深入,法学界对法律教育问题的兴趣越来越浓厚,从表面的总结归纳渐渐转向提炼、抽象,由一般描述进而转向比较深入地分析和批判。

北京大学沈宗灵教授较早提出了中国法律教育存在的问题,主要表现在“管理体制有严重缺陷,行政管理缺乏效率;师资力量薄弱;教材、教学内容陈旧和脱离实际;教学方法刻板;图书资料缺乏;毕业学生无论在数量上或质量上都不尽适应客观需要”等“严重问题”。同时他认为,即就从教育形式和技术方面而论,中国的法律教育还未定型。[1]

基于对迅速变化中的法律教育现实的深入观察,中国政法大学方流芳教授提出了法律教育与法律职业分离或脱节的问题,引起了法律教育论者的重视。

---

〔1〕 沈宗灵:《比较法研究》,北京大学出版社1998年版,第572页。

他对这两者在近代中国的演变、相互关系以及目前法律教育自身存在的问题——法律教育机构的“条块分割”、法学教育专业划分狭窄、课程设置和教材教学方法的缺陷、师资流失、多元化的本科和研究生项目、教育经费不足和大学的商业性创收等做了富有启发的分析和批评，相应提出了重建法律教育与法律职业的纽带、统一法律教育、摆脱继受法学和教条主义、建立以信息公开为基础的竞争机制、大力鼓励私立法律教育等建设性主张。[1]

中国政法大学徐显明教授认为，当前，我国的法学教育正处在一个新的十字路口。法学教育空前繁荣的背后隐藏着一些深层次的矛盾。统一司法考试实行后，这种矛盾迅速暴露出来。法学教育向何处去是当前中国法学教育的重大问题。他提出我国法学教育中存在着四对矛盾和两个根本性的缺陷，即中国法学教育的低起点和法律职业高素质要求之间的矛盾，法学教育到底是精英教育还是大众教育（任何人都可以学法学，但是否任何大学都可以办法学院，“法学教育从某种状态上判断处于一种失控状态，这种状态跟我们强调一种大众教育是有关系的”），到底是素质教育还是职业教育（这两种教育追求的内容和方式是不同的），到底是科学教育还是人文教育，或是两者的融合这四对矛盾，以及对学生基本的司法伦理和职业技能训练不足这两个根本性缺陷。[2]

吉林大学张文显教授认为当前我国法学教育面临着三个基本问题：一是规模与质量，新世纪以来我国法学教育出现了“速度型规模性发展态势”，设立法学本科专业的高校数量和法学研究生教育都呈几何级发展，速度与效率、数量与质量的矛盾日益突出；二是社会对高级法律人才需求与培养能力不足，全球化背景下懂经济、懂管理、懂法律的高级法律人才缺乏，有条件、有能力培养高层次法律人才的法学院和师资相对偏少，优质法学教育资源贫乏；三是法学中的素质教育与职业教育的矛盾。法学院不太重视法律技术训练，但法律实务部门希望学生减少过渡期，把大学后的职业教育让高等学校承载的压力非常强劲。[3]

司法部官员霍宪丹自1982年起长期从事法律教育宏观管理工作。从政策

---

[1] 方流芳：“中国法学教育观察”，载《比较法研究》1996年第10卷第2期，后修订载《20世纪的中国：学术与社会》，山东人民出版社2001年版。

[2] “2003年教育部法学教学指导委员会闭幕词”，载《中国法学教育通讯》2004年总第3期。

[3] 张文显：“中国法学教育的若干问题”，载《中国法学教育通讯》2007年12月。

分析的角度出发,他认为中国法学教育突出存在着“认识缺位和制度失范”等诸多问题”,其一,法律教育与法律职业(或用人制度)的脱节;其二,法律人才培养途径的不统一格局与国家法制的统一要求相矛盾;其三,法律教育运作的不规范状态与现代社会的规范化要求相背。这些问题又有各种各样的外在表现,例如,由于法律教育缺乏法律职业的引导和规范,从而导致法律教育的形式、规格、层次、渠道和品种的“混乱和无序”;长期流行的对法律教育概念理解上的片面和单一观念及其制度化实践,即从结构上把本来应当完整的法律人才培养过程和体制人为的分割开来,使人们把法律教育视为一次性的学校教育,等等。这些已成为影响中国法学教育能否走上高起点、高质量、高效益、可持续发展的重大问题。他认为,法律教育具有双重属性和二元结构,这决定了法律人才的培养,应由一整套与法律职业特点和职业要求相适应的不同制度相互衔接共同构成,包括法学学科教育、法律职业教育、一元化的法律职业资格制度和法律职业资格考试制度、统一法律职业培训制度和终身继续教育;法律教育的宏观管理体制也应由教育行政部门的宏观管理和司法部门的业务指导两方面组成。[1]霍宪丹的上述观察和思考,大体形成于2001年组织撰写《法律硕士专业学位教育的改革与发展报告》,后来又更进一步地深入到对管理体制深层次问题的分析当中。

北京大学苏力教授认为,30年来中国的法学教育一直处在扩张发展之中。当前法学教育面临的问题,从宏观上看,主要是教育投资;中观上主要是国家教育主管部门通过各种决策对大学和法学院的影响,如博士点的问题、法学院教育评估问题、科研项目和评奖等问题;微观方面,法学院面临的挑战多而具体,但最核心的问题是人事体制和管理。[2] 北京大学贺卫方教授认为应把法律硕士教育作为法律人才培养的主渠道。此外,法学界,包括法科学生还有大量对我国法律教育的批评意见,这里不再赘述。

五、中国法律教育的根本问题

经过反复不断地观察、思考和分析,我们认为,中国法律教育中存在的诸多实际问题,具有根本意义的、最为核心的,或者说牵动和影响全局的问题可以归

---

〔1〕 霍宪丹:《中国法学教育反思》,中国人民大学出版社2007年版。

〔2〕 苏力:“当代中国法学教育的挑战与机遇”,载《法学》2006年第2期。

结为密切关联的两个方面，一是法律教育的管理体制，二是法律人才培养模式。从现实的情况来看，这两者都存在着“条块分割”、过于分散和彼此之间矛盾混乱的弊端，这两个问题解决的好坏，直接影响到我国法律教育的存在和发展状况，影响到我国法律人才培养的数量和质量能够满足法治实践与社会发展的现实需要。下面我们从三个方面来做进一步的分析。

第一，从法律教育与社会发展的关系来看，法律教育与法律职业，教育培训和人事用人制度之间存在着不同程度、不同形式地脱节。

改革开放以来，固然有大批高校法科毕业生进入全国各级法院、检察院及其他法律部门，但这并不是构成我国政法队伍的唯一来源；政法机关并没有完全以接受完善的法律教育作为入门或任职资格条件（招工招干、内部转干、军转干等都要占用编制）；法科毕业生就业渠道不畅通，法律人才匮乏（尤其在基层和边疆地区）与毕业生就业困难，[1]或者说资源浪费并存；今天法律教育的发展成就，远非改革开放初期情形可比，但600多所设有法学专业的高校，30万法科在校生的规模的中国法律教育系统，却仍然没有解决好基层、内陆和边疆地区的政法队伍建设问题！中国法律教育对社会主义现代化建设的贡献，实在需要在科学发展观的框架下重新审视，重新思考。

由于长期保持“两条腿走路”和“多渠道，多层次，多形式”的发展思路不变，决策者和有关部门没有根据时代条件已经发生重大变化的现实，特别是随着大学法律教育的步入正规和受过系统训练的法科毕业生的循环产出，而对在职培训和学校系统培养这两者的办学定位做出适时、合理地调整，以至于法院、检察院及其他政法机关的各种在职培训机构与正规法律教育机构两者长期并立，同步发展，在职培训机构越来越向学历教育方向发展，以在职培训代替职前接受法律教育的现象在校园之外长期存在；政法在职培训机构，而不是普通高等政法院校成了补充各地方政法队伍的一个主要渠道；

法律教育缺乏法律职业部门的引导和规范。在政法院校的教学计划或培养方案中，人才培养目标长期满足于笼统抽象地表述——“培养具有……思想或头脑，掌握……理论知识，符合或适应……需要的法律专门人才；懂得一门外国语，身体健康”，不以法律职业为目标导向，没有进一步提出不同地区、不同层

[1] 这里提供一个参考性统计，2007年法学专业的就业率最低，仅为27.5%。

次的政法机关和不同职业分工的法律人才应当具备的特定的职业规格要求;进而使教学内容和教学方法脱离实际,重“学理”而轻视“术业”。

法律人才培养机制上缺乏法律职业部门的介入和引导。尽管两者的联系越来越受到重视和强调,法律教育管理机构中吸收政法部门官员参加,法院、检察院也聘请法学教师担任专家咨询员部分地参与司法活动,不少政法院校也聘请实务专家参与法律教学或实行“双导师制”,但总体来讲,政法院校每年招收多少学生、毕业生如何选拔和分配、课程标准如何确定、毕业资格条件如何设计等等,都由教育部门和大学承担,处于相当封闭的状态,成为一个自给自足的办学系统。

第二,就法律教育自身情况来看,法律人才培养模式的不统一与国家法制统一要求相矛盾。

多年来,法律人才的培养由“条块分割”的主管部门在各自孤立的情况下各自发展,加之与法律人才培养的一些重要的相关制度还没有建立起来,因此没有形成统一的人才培养模式。随着观念的变化和各项制度的不断健全和完善,我们逐步建立了学校正规的法律教育体系,建立了国家统一司法考试制度,日益认识到法律职业的特点和职业培训的价值,有了终身化教育的概念。在这种情况,应该说是到了通盘考虑、统筹规划法律人才培养模式的时候了;必须尽快结束目前的多形式、多途径、多层次地发展法律教育的状况。以我国统一的法制体系为基础,建立一套比较统一的法律人才培养模式。这就要求,把法律人才的培养视为一个完整的,由承担各种功能的一系列制度构成的过程,这些制度主要包括:大学基础教育、法学知识教育、法律职业训练、职业资格认定(统一司法考试)、法律继续教育。目前,这些制度已经基本建立或正在完善之中,实际中的问题是,各种制度之间脱节,定位、分工和有机联系还不够明确。为了解决法律人才培养模式不稳定、不成熟、不完善的问题,必须要抓住司法考试和职业培训这两个关键环节。

法律人才培养基本观念也存在不统一现象。法律教育是精英教育还是大众教育、是素质教育还是职业教育、是科学教育还是人文教育或是两者的融合,一直存在不同的理解和争议,由此导致在实践中,法律作为第一学历(学位)教育该如何定位成了问题,造成法学本科专业、法学第二学士学位教育、法律硕士专业学位(JM)教育多头并存和矛盾冲突,进而也对法律教学的内容和教学方法的安排带来一系列问题，如系统的法学理论知识教学和司法职业道德、法律职业技能训练在有限的教学时限内究竟该如何安排。这其中，法学第二学士学位教育是否有继续存在的必要？全日制统招和在职攻读二元式的法律硕士专业学位教育与大学法学本科教育的关系如何处理？作为学术型高级专门人才培养的、规模已经相当大的法学（一级学科）硕士和博士学位研究生教育如何进一步明确其定位？是需要管理者和决策者重新做出调整和部署的重大问题。

尽管1998年的教学改革，将各种名目的法学专业（经济法专业、国际法专业等）整合为一个专业，并确定了16门法学本科专业核心课程的教学体系，但从法律教育的形式、规格、层次、渠道方面来看，仍然繁多和复杂，彼此杆格不通，矛盾重重，法律人才培养途径缺乏必要的、基本一致的保障，进而与国家法制的统一性要求之间形成矛盾。

——留学是培养一国法律人才的一条重要途径。在我国，除了1950年代为了建立社会主义法制的需要而有针对性的集中派遣留学生去前苏联学习法律外，改革开放以来的法科留学在语种、国别和法系的选择上基本上可以说是漫无目标，很少考虑我国法制建设的现实需要。教育主管部门在留学政策上对于法律专门人才的培养上没有能力去通盘考虑，多年来法学界在这方面居然也缺乏自觉自主意识。事实上，中国现代的法律深受欧陆民法法系的影响，但我国的法律专业人员几乎都在长期接受英语的磨练；这与日本、台湾等地通晓德语的法律从业者多的情况反差较大。

第三，法律教育的组织管理和运作方式的分散、混乱状况，与现代社会的规范化要求相背离。

如前文所述，目前我国的法律教育，是通过隶属于中央和地方教育管理部门的高校、行业培训机构（如司法、公安、法院、检察院等）、科研院所、党校、军事院校、民办学校等多种途径或渠道，分学术性法律人才培养（academic training）和职业性法律人才培养（professional training）两种类型，以全日制教育、在职培训、函授、自学考试、广播电视等学历教育或非学历教育形式，在中专、大专、本科、硕士研究生、博士研究生五个学历层次实施开展的，是一个多途径、多形式、多层次、多规格的极复杂的系统。在这样一个复杂的系统中，究竟哪个部门对法律人才的培养活动来负责是一个很难确定的事情。仅以目前设有法学本科专业的607所高校为例，组织实施法学本科专业教学研究的机构，均为高校（包括政法大学）下属的一个具体单位（法学院或法律系）。而设有法学院系的高校所隶属的上级主管部门各异，大体可以分为以下三大管理系统：

一是“教育部直属高校”，全国共有 68 所——中国人民大学、北京大学、中国政法大学、对外经济贸易大学、中国农业大学、北京交通大学、北京化工大学、北京师范大学、中央财经大学、清华大学、北京科技大学、中国石油大学、北京林业大学、北京邮电大学、北京外国语大学、国际关系学院、北京中医药大学、中国传媒大学、南开大学、天津大学、华北电力大学、东北大学、大连理工大学、吉林大学、东北师范大学、吉林大学经济信息学院、东北林业大学、复旦大学、上海财经大学、上海交通大学、同济大学、东华大学、上海外国语大学、华东师范大学、华东理工大学、南京大学、河海大学、东南大学、中国矿业大学、江南大学、南京农业大学、浙江大学、合肥工业大学、厦门大学、山东大学、中国海洋大学、武汉大学、中南财经政法大学、华中师范大学、华中科技大学、武汉理工大学、中国地质大学、华中农业大学、中南大学、湖南大学、中山大学、华南理工大学、西南大学、重庆大学、四川大学、西南财经大学、电子科技大学、西南交通大学、西安交通大学、陕西师范大学、西北农林科技大学、长安大学、兰州大学。

二是“部、委所属的高校”，目前共有 24 所——国家民族事务委员会的中央民族大学、大连民族学院、中南民族大学、西南民族大学、西北民族大学、西北第二民族学院 6 所；公安部的中国人民公安大学；共青团中央的中国青年政治学院；国防科学技术工业委员会的北京理工大学、北京航空航天大学、哈尔滨工程大学、哈尔滨工业大学、南京理工大学、南京航空航天大学、西北工业大学；外交部的外交学院；中华全国妇女联合会的中华女子学院；中华全国总工会的中国劳动关系学院；中国民用航空总局的中国民用航空学院；司法部的中央司法警官学院；国家安全生产监督管理总局的华北科技学院；交通部的大连海事大学；国务院侨务办公室的华侨大学、暨南大学。

三是“地方高校”，共 512 所，约占总量的 84.7%——北京 13 所、天津 13 所、河北 30 所、山西 18 所、内蒙古 8 个、辽宁 20 个、吉林 13 个、黑龙江 14 个、上海 9 个、江苏 24 个、浙江 30 个、安徽 18 个、福建 13 个、江西 25 个、山东 26 个、河南 31 个、湖北 33 个、湖南 33 个、广东 31 个、广西 11 个、海南 4 个、重庆 9 个、四川 16 个、贵州 13 个、云南 14 个、西藏 2 个、陕西 16 个、甘肃 10 个、青海 2 个、宁夏 2 个、新疆 11 个。

可见，我国的法律教育机构分属于极其不同的政府主管部门，形成了举世特有的“条块分割”状态。管理体制的分散而多元足令世人惊奇。随着高等教育的改革，这种状态下的所有高校又被划分出复杂的“身份”等次，由高到低依次是：985 高校 > 设研究生院的高校 > 211 高校 > 博士授权高校 > 硕士授权高校 > 学士授权高校 > 独立学院 > 民办高校。按照方流芳教授的分析，[1]在这种管理体制下，利益的冲突不可避免。教育部既承担分配教育资源、统管全国教育的职能，同时又有自己的“直属高校”，因此，如何保证教育资源的分配对所有高校机会均等，如何防止排除竞争的扶植和差别待遇，这些问题，在现有体制下，无法解决。

在法律教育机构的上述三大管理系统当中，一般来讲，教育部直属高校的法律教育机构在分享各种教育资源，例如办学经费投入，重点学科、专业设置、学位授权点的审批，各类招生计划指标、公派留学名额分配，科研项目和各种评奖等等许多方面，都占有绝对优势地位。这方面政策的制订和实施，主观上是出于促进高校的学科建设，增强和提高办学能力，改善办学条件的良苦用心，但在实际中，教育资源的分配方式上往往忽略了或者说无法顾及到我国政法教育特殊情况及其自身历史和现实条件，从而给独立设置的政法类高校的发展带来某些消极的影响。教育部直属的一所工科类大学法学院哪怕只有十几名法学教师，毕业生不足十届，也要比有着半个世纪历史的一所政法大学容易获得更多优质教育资源。在这种情况下，“博士点、重点学科与其说是代表学术权威，不如说是一种凭借行政权力来维持的垄断地位”。

法律教育管理体制的不统一，不仅表明各个政府部门和各个系统的办学单位，都能够比较容易地开办法律专业，更重要的是，这造成了法律教育行政管理效率的低下和资源浪费。资源浪费的典型表现之一，就是最近十多年来，我国法律教育机构的总规模带有盲目性质的迅速膨胀。在高校专业设置上“你有我有全都有”，办学目标追求“跨越式发展”的盲目竞争中，除了专业性质较为接近的财经、师范、民族类高校外，遍及全国的、传统上与文法类专业毫不相干的理工、建筑、水利、电力、化工、航空航天、农、林、医药或中医药、地质、矿业、石油、

---

〔1〕 方流芳：“中国法学教育观察”，载《20 世纪的中国：学术与社会》（法学卷），山东人民出版社 2001 年版，第 354 及以下页。

邮电、海洋、海事等高校，都开设了标准的四年制本科法学专业。无论对中国的法学教育有多么深入的了解，你都很难想象诸如北京物资学院、中国传媒大学、中国民航大学、石家庄铁道学院、华北煤炭医学院、大连水产学院、南京审计学院、中国计量学院、景德镇陶瓷学院、山东轻工业学院、山东中医药大学、华北水利电力学院、天津医科大学临床医学院、湖北汽车工业学院、华南热带农业大学等等学校，目前都成立了法学院或法律系，开设了标准的四年制的法学本科专业。和这些高校开办法学专业的情形类似，也存在着相反的另一个奇怪的现象——政法类高校近年在学科建设或者升格“大学”的竞争中，应对“大学”的设置条件越来越多地开办起法学以外的其他专业。然而这在促使学校学科结构多元化的同时，也导致了法科优势办学地位一定程度的下降；目前五所政法大学法科的办学成分和学科特色都有所减弱。总之，由于低水平重复建设，经费投入不足、“优质法律教育资源贫乏”与法律教育“资源浪费”并存。法律教育机构规模的急剧扩张，进而又带来专业师资不足和优质师资资源流失、分散，教学设施条件紧张以及教学内容质量缺乏可靠保障等一系列问题，严重影响着法律人才培养的质量。

当然，法律教育机构数量之所以猛增，还与依法治国的宏观政策推动；教育部规定对法学专业设限程度较低，审批相对容易；法律职业部门控制法律教育能力弱；法学专业办学成本低，投入少，师资转专业容易（各高校社科类教学单位的马列、哲学等专业师资改行教法学）；报考法学专业生源市场相对较好；法学知识体系自主程度差或法学专业化程度低等多种因素有关。

必须指出的是，尽管教育部于 1998 年制订颁布了内容完备而严格的《普通高等学校本科专业设置规定》，法学专业的设置不能说无章可循，不能说没有设置标准，但现在的问题是，由于种种原因，这个规范在统筹和调控我国法律教育布局和规模方面的作用极其有限；开办法律教育客观上存在着很大的盲目性；上述 607 所开设法学本科专业高校中，有 445 所（占总量的 73%）恰好就是 1998 年以来这十年间新办的。

这样一个相对集中而非常分散的法律教育管理体制，还造成这样一种局面，要想获得有关我国法律教育的基本信息和统计数字，非常困难。法律专业的各类招生计划是由教育部和国家“发改委”共同核定出来的，确定的依据究竟是什么不得而知，但肯定与国家政法机关的专业人才需求状况、各地各级政法机关的编制和用人实际没有直接的关系。全国每年招收多少法学专业学生，毕业多少人，就业率如何，等等，都无从查考。信息资料的不充分，大大降低了法律教育行政管理效率。

应当指出的是，改革开放后，刚刚恢复重建的司法部在艰难条件下承担了恢复和发展中国法律教育的重要职能，在管理和指导全国的法律教育方面、加强和促进政法队伍建设、开展法学研究等方面起着重要作用。但1999年高教体制改革后，随着所属政法院校的划转和调整，司法部的管理职能虽然仍保留着“指导全国的中等、高等法律教育工作和法学理论研究工作”（国务院对司法部的授权），但实际上已退出了法律教育领域。“法学教育司”的教育职能缩减，由“司法考试司”之下的行业指导处来行使，目前的任务只是管理中央司法警官学院和法律硕士专业学位教育的日常工作。

司法部的法律教育职能衰落后，教育部成立了法学学科教学指导委员会，以此对全国的法学本科教学工作进行业务指导，在管理法学本科教学方面做了很多工作，在推动法律教学改革、探讨法律教育思想、凝聚政法院校，加强交流与合作等方面发挥了积极作用。但是由于宏观条件的限制，还是存在着许多的实际问题：首先，由于职能所限，它只能局限在教学领域（与教育部高教司的职责相对应），不能，也不可能将其业务指导范围延伸到法律人才培养的全部过程，如司法考试、职业培训。其次，这个机构的组成人员全部来自政法院校的教授，政法部门的专家缺席；最后，这个机构在业务方面规范指导的范围，仅限于普通高等学校之内，无法建立与其它系统的法律教育机构（如党校、科研机构、军校）、成人法律教育、法律职业及各类法律培训机构之间实质性的联系。

六、政策性意见和建议

从我国现代法律教育发展的历史和现实实际情况出发，结合当代法治发达国家法律人才培养的经验，针对前文所指出的我国当前法律教育中存在的问题，这里提出改革中国法律教育的若干政策性建议，希望对有关部门的决策参考有所帮助。

我们的基本观点是：建立以法律职业为目标导向的法律教育管理体制和法律人才培养模式。在提出这一观点的同时，我们深深地认识到，构造合理的法律教育管理体制和理想的法律人才培养模式可能是需要较长时间的一个过程，是一个动态的调整和校正的规程，特别是它将涉及体制改革和利益调整，其复杂性和艰巨性不言而喻。但是,为了解决我国在法治现代化建设中遇到的诸多实际问题,为了国家整体利益和社会和谐发展,我们必须以积极的和建设性的态度,去大胆地探索。

1. 强化政法机关指导和管理全国法律教育和法学研究的职能。

第一,司法部主管全国的法律教育和法学研究工作,是 1979 年恢复设立司法部后中央历来赋予司法部的一项重要职能。

中发[1979]64 号文件规定:

"国务院已成立的司法部,除主管司法行政工作外,要把培训司法干部工作统一抓起来。公安干警和专业人员的培训工作,由公安部门负责。过去撤消的政法院系和政法、公安院校应尽快恢复起来。"

国发[1980]306 号文件规定:

"司法行政工作在社会主义法制建设中担负着组织、宣传、教育和后勤等项重要任务。要着重抓好培训法院、检察院、司法行政、律师等干部和办好政法院校这两项基本建设,使司法行政工作在加强社会主义法制中发挥应有作用。"

1985 年中央书记处听取司法部汇报后指出:

"司法部应当把培训法律人才作为自己的主要任务之一。目前我国的法律人才极为缺乏,这同我国经济建设和法制建设的需要极不相称。因此,应当广开渠道,运用各种办法加速培养法律人才。"

1995 年李岚清同志听取司法部关于法学教育情况汇报后指出(国阅[1995]160 号):

"法学教育是教育当中很大的一块,我们要在指导思想上重视,从宏观高度上对法学教育适当采取倾斜政策,因为不仅立法、执法,而且所有用法的部门都需要法律人才。……法学教育不仅是培养法官、检察官和律师等的,还应该培养'官',即从事政府管理的公务员。……法学教育是高层次教育,是加强法制,以法治国的基础,不仅为政法队伍建设服务,而且面向全社会培养法律人才。"

国务院 1988 年、1994 年、1998 年机构改革中,都明确规定司法部不仅管理部属政法院校,而且对全国法学教育进行宏观指导,成为国务院各部委中少数几个具有行业指导职能的部门之一。目前,司法部 12 项主要职能和任务之一就是"管理部直属的高等政法院校,指导全国的中等、高等法学教育工作和法学理论研究工作"。

第二,1998 年机构改革虽然继续保留司法部"管理部属政法院校,指导法学教育和法学研究"的职能,但在 1999 年的高教管理体制改革中,司法部原来主管的五所政法院校均实行划转(中国政法大学划转教育部;中南政法学院与中南财经大学合并归教育部;华东政法大学划转上海市政府;西南政法大学划转重庆市政府;西北政法大学划转陕西省政府),仅保留中央司法警官学院(河北保定)一所普通高校。同时,司法部原法学教育司亦相应地调整机构设置,撤消教育司。随后又根据全国人大关于修改《法官法》和《检察官法》的决定和建立国家统一司法考试的新的要求,在教育司基础上设立"司法考试司",下设"行业教育指导处"负责教育指导工作,主要是管理中央司法警官学院和全国法律硕士专业学位教育指导委员会秘书处的工作。

根据《国务院关于进一步调整国务院部门(单位)所属学校管理体制和布局结构的决定》(国发[1999]26 号)中关于"这次调整管理体制的学校都是国家的宝贵财富,有关部门和单位要继续关心和支持这些学校的发展"的精神,教育部就划转高校的办学事宜与司法部共同协商,提出了共建的方式和内容。[1] 尽管如此,但由于政法院校已被划转,"法学教育司"被撤,司法部"管理部属政法院校,指导法学教育和法学研究"的职能大为削弱,实际上成为一句空话。今天回过头来重新审视这一体制上的变化,我们认为,作为维系政法部门和法律教育联系基础的司法部放弃管理全国五所政法大学,退出法律教育领域,加剧了法律教育与法律职业的脱节,是除"文革"期间破坏法治这个极其特殊时期以外我国历史上法律教育管理体制前所未有的一次倒退。因为无论从理论上讲还是从实践上讲,也无论是中国经验还是西方的传统,法律人才的培养活动向来不能摆脱法律实际部门的指导和管理——我国封建时代司法职官的训练和管理或归"大理",或归"刑部";清末民国时期,法律实务人才的培养实行司法和教育两部门交叉管理体制;当今世界发达国家法官和律师等法律人才的培养体制也都以司法机关为主导建立起来,并由司法机关调控法律人才培养的数量、规格和进入法律职业领域的条件要求。在倡导教育要面向现代化建设主战场,法律人才培养要为法治实践服务的今天,如此变化,匪夷所思!

第三,为强化政法机关指导和管理全国法律教育的职能,建议:

---

[1] 《关于以共建形式继续指导支持原部属政法院校的复函》,司办函[2000]司第 105 号。

(1)由中央政法委、最高人民法院、最高人民检察院、司法部、公安部、教育部和有关政法高校领导和专家组成“法律教育指导委员会”(类似美国的ABA),下设教学指导、考试、质量监督与评估等若干专门机构,统筹规划和指导全国的法律教育工作。

(2)在司法部恢复设立“法学教育司”,以此作为“法律教育指导委员会”的常设办公机构,充实和加强管理干部,加强和严格规范管理,切实改变目前司法部在参与履行指导全国法律教育和法学研究工作职能上的被动、消极状况。

(3)司法、教育两部之间应进一步加强沟通和协调,充分总结过去两部交叉管理法律教育的成功经验,合理确定“法律教育指导委员会”在履行职能。其具体职能及其与教育部有关部门之间的各项分工,可参考余叔通教授(著名法学家,曾任司法部教育司司长)与原国家教委高教一司协商并受委托起草的《国家教育委员会委托司法部统一管理法律教育的设想》,[1]结合目前新的情况和问题进行进一步地设计规划。

(4)该委员会还应与现有的“国家司法考试协调委员会”密切配合和协调工作,从而建立起以法律职业为目标导向的法律教育管理工作机制。

2. 为解决当前我国政法队伍建设与法律职业脱节的问题,将中国政法大学、西南政法大学、华东政法大学、西北政法大学、中南财经政法大学重新划归司法部统一领导,并建立以“五校四院”为主干的国家级政法人才培养基地,解决目前我国基层和边疆地区政法队伍建设中的迫切而突出的问题,并为法律人才培养模式的整体改革提供范例。

司法部长期担负着全国政法人才的教育和培训工作。早在1950年代初院系调整时,就以全国大区均衡布局的思路建立起了应用型政法人才培养体系,使得华北和东北、华东、西南、中南和西北各大区都有一所培养政法干部的基地,为新中国各级各地方的政权建设和社会主义民主法制的初步建立培养了大批专门人才,做出了重要贡献。改革开放以来,司法部又在极端艰苦的条件下恢复和发展了政法院校,满足了新时期依法治国和社会主义现代化建设的需要。司法部主管的五所政法大学在长期办学中,已经形成了“学以致用”、面向

[1] 余叔通的这个方案写于1986年3月20日,这份文件后收录在霍宪丹《中国法学教育的发展与转型1978－1998》(法律出版社2004年版)一书,见该书第185～186页。

政法实际的传统,有培养应用型法律人才的丰富经验和办学资源。在解决法律教育与法律职业脱节的问题上,有条件最先取得突破。

此外,与五所政法大学同时代建立起来的北京大学法学院、中国人民大学法学院、吉林大学法学院以及武汉大学法学院、南京大学法学院、复旦大学法学院等,都是我国法律教育的优质资源。在培养各种高级法律专门人才方面条件优越,应当与五所政法大学共同为国家承担培养高级法律专门人才的任务。

针对目前基层和边疆地区政法队伍数量紧缺和素质薄弱的问题,以五所政法大学现有的法律硕士教育为平台,根据政法机关人才培养规划和队伍建设的实际需要,举办一定规模的政法班,招收法学或非法学专业应届或往届本科毕业生,由中央财政提供支持,在职业资格认定(司法考试和公务员考试)、政法编制配备以及学习、生活和工作待遇等方面采取特殊优惠政策和定向培养的方式,集中解决内陆基层和边疆地区政法干部队伍建设中的突出问题。

3. 进一步统筹法律人才培养的类型结构与层次结构,加强以法律实务为导向的教学改革和训练方式改革,建立基本统一的法律人才培养模式。暂时保留目前全国高校的四年制大学本科法学专业教育。实行教学研究型法律人才和职业型法律人才培养分类管理的办法,控制法学学术型各学科专业的硕士、博士研究生教育规模,扩大法律硕士研究生的招生规模,把法律硕士教育作为培养政法实务和社会管理等部门需要的法律专门人才的主渠道。改革法律硕士入学考试科目,以“职业综合素质测试”代替目前的法学综合考试。

鉴于目前法律硕士教育的扩大和法学第二学士学位教育已经严重萎缩的情况(按照现行规定,介于本科和硕士研究生之间的双学位学历,其人事和工资待遇相当于研究生班,目前几乎无人报考);为简化法律专业学历层次认定上的复杂环节,立即停办法学第二学士学位教育。

以法律实务为导向,进一步深化法律专业教学内容和教学方式的改革。提倡和鼓励开展多种形式的面向实际的培养活动,如法律诊所训练、案例与专题讨论、校内开庭、法科研究生担任司法官助理、法学教师在司法机关兼职、“双导师”指导教学等。

4. 建立二段制的司法考试模式和通过考试后的职业培训制度。我国自2001年建立国家统一的司法考试制度,并于2002年举行首次统一考试。至2007年,总计138万人参加了考试;19.3万人通过考试取得了合格证书。司法考试的实施为加强法律职业化建设和促进法律教育改革做出了贡献，取得了很大成绩。但我国的司法考试制度目前还不够成熟和稳定，仍有必要进一步探索和改革。建议：把目前每年的一次性考试改为二次考试，凡“法律教育委员会”核准的法律教育机构的法学专业本科毕业生，经考核审查免可去第一阶段的考试；应届法律硕士研究生毕业直接进入第二次考试，并大幅度提高法律硕士毕业生的考试通过率（不低于70%）。仿照法国国家法官学院办学模式，将国家法官学院、国家检察官学院及其分院定位于专门的职业培训机构，主要承担岗前培训和继续教育的职能。并根据全国各地区的实际情况和需要，建立以五所政法大学为主干的岗前培训基地，要求凡进入政法机关从事法官、检察官职业的，必须在通过司法考试和录用考试后经过为期一年的职前培训。

5. 优化学科专业布局，填补西北地区法学博士学位授权空白，为培养扎根西部的高级法律专门人才创造条件。国家学位和教育主管部门应从战略高度和长远眼光，采取切实措施，有针对性地落实支持西部学科建设与发展的优惠政策。在综合考虑学科地域布局、全国区域差异、政策导向和教育资源合理配置等因素的基础上，对该区域内办学条件好、长期为内陆和边疆政法队伍建设做出过重要贡献的高校在博士学位授权审核方面予以特殊考虑，使西北地区具备培养高层次法律专门人才的再生功能，尽快解决西北五省区高校法学博士授权空白、政法系统具有法学博士学位者几乎空白的问题，[1]为促进社会主义法治的协调发展提供基础保障和可持续发展动力。

---

〔1〕 据笔者2008年最新统计，西北五省政法系统中，仅陕西省有二名法官为法学博士研究生学历。青海、宁夏、甘肃和新疆均空白。

政策调整与法律教育面临的新挑战*

中央政法机关和教育部是关乎法律人才培养工作至关重要的两个管理部门。最近，这两个部门分别从各自工作领域的实际需要出发，就法律人才的招录和培养工作不约而同地做出了同一指向的重大政策调整，对深化当前法律教育的改革和今后发展都具有重大影响。目前这些政策正在实施当中，新政策的出台所带来的新问题，有的大家已经直接感受到了，例如法律硕士研究生招录政策，有的则关注不够，如政法干警招录培养体制改革试点。

笔者认为，法学院校应当积极回应新政策对法律教育带来的影响和挑战，进而顺应时代需要，调整办学思路，培养符合社会发展需要的法律人才。本文拟在概括当前我国法律教育的宏观发展态势的基础上，重点探讨中央政法机关主导的政法干警招录培养体制改革试点工作和教育部关于研究生教育类型结构的政策性调整及其对法律教育的影响这两个问题，进而对法律教育今后的发展道路和趋势提出初步的思考分析意见。

一、当前法律教育的宏观发展态势

从法律教育的结构、规模及其与社会的关系的方面看，截止 2009 年，全国开展各种形式法律教育的单位总计 927 个，单位的类型包括普通高校、科研机构、中央和地方党校、军事院校、民办高校、电大、自考、网络学院、法官学院、检察官学院及公安警官类院校等，其中设立法学专业的普通高校 615 所，年招生约 11 万人，现在校生 70 多万人（本科 45 万）；有 358 个法学硕士点，其中 31 个一级学科点，2008 年招生 13192 人；有法学博士学位授权的机构 35 个，其中有一级学科授权的 12 个，2009 年全国招生约 1000 人，到今年 9 月份，在校法学博

* 本文初稿先后提交 2009 年 10 月在西安举行年度法学教育指导委员会和研究会论坛、12 月 26～27 日在北京召开的全国法律硕士专业学位教育指导委员会工作会议暨第五届全国法律硕士教育论坛。

士生近3000人;2008年,法学硕士、法学博士的招生规模都比2005年增长了一倍多;19个开设法学专业的博士后科研流动站。上述机构中有115个设有法律硕士专业,2008年招生8705人(含全日制和在职攻读两类),法学硕士与法律硕士在校生合计近6万人。此外,还有38个公安、警官类高职高专院校设有公安类专业20种,184个专业点。(见表1)[1]这些机构的领导体制或隶属关系、办学性质和定位以及办学规模都极不相同,但都属于培养法科或政法人才的范畴。

列表值得注意的是法科研究生的类型结构,以2008年统计为例,当年招收法学硕士生13192人;两类法律硕士生8705人,总计21897人,法律硕士占总量近40%,也就是说,法科学术型与职业型人才结构比例大约为6∶4。而教育部官方期待的理想结构是职业型大于学术型。

表1中信息更向我们透露出这样一个概念:我国已经成为世界上发展速度快、规模最大的法律教育大国。按照法学界主流意见的表述,这就是,我国已经基本形成了层次和类型完整的、多样化的、与法律职业初步联系的有中国特色的社会主义法律教育体系;这是新中国成立60年,主要是最近30年来我国政治、经济、社会、文化改革发展的一个重大成就,它对繁荣法学研究和学术水平的不断提高、促进我国法学教育的对外合作与交流,特别是对依法治国,建设社会主义法治国家提供法律人才保障方面发挥着巨大作用。

表1　当前法律教育结构规模

类型层次	单位规模/个	招生/招收/人	在校/人
开设法学本科专业的高校	615	约11万/年	约45万
法学硕士点	358(一级学科点31)	2008年:13192	合法律硕士6万
法学博士点	35(一级学科点12)	2009年:1000	3000
法学博士后流动站	19		
法律硕士点	115	2008年:8705(含全日制、在职攻读两者)	合法学硕士6万
公安、警官高职高专	38(共有184个专业点)	不详	不详
总计	927		

[1]　此处统计数据来自不同的权威途径,包括国务院学位办、教育部、全国法律硕士教育指导委员会秘书处、中国政法大学法学教育研究与评估中心,谨向这些单位致以谢意。

这里顺便介绍一个背景，20 世纪 80 年代初，我国政法机关法律大专以上毕业的仅有 3%，40% 没有受过任何法律训练；54% 受过不足一个月的短期法律培训；而目前全国法院系统、检察系统本科以上学历均已过半（前者达 51.6%，后者达 62% 以上）；法律职业队伍的学历结构发生了历史性的根本变化。

在当前新一轮司法改革和推进社会主义法治理念教育中，党中央再次明确了法学教育的定位，这就是"法学教育是为社会主义法治建设提供理论支撑和人才支持的重要阵地，事关我国法治建设的兴衰成败"；"法学教育在民主法制建设中具有基础性、先导性的重要战略地位。为适应社会主义法治建设的现实需要，提高法学教育水平，培养和造就中国特色社会主义事业的建设者、捍卫者势在必行。"[1]

二、政法干警招录培养体制改革试点

"政法干警招录培养体制改革试点"是 2008 年以来出现的一个新提法，最初叫做"政法院校招录培养体制改革"。[2] 2007 年年底胡锦涛同志在全国政法工作会议代表和全国大法官、大检察官座谈会上的讲话中指出："改革政法院校招录教育制度，推进政法干部工作正规化、规范化，努力造就一支政治坚定、业务精通、作风优良、执法公正的政法干部队伍。"周永康同志同时也指出："积极推进政法院校的教育改革，并扩大在职教育规模，使之真正成为我国法官、检察官、人民警察及律师等专门人才的教育培训基地。要采取切实有效措施，解决政法队伍编制不足和西部地区基层法官、检察官人才断档问题。"

按照权威的表述，就是：这项工作是以胡锦涛同志为首的党中央，正确把握国际国内两个大局，全面分析新时期我们党面临的形势和任务，从加强政法工作和政法队伍建设，巩固党的执政地位，维护国家长治久安的战略高度提出来的，这项改革措施的推行具有很强的现实针对性，主要目的是：(1)是从维护和巩固政权，确保国家长治久安的战略高度，解决基层和边疆政法编制紧缺，干警

---

〔1〕 中共中央政法委员会：《社会主义法治理念读本》，中国长安出版社 2009 年版，第 182、189～190 页。

〔2〕 关于印发《2008 年政法院校招录体制改革试点工作实施方案的通知》（政法[2008]28 号），2008 年 6 月 30 日；关于印发《2009 年政法干警招录培养体制改革试点工作实施方案》的通知（政法[2009]21 号），2009 年 7 月 10 日。

素质不高、能力不强,法官、检察官断层和警力不足等问题。这些问题在处置2008年的拉萨“3·14事件”和2009年新疆的“7·5事件”当中显得更加突出和迫切。(2)解决军转干问题和当前突出的大学生就业问题。(3)解决培养与使用脱节,进一步深化政法院校教育体制改革。胡锦涛同志指出,这些都是政法队伍建设方面的重要改革,涉及面广,既要下决心改革,又要稳步推进。

这项改革试点工作的主要内容和特点是:

第一,招录工作动员了超常的政治资源,显示了庞大的、强有力的组织领导架构——中央政法委牵头,中组部、中编办、最高人民法院、最高人民检察院、教育部、公安部、司法部、财政部、人力资源与社会保障部、解放军总参共11个部门,2009年又增加民政部、安全部、公务员局、解放军总政治部4个部门,共15个部门——3枚斧头镰刀、10枚国徽、2枚八一军徽,党政军部门各司其职,关于培养政法人才或法律教育的工作,动员如此宏大规模的政治资源,在我国法律教育乃至高等教育历史上,前所未有。这样,法律人才培养既不单纯是教育部门的事情,也不是政法部门只靠自身解决的事情,而是涉及人才培养、使用和管理的各个部门共同参与和以各种方式投入的一项活动。

第二,三项资格考试一体完成,就是说将满足教育所需的教育(入学)考试、满足就业需要的公务员考试以及司法从业资格的司法考试三者整体纳入试点工作;具体来讲,入学时教育水平资格考试与公务员考试“两考合一”——前者采取教育部国家统一高校入学考试模式,结合试点班按层次确定,即报考专科的考试科目为文化综合(历史、地理、政治),报考专升本和二学位的,考试科目为民法学,报考法律硕士的,考试科目为专业综合(刑法学、民法学、法理学、中国宪法学、中国法制史,以2门计),考试大纲由中组部、人力资源和社会保障部、教育部分别负责制订。后者考试科目为行政职业能力测验和申论;凡定向到基层法院、检察院(不含法警)的学生在校期间参加司法考试,实行单独取得司法资格的优惠政策。

第三,“教、学、练、战一体化的教学模式”。凡各学历层次教育的培养目标、专业设置、教学内容和教学方式,均以政法职业为目标导向;突出政法综合素质和政法实务训练内容;以职业道德、基本技能和专业能力培养为核心。

专科教育,招生对象主要是高中学历起点的军队退役士兵,学制2年,基层实习半年,就业方向:中西部和其他经济欠发达地区县(市)以下基层法院、公安和司法行政机关，培养政法应用型人才；专科毕业证书。专业设置由教育部商最高人民法院、公安部、司法部及相关院校确定。

本科教育(含专升本、二学位)，学制2年，基层实习半年；就业方向：中西部和经济欠发达地区县(市)以下法院、检察院及公安、司法行政机关，培养本科层次的应用型、复合型政法人才；毕业生颁发本科毕业证并授予学士学位；其中定向到法院、检察院的，专业设置由教育部商最高人民法院、最高人民检察院、公安部、司法部及相关院校确定。

研究生教育，以法学本科学历为起点，2008年设刑法、民法2个专业；2009年采取法律硕士专业学位教育形式；学制2年(1年理论教学，1年实务教学，其中半年实习)；重点加强知识应用和职业技能的训练；课程考试合格且论文答辩通过者，颁发硕士研究生毕业证书并授予法律硕士专业学位；就业方向：中西部和其他经济欠发达地区县(市)级以下法院、检察院。

第四，严格的定向和定单式培养的管理模式，即国家直接为县级(含)以下基层政法部门委托试点高校定向培养，学生入学后，与培养院校、定向单位所在省(自治区、直辖市)的省级政法机关和定向单位签定三方定向协议，学费和生活补助费均由国家财政负担(生活补助费发放和标准按财政部财行[2008]459号文件)，试点班学生享受准公务员待遇；录取的高校应届毕业生，户口迁入录取学校；录取的退役士兵，由民政部门统一明确相关政策。试点班学生在校期间按学生管理规定管理。

学生毕业后，院校按原确定的招录单位进行派遣，并将其档案和户口转至相关单位。学生到定向单位报到后，由招录单位按规定办理公务员录用手续。试点班学生毕业到定向单位工作，研究生层次的需服务满5年，本科层次的满7年，专科层次的满9年，方可交流。

在校学习期间不合格或者毕业时未获得相应学历学位的人员，以及毕业时不符合相应职位资格条件要求的，不得录用为公务员，国家不负责安排工作，学生自行择业。同时，一次性退还所享受的补助费(包括学费和生活补助费)。

表 2　政法干警招录培养模式

培养层次	招生对象考试科目	培养目标	学制/年	专业设置培养方式	毕业水平/学位	就业方向
专科教育	中学毕业 军队退役士兵 考试科目： Ⅰ行政职业能力和申论 Ⅱ历史、地理、政治	政法应用人才	2	教育部与中央司法机关及院校商定； 基层实习半年 免学费，发生活补助费	专科毕业证	——中西部和其他经济欠发达地区县（市）以下基层法院、检察院、公安和司法行政机关 ——凡定向到法院、检察院的各层次学历试点学生（不含法警），在校时参加司法考试，实行单独取得资格的政策 ——研究生层次的需服务满5年，本科层次的满7年，专科层次的满9年，方可交流
本科教育	本、专科毕业生 考试科目： Ⅰ行政职业能力和申论 Ⅱ民法	政法应用型、复合型人才	2	教育部与中央司法机关及院校商定； 基层实习半年 免学费，发生活补助费	本科证 学士学位证	
研究生教育	法学本科毕业生 考试科目： Ⅰ行政职业能力和申论 Ⅱ刑法、民法、法理学、宪法、中国法制史	高级政法人才	2	1年理论教学 1年实务教学（含半年实务部门实习） 免学费，发生活补助费	硕士研究生毕业证 法律硕士专业学位证	

违约不到定向单位工作的毕业学生，不得录用到其他党政机关以及参照公务员法管理的事业单位，要将情况记入考生诚信档案，并应在违约处理决定公布后1个月内，一次性退还所享受的教育费用和补助费（包括学费、培养费和生活补助费），并缴纳该费用50%的违约金。

根据中央指示精神，该项工作从2008年正式启动，由全国5所政法大学和20所公安警官类高校招收退役或拟退役士兵和高校毕业生招录5160人（法院320，检察240，公安4360，司法行政240），分大专、本科（专升本或第二学士学位）和研究生（法学硕士）三个层次，为中西部和其他经济欠发达地区14个省区（晋、蒙、粤、桂、渝、川、贵、滇、藏、陕、甘、青、宁、新）县级以下司法、公安和司法行政系统定向培养政法干警。

2009 年试点高校扩大为 66 所，计划招录 23068 人。招录拟退役士兵 2929 人，已退役士兵 4906 人，高校毕业生 15233 人；招录 2 年制专科 13821 人，2 年制二学位和专升本 7799 人，2 年制法律硕士研究生 1448 人；定向法院系统 1924 人，检察系统 1942 人，公安系统 16179 人，司法行政系统 3023 人，范围是冀、晋、蒙、辽、黑、皖、赣、豫、鄂、湘、桂、贵、滇、陕、甘、宁、琼、渝、川、藏、新、兵团 22 个省区。

表 3　2009 年试点单位招录情况一览表

试点单位	法学二学位/人	法律硕士/人
中国政法大学	199	78
华东政法大学	258	118
中南财经政法大学	257	217
西南政法大学	227	237
西北政法大学	228	237
吉林大学	58	30
山东大学	143	108
武汉大学	143	177
四川大学	84	177
辽宁大学	85	119
总计	1682	1448

这项重大举措对我国法律教育的改革直接提出了挑战或任务，这引发我们深入思考：

（1）国家投资开办政法院校，举办法律教育的目的究竟是什么？全国这么多的法律人才培养平台，招生规模如此之大，毕业生又这么多，但为什么政法机关又缺人？到底哪个环节出了问题？

（2）首次参加试点的院校为政法大学和部分公安警官类职业学院；今年第二次试点院校范围有所扩大，除增加了公安类职业学院外，还扩展到综合大学法学院，如吉林大学、山东大学、武汉大学、四川大学、内蒙古大学、辽宁大学、西藏大学、新疆大学、新疆财大、云南民族大学、青海民族学院、内蒙古民族大学、西南民族大学。这涉及到高等政法院校办学定位的问题,没有参加的大学法学院办学目标是什么?全国所有的政法院校办学功能上是否"被分工"?如果有,谁分的?根据什么标准?既然招录政法人才这项工作是关乎党和国家政权建设、法治建设的大事,是国家这么大的需要,可是为什么那些主流的高校却远离党和国家对法律人才培养的现实需要呢?

(3)招录培养改革方案,在一定程度上提出了政法人才的评价目标,这种评价标准与现有的评价标准之间的关系如何处理?

这项试点工作目前正在实施中,从法律教育改革的全局看,还面临一系列需要进一步研究和解决的问题,包括整体和局部的关系、基层和上级的关系、东部和西部的关系、改革院校和未改革院校的关系、政法机关人才需求和教育培养的关系等。这些都值得法律教育工作者深入思考和探讨。

三、研究生教育类型结构的政策性调整及其对法律教育的影响

我国自1991年开始开展专业学位教育,现共有19种专业学位,以硕士学位为主,涉及博士、硕士、学士三个层次。早在2007年1月,国务院学位委员会第23次会议就明确提出,要积极发展专业学位教育。去年以来,教育部出台了一系列新的研究生招生政策:

(1)扩大专业学位研究生招生计划5万名,增量带动存量调整研究生类型结构;

(2)复试和录取时突破报考当初的限制条件,规定某些专业学位开通招收应届毕业生。仅限法学本科应届毕业的考生调剂法律硕士。

(3)论证设计拟新增专业学位项目,今年3月学位办就此工作征求意见(学位办便字090303号),提出了21种专业硕士(金融、国际商务、统计、知识产权、思想政治教育、应用心理学、新闻传播、广告学、编辑与出版、海洋资源、工程管理或项目管理、物流工程或物流管理、林业、护理、药学、税务、人力资源管理、旅游管理、信息资源管理、社会保障、图书与情报管理)和4种专业博士(工程、药学、工商管理、公共管理)。

(4)2010年招生计划编制时压缩学术型硕士研究生规模(5－10%)。

(5)与中政委招录试点工作配合,扩大法律硕士专业学位项目范围。

表4 我国现有专业学位类型

1	法律硕士	11	公共卫生硕士
2	教育硕士、博士	12	军事硕士
3	工程硕士	13	会计硕士
4	建筑学学士、硕士	14	体育硕士
5	临床医学硕士、博士	15	艺术硕士
6	工商管理硕士	16	风景园林硕士
7	农业推广硕士	17	汉语国际教育硕士
8	兽医硕士、博士	18	翻译硕士
9	公共管理硕士	19	社会工作硕士
10	口腔医学硕士、博士		

上述招生政策的变化和调整，在很大程度上涉及或影响法律人才的培养工作，特别是：

第一，今年研究生复试和录取时，在原招生计划外扩招专业学位5万，用于录取原报考学术型学位各相关专业的应届考生。这意味着教育部多年坚持的对报考法学硕士和法律硕士的考生分类管理、互不调剂的招生政策被打破；意味着自2000年以来一直实行的法学本科应届毕业生不得报考法律硕士的限制性规定被打破；这需要我们重新寻找支持这一政策背后的理由，或者说需要我们寻找新的解释。

第二，法律硕士招生录取方式自1995年创办时起即为多元模式，多元的原因直接来自于教育行政部门招生管理政策的约束；或者说，招生政策的多元，导致了法律硕士招生方式的多元。那么由此带来的问题是：法律硕士教育——应用型法律专业人才培养工作自身的特点和规律，在现行总的教育政策和管理体制下，无法得到充分的考虑到或体现。

第三，2000年以来，全日制法律硕士的招生模式相对稳定，变化不大。1998年起开展的在职攻读法律硕士的招生政策总体上趋于简化。法律硕士教育也一直保持着二元模式并存的状态。在这个过程中，针对相关问题的争议或批评从未终止。教育主管部门采取的政策调整，不仅没有缓解矛盾，解决问题，反而使原有的问题进一步扩大和复杂化。结果是老问题尚待解决，新问题又接踵而

至。中央关于政法队伍建设和教育部招生政策调整,法律硕士教育迅速形成四种类型:

(1)法律硕士(非法学)

(2)法律硕士(法学)

(3)在职攻读法律硕士(或法学,或非法学)

(4)政法干警招录体制改革定向培养的法律硕士(法学)

表5 目前法律硕士专业学位教育类型

类型	报考学历条件	学制/年	学习法学的年限	学位
法本法硕	法学专业本科	2	6	法律硕士
非法本法硕	非法学专业本科	3	3	法律硕士
在职法硕	法学/非法学专业本科	3	3 或 7	法律硕士
政法定向法硕	法学专业本科	2	6	法律硕士

这一局面,使法律硕士教育进一步复杂化:例如,全日制法律硕士的招生原本排斥法学本科专业应届生报考,可是,只要工作几年之后,这名法学专业毕业生仍可通过在职攻读的途径获得法律硕士学位,因为报考在职攻读法律硕士,并不限定本科专业背景。这样一来,分享法律硕士教育的,就不只是法学本科专业的毕业生,也有非法学专业者,差异只在于报考和攻读学位的时间和步骤罢了。

对法律硕士人才培养的质量标准难以做出合乎逻辑的评价,自法律硕士教育形成二元模式以来一直存在的老问题,“法律硕士(法学)”的出现使这一问题更趋复杂。

生源专业背景完全不同的两类法律硕士生同时分享同一种教育项目时,如何制订和实施有针对性的、可行的和相对合理的培养方案?如何界定两种全日制法律硕士教育的共同基础和差异所在?

法科研究生教育观念及其制度总体框架设计还面临许多问题,观念转变和法科学位制度设计有一个科学决策和民主论证的过程。

2009年3月,笔者向学位办和法律硕士指导委员会秘书处提出《关于法学本科专业应届毕业生调剂录取为法律硕士专业学位研究生的政策调整与相关问题》的报告,针对法学本科背景的法律硕士培养问题提出意见。这些意见后来基本反映在了学位办转发的《全日制法律硕士专业学位研究生指导性培养方案（适用于法学专业毕业生）》。

我们目前所做的一切努力，实际上都是在竭尽全力去阻止情况进一步的恶化，是被动的、弥补式的努力。仔细想一想我们每每面临的新的问题或困惑都是怎么产生的？归根结底，都跟教育主管部门的立场、政策有关。这其间，由于信息不对称，不仅使参与各方对同一事情的理解和认识分歧参差，也往往容易导致新政策在实施过程中走样或打折，从而使制度及其实践更趋复杂。

四、法律教育发展道路与趋势预测

最后讨论我国法律教育发展趋势问题，主要有以下几方面：

第一，职业化趋势，即对于中国的法学教育到底是走一条学术型道路，还是职业型道路的问题，大家已基本形成共识，应该向职业化方向发展；面向社会实际，面向法律等职业领域，即便那些以学术为主的法学院，毕业生也不会都从事学术活动，更多的将以职业为导向。这是最近人们对法学教育定位认识上的明显和重大的变化。人们越来越多感到中国目前法学教育的规模如此庞大，事实上是不可能都进行学术化培养；要让学生多元化的发展，走向职业化，注重职业化的培养。有少数人认为素质教育与职业教育的关系是统一的，两者本身并不矛盾。

第二，精英化趋势，法学教育的定位是精英教育还是大众教育，素质教育还是职业教育的问题多年来意见纷呈，莫衷一是。目前主流或倾向性的意见都强调了法学教育的精英教育性质，而且预言它将成为中国法学教育今后的一个发展趋势。是不是所有大学都可以办法学院，是不是所有考上大学的人都可以学法学，这类问题将受到更为严格认真地对待。当然也有人认为精英教育是一个理想；目前我国的法律教育已经到了大众教育地步，而且任何时代都会有上中下三种人，有些人是培养不出来的，培养一部分的优秀人才就足够了；应当分层次定位法学教育的精英教育和大众教育，等等。

第三，多元化趋势；多元化是表象，形成特色是其内涵。没有特色就没有多元。法学院今后的生命将会因为有不同的特色而表现为多元。这个趋势目前正在进行中。

第四，正规化趋势，鉴于规模宏大的背后掩藏着非常深刻的危机，中国法学教育规模发展的时代已经结束，或者说应该结束非正规化法学教育的时代，其在制度上的表现就应是走向正规化。这个趋势现在没有完成。法律教育界有关部门正在起草和讨论《普通高等学校法学专业教学规范》(建议稿),以此作为推进正规化建设的一个重要尝试。

第五,国际化趋势,中国加入 WTO 后参与世界的深度和广度都在加大,参与世界规则制定的可能性也在增加,法学教育有责任培养国际型人才。一部分高水平的法学院在培养国际型法律人才方面已经做了各具特色的探索,后起的一些法学院在彰显国际色彩方面也在奋起直追。

第六,政治化趋势,法学教育有很强的政治性,是塑造国家价值观的一个过程,在当前和今后突出表现为在法学教育中贯彻社会主义法治理念教育;以社会主义法治理念引领法学教育的发展,这也将是一个重大趋势。

当前法学教育改革的任务有以下几项:

(1)招生制度。基于法律职业的高素质要求和目前法学教育低起点之间不可克服的矛盾,和四年时间难以培养出合格的法律人,因此要么改变接受法学教育的起点,要么改变终点,即国家教育招生制度;

(2)学位制度。中国目前的法学学位是"一片乱象",任何一种学位都可从事法律职业,而不管这个学位的高低,或者是否是法学学位,所以要找到一个基础的与从事法律职业相对应的学位。目前国务院学位办已委托中国人民大学开展法学学位体系课题研究工作。

(3)法科学生就业制度。由于毕业生到法院、检察院工作必须同时通过司法考试和公务员考试,不仅很不公平,增加了社会成本,还可能导致法学教育丧失优秀生源,社会上最优秀的人不再选择法律职业,因此怎样科学地设计法学教育、职业考试制度的关系将是未来制度创新方面的一个重点或难点。王利明教授建议公务员考试和司法考试要协调起来,坚决主张司法考试门槛本来已经很高;通过司法考试,已经表明他完全具备了资格,完全不必要再参加公务员考试。

(4)法学教育评估制度,主要是行业或者政府制订的法学院设立标准和质量评估制度,这是需要创立的一个制度。

当前法学教育改革与发展的几点思考*

首先向北航法学院15岁生日表示祝贺！并感谢邀请参加这个隆重盛大的活动。

可以从不同角度来理解我们这次论坛举办的理由。其中至少可能包括了这样两个重要的背景，一是北航法学院要对自身今后的发展前途做进一步的思考和想象，也就是要对北航法学院在探索如何适应国家科技产业化发展需求的办学路子方面予以重新的审视和估价。第二个背景，就是如何把这一思考与当前法学教育改革与发展所确立的最新框架，即“卓越法律人才教育培养计划”结合起来。如果这两点能够成立的话，那么这次论坛也许会给我们带来一个有意思的命题，即会议主办者所提出的“工业化时代背景下”中国法学教育的改革与发展问题。

当今中国社会的现实，完全可以从不同的角度予以各种不同的描述。我们可以说“依法治国”背景下的、“西部大开发”背景下的、“科学发展”背景下的、“科技创新”背景下的、“和谐社会”背景下的、“国家安全”背景下的等等法学教育的改革和发展问题。如此，则“工业化时代背景下”的法学教育，跟上述其它背景下的法学教育有什么不同？上午陈小君副校长、张守文院长等的发言也都提出了这个问题，而且做了很有启发的解读。我想，不管从怎样的角度出发，不管用怎样的方式去回应现实社会对法律人才的不同需求，所有这些可能最终都离不开对中国法学教育的现状和问题的基本思考和判断。而评价法学教育的现状，同时也意味着我们自觉不自觉地去谈论法学教育的过去和未来。

借这个机会，谈三个问题：一是当前政法队伍的状况和问题；二是当前法学

---

* 本文曾提交2012年11月25日北京航空航天大学法学院举行的“新兴工业化时代法学教育高峰论坛”。

教育的宏观状况和存在的突出问题；三是教育宏观政策转向对法学教育改革和发展的影响。

讨论这个问题的一个基本前提是，中国的法律人才的培养工作，或者活动，如同一个人有两只手，一只手被政法部门或者其他相关需求部门牵着；另一只手被教育行政主管部门牵着。这两手不同程度、不同方式地影响和支配着法律人才的培养活动，特别是教育行政主管部门。因此我从这两个角度入手。

一、当前政法队伍的状况和问题

1. 政法队伍的规模与学历状况

根据有关权威统计，截至2009年底，全国政法队伍总量约有300万人，50岁以下的70%，大专以上学历的90%，党员占七成。全国法院、检察院、律师队伍本科以上学历均超过了70%。公安系统大专以上学历1998～2008年由33.4%增加到86.98%。

表1 政法队伍学历状况

	法院	检察院	律师	公证	公安
总量		22万人， 有资格15万人	16万多人	11万人	约150万人 基层85%
博士			1.2%		0.03%
硕士及双学位			13.4%		1.03%
本科以上学历	70%	73%	71.4%	65.8%	39.98%
大专以上文化程度					45.85%
中专、高中以下					近10年由66.6% 下降到13.11%。

2. 与法律职业相关的主要问题

在全球化挑战背景下，随着我国改革开放的日益深入，政法工作面临许多新的挑战，一是人民内部矛盾，二是新型犯罪案件出现，三是敌对势力、五毒分子(民运、法轮功、台独、藏独、疆独)的干扰和破坏，四是市场经济对政法工作的冲突，个人主义、拜金主义影响，上访量仍居高不下，群体性突发事件时发，社会混乱，高级干部腐败等等一系列问题。解决这些问题，都涉及队伍建设问题。例如，上访多的原因，涉及干警的不作为和执法不规范或没有规范、不按规范的问题。

就法律职业队伍自身来看，法院方面，案件增长了30倍，而同级人员只增长了5倍，高层次人才缺乏，局部地区法官断档情况严重，年轻法官少。检察院方面：能真正发挥作用的人员比例比较低，很多人现实取得从业资格，法律修养、思维能力和业务能力有待提高；东西部不平衡，差距突出，西部吸引力弱，和法院一样存在着断档的问题。律师和公证方面：(1)总量不足，仅占人口比例万分之一(发达国家万分之几十)；10万人中不足一名公证员；(2)发展不平衡，集中于大中城市和沿海，全国大约200个县没有律师；(3)具有国际化程度的律师、公证员少，懂外语的只有2000名左右；(4)少数律师、公证员水平低，诚信和执法方面存在问题，个别贿赂、不尽责等。此外，还有进人机制的问题；进不去，留不住，关系进人，缺乏训练，"追不过、打不过"。这些问题在特殊的历史背景条件下，如西藏"3·14事件"和新疆"7·5事件"背景下被放大了，凸显了基层基础工作薄弱的问题。

二、法学教育的现状和突出问题

大家都认为，我国的法学教育经历了三十多年的持续发展，取得了显著的成绩。按照一种说法，就是基本上形成了中国特色社会主义法学教育体系。前面提到的我国法官、检察官和律师当中受到过法学本科以上的教育训练的超过了70%，这支队伍在为改革开放、为社会主义现代化建设保驾护航中发挥了不可替代的作用，显示了法学教育的独特贡献。

表2　2011年全国法学学科专业点设置总规模

法学本科专业点/人	一级硕士点/人	二级硕士点/人	一级博士点/人	二级博士点/人
623	118	49	38	4

表3　2010年全国法学本科和研究生规模一览

	招生/人	毕业/人	在校/人	专任教师/人	法学本科就业率
博士	1314	1008	5056	58417	79.41%
硕士	1.2万	1.3万	3.8万余		
本科	7.8万	7.3万	29.7万		

我国的法学教育在高速发展的同时，也积累了一些问题，有些是长期存在的，有些是阶段性的，有的甚至比较严重。另外，从不同角度立场来观察，这些

问题的表现形式也不尽相同。概括地讲，管理体制严重混乱，法学专业设置标准执行不严，管控不力，人才培养与市场需求以及相关基础数据统计和信息服务机制空白，教育资源浪费与不能有效满足需求状况并存，法律人才培养过程中因所属高校身份地位人为化造成的差异而导致的政策性歧视待遇与法学教育平台的低水平重复建设并存，师资队伍建设与教育规模化增长之间失衡，实践教学的价值未能引起足够重视，法学教育国际化程度总体较低，法科毕业生就业压力大，社会主义法治理念教育不够深入，等等。这些问题，主要表现在法律人才培养的结构、规模、管理体制机制、培养模式和教育质量等方面，再进一步归纳起来的话，就是法律人才培养的层次、结构、数量和质量不能适应和满足我国当前政法队伍建设的实际需要；法律人才培养模式和管理体制不能适应当今中国政法工作的实际需要。

这些问题引起了最高程度的关注，在教育部的多次调研、政法系统的权威评价、法学教育改革的研讨等方面显示了这些问题的存在。去年实施的“卓越法律人才教育培养计划”当中也有大体类似的表述。为此，中央出台了一系列相应措施。其中最突出的就是2008年中央政法委等15个部门联合推出了“政法院校招录培养体制改革试点工作实施方案”（简称“招录试点”）。它是通过高度统筹解决重大现实问题的一个典型尝试。可惜的是，对于这项重大改革措施，没有引起法学教育界应有的关注和重视。

比较“卓越计划”与“招录试点”这两者，其决策背景与解决问题的思路和方式、方法等方面虽不相同，但这两者所要解决问题的目标指向基本上是一致的。“招录试点”是由中央政法委主导，包括教育部等多个部门参与实施的；而“卓越计划”则是以教育部和中央政法委的名义联合设置和实施的，是教育部就法律人才培养工作出台的第一个专门文件。这就决定了，某种意义上讲，“卓越计划”的出台是需求方面（政法和社会管理部门）和供应服务方面（教育行政部门及高校）在人才培养问题上碰撞、沟通、妥协与合作的结果。

另外，试点工作在人才培养模式上采取了许多非常规措施，尽管存在预计到或预计不到的各种问题或者缺陷，但应当看到，它在一定程度上已经实现了“2011计划”所力图实现的目标，如需求导向的人才培养理念、实践能力训练为核心的培养方式、人才培养与职业资格对接（毕业生必须获得司法从业资格）、组织管理上的跨部门协作等等。

三、宏观教育政策的转向对法学教育的影响

国家中长期教育发展规划纲要的颁布，特别是以胡锦涛清华百年校庆讲话为标志，教育等部门出台了许多新的措施，把高等教育推进到一个新的发展阶段。最近出台的“2011 计划”给我们带来了许多与过去不尽相同的新提法、新思路和新概念。这些必将对各级各类人才培养工作产生影响，法学教育也是如此。“2011 计划”中的核心概念是“协同创新”。这个概念包含的信息是：

(1)创新的对象：强调的是人才、学科和科研三位一体，其中人才培养是根本。

(2)创新的目的旨在实现三个转向：一是高校的科研、人才培养要超越学科导向，转向以需求为导向；二是组织管理由个体、封闭、割裂向流动、开放、协同方式转变；三是创新要素与资源由孤立、分散转向汇聚和融合。

(3)“需求导向”概念的提出是近几年高教领域最显著的一个变化。这里所说的“需求”，概括了三方面意思：一是国家急需的战略性问题；二是科技尖端领域前瞻性问题；三是国计民生中的重大公益性问题。

这些都与过去十年间实施以学科建设为导向的 985、211 工程相比，侧重点有明显不同。985 工程，管理体制上打断了高校与行业部门的传统联系；催化出了高校身份地位的、我常常把它比喻为汉代官僚制度的“九品中正制”模式——985 高校、研究生院高校、211 高校、博士授权单位、硕士授权单位、学士授权单位、民办高校等等这一系列标识高校身份地位的概念符号一旦被创造出来，就被直接当作进行政策、资金等各种资源的分配标准。加重了高校办学中的重科研、轻教学倾向(教授不教、讲师不讲、学生不学；官方文件中屡屡强调教授要为本科生上课，但究竟是哪些学校的教授不为本科生上课呢?)；人才培养和教师的业务评价演变为追求 SCI、EI、CSSCI 等学术检索，间接带来了学术不端和学风方面的问题；高校的浮躁和急功近利、升格风、办学同质化等等。

那么这些倍受诟病的大量问题，最近教育部都在逐步纠正，例如，本科设置权除国控外下放高校、研究生专业二级学科取消指令性管理办法改备案统计式、取消研究生院审批制、新的项目设立面向全国所有高校开放，等等。应该说，这些带有歧视性、束缚性的限制性规定的逐步消除，有利于高校办学自主性发挥。那么在这种新的大背景下，今后中国的法学教育如何发展，是我们正面临着的一个大课题。

当前,全国的法学院校都在围绕"卓越计划"进行热烈讨论。"卓越计划"的出台,很大程度上总结了最近十年来法学教育发展中出现的问题并力图扭转。例如,分类培养法律人才以满足不同需求(主要是西部基层和涉外高端,不再向过去泛泛说目标是培养法律人才,而是有了哪里需要法律人才的概念了,也就是说开始建立市场的概念了)、法学院校与行业部门体制和机制上割裂脱节的问题、法律毕业生实践能力不强的问题以及教学中实践教学一直未能得到有效重视和解决的问题、与实务需求导向相比法学师资能力不足的问题,等等。我认为,这些问题,有些实际就是我们在过去发展中人为造成的,现在我们力图扭转和解决。

"卓越计划"能否解决我们已经意识到的这些问题呢?计划的实施还会遇到怎样的实际困难和问题呢?

(1)"卓越计划"所说"法律人才"是个全称概念,它并未限定哪个层次和类别的法律人才,具体应该说包括了法学本科、研究生层次。但这与计划组织实施的管理机构并不完全适合。众所周知,我国管理体制上本科与研究生教育都有各自相对独立完整的一套管理体系,分属教育部两个部门管理。

(2)分类问题:三类法律人才之间的关系、三类基地的分别设置以及其与相应基地院校的办学定位如何协调的问题。教育部文件中经常出现"分类指导"一词,但这里的"类"究竟是指什么呢?高校类型(教育部属、地方省属)?人才类型(学术型、职业应用型)?教育培养模式类型?似乎经常魔幻般地变化。

(3)最关键的是体制和机制问题。究竟如何充分利用政法实务部门的优质资源?政法部门如何深度介入法学院校的办学过程,说起来容易,实际操作起来并不简单。

(4)自身评价机制的建立与制度环境改变之间的关系。

(5)法学教育与法律职业资格衔接的问题。这个问题在"卓越计划"中没有涉及,但这是当前实施"2011计划"和深化法学教育改革中的一个重要课题。

2011年3月在国务院学位委员会、教育部、人力资源和社会保障部召开的全国专业学位研究生教育指导委员会换届大会上,教育部杜玉波副部长指出,专业学位研究生教育是培养高层次应用型人才的有效途径,是当前研究生教育改革发展的重要领域。下一步要重点做好推动专业学位与职业资格紧密衔接等五个方面的工作。

人保部王晓初副部长指出，今后专业学位与职业资格的有效衔接主要包括专业学位设置与特定职业需求的有效衔接，专业学位培养标准与特定职业人才评价标准的有效衔接，专业学位培养内容与特定职业人才工作实际的有效衔接，以及专业学位教育成果与获得相应职业资格的有效衔接。

法律专业学位教指委主任委员吴爱英部长在关于新一届法律专业学位教指委工作任务的讲话中指出，要积极推动法律人才培养与人才使用的衔接，深入研究法律专业学位研究生教育与国家司法考试制度的衔接机制，增强人才培养的针对性和适用性。

法律专业学位培养人才的数量和质量能否满足法律职业的需要，即法律硕士学生毕业时所达到的水平和标准，是否符合从事法律职业所应具备的任职资格条件，体现着法律专业学位存在的价值和意义，并关系法律职业队伍建设的成效。以司法考试为纽带的法律人才甄别机制恰处于供应与需求之间的关键环节，如何构建人才培养、甄别选拔和职业任用之间协调、有效的互动关系，多年来一直是法学教育改革的重点和难点。随着法学教育职业化导向的转变和政法队伍建设的进一步加强，研究这一课题的必要性更加突出。

目前有关法律专业学位教育改革、司法考试与法律职业关系的相关论著已有不少，但主要是应然或理想型论述的范畴，对于教育与职业资格衔接这一问题的研究非常薄弱，可支撑决策的应用对策研究成果几乎没有。教育主管部门目前已提出了专业学位与任职资格对接的原则性、政策性指导意见，但具体到法律专业学位与法律职业衔接问题还有待法学和法律实务专家的深入研究。

法学理论与实务训练的结合*

当代中国的法学教育面临诸多发展中的问题。如何在法学理论与法律实践之间建立更加紧密和富有效率地联系,便是其中一个重要议题。这个命题,或可涉及相互关联的三个层面的问题,一是作为知识形态的法学和法律实务活动之间的关系;二是法学院和法律实际部门之间的关系;三是专门人才培养制度化设置这个意义上,即在法学教育活动中,法学理论与实践结合的问题。美国法律史学家 Lawrence M. Friedman 曾指出:美国的法学院尽管以一元主义职业性教育为目标,即法学院的目标和任务就是培养“职业法律家”(lawyer),但在历史上,职业主义训练与科学主义训练、职业主义训练与人文主义教育的整合与分离这两对原则的斗争也从未中断过。(《美国法律史》英文第 2 版,第 618 页)可以说,法学理论与实务接轨的问题,是一个既古老又新的问题,只是这个问题的产生背景、呈现方式及其意义可能有所不同。

这里就最近几十年来中国法学教育改革的基本情况和在推动法学教育与法律实务不断进一步加强结合的措施做一介绍和评价。

一、政法队伍和法学教育的现状与问题

据统计,目前中国政法工作者中有大学专科以上学历的已经超过了 90%。法院、检察院、律师当中本科以上学历均超过了 70%。但在三十年前,即 1980 年代初期,政法工作者有法律大专以上毕业的仅占总量的 3%,40% 没有受过任何法律训练;54% 受过不足一个月的短期法律培训。政法队伍学历结构的根本性变化,显示了法学教育的独特贡献。常见的表述是,法学院校为政法实践部门培养了大批高素质的法律人才。从这个意义上讲,法学院校和政法实践部

---

* 本文曾提交 2014 年 11 月 21 日由西北政法大学经济法学院主办的“法律全球化论坛——法律实践交流会”。

门、法学教育和法律职业之间有着密切的联系；许多法学院校毕业生直接进入到司法机构或者公务部门从事有关法律工作。此外，按照某种权威说法，经过三十多年持续不断的发展，目前基本上形成了“中国特色的社会主义法学教育体系”，为国家的现代化发展起到的保驾护航的作用。

表 1　2011 年全国法学学科专业点设置总规模

法学本科专业点/个	硕士		博士	
	一级点/个	二级点/个	一级点/个	二级点/个
623	118	49	38	4

表 2　2010 年全国法学本科和研究生规模一览

类别	招生/人	毕业/人	在校/人	专任教师/人	法学本科就业率
博士	1314	1008	5056	58417	79.41%
硕士	1.2 万	1.3 万	3.8 万余		
本科	7.8 万	7.3 万	29.7 万		

但是，随着经济社会的发展，政法工作和法学教育也面临着诸多新的问题和新的挑战。例如，法院方面，案件增长了 30 倍，而同级人员只增长了 5 倍；高层次人才一直紧缺。东西部不平衡、差距突出，局部地区出现法官、检察官断档情况。律师和公证员方面，存在总量不足（仅占人口比例万分之一，而发达国家万分之几十；10 万人中不足一名公证员）、发展不平衡（集中在大中城市和沿海，全国约 200 个县没有律师）、国际化程度的律师和公证员少，能够用外语工作的只有 2000 名左右，少数律师、公证员水平低，诚信和职业操守等方面还存在问题。

从表面形式上看，法学教育存在着管理体制严重混乱，法学专业设置和评价标准不完善，人才培养和需求等相关基础数据和信息服务空白，教育资源浪费与不能有效满足需求的状况并存，师资队伍建设与教育规模化增长失衡，实践教学和法律职业道德训练的价值远未引起广泛、足够的重视，法学教育国际化程度总体较低，法科毕业生就业困难，等等。这些问题，归结起来，就是法律人才培养的结构、规模、管理体制机制、培养模式和教育质量评价等方面问题，再进一步说，就是法律人才培养模式和管理体制与政法工作的实际需要仍然存在不同程度的差距。

二、促进理实结合的政策和措施

多年来，不论宏观决策部门，还是法学院校，都在以不同形式地推进着法学教育与实践训练的结合。这里仅就影响全局和总体上的政策和措施加以归纳，分述如下：

1. 法学教育的理念、目标和定位：高级职业教育

法学教育理念层面上，围绕法学教育应该是科学（学术）主义还是职业主义一直存在着不同意见或争议。1950 年代司法改革和院系调整中也有过对法科机构功能区分的制度性安排，即全国的法科分综合大学法律系和政法院校两类，前者任务是致力于法学理论、学术人才培养；后者主要培养政法干部。1980 年代以来，这两者的区分已不明显，都强调不论哪类学校都要为全社会培养法律专门人才，法学院都从事教学和科研任务。但又出现了由于教育管理体制、制度的问题带来的法学教育发展中的一系列新的问题，其中就包括法学院校办学定位和法律人才培养方向上的摇摆不定问题。随着经济社会的快速发展、法学教育工作者思考和探索的深入，目前越来越多的人接受了法学教育是一种高级职业教育的观点。

2. 宏观管理部门的政策：学科导向转向需求导向

20 世纪 90 年代后期，中国的教育主管部门推出了以学科建设为核心导向、加快建设世界一流大学的“985”、“211”工程。从全国范围讲，集中投入、加快少数高校冲击世界一流大学的举措有其必要性，但是同时也带来一些新的矛盾和问题，一方面，管理体制的调整，打断了高校与行业部门多年形成的良好合作办学模式；相应出台的一系列政策，和为实施这些政策而创造出来的各种概念，促进高校位阶分层，即促使高校形成层次多样的身份地位。它可以被我们形容为中国汉代官僚制度的“九品中正制”模式——985 高校（行政级别为副省部级）、研究生院高校、211 高校、有博士学位授权的高校、有硕士学位授权的高校、学士授权单位、民办高校。这一系列代表高校身份地位的概念符号一旦被创造出来，便被用作向全国所有高校分配政策、资金等各种教育资源的标准，从而制造高校发展中的“马太效应”。另一方面，这一政策的实施，又加重了高校重科研、轻教学倾向。政府指责高校“教授不教、讲师不讲、学生不学”；官方文件中屡屡强调教授要为本科生上课，但问题是，究竟是哪些高校的教授不为本科生上课

呢？人才培养和教师的业务评价演变为简单地追求 SCI、EI、CSSCI 等学术检索和“学术 GDP 崇拜”，间接带来了学术不端和学风堕落，以及高校的浮躁和急功近利、升格风、学科专业结构同质化等一系列问题。

21 世纪的第二个十年以来，这一倾向开始有所转变。《国家中长期教育发展规划纲要》、特别是《高等学校创新能力提升计划》（俗称“2011 计划”）的实施，给我们带来了许多新提法、新思路和新概念。“2011 计划”中的核心概念是“协同创新”。这个概念中包含的信息是：

（1）创新的对象：强调的是人才、学科和科研三位一体，其中人才培养是根本。

（2）创新的目的旨在实现三个转向：高校的科研、人才培养要超越学科导向，转向以需求为导向；组织管理由个体、封闭、割裂向流动、开放、协同方式转变；创新要素与资源由孤立、分散转向汇聚和融合。

（3）“需求”主要包括三个方面：国家急需的战略性问题；科技尖端领域前瞻性问题；国计民生中的重大公益性问题。

伴随宏观政策导向的重大变化，近年来，教育主管部门，并联合其它相关部门，包括政法主管部门，相应出台了一系列措施。

3. 法律硕士：探索应用型法律人才培养模式的最早尝试

培养更加直接地满足政法实际部门需要的法律专业人才的想法和尝试，早在 1990 年代初就开始了。这导致了 1995 年教育部和司法部联合推动设置和实施了“法律专业硕士学位”教育项目。它是中国设置的第三个“专业学位”教育项目（如今已经设置有 39 种）。中文“专业学位”一词来自西方的 professional degree 概念；但这个英文概念在中文当中恰当的译法是“职业学位”，由于中国学制上把初等教育和高等教育之间提供一般职业技能性训练这个层次的教育称作“职业教育”，因此在引进 professional degree 概念时有意回避了“职业学位”这一译法，而使用了“专业学位”。而“法律硕士”这个概念，实际上就是移植美国法学院 JD 教育模式的结果。继中国之后，日本和韩国也都采取了一些相当的模仿，例如日本为提高法律人口的比例而在大学法律系之外设置了 law school，韩国也是如此。值得注意的是，中国自设置法律硕士专业学位教育以来，法学院、实务界乃至社会上一直存在诸多争议。但是随着近年来以市场需求办学目标导向的思想观念的确立，法律硕士教育不断受到主管部门的重视

(如2008 年政法干警招录工作、卓越法律人才计划、2011 年司法部官员也提出了要深入研究法律硕士研究生教育与司法考试制度的衔接问题等)。法律硕士教育模式也在多年办学经验积累中不断细化和完善。

4. 统一司法考试制度:构建和完备法学教育与法律职业的桥梁和纽带

2001 年中国修订了《法官法》、《检察官法》和《律师法》,规定了从事法律工作必须具有法律专门知识,并相应建立了国家统一司法考试制度。2004 年起,吸纳法官、检察官、律师与法学专家共同命题,试图从考试内容和标准上同时反映和检验考生的法律知识和法律实务部门的需要。2007 年起,考试内容加大法律实务和考生的司法实践能力考查,增加刑法、民法、行政法和诉讼法学考试内容的比重,突出法学知识与法律实务的紧密结合。强化法律职业道德内容的考查,培养考生从事法律职业必备的政治意识、实践能力和道德素养。2008 年起,允许高校在校四年级学生参加司法考试,以拓宽司法机关招录法律人才管道,促进了优秀法律本科毕业生顺畅地进入法律职业的门坎。目前,在中国从事法官、检察官、律师和公证员这四种法律职业,必须通过考试,取得法律职业资格证书。

5. 政法干警招录体制改革试点

2008 年中央政法委主导和推动的政法干警招录培养体制改革试点工作,旨在解决基层政法队伍缺乏、复转军人安置、高校法学毕业生就业压力等问题。这个试点项目有不同寻常的特点——强有力的政治动员力(中政委等 15 个部门)、三考合一(教育考试、公务员资格考试、司法考试资格)、"教学练战"一体化培养模式、订单式管理。它是彻底打通法律人才从培养到实际岗位使用所有复杂环节的一次前所未有的尝试。

6. 卓越法律人才教育培养计划

这是 2011 年教育部和中央政法委联合实施的一项法律人才培养计划。该计划旨在经过 10 年左右时间形成先进的、符合国情的法律人才培养体制,造就一批高素质法律人才。其主要内容和措施有:

(1)分类培养法律人才:建设 80 个应用复合型、20 个涉外型、20 个西部基层三类人才培养示范基地。

(2)创新法律人才培养机制:实施高校与实务部门人员互聘"双千计划",即选派 1000 名法学教师到实务部门挂职 1 ~2 年;选派 1000 名法律实务部门专家到高校任教1~2年,承担教学任务。强化法学实践教学(保证不少于15%的实践环节累计学分,支持高校和实务部门建设100个共享共享的示范性实践教学基地)。

(3)开展法学教育国际交流与合作:依托国家留学基金,重点支持法学专业学生到海外留学深造,重点支持高校法学骨干教师到海外学习交流或开展合作研究。

(4)建设高水平教材:做好马克思主义理论研究和建设工程法学类重点教材的编写、培训和使用工作。立足中国特色社会主义法治建设实践,组织编写一批理论与实际紧密结合、科学权威性强的案例教材。有鉴别、有选择地引进一批国外法学优秀教材。

(5)制定卓越法律人才培养标准。

7. 实施"双千计划"

高校与法律实务部门人员互聘"双千计划"是2011年在卓越计划中提出的。2013年,教育部和中央政法委正式启动该项工作,并于当年10月在西安联合召开了现场工作会议,交流总结各地实施"双千计划"的经验,解决各地各部门工作进展不平衡问题。2014年又正式确定了180位法律实务部门专家、189位高校教师作为入选2013年度"双千计划"名单。实际上,高校与政法实际部门之间互聘合作办学已开展得比较普遍了。而最高主管部门的倡导和推动更具有导向性、示范性意义。

8. 其他相关政策的调整与措施的出台

2009年以来教育部为了推动专业学位教育,采取了改变研究生教育类型结构的一项措施,分别类型(学术型和专业学位)下达研究生招生计划,并每年以5%的比例削减学术型招生计划,增加到专业学位招生计划中去。这项措施促使法律硕士研究生规模迅速扩大。此外,还增设了"警务硕士"、"社会工作"专业学位项目;还改变了对重点学科项目的评审标准,由过去强调比总量、比指标(被设计为复杂繁琐的学术资源),改为注重市场需求论证和行业主管部门评价,等等。

上述政策和措施表明:大陆法学教育正在顺应快速发展变化的经济社会发展形势,构建全面响应社会的、以实际为导向的法律人才培养模式,这无疑将是今后法学教育发展的趋势。

三、结语

尽管近年来各方面不断努力,采取种种措施力图推进法学理论与实务的进一步结合,但应当注意到的是,影响和阻碍法学理论与实务接轨的某些因素是根深蒂固和不易迅速改变的。例如,在我们传统观念里面,虽然强调知行合一,但修身和治世往往被认为是截然两分和分阶段、分步骤来实施的,这可能会影响我们的教育观,到底是边学边干,还是先集中学习再去实践呢?再就是我国现代意义上的大学概念的确定及其制度化的影响。我国现代意义上的大学概念,是蔡元培提出和确立的。他提出大学是研究高深学问的地方,高深学问和实际应用技能分别称作"学科"和"术科",并由大学和专门学校这两种地位、等次有别的机构来承担;一个机构只有设有文理才称得上是"大学",法科、工科等都是"术科",正因此,他提出的整合京津高校方案,撤销了天津大学悠久的法科并入北大,北大则撤销工科并入天大。蔡元培的大学定义支配了民国时期的高教法规,不过抗战胜利后,由于美国影响的迅速提升,法学教育开始强调"理实并重",但未及推行。现代大学的概念对今天仍有一定的影响。加之1950年代后,大陆以计划经济为背景建立起高度集权的高等教育管理模式,教育行政主管部门与行业或用人单位之间在人才培养方面的职权与资源的分配,成为一个比较敏感和复杂的问题。最后,在如何推动法学理论与实务接轨方面,还缺乏深入的和有价值的研究成果。这些都是需要在今后各方面的努力和逐步克服的。

最近中国共产党召开的十八届四中全会提出了一个"依法治国"宏大方案。这个方案提出了加强"法治专门队伍"(包括立法、行政执法、司法)正规化、专业化、职业化建设,加强法律服务队伍建设(包括社会律师、公职律师、公司律师),发展公证员、基层法律服务工作者、人民调解员队伍,重点打造政治立场坚定、理论功底深厚、熟悉中国国情的高水平法学家和专家团队,建设高素质学术带头人、骨干教师、专兼职教师队伍等一系列目标和任务。为此就要"创新法治人才培养机制",这将开启中国法学院校新一轮的改革进程。构建"中国特色社会主义法学理论体系、学科体系、课程体系",组织编写国家统一的法律类专业核心教材,更加密切法学教育与司法考试的关系等等,都将成为法学教育领域热议的话题。

国家统一司法考试制度的完善与发展*

国家统一司法考试制度实施以来，研究和探索今后考试制度与模式的改进与完善，始终是决策者高度关注和致力解决的问题。目前，这一主题被归纳为以下五个具体问题：(1)我国司法考试制度的发展与改革；(2)国家司法考试制度与法律职业者统一职前培训制度；(3)国家司法考试制度与法学教育；(4)国家司法考试制度与法官、检察官选任制度；(5)西部及基层司法机关队伍建设。这里根据最近召开的专门的、重要的研讨会和其中发表的有代表性的论文材料，对当前司法考试及其相关制度建设中涉及的各个专门问题所提出的思想、观点、主张和存在的问题做一综述，[1]以便理论与实务部门的专家研究参考。

一、关于司法考试在依法治国中的定位

司法考试制度建立的合理性及其在现代法治构建中的重要意义，可说是几乎所有的论者都或多或少涉及，而且无疑是持积极肯定评价的一个问题。中国人民大学张志铭教授在"司法考试制度与依法治国"一文中揭示了司法考试制度与中国法治事业的内在逻辑关系，认为这项制度以选拔、造就高品质和同质

---

* 本文原载《华东政法大学学报》2008年第2期。

[1] 2001年国家检察官学院在北京召开了专门的司法官培训研讨会，2002年在上海召开了主题为"司法考试与法律教育"的中国法学会法学教育年会以及后来历年的年会，2003年底司法部司法考试司在北京召开的司法考试国际研讨会，2006年8月司法部国家司法考试司在大连召开的国家统一司法考试制度研讨会，可说是最具代表性的。大连会议是司法考试主管部门关于构建司法考试制度理论研讨的第二次全国性会议。参会人员包括了司法考试协调委员会委员、中央政法委、教育部、人事部、中华全国律师协会、司法部司法考试中心、全国各省(区、市)司法厅(局)司法考试负责人，全国著名高校的专家以及新闻出版等单位。主办者就专题设计和预备研究做了近一年时间的准备，汇编印制了提交会议的26篇论文、3篇关于国外司法考试制度的调研报告和相关参考资料。会议的一个重要特点是高校与实务部门互动，学理研究为应用决策服务，既不是行政工作会议，也不是纯粹的学术研讨会。会议上交流的信息和探讨的问题，全面反映了我国司法考试以及相关制度建设中的问题、最新研究成果和政策调整趋势。本文主要以这次会议为背景。

化的法律职业群体为直接指向，其重要意义在于(1)体现了现代法治的一般要求：高品质、同质化的法律职业群体的存在是现代社会实行法治化治理的基本前提，它在社会分工方面因应了现代法治的专业化要求，顺应了实现法制统一和司法公正的需要，表现了不同法律职业之间所具有的共性，为高水平的法治提供了一个重要标识；(2)体现了中国社会依法治国的阶段性要求：构建高品质、同质化的法律职业群体，回应了中国法治在宏观上从立法到实施、从注重制度规范的完备到关注组织构造和人员素质的重心转移，有助于克服不同法律职业在选任上的各行其道而造成的司法资源浪费、职业秩序混乱，应对组织、人事和运作制度上难以应对法治深化要求的挑战；(3)为强力推动与法律职业共同体养成相关的整个制度系统的健全和完善提供了新的契机：激活和加强法学教育的职业取向和实践品质，推动合理的职前培训制度的建立，促成“司法职业者”或“司法官”这一法律职业群体共享的身份概念的形成从而为不同法律职业间的有序流动奠定学理基础，以及启发人们认真思考法律运作和法律服务需求的多样性和相应的制度安排。作者结论是：统一司法考试制度意义的充分发挥，取决于一系列相关制度的配套设计和推行，取决于人们在多大程度上坚持原初的构想，将这样一项尚属初步的制度转变为一项由诸多制度配套而行的系统工程。

二、关于司法考试的性质、公正与质量问题

研讨中涉及了司法考试的性质、公正和质量等基础性问题。吉林大学张文显教授就此提出了一系列引人深思的重要问题。他指出，作为讨论一切制度设计的前提，应当对司法考试的性质给予一个准确的定位。具体要考虑：司法考试究竟是(1)法律职业考试，还是法律素质考试？因为定位不同，考试方式也随之不同；(2)是资格考试，还是录用考试？如果是前者，就不该设通过率，不应当有名额限制而只确定资格标准就够了。如果是后者，就应当之前公布录用指标；(3)是综合考试，还是学分制式的考试？或者象自学考试，过一科算一科？这些问题直接关系到考试的公正和考试的质量问题。司法考试中的公正问题首先涉及报考资格的公正，目前的报考资格限定在受过高等教育，这与报考条件很开放的公务员考试不同。其次是考试的形式公正。第三是分数面前的公正。目前的大一统考试已对西部和其他欠发达地区造成很大的压力。要从全社会公正、从西部发展的大局来考虑，不是简单降分的问题。还要考虑客观公正与主观公正的问题。客观题是否就意味着客观公正？关于司法考试的质量，取决于三个起影响和决定作用的因素：一是考生的质量，如果报考资格限定在受过法律专门教育，那么大家就会认为司法考试的起点可能会高一些；二是命题的质量。近年来随着研究的深入，命题水平不断提高，这方面还没有受到质疑；三是判卷的质量，评阅这么大规模的试卷很不容易。会对考生带来很大的影响。关于有人批评的司法考试弊端的问题，他指出，对于司法考试实施中存在的问题究竟怎样概括和准确地表述，这是个问题。我们只有找准问题，才有利于兴利除弊。

浙江大学孙笑侠教授就司法考试本身提出了六个值得反思的问题：(1)报考资格是采取民主主义（全体公众均可报考）还是职业主义（经过科班训练的人才能报考）？(2)司法考试实施后法学院的教学、教材等都显得被动，由此形成的与法律职业要求之间的矛盾（往往表现为司法实际部门评价毕业生实践能力太差）。(3)围绕考试科目设置的争议（如中国法制史、法理学），也表明了司法考试中存在着知识正统性与技能应用性之间的矛盾。法学本科教育又如何解决这个矛盾？(4)统一职业资质的应然要求与地区差异之间的矛盾如何解决？西部地区降低分数线的做法可否改为分别基层、中级、高级司法机关分别对待。(5)考试一体化与法律职业各个分支录用人员多样化的矛盾。(6)司法官制度与公务员人事制度之间也存在进一步协调的问题。

中南财经政法大学覃有土教授对司法考试地位和作用表示怀疑，认为它的“权威性”并没有像我们想象的那样大，从实际看，充其量只是行业考试，公务员考试的补充而已。

三、关于法律职业素质的考查及其试题设计问题

孙笑侠教授坚持一个理想的法律职业者，必须具备职业语言、法律知识、法律原理、职业思维、职业技术和职业道德六种素养，认为不管法律职业内部存在着怎样的分工，这六种素养都是法官、检察官和律师所必须具备的，它们是构成统一的法律职业共同体的一般基础，是法律职业统一的基本标准；与此相应，在当前设计司法考试制度时，应当确立“素养考核中心论”的指导思想，即针对法律职业素养的上述要求来设计考核的内容与考核的形式。他特别强调那些惯常认为不易甚至无法测验的主题并非不能进入考题设计的范围。在“法律职业素养与司法考题设计”一文中，他以司法考试试题为例指出：(1)职业语言在法学院教学阶段，体现为对法律概念术语、语言特征的传授和学习，在试卷中，可通过简析、分析、法律文书、论述等题型考查考生对法律术语的掌握程度。(2)法律知识在教学阶段体现为对实在法所规定的知识的学习，在考试中表现为考法律的规定。但他主张考试中不能过多涉及考“知识点”，因为法律知识在没有原理支持的情况下是死的，可在办案中通过查阅的办法随时了解；法律知识会随立法而变化；再有这些知识多凭记忆，相对素质考核次要一些。(3)鉴于法律原理对于司法者的重要性，试题中应“大量增加”这类考题。(4)对于法律职业思维考核，可在考试中可表现为案例或事件分析。(5)法律职业技术包括法律解释、法律推理、证据运用、法庭辩论以及文书制作等内容，它们非经长期专业训练(表现为设置的相关专业课程)不能获得。在考试中“只能通过事案分析来进行”。(6)作为“法治精神追求”的职业道德，在教学中主要通过法律职业伦理等课堂教学、法律咨询、法律援助等实践活动养成和确立；尽管职业伦理难以通过一次考试来检测，但职业道德规则和原则可通过考试来检测。

上海交通大学的郑成良教授在“论法学教育与司法考试的衔接”(与李学尧合写)一文里认为，一个合格的法律职业者应具备信息型或记忆性、法律思维能力、言辞和技术的能力、道德与伦理、职业经验五方面的素质。与孙笑侠教授的司法考试应以考核“法律素养”为中心的主张相反，论者认为对于考生，前四个是必要的，第五个则不需要；从司法考试的局限性来讲，那种认为仅凭一次考试就能公平而成功评价考生的法律素养“是一个乌托邦式的梦想”，其作用“只能局限于考查信息型知识和一定程度的法律方法的掌握能力”。对于法律素养全面有效的考查不能通过司法考试做到，或者在成本考量上是不应该的，只能寻求法学院教育。

着眼于大学法律教学应当引导学生关注实务、培养具有独立思考问题和解决问题能力的价值取向，清华大学周光权副教授针对命题设计，认为案例分析和论述题这两种题型对大学法学教育有积极意义，但由于仅有唯一正确答案而有可能造成法律教学仅限“通说”，回避争议而致使学生丧失批判和辨析能力的局面。鉴于处理法律问题的方法和结论在很多情况并无确定性，只有相对合理主张的情况，因此建议：案例分析和论述可改为要求考生分别解答和分析评价通说、反对说及其各自可能的缺点的题型，以此发挥考试对大学教育的引导功能。

中华全国律师协会副秘书长洪家鸣指出，据统计，全国律师界能在业务中运用外语的不足200人，难以满足需要，因此建议考试科目应增加法律专业外语，考试方式或口试或书面，作为从业参考。

四、关于分阶段考试模式设计及相关政策调整问题

2002年以来实施的统一司法考试基本上沿袭了之前早已建立的律师资格考试模式。考试每年举行一次，符合条件的考生要在两天时间里完成四次总共涉及20多个法律科目的笔试，每次3个小时（今改为3.5小时），题型为单项选择、多项选择、不定项选择、案例分析和司法文书写作，4张考卷以平均每卷约60分之总和为通过标准，对贫困地区予以适当降低分数的政策优惠。随着对法律专门人才选拔规律认识的深入和组织实施考试经验的积累，2005年全国司法考试工作会议上提出，今后要"着力解决改进和完善司法考试模式、方法的问题"。考试模式的调研、设计以及相关问题的研究遂成为当前司法考试研究中的一个重点。

北京大学潘剑锋教授和中国人民大学丁相顺博士分别做了题为"中国统一司法考试模式研究"和"中国阶段性司法考试模式研究"的专题研究报告。报告分析和总结了大陆法和英美法国家当前司法考试的一般模式、基本特征和最近改革情况，描述和界定了我国统一司法考试制度建立与发展的过程和现行考试制度的运行框架，提出了分阶段考试的设想和实施方案。其理由主要是：目前考试的题型以选择题为主，"题目呆板"，缺乏灵活性，在考查考生的分析、推理能力方面有局限，存在着侥幸通过考试的可能（因为"考试的次数越少，考试结果的偶然性概率就越大"）；由于是一次性考试，主观题部分阅卷基数大，评卷质量难于保证，也"没有任何制度空间通过考试的形式"解决统一考试与全国各区域法律职业实际情况存在巨大差异的矛盾，等等。

分阶段考试制度设计的主要内容归纳起来是：（1）从现在一次性考试改为法学基础知识和法律分析论述二次考试。第一次考试采用客观题，共2卷300道，范围包括大学法学主干科目，机读阅卷，合格率约1/3，旨在甄别是否接受过法学本科教育，合格后取得参加第二次考试的资格。第二次采用案例分析、写作等主观题型，以法律实务中涉及到的实体法、程序法为主，旨在测试考生的分析、推理、语言文字和思维能力，合格率约1/3。另外条件成熟时增加口试/面试，测试考生的表达和应变能力，注重职业伦理，允许大部分考生通过。（2）在报考政策上，放宽报名资格要求，放开对包括党校文凭报考资格的限制，并向法学高学历人才倾斜，即在国内外完成法学研究生教育者，免除第一阶段考试，确认其资格。(3)为解决西部地区法律职业队伍建设问题多、压力大的问题，允许第一次考试通过者和享有免除第一次考试的考生直接获得在该地区从业资格，政策优惠地区由司法部会最高人民法院和最高人民检察院依据当地职业队伍情况来决定。证书管理上以颁发通过哪一阶段考试的证书来取代现行的A、B、C三种证书。潘剑锋认为，影响我国司法考试模式的因素主要是现行的法律教育模式、地区间发展的不平衡、考试合格率与社会对司法人才的需求以及考试组织管理。丁相顺博士认为，这种分阶段考试恰好有利于选拔知识、经验和职业道德优秀的法律职业者，有利于解决司法考试与法律教育脱节问题，有利于解决各地法律职业发展不平衡问题。

与会者对分阶段考试模式方案表现出兴趣。郑成良教授认为，从大的方向上来讲，二次考试模式可行，但在具体操作上可能涉及国家有关管理制度的改革问题。由于中国的司法权高度分散，不像西方国家有单独的一个机构控制着法院等各个机关的人事权和财权，那么这些在可预见的未来几年能否解决是个问题。他设想：可将现有考试设计为6卷，前3卷不变，仍为基础知识考查；后3卷考综合能力，包括较多的案例分析、法律文书制作等。评卷时先前3卷。合格者，再阅其后3卷，以解决批阅试卷数量过大的问题。有人指出，论者对于实施分阶段考试作为解决目前一次性考试缺陷有效途径的分析尚嫌不足，其必要性与合理性还应做进一步地论证。

中央政法委办公室副主任段元祥发言中认为：司法考试制度一定要立足和服务于中国的实际，要在现有条件下设计改革，要充分考虑司法考试的多头领导体制相互之间的协调和权力分配上的协调的困难；要根据我国现有考生的能力、素质等实际条件来设计考试；改革方案可委托某些有特长的学校分别研究，分出层次，属于哪个层次的问题就由哪个部门研究。

五、关于司法考试与法律教育的关系

张文显教授评价这个问题在2002年上海中国法律教育年会上曾专门讨论过，但因涉及法律教育的改革和高校定位，所以是个总让人兴奋的话题。他就这个主题提出了四个重要观点：(1)我国法律教育的功能是多元的，法学院毕业生从事商业、政府等社会各个领域，通过司法考试而做法官、检察官和律师的不

到10%,这一客观现实,决定了我国的法律教育并非职业教育(或者说是最宽泛的、广义上的职业教育),从教育性质上只能定位于法律素质教育,包括最优秀的公民素质、良好的人文素质和以法律思维为核心的法律素质,主要通过对学生进行马克思主义法律观、科学观和民主意识,社会主义法治理念,中国社会主义法制,法律程序与法律方法四方面的教育予以体现。(2)他反对以司法考试“通过率”作为衡量法律教育成绩的标准。一者,这个概念是指一次通过?还是几次通过?以什么作为计算基数?很不科学。另外,这只能是对办学的众多评价标准之一,此外还有考研比例、就业率(宽口径意义上的)以及就业质量(例如,能否体现学以致用;到最高法院是优质就业,到祖国最需要的地方也应视为优质就业)。再者,这还涉及政府对法律教育投入与产出的问题,如国家对北大、清华的投入就远远超过了对其他高校的投入的平均数,这些学校吸收了优质生源,若干年后能得到预期的效果吗?(3)司法考试与法律教育两者不是简单的对应关系。司法考试要充分考虑法律职业的需要,法律教育也必须考虑法律教育的现实情况,不存在谁支配谁、谁改造谁的问题。各高校应根据自己的实际积极探索各自的办学模式,鼓励法律教育的多元化。根据研究型、教学研究型、教学型或者“985”、“211”等不同定位,确立与司法考试相应不尽相同的关系。(4)针对近来流传的“取消法学本科”的舆论,他郑重指出:教育部从来没有取消法学本科教育的方案。个别大学校长发表了对法学本科教育的看法,我们仅凭媒体的报道,认为这只能是个人的观点。“取消论”很难令人赞同,说法学本科毕业生缺乏经验而提出取消法学本科的理由不能成立,出于学校发展研究生教育的需要等因素,没有本科毕业生是不行的。他引用耶鲁大学校长的话说:社会千家万户对大学的关注,是因为他/她们的孩子要上大学,而社会与法学教育的连接主要在大学本科。当然我们不反对个别学校搞试点,但要说取消,则要慎之又慎。

前述郑成良教授与李学尧合写的论文当中,论者借助西方经典的职业与职业准入控制学说审视了我国司法考试制度构建中可能出现的各种问题。作者的讨论有两点值得重视:其一,在肯定考试作为职业准入控制措施的积极意义的同时,也要注意它可能存在着的局限,例如,要警惕职业准入中的“管制俘获”(capture)问题、考试成本设计上与接受法律服务者的承受力问题、统一考试可能导致忽视法律服务层次多样性的问题、高分通过的人才选拔方式与从业者整体质量的关系等,这些都应在制订考试政策时加以注意。其二,就是把大学法律教育与司法考试视为相互关联的有机整体,共同作为选拔法律职业者的制度性措施,通过两者的功能分担和优势互补,以期获得下列好处:(1)把那些难于通过一次考试获得理想效果的言辞技术、伦理规范等职业素质的考查由法学院的长期培训及其分散课程来完成,相对有效地克服“一考定终身”的弊病,并节省人才选拔的成本(考试不必重复设置类似科目);(2)通过对这两个环节的调控更有效地实现职业数量与质量的准入控制;(3)防止资格统一考试作为唯一准入控制措施后对法律服务多元化可能的负面影响。作者提醒要注意两点,其一,这两者的结合也有增加法律服务成本的可能,经年累月的学习再加上考试,这种成本是否合理,需要计算,进而主张“对某些对法律方法或者解释技术要求不是很强的岗位,应设定不限法律专业即可从业的规定;同时司法考试不应难通过,以防止不必要的浪费”。其二,这种功能上互补关系的实现,有赖于国家对法学院管制的有效实现,特别是对法学院的设立、运行进行有效管制的机制。在建立两者互动关系的各种讨论中,上述介绍和分析很有启发。

海南大学校长谭世贵教授的“论法学教育与司法考试的改革与协调”发言中,介绍了我国司法考试制度建立的背景及其对法学教育的正面、负面影响。围绕报考条件,他认为法律教育要进行改革的是:建立以法学本科为主的统一法学教育模式;建立法学教育质量评估体系,淘汰不合格机构办学资格;推动法学教育对外合作与交流,培养学生“世界意识”以适应入世需要;加强实践教学环节,更多的模拟法庭、诊所,并提高司法考试报考条件。

在自由发言中,西北政法大学王健教授梳理了近年来考试与教育关系的各种论说,归纳并介绍了“适应说”、“互动说”、“分合说”、“矛盾说”、“冲击说”、“法硕与考试合一说”、“无关说”等,认为统一司法考试的实施,突显了大学法律教育的地位和价值;促使办学者重新思考自己的定位和办学目标;增添了司法部门对法律人才培养的关注和责任;提出了中国法律教育改革的新的任务。对于两者的关系,关键是如何解决和处理管理体制和权力配置问题,这方面可借鉴民国时期教育部与司法院交叉管理大学法律教育模式的经验。中国人民大学龙翼飞教授认为,鉴于法律至上的理由,法律教育本质上应当是精英教育,应当警惕当前法科泛滥之势;法律教育目标应是多元的,其任务应是提高学生的综合素质。南京大学李有根教授呼吁要重视法律教学中的案例教学,法学院要收集、整理和建立案例库。针对目前大学对于考前指导的欠缺和现有社会培训机构不尽规范的情况，有人建议大学有必要介入对考生考前的培训和指导工作，以克服不规范校外培训机构对法律教育造成的消极影响。

中国政法大学徐显明教授在总结本专题发言中强调了三个重要观点：(1)司法考试与法律教育之间的互动关系将经历三个阶段，一是司法考试作为一个全新的制度，在其确立与发展之初，必须适应已相对成熟的法律教育阶段，这个阶段不会太长。很快，司法考试不会被动的受制于法律教育，它反过来要影响法学教育。这就是今天我们都感受到的问题。未来的第三阶段是司法考试将引领中国的法律教育。那时，司法考试将成为主导因素。目前处于第二阶段。(2)中国近百来来的法学教育，处于基础性的意义是为社会培养法治人才；不仅要培养学生的创新能力，还要养成他们的守成能力；法律教育要为国家法治建设提供对策性成果；从对国际上的意义来讲，中国的法律教育必须有中国人来代表。(3)中国法律教育面临着的基本问题，表现在四对矛盾上：其一，法律教育的低起点与法治共同体高素质要求的矛盾，我们的法学教育始于高中，起点太低，四年制教育很难完成培养任务，要不要改革呢？其二，大众教育还是精英教育？目前全国法学专业的规模和学生总量都相当大，承担着大众教育职能，是否人人都可学法学？是否任何大学都可设法学院？需要思考。其三，素质教育还是博雅、通识教育？其四，人文教育还是职业教育？若是人文教育，则在大学中学生接触自然科学不足，而如果没有科学素养，学生不会很好地对待证据。一个好的法律家身上，必须是两种素质具在。此外，出现在所有的法学院还都存在着没有对学生进行职业伦理训练和职业技巧训练缺乏这两个根本缺陷。

六、关于通过司法考试后的职前培训问题

早在统一考试制度刚出台，与司法考试相衔接的职前培训问题就受到了司法界的高度重视。2002 年初国家检察官学院召开的专门研讨会上即列有专门议题。但近 5 年来无甚进展。职前培训的现状，正如司法部司法行政学院教研处长李袁婕所总结的，2003 年最高人民法院政治部转发了国家法官学院制订的《预备法官教学实施方案》，之后的 2005 - 2010 年全国法官干部教育培训规划中又规定预备法官必须经过培训才能提请任命，即将修改的法官培训条例也将增加预备法官培训的内容。但由于受场地、培训经费的限制，实际上并未按照上述文件要求开展培训工作。检察机关目前尚无职前培训的规范文件，只是在

2004－2007年检察系统培训纲要中提出要开展初任检察官培训。律师岗前培训一直都有，但司法部文件中只提到实习，岗前培训的政策不太明确，各地做法也不相同。

在本次会议上，众多专家仍坚持建立职前培训制度的必要性和迫切性。国家检察官学院院长石少侠教授（由马立东教授代为发言）在“对构建我国法律职业人员职前培训制度的几点思考”一文中呼吁：要高度关注司法官遴选和司法官培训制度的建立，进一步完善国家统一司法考试的后续工程。因为“当职前培训成为一项法定制度时，未经职前培训即就任法律职业便会缺乏合法任职的正当性”；而从考试的功能上讲，“统一的司法考试不可能完全解决考生的能力问题，也不应当对司法考试提出不切实际的苛求”。为此，他强调职前培训制度的独立价值，认为它不是高等院校法学专业教学内容的延续或教学层次的提升，而必须以只能能力培养、职业道德养成和职业技能训练为核心，具有明显的针对性、实务性、实践性和技能性的特点。湖北司法厅厅长李仁真教授在“论法律职业者职前培训制度的建构”一文中界定了“统一职前培训制度”的内涵和性质，即它是对通过司法考试取得法律职业资格的人员在其初任法官、检察官和律师前进行的强制性统一培训制度。她认为与《律师法》、《法官法》和《检察官》形成对应的三大培训机构“都是按各部门的工作要求进行职业技能和素质培训，培训的期限、方式、内容、标准等方面都不相同，形成了培训机构分散、缺少统一规划，缺乏合理分工和合作的格局，不能形成规模效益，无法实现合理的人才交流。”构建一种新的统一职前培训制度，实现各个法律职业培训体系的统一规划、合理布局和科学分工，已成为司法考试制度改革和发展的当务之急。

关于职前培训的管理体制与实施模式，尚有不同意见，主要有两种：一者认为：鉴于目前不具备实行“统考统训”的基本条件，单独设立专门的培训机构耗费时间、向基层延伸开展业务难，如果指定现有某个法律职业部门独立负责，又存在协调工作的有效性问题，而且由于法律教育与法律实务脱节，高等法律院校暂不能承担这项工作，所以简便、有效的办法是成立一个各职业部门参加的专门的培训领导机构——“全国法律职业人员职前培训工作指导委员会”，作为决策机构来履行研究、制定全国法律职业人员职前培训工作规范、培训计划、培训大纲、培训教材及协调各部门之关系等职能；利用法院、检察院、司法行政系统现有教育培训设施，建立由中央到地方覆盖各个法律职业部门的培训网络，按照“先选后训”、“统考分训”的原则，由其对通过考试和被遴选为预备法官、检察官、见习律师进行为期一年左右的培训，内容包括集中学习法官、检察官和律师职业道德与职业纪律，审判业务、检察业务、律师业务，语言表达能力、谈判、辩论技巧及法律文书写作，分别业务实习以及考核等。经费由培训对象所在单位承担，并争取国家财政补助。

与上述意见相反，西南政法大学付子堂教授认为：目前检、法各自设立的培训机构是一个资源浪费，从一个理想的法律教育体系是由法律学科教育、法律职业教育、法律职业资格考试、法律职业技能培训、终身法律教育五个环节构成的统一整体的角度，从司法部曾领导全国的法律教育，目前负责法律硕士教育和统一司法考试的事实，以及从司法部和司法厅/局并非严格的司法机关，而是为司法提供服务的司法行政部门职能性质来看，职前培训不应属于法院和检察院的职分，而应当由司法部统一领导和管理，并由各政法院校具体承担。培训机构可以是中央和地方两级，或分片区。至于是“先训后选”还是“先选后训”，是“统考统训”还是“统考分训”只不过是个技术问题，可通过建设一个法律的职业培训条例来具体的论证，未必能马上取得共识。此外，他还支持清华大学张明楷教授曾提出的使司法考试成为法律硕士入学考试，使法律硕士教育成为职前培训环节的意见。

尽管对于职前培训的制度设计和实施方案有如此的不同，但李袁婕提出的意见值得重视。她认为：开展职前培训工作的前提是要修改现行的法官法、检察官法和律师法，以此明确其法律属性和地位。另外，在全国开展统一职前培训工作的客观条件尚不具备的情况下，可先采取分步走的方法，在条件较成熟的省份先试点，总结经验后推广全国。

七、司法考试与法官、检察官选任制度

根据2001年《国家司法考试实施办法（试行）》的规定，通过考试或者进而通过某种形式的职前培训，这仅仅解决了一个人能否从事法律职业的资格问题，而他/她最终能否成为法官、检察官，还涉及司法机关的人事录用制度问题。目前我国录用和选任法官、检察官，首先要通过公务员资格考试，才有机会成为法官、检察官，否则即使通过司法考试，也无法进入司法机关。按照徐显明教授的判断，统一司法考试制度与用人制度以及职业保障制度的衔接“决定着司法考试制度的成败，这个问题解决不好，可能要影响中国司法考试的权威和形

象。”最高人民检察院检察理论研究所所长张智辉教授在“国家统一司法考试与检法机关人事制度衔接的问题与建设”一文中指出：国家统一司法考试制度的建立，是“我国近年来司法改革中最具实质意义的、对整个司法制度具有深远影响的一个重大举措”，直接影响司法机关的人事制度。这就意味着，作为司法人事管理制度，进而作为司法改革的组成部分，录用制度的改革受到了人们的高度关注，成为关乎司法考试制度价值实现的重大问题。

司法考试与司法机关人事制度的衔接方面存在哪些问题呢？张智辉认为有三个：其一，考试制度与录用制度存在“冲突”，考试应有的功能不能充分发挥。一方面，中组部、最高人民法院、最高人民检察院2004年11月19日联合下发的《关于进一步加强地方各级人民法院、人民检察院考试录用工作的通知》要求地方各级法院、检察院规定录用招考的对象必须通过国家司法考试，但有些省将报考条件放宽到获得法学本科学历；获得硕士、博士学位可以免考，但通过司法考试者却不能免考。其二，考试通过率过低与内陆和基层司法机关人员需求之间反差较大，符合规定的招录工作无法进行。其三，考试内容与参加考试的、已从事司法工作的人员的实际业务情况之间存在一定矛盾，影响一些司法机关需要的人才通过考试。后两者都会使司法机关对考试的价值产生怀疑。怎样克服考试与录用脱节的缺陷：一是适当调整考试内容，以基本知识、基本能力为主，不要片面追求知识点数量，考试时间要考虑法学本科毕业时间和司法机关录用时间。二是录用人员应以通过司法考试者为限，其申报法官、检察官岗位无须再经过考试；对担任法院院长、检察院检察长及有造诣的法律专家，应明确规定免考而获得从业资格。三是通过人事管理、财政等政策调节手段，提高司法官待遇，改善工作条件，并促使法律专业人员向西部和基层流动。

就司法机关人事制度本身存在的问题而言，华南理工大学法学院长葛洪义教授认为主要有三方面：司法机关人事制度尚未建立起司法官与一般公务员、司法机关内部人员的分类管理体系；司法机关的人事制度以行政为主导，司法官“吃地方政府的饭，干中央政府的活”，人力资源成为地方资源；司法机关干部配备和流动缺乏合理的制度设计。在“再论我国司法机关人事制度的改革”一文中，他认为解决的根本办法是进一步改革司法机构的人事制度，一是要建立统一的法律职业人力资源储备制度；二是将各级司法机构纳入统一的中央财政支付体系，三是建立高标准稳定的司法官工作生活保障制度，四是建立健全司法机构内部人员的分类管理制度。

针对司法考试制度与公务员考试如何衔接的问题,段元祥建议:对参加公务员资格考试中报考法检机关的考生设立条件,要求其具有法律专业背景,或者在司法考试科目中由人事部设置一门公务员综合知识试卷,以免重复考试;要改革司法机关人事管理制度,淘汰或交流出去不称职的法官、检察官,空出编制和岗位选入优秀法律人才;要加大对在职法官、检察官培训的力度,使其尽快具备从业资格。

徐显明将司法官选任问题的思考引向深入。他认为法律教育不能成为中国所有教育当中最昂贵的专业,四年制的法律教育和专业培训及继续教育对于国家来讲是很大的成本。如果这么长时间的投入最终不能追求到一个国家最高贵的职业,那么就是失败。而这个问题的解决要回到一个更宏观的问题,即“司法一元化”的理念,它是从业者知识结构一元化、司法价值一元化、司法伦理一元和从业标准一元化这四者结合。

八、统一司法考试与西部法律职业队伍建设

司法考试与司法机关人事管理制度的问题,往往表现为统一考试与不同区域法律职业人员资源分布多样性或巨大差异之间的矛盾,其中最突出的,就是边远和贫困,同时也意味着基层地方的考生无法满足统一考试合格的要求,即这些地区合格法律职业者的数量严重匮乏。来自四川高级人民法院政治部贺林和内蒙古自治区人民检察院政治部乌力吉提供了专门的调查统计材料说明了这一点。在他们看来,西部基层司法机关队伍建设中存在的突出问题是基层法官、检察官因取得资格困难和司法人员老龄化而逐年减少,部分地区缺编突出。如内蒙古全区近年来案件数量每年以5% ~10%递增,但101个基层院中业务部门只有1名检察官的有83个;2002 ~2005年全区检察机关仅通过74人,年平均及格率6%;2003年全区检察机关拟招录288个职位,实际开考录用了181个,仅占计划的62%。

从以上角度分析,目前考试存在的问题主要是:(1)考题形式不利于有经验和年龄大的考生;(2)通过政策上只考虑对少数民族降分而在考试内容上缺乏兼顾少数民族风俗习惯方面的知识;(3)总的来看,不同层次职业准入适用同一尺度,忽视了不同层次不同级别要求的差异,全国四级审判机关和检察机关管辖案件和适用法律难易度有不同差异,但初任这四个级别的司法官共用一个标准,显然不合理。

为此,论者提出了种种建议:(1)按四级司法机关设置难度不同的职业准入标准,如实行A、B、C、D四级证书,D证可作基层司法机关职业资格证和报考高级证书的基础,依次类推;或者在西部地区设立甲乙丙丁四类职业资格证,分别适用于西部各司法机关、西部地市及以下、西部县级和国家级贫困线所在地司法机关,分数线由低于全国平均线以下依次递减。(2)对西部地区、少数民族地区设单独考区,在报考学历条件、划定合格线上全面放宽。(3)调整报考时间,把考试时间改为每年3月,与高校应届毕业生与法检单位录用,允许应届毕业生报考。(4)创新检察队伍管理模式,试行“地方检察官”制度(由地方人大将基层院有一定专业经验但在考试分数线一定范围内的非检察官干部任命为本盟市检察官)、“代理检察官”制度(有一定专业知识和经验的非检察官干部经考核任为代理检察官);建立全区检察官人才库,把统一招录的符合检察官任职条件和法律专业本科生分配到基层院工作并逐级遴选制度;高检院从取得法律职业资格人员考录补员具体办法,协调有关部门从全国范围内选调有从业资格者到西部工作,解决基层院短缺问题。(5)制订与司法考试配套的司法官遴选政策,规定通过考试者不再参加公务员考试,在政法专项编制范围内,实行面向社会,采取公平、平等、择优的方式,把取得资格的人选拔进当地司法机关。(6)为西部司法机关考生开设必要的辅导班,以提高通过率。(7)采取学分制和分科成绩保留制等。

九、司法考试面临的问题与今后重点研究的方向

对于司法考试主管部门组织的研讨会,司法部主管领导评价有三个特点:(1)酝酿和筹备充分,得到了最高人民法院、最高人民检察院等机关的支持和高校专家、学者的积极响应。(2)主题鲜明,提出的意见和建议有针对性、创新性和建设性,对司法考试制度进一步完善和发展将起到积极的作用。(3)研讨深入,收获很大。专家和实际部门同志畅所欲言,一是从学理,从国内外比较,从教学实践体会分析了司法考试完善的趋势,很有启发,对主管部门的看法起到了支持作用;二是法学专家学者和实际部门、考试管理部门双方实现了思想互动,对密切理论和实际部门的联系非常重要;三是坚定了司法考试对构建小康社会、和谐社会,推进民主法治建设进程重要性的信念。大家对四年来的实施,对未来的发展充满信心,大家的智慧和精神使我们感动。因此管理部门要将这次研讨的成果及时转化为工作决策的重要参考依据。

结合目前司法考试中存在的问题,司法考试下一步的研究方向,总的来讲,就是要把握机遇,不断完善和推进司法考试。从目前研究和讨论的情况来看,大家对建立司法考试制度的目的,即为国家选拔合格的、高素质的法律人才这一点可以说空前的一致。但也只有这一个共同点,其他都不同程度地存在这样那样的分歧,这就是我们面临的复杂的问题。

司法考试是依法治国进程中的一个环节,它既直接影响现行的法律教育,又影响现行的司法制度。我们不仅要研究司法考试制度本身的问题,因为这是我们的工作职责。但还不够,还要研究与之相关的机制问题、理念问题。司法考试看起来只是一项具体的制度,但实际是涉及人事制度、司法制度、分配制度等很多、很大的问题。

关于中西部地区法律人才缺乏的问题,社会上普遍简单地认为这是司法考试带来的,但冷静思考,司法考试对基层的供给造成的影响有,但不能偏见,因为还有人事的、经济与社会的等一系列问题在里面。所以我们越想这个问题,越感到有些是可做的,有些暂时还做不到,还要继续研究,拿出可行的方案。

我们还要研究和解决司法考试组织实施中的问题,包括模式设计、考试方法和方式以及考试科目和内容等管理方面的问题。目前是“一次考试两天时间四张试卷”的模式。多数人认为现行的这种考试模式有问题。那么要改变已经实行了四年的这个制度,就要深入地研究。现在看来,大家所针对的一次考试的弊端,主要是感到一次考试不足以检测考生的能力。那么一次考试变为二次、三次考试到底能不能解决一次考试弊端?这个问题还不能得到一个清晰的概念。这是目前研究上的一个遗憾。再有考试内容的问题。目前教育部规定了法学专业的 14 门核心课,那么考试内容是否要增加或调整?也有待专家深入研究,提出建议。

现行考试制度设计上涉及报考条件。我国地域辽阔,各地文化教育发达程度差异大。放宽报名条件的地区是否应当调整?是否许可应届本科毕业生报考?对报考者的专业是否要调整?录取线究竟怎么?怎么兼顾统一性和特殊性?以国家扶贫线标准还是省级标准呢?有的又是科技扶贫等很多标准,如何找合适的标准呢?这些问题太复杂了,司法实际部门的同志们为此绞尽了脑汁。还有就是储备规模的问题。国外实行法官检察官与助手结合的制度,我们不是,只要进到了法院、检察院的就都是法官、检察官了。目前有十万职业外的贮备。关于考试的组织实施管理。这几年我们逐渐形成了比较完整的体系,目前运转得比较好。现在的任务是要加强制度建设,一是层级升级,二是填补空白。

与相关制度衔接的问题主要是职业选任制度,即通过考试后的任职,现在反映比较强烈,可能制度设计上有点问题,要引起高度重视。

关于与法律教育的衔接问题。司法考试是促进法律教育与司法实际紧密联系的纽带。法律教育的功能是多元化的,而考试和职业的目标是一元化的。现有的研究成果要及时消化,转变为工作决策的重要参考依据。

基于上述分析和判断,司法考试主管领导对于今后司法考试的制度建设提出了三项任务:其一,改进和完善国家司法考试要把握方向,立足国情,借鉴别国的做法,不能盲目;其二,着眼长远,统筹规划,循序渐进。对于提出来的问题,能改则改,能调(整)则调(整),有些只能做理论上探讨的问题,要等待时间和条件,但要态度积极;其三,要深入研究,充分论证,科学决策。今后要进一步集中突出的、专门的问题重点研讨,例如提高通过率,西部地区如何具体实施,党校文凭报考资格等重大问题。希望不断提出新的观点和有实践价值的成果。

法学教育与法律职业改革*

最近三十年来,一直存在着法学教育与法律职业改革的趋势,改革的动力主要来自理想的法学教育目标与法律人才培养现实之间的差距,特别是随着国家和社会发展对法律人才的数量和质量方面不断提出的新的要求。中国的法学教育经历了三十多年持续不断的发展,成为世界上发展速度快、规模最大的法律教育大国,基本上形成了学历层次和人才类型比较完整的与法律职业初步联系的有中国特色的社会主义法律教育体系,在促进法学研究、为国家和社会提供法律人才等方面发挥着重要作用。据统计,1980 年代初期,中国的政法机关人员当中具有法律大专以上毕业的仅占 3% ,40% 没有受过任何法律训练;54% 受过不足一个月的短期法律培训;而目前全国法院、检察院本科以上学历的均已过半(前者达 51.6% ,后者达 62% 以上);法律职业队伍的学历结构发生了根本性变化。

一、目前法学教育与法律职业存在的突出问题

1. 对司法人员按照综合管理类公务员进行管理,没有真正建立起符合司法属性、遵循司法规律、体现司法特点的政法队伍管理机制。将法院、检察院与其他党政机关混同,统一按综合管理类公务员管理,管理方式、手段没有差异;对内,又把所有的人员都当作法官、检察官来对待,如录用各岗位的干部都要按照法官、检察官的要求,要高学历、高素质、通过公务员考试和国家统一司法考试等等。不区分管理对象,标准简单同一,没有真正体现分类录用、分类晋升、分类考核、分类评价的科学的干部人事管理规律。法官、检察官的级别要套用“科长”、“处长”这些职级来衡量。这种单一化的管理模式,一方面导致司法工作呈现出浓厚的行政化色彩,司法人员的主体地位和核心作用得不到充分体现,专

---

* 本文是 2012 年教育部主持编写的《中国法学教育》中的一节,写于 2012 年 7 月。

家型业务人才难以培养。另一方面,由于缺乏晋升空间,人员不易稳定,也难以形成一支高素质专业化的辅助人员队伍。法官、检察官与辅助人员比例失衡,职责不清,往往要耗费大量的时间和精力从事事务性工作,影响了办案质量和效率,影响了人才资源的整体开发和合理配置,不利于优秀人才的脱颖而出和健康成长。当了法官、检察官要"追求进步",就必须挤行政领导职务的"独木桥"。导致法官、检察官队伍整体专业素质滑坡,基层法院、检察院机构庞杂,一线办案骨干力量缺乏,人才流失严重。

2. 基层法律职业人才供需矛盾突出。随着民主法治建设进程的加快推进,经济社会快速发展,国家和社会对高素质、专业化法律职业人才的要求越来越迫切。由于地区发展不平衡等多种原因,西部地区和基层司法机关,法官、检察官短缺的问题十分突出。我国 80% 以上的案件纠纷发生并处理在基层。但由于困扰多年的"招不进,留不住"的问题,基层司法人才短缺矛盾,已经成为司法事业科学发展的短板,特别是中西部地区的基层法院、检察院,司法人员青黄不接,出现"人才饥荒";少数民族地区,既通晓汉语又通晓少数民族语言的"双语"法律人才极其匮乏;"老、少、边、穷"地区一些基层法庭要组成 3 人合议庭审案,只能四处借人,2 人派出所、司法所大量存在,严重缺编少员。案多人少,基层现有司法人员工作负荷长期"超载",这种现状难以有效满足民众日益增长的司法需求。究其原因,主要是缺乏司法人员专门编制、从事司法工作须同时通过司法考试和公务员考试增大了进入司法机关的难度、统一司法考试与各地区通过率差异、就业指导工作方面还有很大欠缺等等。

3. 政法院校人才培养与使用脱节,法学教育未能适应司法考试对法律人才培养要求。由于缺乏对法学专业设置的监管和教育主管部门令政法院校不断扩招,法学专业盲目增设,盲目扩大法学专业学生规模,导致法科学生毕业后涌向社会,难以找到一份与法律专业相关的工作,形成了法律专业"招生热就业冷"、法律人才相对过剩的现象。据 2007 年数据统计,全国 1000 多所普通高等院校中,有 600 多所设置了法律学院(系),其中各类政法院校有 82 所,总在校学生约 29 万人,当年大约有毕业生近 12 万人,与专业相关的就业率 60%,最终约有 1/3 的毕业生进入政法机关。人才培养与社会需求脱节,造成了法学教育资源的浪费。与此密切相关的是,国家司法考试制度与法学教育制度、司法机关进人用人制度尚未建立起有效的衔接机制,司法部门的实务要求、国家司法考试的准入标准与法学教育的人才培养目标不完全相适应,需要进一步完善相关配套制度。

二、近年来采取的一系列改革措施

近年来,在政法、教育、高校以及社会各方面的共同努力下,有关主管部门在促进法学教育与法律职业衔接、促进法律职业的区域平衡方面采取了一系列推动措施。

1. 司法改革的深入推动了法律专门化和职业化,这项措施对法律工作者的知识和能力素质提出了新的要求,新修订的《法官法》、《检察官法》和《律师法》等法规规定了从事法律工作必须具有法律专门知识,特别是2002年国家统一司法考试制度的实施加快了这一进程。促使人们对法学教育与法律职业密切关系的认识不断深入。过去,对于法律教育的定位长期徘徊在科学主义和职业主义之间,近年来,法律教育是职业教育的概念已经成为主流的认识。

2. 建立法官、检察官单独职务序列,改革完善法官、检察官遴选制度,探索实行辅助人员分类管理制度。按照公务员法、法官法和检察官法的规定,分类改革根据职位的性质、特点、职责要求和管理需要,将法院、检察院人员划分为法官(检察官)、审判(检察)辅助人员和司法行政人员三大类,辅助人员又分为书记员、司法警察等。按照人员比例与工作任务相适应的原则,综合考虑各类人员岗位职责、工作任务、法院检察院的层级等因素,确定各类人员员额比例。对不同类别人员制定不同的管理办法。其中,法官、检察官按照法官法、检察官法的有关规定进行管理,目前已建立单独职务序列;司法行政人员按照综合管理类公务员进行管理。各类辅助人员的管理办法以及不同类别人员之间的交流条件和程序,正在沿着改革方向逐步研究制定。

2011年7月,中组部会同最高人民法院、最高人民检察院制定出台《法官职务序列设置暂行规定》、《检察官职务序列设置暂行规定》及其两个配套规定。规定指出,法官(检察官)按照法官(检察官)职务序列进行管理。职务序列包括职务名称与职务层次两个基本方面。职务名称与法官法、检察官法保持一致,职务层次沿用法官法、检察官法的12个等级,分别与综合管理类公务员的10个职务层次相对应。同时,确定法官、检察官等级与级别的对应关系,明确各级法院、检察院法官、检察官的设置规格,明确地方各级法官、检察院各等级法官、检察官的职数比例,对法官、检察官等级与级别升降的条件、程序和纪律监督等做出规定。

2008 年 8 月,中组部会同最高人民法院、最高人民检察院联合下发《公开选拔初任法官、检察官任职人选暂行办法》。办法要求,为规范法官、检察官选拔工作,扩大选拔范围,建设高素质、专业化的法官、检察官队伍,人民法院、检察院面向社会,从具备任职条件和资格的人员中选拔初任法官、检察官任职人选。除具备法定要求的法官、检察官任职资格外,担任四级机构法官、检察官,还要具备相应的工作经历,省级以上机构还要优先从具有基层工作经历的人员中选拔。办法还对报名、资格审查、考试以及录用程序等作出明确规定。

2004 年 10 月,最高人民法院下发《关于在部分地方人民法院开展法官助理试点工作的意见》,确定在海南等 18 家地方人民法院开展法官助理试点工作。试点法院设法官助理,在审判工作中,试行“法官—法官助理—书记员”的审判人员组合模式,明确法官、法官助理、书记员的职能划分和在审判活动中的分工协作关系。法官的主要职责是核实案件证据,认定案件事实,提出或者决定适用法律的意见;法官助理在法官指导下从事与审判业务相关的辅助性、事务性工作;书记员主要负责审判活动的记录工作。2007 年 11 月,最高人民法院下发《关于在西部地区部分基层人民法院开展法官助理制度试点、缓解法官短缺问题的意见》,将试点范围扩大到 12 个省(自治区、直辖市)所辖的 814 个基层法院。截至 2010 年底,全国法院共有法官助理 6665 名。

3. 不断探讨和构建司法考试与法学教育的良性互动关系。2007 年起,将社会主义法治理念和有关政法工作的重大理论观点、重大工作原则纳入考试大纲,单独列编,并在试题中明确所占分值比重。加大法律实务和考生的司法实践能力考查,增加刑法、民法、行政法和诉讼法学考试内容的比重,突出法学知识与法律实务的紧密结合。强化法律职业道德内容的考查,培养考生从事法律职业必备的政治意识、实践能力和道德素养。

2008 年起,国家允许高校在校四年级学生参加国家司法考试。这项措施拓宽了司法机关招录法律人才渠道,促进了优秀法律本科毕业生顺畅地进入法律职业的门槛。之前不允许高校在校学生参加司法考试,这样高校学生毕业后不能获得法律执业资格,无法参加国家法律人才选拔。

2004 年起,调整充实了考试命题组人员,增加吸纳法官、检察官、律师等法律实务方面的专家,与从事法学教育科研的专家共同命题,从考试内容和标准上既能考查考生的法律知识，又能适应法律实务部门的需求。

扩大国家司法考试放宽政策实施范围：为解决少数民族地区法律人才短缺问题，不断调整国家司法考试放宽政策。2007 年以来多次扩大放宽报名学历条件、降分录取政策实施范围，截至 2011 年，全国有 25 个省份的 1368 个县级行政区域实施放宽报名学历条件、降分录取政策。

4. 实施政法干警招录培养体制改革试点工作。中央领导高度重视政法干警招录培养工作。为适应基层政法机关对政法干警数量的需求和政治、体能、技能等方面素质的要求，选择部分政法院校，从中国人民解放军、武警部队具有高中学历的退役士兵中定向招录部分本、专科学历的学员，从普通高等学校毕业生中，定向招录部分第二学士学位、研究生学历的学员。2008 年 6 月 23 日，中央政法委会同中央组织部、中央编办、最高人民法院、最高人民检察院、教育部、财政部、公安部、司法部、人力资源与社会保障部、中国人民解放军总参谋部等 11 个部门，联合出台了《2008 年政法院校招录培养体制改革试点工作实施方案》，对改革试点工作的指导思想、工作原则、招录范围、招录条件、专业设置、培养模式、招录程序、经费保障等做出系统明确的部署，正式启动了政法干警招录培养体制改革工作。

（1）调整招生对象。在保持招生院校性质和地位不变、学历教育不变的前提下，招生对象由参加普通高考的高中毕业生，调整为普通高校毕业和军队具有高中以上文化学历的退役士兵。

（2）实施定向招录。考生入学考试和公务员考试合并进行，通过入学考试，即取得入学和准公务员资格；毕业后一律按入学时确定的定向单位，到县（市）级以下政法机关工作。其中，重点是西部和“老、少、边、穷”地区。2008 年启动改革试点时仅限于 13 个中西部地区，到 2011 年则扩大到除北京、上海、广东、海南以外的 27 个省（区、市）和新疆生产建设兵团。

（3）明确特殊培养政策。针对“高起专”退役士兵的实际，破例给予 2 年即可完成大专学历教育的政策；在专业和课程设置上，突出政法实务方面的教学、训练内容，所有层次的试点班，都安排半年到一年的基层实习；对定向到西部地区基层人民法院、人民检察院的，在校期间参加国家统一司法考试，实行单独授予资格的政策。

（4）完善配套保障措施。在编制政策保障上，明确规定中央新增政法专项编制及自然减员编制指标,主要用于政法院校招录培养人才,逐步建立与政法专项编制自然增编、自然减员相衔接的机制;在财政经费保障上,改革招录学生的培养经费和基本生活补贴,由中央和地方省级财政分别保障,其中为西部地区培养人才所需经费,全部由中央财政负担;管理政策上,进一步完善了教育考试政策、定向分配政策,根据入学时学历起点不同,确保招录人员毕业后原则上要在基层有3~10年的服务年限。

5. 教育主管部门和政法院校积极探索以社会实际需求为导向的法律人才培养新途径。最近十年来,政法院校与政法实际部门主动沟通,开放办学,积极建立各种形式的合作办学平台。(1)政法学院出台办法,推动教师或学生到法院挂职或担任见习法官助理、见习检察官助理,参加司法实践;同时聘请政法部门的专家到法学院兼职担任教师。最高人民法院也出台专门文件推动法院与政法院校之间的"互挂"工作。既密切了学业与实际能力培养的关系,又推动了法科学生就业工作。(2)院校与政法实际部门之间共同搭建各种形式的合作研究平台,一方面使院校发挥学术资源优势为实际部门提供应用对策研究成果;同时也使教学科研的内容紧跟时代需要,面向经济社会发展前沿。(3)通过各种形式的法学教育研讨(如一年一度的全国法学教育"两会"、全国政法大学立格联盟高峰论坛等),逐步确立法律教育是职业教育的概念,从而推动了法律教育理念的更新。

教育主管部门自2009年起在教育政策方面进行了"战略性结构调整",即积极发展以实际应用为导向的专业学位教育,扩大了专业学位教育种类,增设了警务硕士、社会工作等专业学位;按学术学位与专业学位分类下达硕士研究生招生计划(每年递减5%学术型招生指标用于专业学位);调整了教育部的学位与研究生教育管理机构,改设学术学位管理处和专业学位管理处,以利对应开展指导工作;确立和推动了以服务国家和社会特殊需求为导向的新的学科建设工作思路,等等。最近,教育部与中央政法委联合实施的卓越法律人才培养计划,其核心思想就是按照"政产学研用"协同一体的思路进一步密切和加强法律人才培养与政法实际需要之间的对口和衔接。

法律职业和法律教育改革的这些措施表明:中国法学教育正在顺应快速发展变化的经济社会发展形势,构建全面回应社会的、以实际为导向的法律人才培养模式,这无疑将是今后中国法律教育的发展趋势。

当前公正廉洁执法面临的形势、问题及其原因

——法律职业伦理问题思考*

从中国法学教育的微观层面观察，法律职业伦理训练的不足，和法律实践能力缺乏、写作水平低下是当前法律人才培养中的比较突出问题。从这个意义上将，讨论法律职业伦理问题（本次会议的选题）是有重要意义的，尽管这是多年的老话题。几年前，徐显明就提出了中国法学教育的“德行”的问题，认为有必要对我们的法科学生系统进行公民道德（处于基础）、职业道德（比公民道德更高一层次）、政治道德（因为法科要治国理政，因此处于最高层次）三种道德的教育和培养。但实际上，我们法学院这方面的进展并不显著，因此，我们仍有深入探讨的必要。

国家统一司法考试实施以来，特别是最近5年来，我国法学教育界对于法学教育性质或定位的主流意见，基本上统一在了法学教育是一种职业教育的认识上。曾经徘徊在法学教育是人文教育、或者博雅教育、素质教育、精英教育、职业教育之间的困扰基本上不存在了。而“法律专业学位教育”，也就是我们通常讲的法律硕士，它的概念就直接定义在“职业教育”的基础上。

法学教育既然是一种具有相当高级程度的专门化的、职业化的教育，那么对于法科学生——未来的法律工作者所应具有的职业伦理、职业道德的培养和教育的问题就显得更加突出和重要。从法律人才培养的角度讲，“法律职业伦理”概念的提出，也无疑折射出了法学教育的职业教育性质。这也是我们讨论这个问题的一个有利条件或者说基础。

---

* 本文是笔者2013年11月30日参加福建师范大学法学院举办的全国第十八届高校法学院院长联席会上所做的大会发言，后略有修改。写作中参阅了中央政法委有关政法队伍建设方面的文件材料，谨致感谢。

从这次会议的论文材料看,其中有不少好的思考意见。大家探讨了法律教育与法律人的职业伦理的关系、法律教育在法律人职业伦理培养过程中的地位和作用、对法科学生进行职业伦理培养的途径,以及目前我国法学院校在法律职业伦理教育实施方面存在的各种问题,包括在培养目标、课程设置、教学方法与效果等方面存在的不足和缺陷,等等,都做了认真分析。我觉得这些都是必要的。但还不够。除了从教育内部、从学校自身方面来观察这个问题,还应当关注现实——从教育和职业的关系、法学院校和政法实际部门之间的关系的角度来思考这个问题。

我们都知道,"2011 计划"(即"高等学校创新能力提升计划",旨在以推动协同创新、促进高等教育与科技、经济、社会、文化有机结合,大力提升高等学校创新能力)的实施、今年发布的深化研究生教育改革的文件,在高教改革的顶层设计中明确并强化了"需求导向"的概念。所谓"服务需求、提高质量"这条主线。从当前高等教育改革的这个走势,再反过头来看我们讨论的这个问题,有必要关注和了解当前我国政法实际工作中涉及法律职业伦理的一些问题。下面就介绍一下政法实际工作中在公正廉洁执法方面的一些情况。

一、形势与挑战

随着我国经济社会快速发展,工业化、城镇化、信息化、市场化、国际化进程不断加快,我们已处在经济体制深刻变革、社会结构深刻变动、利益格局深刻调整、思想观念深刻变化的一个复杂的历史时代,各种矛盾错综复杂、各种事件层出不穷、各种涉法问题日益增多、社会各界对执法活动的要求和期盼也越来越高,这些都使得公正廉洁的执法面临复杂形势和严峻挑战。

1. 执法的开放性加大

随着改革开放的深入推进,国际国内政治、经济、社会、文化环境的开放性、透明度日益增强,执法工作所处社会环境随之发生新的变化:一方面,政务公开要求执法公开,除隐蔽战线、秘密侦查等特殊工作外,绝大多数执法,从程序到处理结果都要逐步暴露在公众视野。另一方面,在满足基本生活需求基础上,人们公平意识、民主意识、权利意识、法治意识、监督意识不断增强,对社会公平正义和执法公信力的要求更为迫切,参与度大大加深,政法机关的执法办案活动处于更广泛、更严格的社会监督之下,执法工作环境由过去的相对封闭转变为基本处于开放、透明状态,政法工作者一举一动很容易成为社会关注焦点。

如果在这种开放、透明环境下文明执法、严格执法、理性执法、成为对广大政法工作者的重大考验。

2. 执法的任务量增加

社会转型期,刑事犯罪高发、人民内部矛盾大量增加,很多以案件形式进入执法司法领域,转化为执法司法活动。例如:因征地拆迁、企业改制、劳动纠纷、社会保障、环境污染、非法集资等引发的大量矛盾纠纷,导致群体性事件、个人极端事件、危害公共安全事件时有发生,违反罪犯活动更趋活跃,各种案件数量居高不下。最近5年来,全国公安机关破获刑事案件1600多万起、查处治安案件5200多万件、检察机关查处职务犯罪案件16万起,人民法院审理各类案件5100多万起,司法行政机关改造服刑罪犯330多万名、教育矫正社区服刑人员110多万名、安置帮教刑释解教人员370多万名。可以遇见,今后较长一段时期内,执法活动仍会在满负荷状况下高位运行,执法工作量有增无减。

3. 执法的敏感度增强

随着近年来手机、互联网普及和进入"人人都是记者"的"全民麦克风"时代,每个公民都有机会、有可能成为信息的生产和传播者,舆论传导日益呈现出聚合化、及时化、跨地域趋势,大规模、全国性的舆论可以在很短时间内产生,并带有"一呼百应"特点。特别是对政法工作者执法办案活动来讲,大都与群众利益息息相关,始终是社会关注的焦点。任何一次管理失职事故,任何一件处理不当的案件,都极易披露于公众面前,并被无限放大,甚至演变为公共事件。加之有的别有用心的人抓住司法个案及执法中的敏感问题大肆抄作,很容易导致个别问题扩大化、一般问题政治化。据调查,当前80%网络热点事件都与执法有关;连续一段时期的舆情监测显示,排名靠前的涉法新闻中,1/3直接与政法干警执法行为失范、失当有关。因此,执法活动的敏感性前所未有,公正廉洁执法的压力日益增大。

4. 执法的难度增大

在打击敌对势力渗透破坏方面,由于敌对势力更加注重手段、策略翻新,更加注重披着合法外衣从事非法活动,更加注重争夺基层群众、争夺社会舆论,执法稍有不慎,就极有可能授人以柄,陷入被动。

在化解矛盾纠纷方面,由于人民内部矛盾多样多发,触点增多、燃点降低、关联性增强,当事人行为方式日趋激烈,暴力对抗程度加剧,处理起来难度越来越大,方式方法上稍有不当,极有可能激化矛盾,甚至引发群体性事件或暴力抗法事件。

在社会管理方面,由于这些年社会管理滞后于经济社会发展,流动人口管理、特殊人群服务、信息网络引导等,存在不少急需破解的难题。

在打击违法犯罪方面,黑恶势力犯罪组织性、隐蔽性、对抗性增强,经济犯罪涉众化、智能化、职业化、网络化、复合化特征越来越明显,打击成本越来越高,处理难度越来越大。

政法干警在执法活动中,不仅要严格依法办案,运用法律知识协调利益关系、化解社会矛盾,还要善于和群众打交道,学会做深入细致的群众工作;不仅要做好维护社会和谐稳定的工作,还要学会组织和推动社会管理。这些都给政法干警的执法素质、能力提出了新的要求。

二、问题与原因

调查显示,对政法机关的执法活动,群众反映强烈的突出问题主要有:

(1)有的受利益驱动办案,利用执法权力或影响,以各种名义参与经商、投资入股、插手工程建设,谋取个人经济利益。

(2)有的执法作风霸道,执法行为不文明、不规范,冷硬横推、吃拿卡要,伤害群众感情,侵犯群众权益。

(3)有的破不了案、抓不到人、执行不了,案件久拖不决、久拖不结,群众上访较多,意见很大。

(4)少数干警特别是政法领导干部执法犯法、徇私枉法、权钱交易、腐败堕落,甚至组织参与黑社会组织、走私设赌贩毒,成为犯罪分子“保护伞”。

据统计,近几年全国政法干警违纪违法每年立案6000~8000人左右,追究刑事责任500人左右。公安部统计,2011年全国共立案查处民警违纪违法案件3800多件,涉及民警5900多人。北京市统计,2006至2010年政法系统共查处违纪违法干警412人,其中领导干部98人。这些违纪违法案件披露后,对政法机关执法公信力、政法队伍形象,甚至对党和政府形象,都造成了严重影响。

上述这些问题,剖析其背后原因,既有主观上素质不高、自我约束不严,也有客观上管理不严、监督不力;既有政法系统内部制度机制不落实、不完善,也有社会大环境腐蚀影响。具体主要有以下6个方面:

(1)执法理念不端正。执法不公不廉的根源在于执法理念不端正。所有执法上的问题，都可以在思想深处、在执法理念上找到原因。伴随市场经济快速发展，各种思潮相互激荡，人们思想的独立性、差异性、选择性、多变性加速加剧，对执法人员的理想、信念、人生观、价值观产生严重冲击。虽然社会主义法治理念教育、政法干警核心价值观等教育实践活动持续不断地开展，但真正把它们贯穿在所有执法环节和执法行为，真正内化于心，成为自觉行动，还有很大差距。有的嘴里讲执法为民，实际上对群众的诉求、权利不屑一顾；口头讲公平正义，实际是以案谋私、以案谋钱、以案交友，办关系案、人情案、金钱案，不给好处不办事、给了好处乱办事。可以说，没有正确的理念作指导，就不可能做到公正廉洁执法，最终必然导致执法行为的偏离和扭曲。

（2）执法素质不适应。素质不高、能力不强，已经成为制约公正廉洁执法、影响执法质量的突出问题。虽然各地各单位开展的执法培训，使执法能力整体上得到了提高，但面对一些违法犯罪行为，有的干警仍缺乏打击处理的基本素质，追不上、打不赢、说不过、写不清、判不明的问题依然存在；面对复杂矛盾纠纷，有的不能准确把握执法办案基本要求、案件纠纷的基本性质、法律法规的基本精神，不能做到定分止争、案结事了，甚至激化矛盾；面对群众新要求新期待，不熟悉群众语言和群众心理，不会做群众工作，机械执法，简单办案，伤害了群众感情，侵犯群众合法权益。从涉法涉诉信访反映的情况看，执法不作为、履职不到位仍然是突出的问题；特别是直接行使执法司法和管理权的基层单位，与群众密切接触的一线岗位和窗口单位，是问题多发的重点部位。2008 年上海杨佳袭警案，6 名警察被 1 名青年瞬间击倒而无招架还手之力；2009 年河南尉氏县公安局以精神病人顶替命案犯罪嫌疑人案，则是典型的因执法能力不足而导致的错案；有的法院同一案件出现两份不同判决书，判决书上时间和当事人性别混淆等低级错误，更是执法素质不高的表现。这些问题不解决，队伍素质不提高，能力水平上不去，公正廉洁执法只能是一句口号。

（3）执法管理不严格。对执法行为管理不严是导致执法不公正廉洁的一个重要因素，也是近年群众上访反应较多的一个问题。虽然《法官法》、《检察官法》、《人民警察法》等法律法规和各地各单位制定的执法规章制度日趋完善，广大干警规范执法意识明显增强，但对执法行为管理不严格、有法不依、有制度不落实的问题，仍不同程度存在。2009 年云南“躲猫猫”事件，反映了晋宁县看守所存在严重管理混乱问题，对中央和有关法律三令五申禁止用犯人管犯人、严格监所内部管理、加强牢房录像监控，完全形同虚设。近年查处的法院违纪违法行为，多与内部管理混乱、给案件主审法官及主管领导留下太多自由裁量空间有关。

(4)执法监督不到位。监督不力，规章制度形同虚设，是执法过程违纪乱纪，特别是一些政法领导干部腐化堕落的一个共同原因。尽管目前对执法行为有多方面的监督制约，但仍然存在不善监督、不愿监督、不能监督的问题，特别是对集中掌握人事权、执法权、司法权、审批权、监管权的领导，缺少行之有效的监督措施，导致监督失之于宽、失之于软、失之于滞后。

(5)体制机制不完善。体制机制具有根本性、长远性、基础作用。体制机制不健全、不完善，客观上给一些干警职务犯罪打开了方便之门。司法体制机制改革解决了一些体制性障碍、机制性约束和保障性困扰，但实践中仍存在大量改革未能触及的问题，如劳教制度，存在性质不明、程序简单、缺乏必要监控的突出问题，社会反映十分强烈。

(6)社会风气不健康。社会风气对执法人员思想观念和行为方式有着潜移默化的影响。我国自古人情关系社会，人情在人们工作、生活中地位很重，遇事找熟人、请托送礼遍布生活各个角落。在执法司法领域，这种人情关系对执法办案干扰很大，“有关系的找领导批条子，没关系的上访拦轿子”成为普遍现象。一起案件，往往从一进入法律程序就开始找人，公安不行找检察、检察不行找法院，法院再不行去监狱做文章。执法人员不是生活在真空中，每天都面临着大量的诱惑，不好的社会风气、单位风气，对意志不坚定的执法人员极容易产生“温水煮青蛙”效应。广东、重庆等地，当事人和代理律师为尽快结案疏通法院找门子，不惜重金拉拢，逐渐形成了法官按照大约30%比例从代理费、中介佣金收取好处的“潜规则”。此风如不很刹，不公正不廉洁问题就无法根除。

对这些问题，有关方面正在从教育、制度等方面积极设计解决之法。

以上政法实践工作中的这些问题，提供给大家作为讨论法律职业伦理问题的参考。

当代中国法学研究生教育概览*

很荣幸有机会跟来自非洲大陆的法学同行交流。这里将用很短的时间简要介绍一下中国法科研究生教育的历史和当代发展的一般情况。

一、历史沿革

作为一个历史文化悠久的文明古国,远在公元前 2 世纪,中国就产生了古代法律教育萌芽,先后出现的"刑名法术之学"、"律博士"、"明法"科等等,都反映了古代法律教育的存在和兴盛。尽管中国古代并没有像今天这样的学位制度,但是把"读经习律"视为一种高层次的教育活动,是中国法律教育史上的一个优良传统。

中国现代意义上的法律教育是 19 世纪末 20 世纪初在西法东渐的背景下逐步建立起来的。1904 年清政府改革教育制度公布实施的《奏定学堂章程》里面,法科教育被定位在高等学堂(相当于今天的高级中学毕业之后的大学本科程度)以上的教育层次。1920 年代前后,北京大学法科研究所、清华大学国学院开始尝试创办"专攻一种知识"的高级学术训练机制。在取法德国、美国的研究生教育制度的基础上,1935 年国民政府立法院先后颁布实施了《学位授予法》和《学位分级细则》,正式建立了学士、硕士、博士三级学位制度,并规定了法科学位分法学士、法学硕士、法学博士三级,这标志着我国法学学位制度的建立或定型。此后,公立的北京大学、中央大学,私立或教会的燕京大学、东吴大学、朝阳大学都设有法科研究院/所,培养政治学或法律学研究生(LL. M.),如法律史与社会史学家瞿同祖、比较法学家潘汉典,都是当年的硕士研究生。不过总的来讲,在近代法律和教育转变的这半个世纪里,具有法学本科以上高级法学学

---

* 本文曾提交 2006 年 11 月 8 日中国人民大学法学院主办的"中非法律教育与法律文化论坛"。后应约发表在《中国法学教育研究》(第 4 辑),中国政法大学出版社 2006 年 12 月。

位的人才，还主要依赖留学欧美国家的途径来培养。在本国法律本科毕业后再到国外求取法学博士头衔，这是当时一个流行的风尚。由于战争和社会动荡等环境条件的限制，1949 年以前没有授予过一个法学博士学位。

1949 年中华人民共和国成立后，在草拟学位条例，重建学位制度的同时，曾进行过研究生培养的尝试。除了选拔留学生到前苏联的大学里攻读法学副博士、博士学位外，1950 年创办的中国人民大学在社会科学领域里的研究生教育取得了瞩目的成绩。作为"工作母机"，该校法律系培养了新中国需要的一批具有马克思主义法学观的高级专门人才。当代中国法学各个领域的权威教授、专家或高级司法官员，大多直接或间接地出自该校。据有关统计，1949 ~ 1965 年的 16 年间，全国共招收了法科研究生 13 届 513 人。"文革"期间中国关闭了法学院的大门，法律教育和法治一样遭到了严重破坏。1980 年中国正式颁布了《中华人民共和国学位条例》及其"实施办法"。从那时起，中国的法学研究生教育随着法律在现代化建设中重要作用的强调而迅速发展。

二、当代中国的法学学位与研究生教育制度

由于政府对大学和科研机构权力高度集中的控制，中国法科的研究生教育内容和形式都深受教育行政管理部门的支配，法学学位制度的实施和法科研究生教育活动的开展均受政府关于研究生教育的一般政策、规定和政令的影响。无论是法学，或者任何其他学科专业领域的学位和研究生教育，都是如此。其基本依据就是 1980 年实施的《学位条例》以及大学和科研机构根据其授权在实践中形成的各种具体规定。从最近几十年的实践情况来看，中国的法学学位与研究生教育制度可以归纳为以下一些基本特征。

第一，三个层次，两个类型，即中国的法科的学位层次分学士、硕士、博士三个等级，包括科学学位（或称学术性学位，academic degree）和专业学位（professional degree）两个类型。

法学学士学位、硕士学位和博士学位均由政府批准的高校或科研机构授予，一般来讲，完成四年大学法学专业本科学习符合一定条件的毕业生（也包括思想政治教育、社会工作等本科专业毕业生）被授予学士学位。系统地进行第一次法律专业学习被定位在高中毕业后的大学本科阶段。这个阶段，学生将主要学习法学理论、法律史、宪法、行政法和行政诉讼法、刑法、刑事诉讼法、民法、民事诉讼法、经济法、商法、知识产权法、国际法、国际私法、国际经济法 14 门核

心课，以及外语、计算机和一般人文社会科学类课程。从系统接受法律专业学习的教育背景和年龄情况看，中国与美国法学院有着明显的差异，而接近欧洲大陆国家的学制。

中国设有法学本科专业的高校在1985年时仅有34个，到1997年增至116个，2006年则已达到600个。[1] 法律学生数量也已同样惊人的速度增长着（见下表）。

法学本科毕业之后可以继续攻读法学硕士学位（通常为3年）和法学博士学位（通常为3年）。法学硕士学位和法学博士学位，从学位类型上讲都是指学术性或研究型学位（academic degree），也就是说，攻读法学硕士或博士学位的目标都是为了取得法学学术研究上的创造性成果，是对学位获得者在法学学术水平和研究能力方面的认定。中国自1978年开始招收法学硕士研究生。据国务院学位办统计，目前全国共有106所高校具有举办法学硕士学位教育资格（即法学硕士学位授权单位），其中31所高校具有法学一级学科授权（见下文），而其它75所高校则以国务院学位委员会批准设置的法学二级学科专业招生和培养。[2]

1987年中国政法大学的法律史专业、中国人民大学的刑法学专业、武汉大学的国际法专业诞生了首批法学博士学位获得者，这也是我国首次授予法学博士学位。指导这些博士研究生的导师分别是张晋藩教授、高铭暄教授和韩德培教授。他们至少在1950年代就接受了严格的法学专业训练，是当代中国的著名法学家。经过最近20年的发展，目前全国已有35所高校和科研机构获得了法学博士学位授权，其中包括12个法学一级学科授权单位和23个法学二级学科授权单位。

随着中国市场经济的发展、教育观念的变化和高等教育改革的深入，以培养具有高级教育背景的应用型专业人才的专业学位（professional degree）教育迅速受到关注，并成为近年来法科研究生教育重点发展的领域。1995年政府批准设置了法律硕士专业学位（Juris Master）教育项目。它是为解决现有法学院

---

〔1〕 王健："大陆西部地区的法律教育：现状与问题"，载《月旦民商法杂志》2006年第13期。

〔2〕 此处数据来源于中华人民共和国司法部司法考试司姜晶处长对国务院学位办专门调研的结果，作者感谢他提供数据。

的教学不足以满足司法实务需要的问题,移植美国法律教育模式的结果。尽管对法律硕士教育的定位和教育模式还存在一些不同的意见甚至争论,但它是最近十年来中国法律教育改革的一项重大举措,受到政府的重视和强调。目前全国共有50所高校开展了法律硕士教育。这里要说明的是,从专业学位的角度来讲,中国目前只设有"法律硕士",尚不存在"法律学士"和"法律博士"。

获得法学博士学位后还可以进一步从事法学专业的博士后研究,北京大学、中国人民大学、中国政法大学、吉林大学、武汉大学、西南政法大学、华东政法学院等著名大学都可以招收博士后研究人员,但博士后并不是一级学位。

在过去的几十年里,法学专业成为中国最热门的专业之一。随着法科机构的大量设置,学习法律专业的学生呈现出迅猛的增加之势。法学本科、法学硕士、法学博士研究生的招生规模一直按比例呈上升趋势。2004年全国招收法学专业本科生63005人,毕业41232人,在校生237940人。规模的急剧扩张也带来了一系列问题,由此引发了关于法律教育的宗旨、作用以及管理等方面的激烈争论。在网上甚至有极端的指斥法学专业是"垃圾专业"的言论。

年代	在校法学本科/人	在校法学硕士/人	在校法学博士/人
1991	21731	1387	103
2000	111131	9830	1090

资料来源:中华人民共和国教育部·2001年统计

第二,政府制订和颁布统一的学科专业目录,指导和管理法学硕士研究生、法学博士研究生的招收、培养和学位授予工作。由政府规划设计的学科专业共分三个层次。根据1997年修订的《授予博士、硕士学位和培养研究生的学科、专业目录》及2005年的调整,学科分哲学、经济学、法学、教育学、文学、历史学、理学、工学、农学、医学、军事学、管理学12个门类,各门类下设一级学科,一级学科下设二级学科,法学学科专业划分情况如下:

法学门类下设法学、政治学、社会学、民族学、马克思主义理论5个一级学科。各一级学科下设二级学科情况是:

法学10个——法学理论、法律史、宪法学与行政法学、刑法学、民商法学(含:劳动法学、社会保障法学)、诉讼法学、经济法学、环境与资源保护法学、国际法学(含:国际公法、国际私法、国际经济法)、军事法学。

政治学 7 个——政治学理论、中外政治制度、科学社会主义与国际共产主义运动、中共党史（含：党的学说与党的建设）、国际政治、国际关系、外交学。

社会学 4 个——社会学、人口学、人类学、民俗学（含：中国民间文学）。

民族学 5 个——民族学、马克思主义民族理论与政策、中国少数民族经济、中国少数民族史、中国少数民族艺术。

马克思主义理论 5 个——马克思主义原理、马克思主义发展史、马克思主义中国化研究、外国马克思主义研究、思想政治教育。

应当说明的是，授予学位的名称依据的是学科门类名称，而硕士或博士研究生的招收和培养是严格按照二级学科进行的，这样，无论是诉讼法学专业，还是人口学或者中共党史专业的博士生，最终授予的都是法学博士学位。最近几年，为了克服学科专业目录稳定性强，往往不利于新兴学科专业人才培养的缺陷，政府开始进行有条件的授权高校进行自主设置学科专业的尝试。一些高校因而按规定自主设置了诸如“知识产权法”、“国际商法”、“人权法学”、“警察法学”、“法律语言学”等学科，招收培养硕士或博士研究。

第三，实行三级学位管理体制并对学位授权实行严格的审核。中国自实施《学位条例》以来，即建立起了严格的学位授予质量的控制和监督制度。一方面，建立了国务院学位委员会、省级学位委员会和有学位授权的大学的学位委员会三级学位管理体制。它们分别不同地负责有关学位授权审核、学位管理和质量监督等项工作。其中，国务院学位委员会下设的法学学科评议组由国内法学各领域中学术水平高，有指导博士研究生经验的学者、专家组成，大约有十多人，他们构成了法学学位管理的最高学术权力机构。另一方面，就是严格审批学位授予单位和授权学科专业，也就是说，一所大学能否授予学士、硕士或博士的某一种学位，要受到政府的严格控制的；一所大学要培养硕士或博士研究生，必须经过国务院学位委员会组织的同行专家评审，取得学位授予单位资格，并且在取得了某一学科专业的学位授权后才能培养该专业的研究生。

第四，强调研究生教育的社会主义方向，在研究生招收和培养等各个环节的考查中，把对研究生的思想政治素质视为与其业务质量保障同样重要环节。根据《学位条例》的规定，学位申请者必须拥护中国共产党的领导和社会主义制度。政治理论课不仅是硕士、博士研究生招生的统考科目，也是学位课中必修的内容。

关于法科研究生教育的几个问题*

近十多年来,我国的法科研究生教育,伴随高等教育迅猛发展势头而呈现出日新月异的景象。但与对一般法律教育的关注不同,有关法科研究生教育的问题却较少得到讨论。

这里讨论当前法科研究生教育改革中常涉及的四个问题:其一,法科研究生的学制;其二,法学研究生教育与司法考试;其三,关于法律硕士培养方案,其四,法学硕士与法律硕士的关系。这四个问题都涉及当前法科研究生教育中的热点,尽管还不能囊括我国目前法学研究生教育中的所有重大问题,但是探讨这些问题显然有其现实意义。下面就谈谈个人对这些问题的看法。

一、法学两年制研究生课程设置问题

这个实际上包括两个问题,首先是法科研究生教育的学制问题,是 3 年制、2 年制还是几年制?然后是相应学制下的课程设置问题。根本上,这个问题取决于法科研究生教育的定位。

研究生培养的重新定位和学习年限缩短的问题,是近年来研究生教育界热切关注的一个问题。2005 年初,中国学位与研究生教育学会先后召开研讨会(一次是 1 月在哈尔滨工业大学,另一次是 3 月在重庆大学),专门讨论硕士研究生培养定位和硕士生学制改革问题。国内一些研究生院单位(特别是哈工大研究生院)积极地倡导将目前普遍实行的硕士研究生 3 年制缩短为 2 年制,并竭力动员其他研究生培养单位参与这项学制改革的行动中来。这个意见得到了教育界官方的肯定和支持。国务院学位办主任杨卫在《中国教育报》上充满信心地宣称:研究生学制缩短已成趋势,研究生教育的中心要从硕士生培养逐

---

* 本文曾提交 2005 年 6 月 18 日广东商学院主办的“法学研究生教育改革研讨会”,并做会议宣读。

渐转向博士生培养上来。[1]

据杨卫的看法，研究生学制缩短的理由，主要是因为博士生培养规模随着本科生、硕士生规模的扩大而日益扩大，今后教学、学术研究型人才将主要借助博士研究生教育予以满足，这样，从教育观念上，硕士研究生教育被重新定位于作为攻读博士学位的过度性学位——而不像1980年代那样把硕士定位于准博士教育的概念——而有必要予以缩短。我国目前有200多所博士授权单位，在校博士研究生13万人左右，平均每年授予的博士学位2万~3万人，400多所硕士学位授权单位，2005年9月入学后，在校研究生总量将达到100万（上年82万），博士教育在短短几年间已经超过美日德英等教育发达国家。再就是教育成本上的考虑，即研究生教育改革更加关注教育资源的有效利用和提高效率、降低成本，解决发展和资源不足的矛盾。

根据我国现行学位条例的规定，取得硕士以上学位的学历教育所需的期限为2年半到3年。就攻读法学学位而言，目前各高校实行的基本上是3年制研究生教育。而上述学制缩短的讨论势必影响法科研究生教育。如何看待这个问题呢？

（1）我国的法学类研究生目前来看，可以分为两类：一类是学术型研究生教育；另一类是专业学位研究生教育。这两者的学制目前基本上行用的是3年制。由于这两种研究生教育设置的目的以及其被赋予的教育性质和培养目标、培养方式上的差异，因此，学制应当有所区别，也就是说学制的变化应当区别考虑两种教育的性质上的差异，不可一概而论。杨卫也承认，全国不会搞“一刀切”，可能会有不同的模式。

（2）就法学学术型研究生教育而言，在一定条件下，可以改为两年；但作为专业学位的法律硕士的学制，不可改为两年，而应保持3年学制。

研究生教育的消费者是否接受？提供研究生教育的学校是否接受？培养指导教师能否区别并进而分别地实施不同学制的高级法律人才培养方式？法学类硕士研究生教育在近二十多年来为法律教育的恢复和发展承担了提供师资的重任，尽管目前有越来越多的高校以取得法学博士学位作为补充其师资的条件，但仍有相当多的法律院系以硕士为条件，那么缩短学制，师资方面如何？

---

〔1〕“研究生教育：通向教育强国之路”，载《中国教育报》，2005年4月15日。

二、法律硕士培养方案问题

我们目前使用的是1999年版的法律硕士教学指导委员会颁布的培养方案。这个培养方案是“法指秘”委托南京大学法学院的专家，在最初试办时拟订的培养方案的基础上起草的，在论证上下了很大的功夫，比法硕培养方案的第一版有了进步，因为这个方案里更多地具有了培养应用型法律人才的特色，但是我们认为，这个培养方案有许多问题需要进一步改进。

那么这里我们把这个培养方案中存在的问题，和法律硕士教育中存在的共性的问题结合起来一并来说，实际上也就我国法律硕士教育中存在的问题：

第一，教育观念上的问题，即法律硕士作为专业学位教育的概念，有待得到社会公众进一步的认识和接受，这也包括有些教育管理者、教师甚至法律硕士学生自己在内。正是由于这个问题没有解决，所以法律硕士毕业生往往受到一些用人单位的怀疑，法律硕士跟法学硕士的区别及其特有的价值常常为人们混淆。问题的关键，就是我们从事法律教育的人，往往以现行的法学教育的概念和标准来评价法律硕士教育。因此，要改变典型的“经学式”的法学教育观念，要确立“术科”的独立价值。

第二，法律硕士教育还没有发展出一套成熟的、自身特有的培养教育模式，还没有跳出14门核心课的大学本科法学教育模式，法律硕士教育追求的办学理念和14门核心课的教学体系的混合，就是目前的法律硕士的办学模式。归根结底，在我国传统的法学教育中，缺乏培养应用法律人才的经验。

第三，法律硕士教育的培养目标应当更进一步具体细化，使之成为具有可操作性的人才规格标准；目前培养方案里的培养目标过于空泛，不以市场为导向，我们认为就中国现实情况来看，肯定存在着需求上的落差。不仅是教育单位、法律硕士自己，而且是社会都可以方便评估的人才标准体系。

第四，由于法律硕士教育尚处于摸索阶段，所以至今还没有编写出一套适当的、完整的和比较完善的课程和教学资料体系，法律文书写作课、法律职业道德与责任课以及包括诊所教育在内的实践性教学方法还远没有受到多数院校各方面的重视，虽然有些院校正在尝试，但运用和实施得也不够。

第五，法律硕士实践性教学环节的不足。目前已有一些高校尝试诊所教育。但还有待更进一步的重视。

第六，法律硕士的毕业论文，急需研究制定符合法律硕士教育性质的、能够反映法律硕士专业学位自身特色的、最低限度的行业标准。

第七，目前只是在评审申报法律硕士专业时有一套评价标准，使用范围有限，因此，可以说还没有一套公开的、比较完善的和可行的法律硕士教育评估体系。

第八，法律硕士教育管理制度上还存在着一些不协调、不完善的制度性的规定，举一个具体而实际的例子：就是应否接受同等学力学生报考法律硕士？因为报考在职攻读法律硕士的学历条件明确规定为大学本科毕业，而统招法律硕士招生是套在当年的全国研究生统考制度当中，从政策上允许同等学力考生报考，因此出现这两类报考条件的不平等情况。那么招生单位如何在中央教育政策和学校自身要求之间加以权衡和选择呢？

第九，法律硕士行业指导机构在举办法律硕士教育中应当发挥更加积极主动的作用。诸如某些基本的、必要的教学资料编写、行业性信息交换和资讯共享服务系统的建立、招生标准培养规模就业导向等重大政策的统一执行和协调等等问题，都是可以由行业指导机构加以统筹、规划予以推动的。

第十，法律硕士教育界与外国同类法律教育界的交流开展得还不够。

法律硕士教育在我国的环境下受到的影响究竟是什么？这是我最近常想的一个问题。我觉得，总举办法律硕士教育这些年来的实践经验、各方面反映出来的对法律硕士教育的说法和意见来看，可能有这样两方面的因素严重影响或制约着法律硕士教育的发展，一个是中国的科举观念；再一个就是中央统一实施的教育政策与行业特殊要求之间的协调问题。

三、法学研究生教育与司法考试问题

我国目前规定的参加司法考试的条件是取得大学本科毕业程度，条件是比较开放的，就是说，不仅法学类的，甚至本科未受过严格法律训练的人，也有资格参加司法考试。法学研究生参加司法考试自不存在报考资格上的问题，但问题是，法学研究生教育的目的究竟是什么？是否是培养从事司法实务工作的法律人？

我们认为，如果按照法科研究生分类培养的观点来看，法学类研究生如果保持传统的培养法学研究和教学人才来定位的话，那么从理论上讲，自无参加司法考试的必要。目前在大学法学院里面，许多法学专业的研究生都在为参加司法考试而投入时间和精力，并且在一定程度上影响到法学专业课程的学习。

这是一个值得注意的问题。

四、法学硕士与法律硕士在培养目标与培养方式的差异

这个问题，我在提交本次会议的“法律硕士（JM）教育的性质”一文有专门的涉及。这两者的差异，实际上就是“学科型研究生”和“专业学位研究生”这两个概念之间的差异。

这主要表现在培养目标、招生对象、培养要求、培养方式、论文形式、学位授予的标准等诸多方面。

培养目标——教学、学术研究型/以职业为导向的应用型。

培养方式——前者：不分设二级学科专业，实施一元化的职业训练，至少要求如此，但这在实际上也有问题，即缺乏专业化训练，什么都学，但毕业生没有专长，北大法学院在这方面最近有了一套新的尝试经验，值得关注。后者：按二级学科划分不同研究方向，但最近又出现了淡化或柔化二级学科概念，如在今年的学位授权审核中就体现了这个思想。

其他如招生管理，如学历条件上或本科或大专同等学历，及入学考试科目，以及教学要求、论文形式。

其中有两个问题需要特别说明：

第一，一方面，法律硕士专业学位与法学学科型硕士学位同为硕士学位，其二者在学位等次上处于同一层次或水平，或者说这两个学位的绝对值是相等的（等值）；另一方面，虽然都称作“硕士学位”，它们却又是两个完全不同的概念，一如数学上的绝对值结果是“1”的“1”和“-1”一样。而其关键在于，不能以传统的（法学）学科型硕士学位的标准来衡量和评价法律硕士专业学位。从法律硕士教育多年来的实践看，这一点在相当多人们的心目中存在着认识上的误区，即自觉不自觉地、潜意识里按照传统的法学硕士这一学术型人才培养的标准去评判法律硕士教育。

第二，法律硕士教育以一元化的法律职业为其培养目标，人才规格统一为“法律人”（lawyer），而不象法学硕士研究生教育那样，在现行的学科/专业目录框架下按照二级学科的规划分门别类地培养法理学、法律史学、刑法学、民商法学、诉讼法学等专业的研究型法学家。通俗地讲，这也就人们常说的“法律硕士不分专业”。这是这两者最重大的区别。

这里顺便对我国现行的授予研究生学位的学科专业目录稍作介绍。

我国目前的学术型高级学位是按照哲学、经济学、法学、教育学、文学、历史学、理学、工学、农学、医学、军事学、管理学12个门类授予的。根据国务院学位办最新修订的《授予博士、硕士学位和培养研究生的学科、专业目录》(2002年),法学学科门类(03,此为学科序列编号,下同)下设法学(0301)、政治学(0302)、社会学(0303)、民族学(0304)4个一级学科;一级学科之下又分设若干二级学科,如下:法学——法学理论(030101)、法律史(030102)、宪法学与行政法学(030103)、刑法学(030104)、民商法学(含:劳动法学、社会保障法学,030105)、诉讼法学(030106)、经济法学(030107)、环境与资源保护法学(030108)、国际法学(含:国际公法、国际私法、国际经济法,030109)、军事法学(030110);政治学——政治学理论(030201)、中外政治制度(030202)、科学社会主义与国际共产主义运动(030203)、中共党史(含:党的学说与党的建设,030204)、马克思主义理论与思想政治教育(030205)、国际政治(030206)、国际关系(030207)、外交学(030208);社会学——社会学(030301)、人口学(030302)、人类学(030303)、民俗学(含:中国民间文学,030304);民族学——民族学(030401)、马克思主义民族理论与政策(030402)、中国少数民族经济(030403)、中国少数民族史(030404)、中国少数民族艺术(030405)。按此,凡攻读以上任何一个二级学科专业的硕士、博士研究生,符合条件者,最终均被授予法学硕士、博士学位。

那么正是在这个意义上,我们说法律硕士教育从一个方面改变了长期困扰我国学位与研究生教育的“学科、专业设置口径偏窄”、“应用性学科所占比重偏小”、“培养要求偏于学术性”等弊端。

西方国家怎样培养法律人才

——发达国家的法律人才培养模式*

我国自清末开始建立近代型法治体系框架以来，法律专门人才的选拔、培养和任用方式在很大程度上是在借鉴欧美日本等国家的相关制度模式的基础上发展起来的。我国目前仍处在探索建立现代法治之路的进程之中，法律人才培养模式以及相关的管理体制尚不成熟和稳定，因此，借鉴这些发达国家的有益经验，可以成为启发我们思路的一个重要路径。

法国、德国和英国早在 11 世纪左右就开始了探索培养近代法律人才的实践。几经发展演变，成为构成今天世界上主要国家法律教育模式共同的渊源和基础。美国踵英国之后，在现实主义观念和市场自身演变力量的推动下，法律教育自 19 世纪末以来迅速发展，逐渐形成了一套在世界上独具特色且影响广泛的法律人才培养模式。日本自明治以后通过不断地学习和继受，在科举传统和现代模式之间走出了一条值得我们重视的高素质法律人才培养之路。尽管法国、德国、日本和英国、美国分属不同的法律传统（法系），但在培养现代法治需要的法律专门人才方面，都保持着大体一致的理念和制度安排，主要包括：(1)法律在社会中有着独立的价值，是需要专门学习才能从事的一项职业，而负有管理这项工作责任的，始终离不开法律职业者，他们甚至在整个过程中处于

---

* 1990 年笔者就完成了对大陆法系和英美法系法律教育初步的比较研究，并将研究结果发表在《政法教育研究》（西北政法大学主办）1990 年第 4 期。此后，随着欧美、日本等发达国家法律教育的不断改革和我们所得到的文献资料的不断丰富和扩大，相关研究也在不断跟进着，2006 年写出国外法律人才培养模式草稿，后部分被吸收到教育部高教司教学改革项目“地方政法院校法学本科人才培养模式研究与实践”（已结项）之中。2008 年 6 月，国务院学位办组织开展专业学位总体设计调研工作，其中涉及国外法律人才培养模式，笔者又根据国外最近数据和有关政策变动情况对原稿做了新的补充和修改，形成此文。

主导地位。(2)法律教育是高级教育,总是处在当时那个时代的普通高等知识基础之上,因此,学习法律者,首先必须要有良好的高等基础教育。(3)一个完善的法律人才培养过程至少包括两个环节,即法学理论知识教育和法律实务训练,并通过某种措施机制,如分别适当的教学环境、教学内容和教学方法等,最终要实现两者的统一,与此同时,随着社会的发展,法律继续教育的价值日益突出。(4)建立严格的遴选程序选拔理想的法律职业者,为此建立了不同形式的司法考试。

本文在现有比较可靠材料的基础上,概括分析了德国、法国、日本三个大陆法系国家和英国、美国两个普通法法系国家的法律人才培养模式,特别是开展法律教育的机构设施,进入初级法律职业教育的条件,法律教育的目标、内容和方式,法律职业培训机制,法律职业人员的甄别选拔机制,即司法考试以及任职条件等问题。

一、德国法律人才培养模式

(一)初级法律学历教育的设施和入学条件

德国提供法律人才培养的机构是综合性大学设立的法律学院。由综合性大学提供法律教育,可以说渊源于12世纪意大利北部波伦亚大学(世界近代历史上的第一所大学)兴起的讲授罗马法的传统。目前,全国有各类高等教育机构300多所,包括三类:(1)学科专业比较齐全、强调系统理论知识和科学研究的综合性大学;(2)应用技术大学;(3)艺术类院校。综合性大学有114所,其中约有40多所大学设有法律学院。此外,近年来也出现了独立设置的私立法律学院。德国大学没有重点与普通或者级别层次上的差异之分。各大学都有自己的科研或教学特色,办学条件和师资力量等方面都比较均衡。其中历史最悠久的是海德堡大学,规模最大的慕尼黑大学、柏林自由大学、科隆大学等。各大学法律学院的在校生规模一般都在4000人以上。

既然德国初次法律教育定位在大学,那么学习法律者自然要经过小学和中学阶段的教育。德国的小学学制为4年(6岁入学)。中学大体分为普通中学、实科中学和文理中学三类;普通中学4年,学生毕业时年在15岁左右,此后大多接受职业教育;实科中学也叫完全中学,学制6年(5年级到10年级),毕业生有资格就读专业学校或高等专科学校,由于这是从事中级经济和行政管理工作的条件,所以这类学校毕业生容易找到工作,约占全部中学毕业生1/3;文理中学学制 9 年(5 年级到 13 年级),为德国传统的“高级中学”,毕业生有资格升入高校。

德国没有全国或州的高校入学考试,受过 13 年制或同等学力教育的中学毕业生在毕业的同时即获得高校入学资格。按各州之间的协议,高校有义务接受所有中学毕业生上大学。也就是说,学生有选择大学法律系的权利,而大学无权选择学生。一般来说,进入高校学习的学生可以自由选择所学专业。如果有些专业人数过于集中,如法学、医学、经济学等热门专业,则实行限制入学名额的办法。可见,初次进入大学学习法律的教育背景条件就是完整的中学毕业。从入学条件方面看,德国与今天的美国法学院的入学条件明显不同(美国要求大学教育背景);但大部分男学生必须先服 15 个月的兵役,在 30 岁前完成此项义务。

由于德国的公立大学实际是州立大学。州立大学统一免收学杂费。学生只是象征性地交低额管理费。因此,学习法律基本是免费的,学生学习和毕业的压力也相对较小。但德国提供免费的法律教育已经成为历史。目前按照新的学费法案,全国都已开始收学费,标准是每学期 500 欧元。这对于大部分已脱离家庭财政支持的学生来讲,不是个小数目。

(二)大学法律教育的目标、内容和方式

德国传统的法律教育的目标就是培养以法官为代表的职业教育。《德国法官法》第 5 条第 1 款明确规定法律教育的目标是“取得担任法官职务的资格”;只有取得担任法官的资格,才能从事其他法律职业。因此,尽管大学毕业生通过考试最终担任法官者只有 15% 左右。但德国法律教育至少就其出发点来讲,是一种注重实践的职业教育。应当提及的是,德国法律教育也正在进行改革,趋势性的变化是,法律教育不再仅限于法官,而是旨在培养在任何一个法律职业领域都能开展工作的法律专门人才,这将对教学和课程产生一定的影响。

根据《高等教育框架法》和《德国法官法》等规定,法律学院的学生在大学正常的学习期限是 4 年 8 个学期。但这个规定并不是强制性的,由于可以从容安排时间,以学生身份享受生活方面的各种优惠待遇和避免失业尴尬和窘迫等原因,实际上,大多数学生是在 6 年 12 个以上的学期里才完成学业的。

在大学 4 年多的时间里,法律学院注重的是系统完整的和抽象的法学理论知识的教学指导;注重对比较抽象的概念和原理进行解释和分类,而不是解决法律问题的技能或方法。课程的内容非常多,各学校之间也大小异。主要是民法、刑法、公法、诉讼法,以及欧洲法、法学方法论、法哲学、历史学和社会科学基础等基础课和选修课程。必修课要比选修课分量大。课程学习不求先后顺序,只求完成学分为原则。教学方式主要有课堂讲授、专题研讨(面向高年级)和练习课;教授某门课程的讲授结束后期末不需要考试;考试拿学分的课叫练习课,有闭卷和写论文两种方式。专题研讨课要求学生在参加之前就先确定题目并写出论文,然后在教授主持下的研讨课上宣讲和讨论。根据《德国法官法》第5a 条第 3 款的规定,学生在这个阶段的学习过程中,必须在假期不上课期间,至少要有 3 个月的实习时间。

(三)大学毕业考试/第一次国家司法考试

法律学院学生在经过了 4 年以上的学习,取得了必要的学分之后,必须要经过一次国家考试,来检验是否具备足够的法律知识和从事法律职业的基本资质。所以这次考试实际上是标志大学法律教育阶段完成的一次全面的毕业考试。尽管叫"国家司法考试",但这次考试既不是由联邦政府统一组织的,也不是由大学组织的,而是由各州组织进行的。各州一般在州司法部内设司法考试局。这个机构是由法官、检察官、律师、公证员、行政官员和大学教授组成的。考试方式因各州而异。大体来讲,考试分笔试(占 70%)和口试(占 30%)两种形式。笔试又分当场闭卷考试(在考场规定的时间内完成)和家庭论文(可带回家在规定的时间内完成)两种方式。笔试的科目主要是民法、公法、刑法、诉讼法等,或是选择科目(包括法律史、法哲学、公务员法、罗马法等),题型以实例题为主,偶尔有论述题;笔试及格后考生申请参加口试。口试当场进行,考查学生的理解力、思维反应和口头表达能力。综合分数符合的考生,获得由州考试局颁发的第一次国家考试合格证书。据统计,第一次考试通过率一般是在 60 ~ 80% 之间,有 1/3 考生要被淘汰。

第一次考试如果没有通过的话,一般还能有一次补考机会。如果 2 次都未能通过考试,就将丧失从事法律职业的机会。这也就带来学生为做考试的充分准备而延期毕业的问题。为鼓励学生及时考试,1990 年代巴伐利州创造了"免费射击"制度,为其他各州仿效。根据《德国法官法》,法律专业毕业生在大学基础阶段正常学习时间应为 8 个学期,如果学生在第八个学期结束时随即参加第一次考试而没有通过,那么不计入该次考试成绩。这项制度实施以来,效果显著。

（四）实务训练

完成大学法律教育和通过第一次考试，只表明学生具有了从事法律职业的初步资格。学生如果要进入法律职业领域，真正成为法官、检察官、律师、高级行政官或法学教授，还需要经过进一步的法律实务锻炼并通过实训结束测验，即通过第二次国家考试。

为了最终成为法律职业者，学生必须要参加为期2年的实习。根据法律规定，实习点的范围不限于第一次考试通过的那个州。方式是学生到规定的单位，包括初级法院或州法院民事庭或刑事庭、检察院、行政机关和律师事务所进行不少于3个月的实习，并在选择性的单位，包括联邦或州立法机关、公证机关、财税法院或社会法院、劳动法院、职业自治团体等单位进行4～6个月的见习。一般情况下，学生不得延长见习时间。在见习期间内，学生归属其毕业学校所在州的高等法院管理；身份上属于“国家候补文官”，享有临时公务员待遇。见习的具体内容是在单位领导或具体专业人员指导下，参加所在单位的司法工作、行政工作和其他实际业务活动。见习期结束后，由相关单位出具一份证明，对其在实习期间工作能力、知识面、品行操守及工作业绩等做出评价，并给出一个成绩。

在进入法律职业领域之前设置见习制度，目的在于增加实务经验，深化大学所学的法学理论知识，培养独立工作能力和社会责任意识，为担任法官、检察官等法律职务进一步奠定基础。

（五）实训总结/第二次国家司法考试

见习结束之前，还要经过一次国家考试。这次考试的目的是考核候补文官在见习期间是否达到了实务训练的目的。考试仍由各州司法部负责组织。考官由法官和高级文官担任。采取笔试和口试方式。笔试内容较第一次考试更加侧重实务专门问题，包括公法、民法、刑法、税法等12门科目（含10门科目中自选1门），特别是与各实习单位有关的知识，而且本州法规的内容分量要多些。口试内容涉及各方面的法律知识。如果不及格，还有一次补考机会。通过考试后，即成为“完全合格的法律人”（volljurist），这样，一个人就具备了从事法官、检察官和高级行政官员职务的全部资格。第二次考试通过率比较高，全国平均为90%左右。每年通过者约有5000人。但由于每年的就业机会只有300

个左右，所以通过者还要等待就业机会。尽管考试由各州自己组织，但就业范围不限于参加考试所在的那个州。根据《法官法》规定，在一个州通过考试者，在任何其他州及联邦都取得法官资格。

（六）关于法律学术型人才培养：法学教授资格的取得和硕士、博士学位教育

在德国人的传统观念中，学习法律，就是为了今后从事法官、检察官和律师等法律实务工作。至于法学家或法学教授，属于法律职业领域里比较特殊的、人数较少的一类；他们以教书育人为业，是负有培养法官、律师和其他法律工作者重任的人。因此，读大学法律专业和参加司法考试的所有努力，都是为了最终取得从事法官、律师的执业资格证书，国家也没有设计给通过两次考试的学生颁发硕士学位（证书）这样的制度。

成为法学教授，在德国被认为是充满艰辛、耗费精力财力而有风险的事。要取得教授资格，必须要完成一篇出色的博士论文获得法学博士学位；而按照德国各大学制订的博士学位授予章程，攻读博士学位的最基本条件是在第一次或第二次国家司法考试的合格成绩。取得博士学位后，还要经过三五年时间准备教授资格考试（Habilitation），最后以一篇高质量的论文结业，即德国人所说的“梅开二度”（erster ruf），通过者获得教授资格。至于真正获得教授席位，则还要等待教职空缺的机会，或在大学里暂做编外教员（privater dozent），一旦哪个大学终于空出一个位置，几乎是百人争之，视发表论著质量和数量、国内外学术界名气等标准而定。

顺便说一下，德国的大学所颁发的唯一学位就是“博士学位”。它渊源于中世纪的大学，原本仅指具备在大学授课和被大学教师行会接受的资格的概念。19 世纪柏林大学成立后，渐渐赋予其学术性的含义，即获得这一学位，标志着一个人在科学研究领域取得了创造性的成果。因此，德国的博士学位是建立在中等教育基础上并在大学阶段进行的。但随着科研水平的提高和社会的发展，中等教育和高等教育之间的差距不断扩大，形成“空挡”。二战后，德国开始在综合大学增设“硕士”学位，以二级学位取代原来单一的学位制度，博士学位遂上升为大学的第二级学位。

大学对本国的法学院学生授予法学硕士学位（Diplom - Juristin/Jurist），只是最近十来年的事情，而且仅限于德国少数几个州的大学（如慕尼黑大学），尚非全国普遍的做法。Diplom 传统上是一种奖励取得优异成绩或通过某项考试

的证书，逐步演变到1939年成为一种法定的学位。

德国法律人才培养的特征主要体现在：(1)以《法官法》为基础确立法律教育在国家法制体系中的地位。法律人才的培养目标明确，即以法官为代表的法律职业者，并非空泛的具有法律知识的公民，法律学术研究型人才仅占其中很少一部分。(2)法律人才的培养途径采取以司法部门为主导的二段制方式，即在大学法律学院和法院、检察院、律师事务所等实务部门这两大场所依次有针对性地开展法律人才培养工作，强调学术训练和实务训练的衔接和完整统一，并由二次考试予以保障。培养一个合格法律人的时间较长，至少6年，平均8年。为消除应付考试而轻视大学教育的弊端，近年的法律教育改革中，规定在第一次司法考试总成绩中，大学法律科目成绩占30%。(3)在从业资格认定方面，各州的自主性与全国统一性相协调。

二、法国法律人才培养模式

(一)初级法律学历教育的设施和入学条件

法国的高等教育机构主要分为综合大学(Université)、大学校(Grande école)和短期高等教育机构三大类。综合大学是从事高等教育和科学研究的主要机构，全国现有87所，法律人才的培养就在大学法学院中开展，如巴黎大学以及外省的图卢兹、波尔多、里昂、南锡等大学的法学院。大学法学院的入学条件，只要求获得中学毕业会考证书、具有同等学历或经法国教育部认可的外国学校证书，而无须经过入学考试。公立大学实行免费教育。学生每年只需交200～500欧元注册费即可入学。按法国的现行学制，小学5年；中学6年；大约18～19岁时中学毕业，随后进入高等教育阶段。因此，法国法律人才的培养是以中学毕业为起点的。

(二)大学法律教育的目标、内容和方式

在法国，由于大学的法律系具有广泛的研究领域，甚至有许多不想在任何法律部门里谋求职业的人也研究法律。所以法律教育的目标是像文职人员和管理人员一样，培养全面的各种法律职业人员，包括未来的法官、律师、政府法律顾问、公证人和法学教师。

大学法律教育分两个阶段，共4年完成：

第一阶段，即第一、二年，主要进行法学基础和社会科学知识教育，两年中的课程主要有民法(分别人法、债法、物法专门学习)、宪法和政治制度、行政法、劳动法、刑法和犯罪学、经济学、社会与社会制度史等，为必修课。

第二阶段，即第三、四年进入法学专门化教育，学生分为“私法专业”、“公法和政治学专业”。

其中，私法专业课程有民法（契约法、保证、土地登记；婚姻财产法、继承、赠与、遗嘱）、商法（商行为、商业、合伙、股份公司；契约法、商业票据法、破产法等）、罗马法和大革命前法国法（债法；婚姻财产法、继承、赠与、遗嘱）、民事诉讼程序、刑事诉讼程序、刑法、经济波动、国际私法，以及有关科目的选修课。

公法和政治学专业必修课有商法（商行为、商业、合伙、股份公司）、社会保险、民事诉讼程序、刑事诉讼程序、高级国际公法课程、税法、政治思想史、经济波动、主要国家公用事业和企业、法国海外领地法、民法、国际私法、货币和银行，以及有关科目的选修课。

此外，学生还可选修海商法、判决的执行、文学艺术和工业产权登记、比较民法、保险法、特别课程、法律与历史社会学、陆空运输、欧洲组织、当代重大政治问题、伊斯兰法以及各种经济学课程。

法律教学方法主要由教学在课堂上进行系统讲授，旨在于向学生传授本国法律的全面知识，具有演绎的逻辑特征。教学内容和教材（textbook）相应地注重对较抽象的概念和原理加以分析和阐释。

（三）实务训练

在法国，仅仅完成了 4 年大学法律教育还不能直接从事法律工作。若要从事法官和检察官职业，还须要在国家司法官学院接受 2 年的实务教育；要是从事律师业，则要在大学毕业后完成为期 1 年的培训。要说明的是，司法官是法官和检察官的统称。在法国，法官和检察官不仅在一栋楼里办公，而且岗位可以互换。如果有法官想转作检察官，可以申请参加司法官学院的相关培训，然后到检察院工作。

法国国立司法官学院（设在波尔多市）成立于 1958 年，是戴高乐总统为消除社会上对法官的不满和恢复法官应有的地位而发动的司法改革的成果之一，最初称“司法教育中心”，1971 年改为现名。它是法国司法部下属的一所专门培训司法官的教育机构，也是法国唯一设立的司法官的院校。学院由董事会和一名校长领导。董事会决定学院重大事项的决策，由司法界、教育界官员和教师等 19 名成员组成。院长由司法部长提名，对董事会负责。另有两名副院长协助工作。学院下设教务、实习 2 个处，分别负责课程设置、办学经费和监督实习、评估实习等。学院的设立，意味着在法国所有大学法律专业毕业生要从事法官、检察官，都必须经过学院的专门训练。学院的职能主要有两项：一是对初任法官、检察官进行职前培训（在波尔多学院总部），二是对在职司法官提供培训（即继续教育）和国际交流（设在巴黎的校区，主要从事代培司法官和举办研讨会）。

1. 对初任法官、检察官的职前培训

司法官学院每年招生名额大约控制在 250～290 人之间，而每年报考者约在 3000～4000 人之间。招生数是根据上年全国司法官退休减员、岗位空缺为基数（约 200 左右）确定的。法国全国约 6000 万人口，大约有 6600 名法官（包括 2000 名检察官）。招生数与司法系统员额补充数基本相当。这意味着学院毕业生有完全的就业保障。

报考司法官学院的条件是：（1）大学法律本科毕业，获得法学学士学位；（2）有法国国籍；（3）品行优良，有警察局出具的无刑事犯罪记录证明；（4）年龄不超过 27 岁；在职公务员报考可适当放宽年龄限制。

入学考试的组织形式、口试和笔试科目、阅卷及考纪事宜，由司法部长征求司法官学院董事会意见后确定。考试针对考生资历、年龄等不同情况而分为三个等次，各等次的考试均由初试与复试两部分组成。考生的知识水平及业务能力的测试由考试委员会负责。该委员会包括 1 名最高法院法官（任主席）、2 名教授、1 名高等教育部部长代表和 1 名公共事务部部长代表 5 人组成。考试重点是应用法律解决社会现实问题的能力。

根据司法部的规定，考入司法官学院后即成为见习司法官，享受国家公务员待遇，学习期间不交学费，而且每月还能拿到 1000 欧元的工资。由于学院每年的招生人数是根据司法部门空缺的岗位和预算部提供的经费来确定的，所以每个学员的工资和工作岗位都是有保证的。学员进入学院后必须与司法部签订协议，承诺为国家工作 10 年。如果违约，必须偿还学费、工资全部费用（实际上曾有过学员中途退学的情况）。

初任司法官的培训建立在大学法律本科教育基础之上，任务是指导学员如何当法官和检察官。分 4 个阶段，为时 31 个月：

第一个阶段是在校理论学习，时间 1 年。所学课程包括所有涉及到法院或检察院工作的理论知识，如法庭审判业务知识以及德语、西班牙语等。近年又增设了心理学、英语、欧盟法等课程等。

第二阶段是实习阶段，时间 1 年。学员们要分别到法院、检察院去实习，跟随法官、检察官学习所有的办案过程。

第三个阶段还是实习，时间 3 个月。实习的部门是法院、检察院之外的其他相关法律部门，包括律师事务所、警察局、宪兵队、拘留所、儿童中心等，担任监所训导员、副监狱长或出庭辩护实习律师。

以上培训结束后，学员要返回学院接受考核，并参加为期一个月的研究活动，消化实习成果，总结办案经验。学校会给学员评分，然后根据成绩排名，由学员自己选择任职的岗位。等他们选定职业后，学校再对他们进行 4 个月的培训。事实上，每届学员总有一二名最终被淘汰，有四五名学员因考核不合格而重新参加司法技能的实习。

第四阶段的培训，实际上就是岗前培训，也是为学员担任司法官职务做最后准备。比如，选择当法官的，继续在法院实习，从事预审法官、少年法官、一审法官、二审法官、执行法官等法官岗位之一的辅助工作；选择当检察官的，就给他与检察院工作相关的培训。所这阶段的培训也分为两个部分：在校培训和实地培训。

完成了上述四个阶段的学习和培训，成绩合格者才能成为一名法官或检察官。

2. 在职司法官继续教育

司法官的继续教育是 1970 年代以后兴起的，规模迅速扩大。它是对于在职司法官定期提供提高技能、更新知识为目的的教育培训制度，也叫在岗培训。近年规定，法国所有的司法官都必须参加继续教育，每年培训不得少于 5 个工作日。培训是强制性的，但课程可以自己选择。每年 9 月，学院会在网上提出一份培训计划，列出所能开设的不同类型的课程，由司法官自己填报志愿，学院再根据志愿来安排时间。学院每次的培训课程内容都不一样，有的是专为那些想交换岗位的司法官设计的；有的是教司法官们如何应对媒体；还有些是关于新出台法律的课程的。

法国法官教育师资队伍建设实行以兼职教师为主，专职教师为辅，法官教法官的基本策略。教育方案源于司法实践，教学内容阐释司法实践，教学方式配合司法实践，教学目的服务司法实践，从而在法官教育培训工作的各个方面确保了务实性、实践性、实用性。

对于准备进入律师界的大学法律本科毕业生来说，还必须在大学设立的司法研修所、不设司法研修所的大学法学院或者律师进修机构接受为期 1 年的培训，培训内容是有关律师实务和律师规范、法律咨询、制作法律文书、法庭辩论和法院诉讼程序等。经过一年培训后要参加包括笔试和面试的考试，内容是民事、商事、刑事、诉讼程序及有关律师实务。考试 1 年 1 次，但连续参加考试不得超过 3 次。考试通过后由司法研修所所长或法学院院长授予其律师职业资格证书。获得律师资格后可申请经过一定的程序（注册和宣誓）成为见习律师。见习律师注册后还必须在律师进修所接受一定期限的学习（原则上是 3 年，但可申请延至 4 年或 5 年）。律师进修机构或在上诉法院设立，或者合并几个律师进修所设立一个地方律师进修机构。按照规定，律师进修机构要设立管理委员会负责律师进修的有关事宜。律师进修机构是公立机关，管理委员会由律师、司法官、大学教授组成。

三、日本法律人才培养模式

日本现代的法律教育，是从 19 世纪 60 年代起先后继受法国和德国的法典模式，通过留学和创办法律学校的途径，逐渐脱离中国封建法制传统的基础而建立起来的，并很快成为清末法律教育改革取法的样本。二战以后，日本的司法和法律教育改革又深深受到美国的影响，逐渐形成了兼有欧美风格的、颇具特色的法律人才培养模式。

（一）初级法律学历教育的设施与入学条件

与法国一样，日本承担法律人才培养的机构包括大学和司法研修所两个环节，分别承担人才培养不同的功能。

大学是承担初级法律学历教育的场所。纵观日本的近代史，日本的大学是明治维新以后近代开展法律教育的产物。日本近代的法律学校是日本现代高等教育的一个重要来源；日本当今著名的私立大学，都可追溯到明治时期的私立法律学校；国立大学也直接渊源于日本为培养适应近代化需要的新型官僚开办的官办法律学校。正如有的日本学者所说，“自明治十年以来，在以帝国大学为中心的‘法科大学’、然后在‘法学部’中教授法学的传统已经持续一个世纪了。当然，这一传统并非是日本固有文化的产物，而是通过明治以来官宪主导型近代化过程，从欧洲大陆，特别是从德国继受而来的”（转引自丁相顺）。大学与法律教育的这种天然联系，使得大学成为法律人才培养的中心。

日本实行九年义务教育，其中小学6年，初中3年，高中3年，以升学教育为主。1990年代以来，高等教育入学率大约在40%左右。高中毕业和通过大学入学考试，是进入大学学习法律的前提条件。日本的大学入学考试兼顾统一性和灵活多样性的方针，采取大学入学考试中心统考和各大学单独考试并行的模式。统考由隶属文部科学省的“大学入学考试中心”组织，旨在“判断考生在高中阶段的基础学习的完成程度”。考试内容包括国语、地理历史、公民、数学、理科、外国语6门31科。考生应根据所报考大学的要求参加1门、2门或全部6门的考试。也就是说，大学自主决定选考哪些科目以及统考和单考分值各占比例。由各大学自行组织的单独考试，包括个别学力检查（考生可任选1科或数科，根据大学学部专业要求判断考生学力）、小论文测验、面试等形式选拔学生。近年来，日本有些大学还采取由招生办（Admissions Office，AO）审查报考者的方式，考生提供高中成绩情况、报考申请及有关业绩证明。此外还有免试推荐保送入学的方式，这是各大学的一项特别选拔制度。

日本全国目前共有622所大学（国立大学99所，公立大学66所，私立大学457所），其中有117所大学设有法学部或法学院。大学法学部或法学院通过高考招收高中毕业生。日本的高考竞争非常激烈。为了将来能够进入法律职业领域，那些在国家司法考试中通过率高的名牌大学，如东经大学、中央大学、早稻田大学等15所左右的大学，竞争尤为激烈。

（二）大学法律教育的目标、内容和方式

日本在“二战”以前，大学所开展的法律教育主要是以培养行政官和司法官的“国家精英教育”；私立大学，如早稻田大学、中央大学、法政大学等，则向美国的法学院制度发展。

“二战”后，由于大学制度的改革，大学的定位和教育理念向大众教育或通识教育方向发展。大学法律教育的目标也逐步转向以法律素质教育为主，职业教育为辅，强调培养国民法律素养，使国民具有公平正义观念和法律意识。在此背景下，大学更加注重基础教育、素质教育，相应地，职业教育成分在整个教学中的比重相对减弱，法学教育在大学教学中的比例也相对减少；在新制大学中，专业教育大约只占4年教学的2年半左右。这样，在4年制大学的法律教育总体上依次由普通基础教育和法律专业教育两部分构成。按照1956年大学设置标准的规定，具体由四部分构成：(1)基础课程，包括人文、社会、自然科学三个系列中各3门课程，共计36学分；(2)外国语，8学分；(3)体育，4学分；(4)法律专业课程，76学分，总计124学分。法律专业教育占总教学的60%左右。以东京大学为例，法学部分私法、公法和政治学三个专业。每个专业有自己的课程安排。学生第一、二年(4个学期)先修习基础教学课程，第四学期末才转入法学部，成为正式的法律学生并开始普通的法律专业学习。法律教学采取的最主要方式就是讲授。

应当指出的是，正因为日本大学法律教育的素质教育特征，以及现实司法考试严格选拔机制的作用，使得大学法律教育与法律职业之间的联系并不十分紧密，毕业生甚至大多从事非法律工作。大学研究生院培养的法学硕士和法学博士大多从事教学研究工作。从造就和选拔职业法律家的角度看，大学法律教育显得力不从心。并由此带来大学法律教育"高不成，低不就"和"双学校"(即在大学之外存在着以直击司法考试的补习学校)等问题。

(三)法科研究生院：密切大学法律教育与法律职业关系的新的制度设计

由于大学与法律职业联系的不紧密，社会对法律需求扩大而要求大幅增加法曹数量和质量，以及现有大学法学部不能承担这一任务等因素作用下，1999年设立的司法改革审议会经过研讨论证，于2000年由文部省提出了仿照美国模式的新型法曹培养机构——"法科研究生院"(又称"法科大学院")的制度设计，并在2004年进入实施。目前，日本设置的法科研究生院约有74所。

"法科研究生院"这一制度的大意是：在保留现有四年制大学法律本科的同时，在大学研究生教育层次上设置培养法律职业者的专门机构；招收法律专业和非法律专业大学毕业生，以2～3年的时间进行旨在通过国家司法考试的法律实务训练，课程设置、教学方式和师资配置一准法律实务的需要；学生毕业获得法务博士(JD)学位；由司法考试管理委员会授权经认定合格的毕业生参加新司法考试的资格，反之，要参加司法考试，就必须取得法科研究生院文凭；使法科研究生院毕业生的70%～80%能够通过新的司法考试；新司法考试立足于法科研究生院的教育内容。

(四)从事"法曹"的必由之路：通过国家司法考试

日本的司法考试制度是在"二战"以后建立的。1947年日本颁布了新宪法和《法院组织法》,1949 年又颁行《国家司法考试法》。根据新宪法的精神等规定,为使律师、法官和检察官(又称“法曹三者”)处于同等地位并取得统一的职业任职资格,《国家司法考试法》专门确立了一项考试制度,以检验从事法官、检察官和律师这三种职业所必需具备的法律知识和运用这些知识的实际技能。此外,按照《法院组织法》的规定,通过国家司法考试者,还须在日本最高法院设立的司法研修所进行两年的实践训练。这样,参加国家司法考试并接受司法研修所严格的训练,在日本成为从事法官、检察官和律师职业的唯一途径。

根据《国家司法考试法》的规定,授权司法部任命一个考试监督委员会,全面负责司法考试。该委员会最重要的职能就是从法官、检察官、律师和法学教授中任命主考官。由主考官(1984 年共 92 人)出题、评卷并集体决定考试合格者。为尽量避免不适当的外部影响,主考官的任命资格仅限于一次考试。

考试内容分为二部分。第一部分主要是合格考试,不受年龄或学历影响的任何人均可参加。通常只考大学一、二年级的课程。通过者可以参加第二次考试,但下列人员可以免去第一部分考试:

(1)在依《教育法》所设立的大学修完学士该修的基础教育课程者;

(2)在依 1945 年前旧帝国谕旨设立的高等教育机构毕业或修完部分课程者;

(3)通过或免考 1945 年前高级文职人员考试初级考试者;

(4)考试监督委员会认可的、具备以上三类同等资格或强于上述三类人者。

第二部分的考试分笔试和口试。笔试包括多项选择题和论述题。多项选择考试在每年 5 月进行,包括:宪法、民法、商法和刑法,以及考生自己从民事诉讼法或者刑事诉讼法中挑选的其中一门。

此外,考试还得从以下两个系列中各选一项科目:

第一是民事或刑事诉讼法(任选一个之前没有选择过的)、行政法、破产法、劳工法、国际公法或国际私法、刑事政策;

第二是政治学、经济学原理、公共财产、会计学、心理学、经济政策或社会政策。

从以上考试科目来看,日本司法考试包括的范围既广又专。考试的主要内容是宪法、民法、商法和刑法等法学基本学科,其他科目则是选考性的。

通过论述题考试者,可以参加口试。口试于每年 9 月下旬、10 月上旬在东京举行，为期 10 天。考试内容包括论述题考试中选择过的宪法、民法、商法、刑法和考生选择过的三个科目。主考官分别就这七门中的每一门花 15 ~20 分钟时间轮番提问考生。考生对每一个问题都得予以迅速而准确的回答。

从 1970 年代以来，日本每年在多项选择题考试中都要淘汰 80% ~90% 的考生，而仅剩 10% ~20% 的考生能够参加论述题的考试，论述题考试则又淘汰掉所剩考生中 80% 以上的考生，但不能通过口试者极少。最终，通过全部考试的考生人数大约为 500 人。

日本的国家司法考试在日本政府举办的所有全国性考试中历史最久，威望最高，并以“最艰难的考试”而闻名。据统计，除自 1949 年开办考试后的头几年外，考试合格者从未超过考试总人数的 5% 。考试合格率甚至在持续下降，1974 年以来一直低于 2% 。

将考试通过率的人数限制在 500 名左右，这尽管没有法律明文规定，但已成为日本几十年来广为接受的不成文的规定。有人认为，如果允许增加考试合格者人数，会降低法律职业的质量。1980 年，日本司法研修所所长也曾表示，“增加受训者人数，就等于使司法培训商业化。”1990 年代以后数量增加明显约六七百人；2000 年起每年大约 1000 人。法科研究生院的设置和新司法考试的实施，将大幅提高日本法律职业者的数量，预计 2010 年，通过司法考试的人数将达到 3000 人。

（五）司法研修所的职前实务训练

日本现行的司法研修制度创建于 1947 年。当时在最高裁判所下设立司法研修所，其成员由资深的法官、检察官和执业律师组成。受聘的法官和检察官为专职教师，而律师则为兼职教师。该所的宗旨是“培养高深的专业知识、完整的社会常识，掌握法律理论与实务，具备担任裁判官、检察官、辩护士所需要的品位和能力”，此外还负责对在职司法官进行继续教育。

研修生由最高法院从司法考试合格者中确定，享受准公务员待遇，学费由国家财政负担。司法研修所的训练期限，从开始到 1998 年为 2 年；1999 年以来缩短为 1 年半。分三个阶段：前期集中在所修习 3 个月，然后是 1 年的实务训练，最后 3 个月为后期修习。

在前期修习阶段，所有见习生都在研修所内上课，修习科目主要是民事审判、刑事审判、检察业务、民事辩护、刑事辩护。训练方式主要是围绕实际案件档案材料，以此为基础让学生制作判决书、起诉状等法律文书，并就该案件在认定事实、法律适用等问题进行论述。教官对学生的这些书面写作进行批改后发还学生，组织学生对案件涉及的各种问题加以讨论，最后由教官点评。学生制作文书必须手写，禁用电脑，同时为保护案件当事人隐私，还禁止把案件材料带出研修所。除此之外，还有讲授、讨论，并选修包括中国法、外语在内的若干课程。

学生在为期一年的实务训练中，将分别用 3 个月的时间实地进入到全国的 50 个裁判所、检察厅和辩护士会进行民事裁判、刑事裁判和检察、辩护业实习。与法曹结成一对一的指导关系。学生在这一期间的活动完全跟随法曹。此外，还要参观养老院、少年院等社会公共设施并参加市民机会或法律咨询等公益活动，以便增加对社会的了解，培养公共服务精神。

最后 3 个月仍在所内训练，以 5 个科目为主，主要进行有针对性的补课，带有总结提高的性质，并有模拟审判等复合性训练。

研修全部结束后，学生要经过一次包括笔试和口试的考试。这次考试，学生大都能够通过；个别不合格者，准许在研修所再学一年，次年重考。考试通过后，学生可自己选择助理法官、助理检察官职业，或者登记注册做职业律师。其中，大部分选择的是做执业律师这一职业。

1947 年以来，日本所有的法官、检察官和律师都必须参加并通过统一司法考试，并在司法研修所接受统一的法律实务训练。目前，日本全部的法律职业者均出自这样的途径。

四、英国法律人才培养模式

（一）法律教育设施与规模

英国开展法律专业人才培养的场所有两个渊源，一个是渊源于中世纪的律师会馆（Inns of Court），如著名的林肯、内殿、中殿、格雷四大律师学院。另一个是 18 世纪中叶以后才开始讲授法学的大学，如牛津大学、剑桥大学。前者在 1970 年代以前一直都是英国法律教育的主要承担者，而大学在培养实务法律人才方面的作用一直非常有限。

由于历史和法律传统的原因，英国没有形成一个全国统一的法律教育管理体制，英格兰和威尔士的法律教育是英国法律教育的典型代表。目前英国约有 86 所大学或学院提供法学学位和法律职业资格，大约 3 万名学生在攻读法律专业。

在英国,基于职业的内部自治和垄断的传统,律师是产生法律职业各个分支成员的共同基础,法官和检察官由经验丰富的优秀律师中选拔出来。此所谓一元化的法律职业制度。英国法律人才的培养,最典型的就是取得律师资格的各种训练过程。取得律师资格需要较长的时间。完成学术阶段的训练取得法学士学位至少需要3年,职业阶段的训练(包括出庭律师和事务律师)1年,实习阶段事务律师2年,出庭律师1。总计取得事务律师资格至少需要6年,取得出庭律师资格最少需要5年。

英国的法律人才培养可以分为学术型和实务型两条途径,前者培养法律教学研究人员;后者培养法律实际工作者,即律师。

(二)法律人才培养模式:学术型法律人才

在英国,学术型法律人才的培养是从高中毕业后正式开始的。如果获得普通中等教育证书(GCSE)或A级水平,可入大学读法律本科,经过3年的学习,毕业后获得法学学士学位(LL. B.);之后可攻读法律硕士学位(LL. M.),或法学硕士学位(M. Ph. L),前者通常集中于某一专门领域,只需选择几门课程,考试通过后即可获得该学位,一般不用写论文,时间通常是1年。它是应用性的学位,而非学术型的。后者一般学制为2年,需要写论文,学习几门课程,论文答辩通过后即可获得该学位。取得硕士学位之后,还可以继续攻读法学博士学位(也称哲学博士学位),时间是3年。这样的攻读,往往是从事教学和研究工作。博士毕业后为教授做助教,进而评定副教授、教授。

(三)法律人才培养模式:实务型法律人才

培养一名合格的律师,需要经过下面几个训练阶段。

1. 学术训练阶段(academic stage)

这个阶段通常由符合职业机构要求的合格法学学位(qualifying law degree),或其他学科学位、某种特定职业资格,再加一年转化课程(conversion courses)组成。如果要在最短时间取得律师资格,那么首先就要有合格的法学学位。如果取得的是非法学学位,则需花费1年时间(业余2年)先修转化课程以为补充。转化课程称法律硕士证书(Postgraduate Diploma in Law, PgDL)。这个阶段,学生要学习合同、侵权、刑法、衡平和信托、欧盟法、财产法、公法7门课程,以此作为学生具有所需的法律基础知识。这个阶段对事务律师和出庭律师都是一样的，只有完成这个阶段，学生才能进入到下一个训练阶段。

2. 职业训练阶段（vocational stage or skills stage）

学术训练阶段只是最终成为律师的基本条件。要想成为律师，还必修经过进一步的训练。但这个阶段的训练，要分别按出庭律师和事务律师的不同的模式进行。完成了 CPE/PgDL 课程学习或已经拥有合格法学学位的学生，如果要当事务律师，就要学习法律实践课程；如果要当出庭律师，就要学习律师职业课程。所有这些课程，都与学生今后的律师职业有直接的联系。法律实践课由不同的大学或学院开设，学习期限是 1 年，业余 2 年。事务律师训练的内容是如何实际运用法律知识来满足企业或私人客户的需要；出庭律师训练的内容主要是练习成为出庭律师所需要的业务技能和专题法律知识。

3. 实习阶段（professional stage）

完成职业训练后，还需要经过实习阶段。实习主要是在执业律师的指导下，学生在不同法律领域里获得实践经验。准备做事务律师的学生结束法律实践课程后需要与律师事务所或其他经批准的机构签订为期 2 年的训练合同并学习职业技能课程。准备做出庭律师的学生结束律师职业课程后，就可以称自己是出庭律师的。但要执业，还需要在出庭律师的指导下学徒（pupilage）1 年。当学生走完所有这些步骤以后，就可以获得英国的律师执照了。

4. 继续教育阶段（continuing professional development）

随着社会和法律的发展，职业标准的提高，职业人员的职业能力能否跟上时代的步伐就显得非常重要了。为此，对于取得律师资格的人，为保持其执业能力，以便跟上法律的发展变化，还要对开业的律师进行继续教育培训。律师在其整个职业生涯中都要参加这样的培训。但这个阶段的培训，会随事务律师和出庭律师的不同而有不同。

英国的法律教育具有重实践、重应用的特点。但最近几十年的改革，总的来讲，主要是努力致力于加强法律理论和法律实践两方面的有机结合。英国虽然没有统一的司法考试，但实际上，职业资格的认定是被分解在通往律师职业道路上的所必须经历的种种考试当中了。只不过测试的组织和方式多元化而已。

五、美国法律人才培养模式

当今美国法律教育的基础，主要是在南北战争以后，特别是 19 世纪末以来,伴随着工业化的迅猛发展,社会对法律职业需求的日益增加的背景下建立和发展起来的。发展之快和变化之大,可说是美国法律教育的一个显著现象。截止 2006 年,由全美法律家协会(ABA)批准的法学院共 195 所;大部分是美国法学院协会(AALS)的会员学院。此外,还有几十所未经 ABA 核准的法学院。这些法学院的规模大小不等,除了极少数单独设置外,大部分都属于大学的一部分。总规模远远超过了欧洲、日本等国家法学院的数量。是当今世界上法律教育规模最大的国家之一。

(一)各具特色的法学院与法律教育统一有效的行业化管理并存

由于美国政体的联邦制结构,所有程度的教育基本上是属于各州的或者是私人的职事。因此美国没有官办的法学院。联邦政府对法学院的管理主要是以政府补贴的形式来维系。但由于政府性补贴的相对有限,联邦的间接管理相对来讲并不重要。中央政府控制的微弱与私人捐赠大学法学院这两方面的结合,导致了法学院在诸如课程以及教学实际活动方面的种种差异。例如,就学生来源、执业去向以及法学院所在地域等意义上讲,有些法学院是"地方性的",而有些是"全国性的";后者如芝加哥、哥伦比亚、哈佛、斯坦佛、耶鲁。这些全国性的法学院通常享有较高声望,在法律学术领域占有重要地位,教学的内容也不仅仅限于某一局部法域。

面对如此众多而又形式不一的法学院,为了确保法律职业者道德和业务素质的最低标准得以维护,经过长期的努力,两个民间性的同业公会——美国律师公会(American Bar Association)和美国法学院协会(Association of American Law School)——建立起一套比较完备而严格的行业规章,为有效地组织、协调和促进法律教育事业的发展发挥着关键性的作用。其中,1878 年由律师自愿发起创建的全美律师公会在诸如法律改革、职业道德、法学院资格审核以及继续法律教育等方面起着积极的作用;而成立于 1900 年的美国法学院协会自 1971 年依法注册为非营利教育机构后,与 ABA 的法律教育与律师资格部一道被确立为全国立案的法律教育协调管理机构。

(二)职业教育性质与一元化的职业目标

美国的法律教育在性质上属于职业教育,即法律教育应与人文教育相分离;学生在开始学习法律之前被假定已获得了必要的人文科学知识;典型的法律学生是恰好成熟,并且为寻求从事法律职业做准备;法学院的任务主要是为

法律学生提供分析和解决法律实务方面的问题的各种技术性训练，

美国法律职业的结构及其内部分支之间的运作方式决定了各个法学院均以统一培养法律家(lawyer)为目标。美国的法律职业主要有两个显著的特征。一是法律职业在结构上是统一的，另外，法律职业共同体的内部有着高度的职业流动性(mobility)。除了典型的法官是由法律实务、政府机构或者学术领域做出卓越业绩的阅历丰富的法律家中选拔而来，大多数的法律职业人员在公职和私人执业之间的角色转换是经常性的，尽管有的法律职业人员有可能毕其一生在某一法律机构任职。这样，美国的法学院就不存在，也不可能对准备选择法官或法律教授职业的法律学生提供专门的训练科目或课程。

(三)初级法律学历教育(first degree in law)被定位于大学本科教育之后

从美国法学院的入学条件看，报考法学院的学生通常要求已获得某个学院或者大学的文学士(B. A.)学位或理学士(B. S.)学位。法学院对考生取得何种本科的学位没有专门要求。从学生进入法学院之前所受教育的背景看，他们大都上过8年小学(primary school)、4年中学(secondary school)和4年大学。这样，至少就应届学生来讲，他(她)们的年龄基本达到22岁左右，或者说，美国学生很少有在22岁之前学习法律的；获得法律学位的年龄通常要在24～26岁。

把法学院的入学条件提高到大学本科毕业的水平之上，这在一定程度上有助于增加大学生在是报考法学院并进而确立未来职业方向选择上的自觉性和主动性以及提高法律教育的成效。尽管如此，美国法学院的招生仍是一个充满激烈竞争的过程。法学院的录取率通常在70%左右，但淘汰率最高的法学院仅可能录取其考生总数的15%左右。法学院的录取依据，首先是法学院入学考试(Law School Admission Test，LSAT)成绩。这是一种由“法学院招生委员会”(Law School Admission Council，LSAC)负责并由“教育考试服务处(Educational Testing Service)组织的为时半天的标准化考试，主要测试考生能否在法学院顺利进行学习所需的各方面技能，包括准确阅读并理解复杂的篇章，组织和驾驭资料并从中作出合理推论、评判理由及其他方面的推理和论辩的分析和评价能力。除此成绩之外，主要还要求提供该考生的本科成绩单、证明书、年龄、经历、课外活动能力和法学院认为对评价考生能否成功地完成这种严格的法律学习的某些重要参考信息。由于二战后女权主义运动、民权运动的兴起，那种法律职业应由白种男性一统天下、排斥女性和少数民族的传统观念受到广泛的关注并引起了激烈的辩论，这样，甚至性别、种族和少数民族也成为法学院决定录取所要考虑的一些因素。

法学院的学制为全日制在校学习 3 年，或者在职兼职读 4 年。在学期间，需要修满大约 90 学分。在 3 年的学习期限内，法学院的教学内容基本上由普通法课程组成。课程分为必修和选修两种。必修课一般约占全部课程设的 1/3。但各法学院的必修课比例并不均匀，最低者占 35%，而最高者约占 90%。尽管各个法学院开设的课程略有不同（当然也无关于课程的统一的强制性规定），但大多数法学院在一年级开设的课程基本一致，均为核心必修课（core of required curriculum），一般包括合同、侵权行为、财产、民事诉讼、刑事诉讼、法律研究与法律文书写作。在必修课开设比例较高的法学院里，二年级和三年级还可能设有职业道德、宪法、证据、税法等必修课目。但通常来讲，法学院在后两年里主要开设数量和门类不等的选修课。这主要是根据经济与法律发展的社会需求，法学院以相对配套的系列选修课群来反映法律职业的专业需要。这些选修课往往数量庞大，设置灵活，学生可以充分自由地选择某一方向的选修课，如公法的或私法的，以形成自己职业方向所需的专门性知识结构。值得一提的是，虽然将法理学、法律史、比较法一类课目列为必修课的法学院非常罕见，但是近十多年来，比较法和国际法这些所谓“增广见识的课程”（prospective course）在法学院特别流行。

按照美国律师公会（ABA）关于课程设置的核定标准，法学院除了应向学生提供上述实质性的课程之外，还必须培养学生使其获得法律分析和研究的技能；有效地进行法律写作的技能；进行研讨、论辩的职业技能以及职业道德（责任）方面的训练。所有这些目标都是通过一系列不断发展和改进的教学方法和教学手段来实现的。的高年级学生还要参加一种以直接的法律实务训练为指向的现场实习（clinical program）。它类似于中国法律学生的毕业实习，其中包括涉及真实的当事人和现实问题以及模拟真实情形这两种形式，旨在发展学生的会谈、咨询、起草文书、策划、辩护等职业技能。最后，学生在毕业之前，还要就所学科目的范围内写出一篇有相当分量的法学作品。

美国法学院颁发的学位主要是法学士学位（Bachelor of Laws，LL. B.）。二战后，法学院的入学标准已经逐渐提高到入学者要经过完整的大学教育，于是自1960年代开始，法学院参照医学院的传统，以“法律博士”，即Juris Doctor（简称J. D.）的学位取代传统的法学士（LL. B.）学位。虽然选择“博士”（doctor）学位这个名称是为了显示在本科之后接受法律训练的学生的水准要高于一般的学位水准，但“法律博士”（J. D.）学位终究意谓着它是美国法律学制中的初级法律学位，即它是一个人在第一次系统接受法律训练之后所获得的学位。在此之后，有些法学院按照传统，还设有法律硕士（Master of Laws，LL. M.）学位。这种学位主要分为两种：一种是为从事法律教学、法学研究的学术性方向而设；另外一种是为深化法学某一专门学科的技能或专长而设置的，其中最普遍的是税法方向。美国法学院设置的法律硕士（LL. M.）课程大多为后一种。最高一级的就是“法律科学博士”（Doctor of Jurisprudence 或 Doctor of Judicial Science，S. J. D. 或 J. S. D.）学位。这种学位在名称上有时容易和“法律博士”学位混淆，但每年颁发的数量很少。除此之外，法学院有时还为在美国从事高级研究的外国法律学者，特别是受过民法法系训练的法学家授予一种“比较法硕士”（Master of Comparative Law，M. C. L.）学位，以及认为对社会做出突出贡献的公民颁发的一种“荣誉法律博士”（Doctor of Laws，LL. D.）学位。

（四）教学法注重实践训练以判例教学法为基本，以灵活多样的法律技能训练为补充，成为保障法律职业教育目标实现的根本手段

法律教育的职业性必然要求法学院的教学方法模拟法律家运作法律的实际过程，这就是美国法学家兰达尔（Christopher Columbus Langdell，1826－1906）于19世纪70年代在哈佛法学院倡导的教授法律的判例教学法（case method of instruction）。以判例教学法为基础，以灵活多样的法律技能训练法为补充，这构成了美国法律教育的又一重要特征。因为在法典传统的国家，法律教学十分注重对法律概念、原则和规范的原理上的阐释，在方法上长期比较单一地贯彻讲授法（ex cathedra）。只是在二战后，随着美国法律教育风格的对外传播，判例书以及判例教学技术才日益受到广泛的重视。

在美国法学院，判例教学法已为不同的教师广泛地运用于各种课程。它由判例书（casebook）、课堂讨论（class discussion）和考试（hypothetical－case type of examination）三部分组成。法学院一年级教学中主要采用判例教学法和苏格拉底式讨论法（Socratic method）。在社会学法学和现实主义法学运动的影响下，补充而不是代替判例教学法的多种教学方式上的改革措施，如“专题式教

学”(programmed instruction)、“课堂讨论”(seminar)、“现场实习”(clinical program)、“计算机辅助法律教学”(computer aided legal instruction)、“模拟问题法”(simulation problem)等,不同程度地引进了法学院的教学活动之中。课堂讲授(ex cathedra)也并未被彻底取代。

应当注意的是,在美国历史上,职业主义训练(vocational training)与科学主义训练(scientific training)、职业主义训练与人文主义教育的整合与分离这两对原则的斗争却从未中断过。自1980年代以来,我国法学界出现了较多主张吸收英美法(其实在很大程度上是指美国法)、包括美国法律教育模式的议论。这些议论基本上是针对我国现行法律教育中存在的问题、并为探索其改革和发展之路而提出来的。而当我们在考虑吸收和借鉴美国法律教育的诸多相对比的优点时,其渗透在法律教育模式中的普通法历史传统的某些深刻印记,则是一个重要因素。

六、结语

总结国外法律人才培养模式有以下几个主要特点:

(1)法律教育以法律职业为目标导向,法律人才培养活动紧紧围绕法律职业的需要,相应地,作为一国法律制度的组成部分,法律教育主要由法律职业部门或相应行业组织负责管理;教育行政部门介入管理的程度极为有限。

(2)法律人才培养,大都经历法律学术教育⇒法律职业训练⇒职业准入考试⇒岗前培训的过程,强调学术培养与实务训练的统一,并有继续教育的措施加以维护,人才培养质量由各个环节建立起来的严格的制度和专门的设施予以保障,学习法律的时间都有延长的趋势,成本也相应增大。

(3)法律教育制度构造随着法治与社会发达程度而日益完善,并不断经历着改革,改革的方向是积极地、全方位地回应社会各个领域对法律的需要。

参考资料

1. 霍宪丹主编:《当代法律人才培养模式研究》,中国政法大学出版社2005年版。

2. 丁相顺:《日本司法考试与法律职业制度比较研究》中国方正出版社2003年版。

3. 邵建东:《德国法学教育的改革与律师职业》,中国政法大学出版社2004年版。

4.《法学教育学术研讨会:历史传承与前瞻发展》,庆祝东吴大学法学院建院九十周年论文集,2005年3月30~31日。

5. 刘毅、张陈果:“德国法学教育访谈”,载《社会科学论坛》2007 年第 3 期。

6. 王健:“大陆法系与英美法系法律教育之比较研究”,载《政法教育研究》1990 年第 4 期。

7. 王世民、杨永波、马幼宁、彭永和:“法国司法改革与法官教育培训制度”,载 http://www.wmxz.cn。

8. “法国教育概况”,载中国驻法国使馆网,http://www.amb - chine.fr/chn。

9. 资料来源:美国法律家公会网,http://www.abanet.org/legaled。

10. “日本大学入学考试制度的演变”,载上海市教育考试院,http://www.shmeea.com.cn,2003 年 1 月 16 日访问。

11. 陈学飞等:《西方怎样培养博士》,高等教育出版社 2002 年版。

法国、联邦德国、英国、美国法律教育学制简表

<table>
<tr><th rowspan="2"></th><th colspan="4">大陆法系</th><th colspan="2">英美法系</th></tr>
<tr><th colspan="2">法国</th><th colspan="2">联邦德国</th><th>英国</th><th>美国</th></tr>
<tr><td rowspan="2">大学法学教育</td><td>第一阶段</td><td>2 年法学基础教育</td><td rowspan="2">第一阶段</td><td rowspan="2">在大学接受 3.5 年法学教育,之后参加第一次国家司法考试</td><td rowspan="2">出庭律师(Barrister)在 4 年制大学取得法学士学位,再入律师学院实务训练 1 年;
非法学士学生在律师学院受 3 年法律教育,并修习实务,或在律师事务所实习一个时期,然后参加律师资格考试</td><td rowspan="2">学习法律者须取得 4 年制大学的学士学位(文学士或理学士)</td></tr>
<tr><td>第二阶段</td><td>2 年法学专门化教育,完成第一年授予法学士学位,完成第二年学业,授予法学硕士学位</td></tr>
<tr><td>法律实务教育</td><td colspan="2">在国立法官学院对准备从事法官、检察官职业者进行 2 年司法实务培训,在律师进修所对准备从事律师职业者培训 1 年</td><td></td><td>对第一次考试合格者进行 2.5 年司法训练,包括:在法院、检察院、律师事务所、行政部门实习 2 年,在外国的律师事务所、企业、大学等本人希望的部门实习半年,参加第二次国家司法考试</td><td>诉状律师(Solicitor)在 4 年制大学取得法学士学位,进律师协会法律学院练习实务 1 年;
非法学士学生须加入律师协会,作为按合同雇佣的学徒修指导课程和实务 5 年,然后参加律师资格考试</td><td>3 年法学院法律学习,毕业授予法学士学位(LL.B,后改为 JD),通过州的或多州联合的律师资格考试取得执业资格</td></tr>
<tr><td>总计</td><td colspan="2">5~6 年</td><td>6 年</td><td>5 年</td><td>7 年</td><td></td></tr>
</table>

注:本表主要依据《美国、联邦德国、英国、法国关于法律工作者资格授予制度及法学教育制度》(中国法学会研究部编《法学研究动态》1988 年第 10 期)和《牛津法律大辞典》(光明日报出版社 1988 年)等文献资料编制。

第二部分

法律硕士

中国的 J. D.？
——评“法律专业硕士学位教育”*

一、引言

《光明日报》1995 年 10 月 27 日发布了“全国八所高等院校 1996 年首期招收法律专业硕士研究生公告”，略谓为培养高层次应用型法律人才，经国务院学位委员会第 13 次会议批准，在我国设置并试办法律专业硕士学位教育。国家教委与司法部决定自 1996 年起招收法律专业硕士研究生。为此专门设立专家指导小组并下设秘书处。确定的首批试点招生单位依序有中国人民大学、北京大学、中国政法大学、对外经济贸易大学、吉林大学、武汉大学、西南政法大学、华东政法学院共八所高等学校。[1]

此公告的发布正值 1996 年攻读硕士学位研究生考试报名即将开始之际。究竟什么是法律专业硕士研究生（以下简称“法律硕士”）？怎样报考？为什么要设置它？它与目前的法学硕士教育又有何不同？这些问题一时间成为大学甚至公众一个不大不小的谈论话题。[2] 随着 1996 年攻读硕士研究生报名工作

---

* 本文系我国设置法律硕士专业学位后的第一篇研究论文，经贺卫方教授审订后发表在《比较法研究》（中国政法大学）1996 年第 2 期，受到主管部门官员的高度重视。文章发表距今已近 20 年，鉴于文中提出的有关法律硕士教育的定位及其与现行教育体制大环境之间的诸多矛盾问题今天依然存在，仍有参考价值，故录入本书。

〔1〕 这条公告还简要登载了有关招生对象、考试科目、报名时间、地点和联系办法方面的信息，载《光明日报》，1995 年 10 月 27 日第 8 版。

〔2〕 据有些人的意见反映，有的认为法律硕士就是法学双学位教育的一种形式变换，只是前者比后者提高了学历层次；还有的认为，法律硕士学位的设置，与《法官法》和《检察官法》颁布实施后有关司法职业者的任职规定有某种呼应关系。1995 年 11 月在北京召开的一次民间性司法改革讨论会上，法律硕士教育问题也引起了国内、外一些教授和学者的关注。其中有的认为，法律硕士教育在法律教育改革的战略方向上无疑正确，但需要明确一些具体问题，如它所实施的是一种常规（普通）教育，还是成人教育。另外有人指出，中国的法律硕士教育与美国法学院的 J. D. 学位教育之间存在着精神方面的差距，并且对法律硕士教育创办的动因表示怀疑（是否出于经济利益，如创收方面的考虑），不一而足。

的开始，也标示着法律硕士教育进入到实际操作阶段。[1]

法律硕士教育制度之创设可以看作是1990年代中国法律教育改革中的一件大事。[2] 考虑到其设置与试办所依据的教育思想和期待实现的教育目标，在一定程度上涉及当前法律教育改革的制度性（institutional）设计和现代司法体系合理性（reasonable）构造方面的一些重要问题，因而有必要对法律硕士教育给予适当的关注。

法律硕士教育是一个较陌生的概念，且其运作尚处于初始阶段，所以在不具备相当可用材料（available）的情况下，暂时还无法对它进行实证性研究。本文打算第一，考察法律硕士教育的制度模型及其特征；第二，概括它对当前法律教育改革所包含的重要意义；第三，有针对性地展现并揭示美国的J.D.教育制度的显著特征，为进一步分析本文主题提供必要的背景参照；第四，通过对J.D.与法律硕士教育两者的比较，评价法律专业硕士教育在重构现行法律教育体系中的定位设计与目标实现方面存在的一些值得注意的问题；最后将提出改革目前法律教育体系的几点认识上的初步意见。

二、法律硕士教育的制度模型与特征

与法学本科或法学学位教育一样，法律硕士教育是按照法律院系制订的一份指导全部教学活动的“宪法”性文件——教学计划或培养方案进行运作的。因此，可以通过剖析一个足以反映总体面貌的典型——“中国政法大学法律专业硕士研究生培养方案”，并参酌有关资料，来了解法律硕士教育的基本内容和特征。

---

[1] 迟至1994年4月，法律教育宏观管理部门已就设办法律硕士教育形成了一套初步设想。1994年4月12日国务院学位委员会办公室发布《关于在我国设置和试办法律专业硕士学位（Juris Doctor）的几点原则意见（草稿）》（以下简称“原则意见”）。1995年8月1～2日，国务院学位办与司法部法学教育司在北京共同组织召开了法律专业硕士学位试点工作会议。这次会议专门就国务院学位委员会第13次会议通过的《关于设置法律专业硕士学位的报告》，以及有关试点实施方面的具体问题进行了讨论。9月8日，国务院学位办转发了这次会议的纪要，确定由国务院学位办和司法部教育司主持和领导，由专家指导小组负责进行教学指导和协调工作，通知各试点院校开始具体实施，学位办[1995]54号《关于转发〈法律专业硕士学位试点工作会议纪要〉的通知》（以下简称“会议纪要”）。

[2] “在我国设置和试办法律专业硕士学位……是我国法学研究生教育改革的重大举措，是从1988年以来，法学各专业硕士研究生应用型人才培养改革的重大突破”，“是我国法学教育史上的一个创举”。参见“会议纪要”。

（一）培养目标

从职业精神上看，法律硕士教育的目标是“培养热爱社会主义祖国，拥护中国共产党的领导，遵纪守法，德才兼备，具有良好的职业道德”的高层次法律专业人才和管理人才。职业分工包括“立法、司法、行政执法、法律服务与法律监督以及经济管理、社会管理”等广泛领域。其具体规格要求归纳起来有三个方面，第一，“具有坚实的马列主义、毛泽东思想的政治理论基础”；第二，“具有较坚实和系统的法学基本理论素养，掌握较宽广的法律实务知识”；第三，“具有宽口径、复合型、外向型的知识与能力结构”，即“能够综合运用法律、经济、管理、科技、外语和计算机方面的专业知识，独立地从事法律实务工作和管理工作；胜任在政法系统和法律服务部门中级以上（含中级）专业与管理职务的要求。”〔1〕根据该培养方案，法律硕士教育旨在培养从事法律实务和社会管理方面的高级专门人才，这就排除了法律教学与研究职业，具有显著的法律实务教育指向。〔2〕

（二）入学条件和学习期限

法律硕士研究生入学除具备一般性的政治条件（如坚持四项基本原则）外，主要还有：必须具有任何专业的大学本科学力（包括法学类专业在内，但应届法学本科毕业生除外）；年龄在45岁以下；〔3〕体检合格并通过某种类别的入学考试等（另参见表1）。学习期限为3年左右。按照“原则意见”和“培养方案”，教育方式将采取全日制脱产、半脱产及在职兼读并存在的灵活方式。〔4〕

从学制上看，法律硕士教育具有以下与法学硕士教育相对比的特点：第一，

---

〔1〕“中国政法大学研究生院法律专业硕士学位研究生培养方案”（适用于法学与非法学类本科毕业生源），附于中国政法大学文件校字（95）第143号，1995年7月4日（以下简称“培养方案”）。国务院学位委员会办公室和司法部法学教育司负责组织和修订指导性培养方案，试点单位则据此拟订各自专门适用的操作方案。

〔2〕社会管理的内容极为广泛。在一定意义上，法律即属其中重要的一项。该“培养目标”明显反映出近年来在法律教育界所谓的“大司法”的教育观念，即法律教育应当广泛地为全社会各个领域培养法律人才，而不限于立法、司法等法律职业领域（后者被称作“小司法”观念）。

〔3〕根据“培养方案”和“会议纪要”，招生对象的年龄为45岁以下在职人员，并可“适当招收应届法学专业本科毕业生”。以后在“中国政法大学1996年招收法律专业硕士学位研究生简章”（以下简称“中国政法大学招生简章”）中又规定，考生年龄须在40岁以下，并且“暂不招收法律专业的应届本科毕业生”。

〔4〕各试点法律院系将自己决定选择其中的一种培养方式，例如，中国政法大学要求“采取全日制脱产学习方式”，“中国政法大学招生简章”，同上注。北京大学则“采取不脱产的方式进行学习”。课时安排为“每周一个晚上和星期六上、下午”。1996年北京大学法律专业硕士招生简章（以下简称“北京大学招生简章”）。

法律硕士入学者均要求具有大学本科学历，排除了本科同等学力者的入学条件，因此，入学标准有所提高；[1]第二，设置统一的法律专业，而不按照法学二级学科分设专业（如民法、行政法、刑法、法理学）；第三，区别法学与非法学生源的入学考试标准，并对非法学类专业毕业的在职考生略有照顾，由此形成法律硕士教育的二元结构。

表 1　法律硕士生生源结构与入学条件

<table>
<tr><th rowspan="2">生源</th><th rowspan="2">专业背景</th><th rowspan="2">学历</th><th rowspan="2">年龄</th><th colspan="2">考试类别与科目</th></tr>
<tr><th>统考科目</th><th>单独考试科目</th></tr>
<tr><td rowspan="2">在职人员</td><td>法学</td><td rowspan="3">本科</td><td rowspan="3">45岁以下</td><td></td><td>政治（文）外语　大学语文
法学基础理论　综合（民法总论　刑法总论）</td></tr>
<tr><td>非法学</td><td></td><td>政治（文）　外语　大学语文
法学基础理论　宪法</td></tr>
<tr><td rowspan="2">应届毕业生</td><td>非法学</td><td>政治（文）外语</td><td>大学语文　法学基础理论
综合（宪法　民法总论　刑法总论）</td></tr>
<tr><td>法学</td><td colspan="4">暂不招收</td></tr>
</table>

本表依据“培养方案”编制而成。统考科目指由国家教委统一命题考试的科目。它包括政治理论和非外国语言文学专业的英语、俄语、日语；单考科目指经国家教委批准的试点单位为符合报名条件的在职人员单独组织的考试。它们两者的主要区别之一在于，在单独考试中，政治和外语这两科按照统考的命题原则自行命题。

（三）课程设置

法律硕士教育采用学分制。其总学分不低于 45 分，课程类型主要是必修（学位）课和选修课。科目类别可分为外语、政治、法律和计算机四大类。由于法律硕士生生源的二元结构和专业设置的同一化，也相应地导致了课程设置的二元化，使具有法律专业背景的学生与非法律专业背景的学生在其所修课程上

---

〔1〕现行的硕士研究生招生制度规定，报考硕士研究生的学历条件是“国家承认学历的应届本科毕业生或往届本科毕业生；国家承认学历的大专毕业生，毕业 2 年（从大专毕业到录取为硕士生当年的 9 月 1 日）或 2 年以上，并达到与大学本科毕业生同等学力者”。据此，攻读法学专业硕士学位的考生并不限于法学专业的本科毕业生或大专毕业生，非法学专业（包括文科、理科）的本科毕业生和符合一定条件的本科同等学力者亦可报考，并且他们要参加同样门类和水平科目的考试。此外，对通过初试的同等学力考生在“复试时还须加试所报考专业的两门本科主干课程，加试方式为笔试”。显然，法律硕士考生有了统一的本科学历教育背景，但对非法专业本科毕业在职人员所考科目的门类和份量又有所减轻。

存在着如下差异：后者所修科目在数量上略多于前者，主要表现在学位课上；两者相差部分的科目主要是普通法学基础课程，这体现在学位课与选修课上，如法理学、法律史一类课程。就前者而言，这些课程基本上是其在本科阶段学习过的法学基础课程。此外，非法律专业背景的学生不仅须补修行政法、刑法、民法、经济法课程，而且还要必修同样科目的课程。（见表 2）。

按照“培养方案”，法律硕士生必修和选修课程的总学分为 78 ~ 86 学分，也就是说，用于课堂教学（或课程学习）的时间约占学习期限的 2/3。

表 2　法律硕士研究生课程一览

<table>
<tr><th></th><th></th><th>法学类本科毕业生生源适用</th><th>非法学类本科毕业生生源适用</th></tr>
<tr><td rowspan="3">学位课必修</td><td>共同科目</td><td colspan="2">外语(5)专业外语(3)政治理论(4)行政法与行政诉讼法(4)刑法学(4)民法学(4)商法原理(3)知识产权(3)合同法(含涉外、经济、技术合同,4)国际法(3)国际贸易法(3)国际私法(3)国际经济法(3)现代经济理论与政策(3)经济管理学(3)</td></tr>
<tr><td>必修科目</td><td>诉讼法学(含刑诉、民诉,4)</td><td>法理学(3)宪法学(3)刑事诉讼法(3)民事诉讼法(3)</td></tr>
<tr><td>学分/总学时</td><td>56/1134</td><td>64/1278</td></tr>
<tr><td rowspan="2">选修课</td><td>共同科目</td><td colspan="2">行政管理学(2)外国诉讼制度(2)外国民商法(2)金融法(2)海商法(2)税法(含涉外税法,2)科技法(2)经济法学(2)公正与律师制度(2)经济法实务专题讲座(2)民法实务专题讲座(2)国际经济法实务专题讲座(2)计算机原理与应用(2)</td></tr>
<tr><td>分修科目</td><td>宪法学(2)中国公司法(2)外国公司法(2)票据法(2)证券法(2)投资法(含融资法,2)公司会计制度(2)国际金融(2)</td><td>中国法制史(2)外国法制史(2)中国法律思想史(2)外国法律思想史(2)证据学(2)外国合同法(2)法律语言与文书(2)外商投资企业法(2)</td></tr>
<tr><td colspan="2">说明</td><td colspan="2">选修课共 22 门,除计算机原理与应用为必选课外,可任选其中 10 门,共需修满 22 学分</td></tr>
<tr><td>补课</td><td>不计学分</td><td></td><td>行政法(36 学时)刑法(36 学时)民法(36 学时)经济法(36 学时)</td></tr>
</table>

本表根据“培养方案”编制而成。科目后括号内数字表示该门课程的学分。

（四）教学方式与教学方法

根据“培养方案”的要求，教学方式由课堂教学、实务或工作调研、专业实习和社会实践、撰写论文一系列环节构成。其中，课堂教学即课程学习是整个教学过程的核心环节。当然，课堂教学也意味着采取讲授法进行教学，即由担任某一门课程讲授任务的教师在课堂上向学生系统讲授该门课程的基本原理和基本知识。课堂讲授的依据是在教学大纲指导下编写的授课教材。[1] 在课程的内容方面，除要求对法律专业理论进行系统的学习外，还要求加强社会主义市场经济理论的学习，并注意吸收和借鉴外国法学理论和有益的法制经验；强调扩大司法案例和法律实务部分的比重。[2] 为突出理论与实际相结合，还拟通过社会兼职导师和政法实际部门专家来讲授法律实务专题讲座，以加强对国家最新立法和司法现状的调查研究。"培养方案"还要求法律硕士生在学习期间全过程地参与一项较重要的法律实务工作。

总之，教学过程和教学方法都着重强调了法律实务教学。但又应看到，法律理论（包括法律实际方面的理论）部分的教学在教学全过程中仍然占有核心重要的地位。

（五）毕业条件与毕业生水平

法律硕士生的毕业条件主要是：完成规定课程的学习，考试或考核成绩合格，修满规定的学分，在此前提下，撰写硕士学位论文；通过答辩者，经培养单位学位评定委员会批准，即授予"法律专业硕士学位"。这里有两点应当注意：一是法律硕士生撰写的学位论文不限于通常意义上的学术性学位论文，而倾向于较灵活的论文形式——论文可以是高质量的调查研究报告、重大疑难案例的解决方案或分析报告。要求论文的篇幅精炼，不宜过长，一般为 2 万字左右。二是规定在论文的指导教师和答辩委员会成员中，应当有 1 ~ 2 名实务部门的高级专家。

以上着重从学制的几个方面勾画出了法律硕士教育的制度模型，并适当指出了该制度各环节中某些相对比的特点。那么，为什么要设置法律硕士教育？它与现行法律教育制度之间的关系如何？它对法律教育的改革具有怎样的意义？有哪些可能的负面因素？这些问题促使我们对这一制度作进一步的分析和评价。

---

〔1〕 目前进行试点的法律院系将共同编写法律硕士教育的必修课统一的教学大纲，并且待条件成熟时再专门编写统一使用的教材。

〔2〕 在"原则意见"中曾经提出教学方法应充分重视案例教学。但这里应当注意，在法律硕士教学中运用司法案例进行教学，并不等于引入了美国法学院的"判例教学法"（case method）。参见王利明、叶林："试论法学教育中的案例教育法"，载《法学家》1993 年第 3 期。

三、制度构思上的积极意义

不仅弄清法律硕士教育是什么，而且进一步地考察构设法律硕士教育制度的背景因素，这既是全面估价这一改革举措的重要途径，也有助于认识改革现行法律教育体系的重要意义。概括地讲，法律硕士教育的制度构思至少包含着以下三方面的积极意义。[1]

（一）基本共识：市场经济需要一批高素质的法律家

正如设计者在最初的“原则意见”中指出的那样，在我国置办法律硕士教育的目的和意义首先是，“随着我国社会主义市场经济的发展和改革开放的深入，与各种重大经济行为和社会进步、社会稳定密切相关的事务，无论在规模上或在水平上都日益复杂化、专门化和国际化，立法、司法、检察和法律服务部门急需补充大量高素质的专业和管理人员，尤其是需要一大批适应市场经济和法制建设需要的高层次法律实务人才和管理人才。”[2]可见，这里从市场经济与法律秩序的互动关系中，指出了在我国市场经济目标的确立，以及现代社会中法律事务的复杂化和专门化需要一批高层次的法律职业人员。这是设计法律硕士教育制度的一个基本的指导思想。[3] 它包含着对法律教育上位关系的认识，即与其他形式或层次的教育一样，法律教育的发展受经济、政治等社会环境因素变化的影响和制约。如果说自 1970 年代末期以来“依法治国”战略思想的确立是对法律教育发展的一种政治性推动力量，[4]那么可以说，法律硕士教育的创设反映了建立和发展市场经济的内在要求。另外，从法制建设的实际看，随着立法迅速覆盖社会生活的各个关系领域，人们对于当前法律实际中的种种不满，也开始从立法渐次转入司法领域中去了。而现代司法体系的运作，不仅离不开由法官、检察官、律师组成的职业法律家群体，而且司法体系的运作良好与

---

〔1〕 此处仅指法律硕士教育在宏观构思的出发点上所具有的积极意义，而并非指该制度本身。往往有这样的情况，良好的出发点未必一定获得追求的效果。制度设计过程中对各种复杂关系的片面认识以及其他因素，都有可能使制度化的结果发生偏差，甚至背离设计者的初衷。

〔2〕 参见“原则意见”。

〔3〕 韦伯提供了关于近代市场经济与法律秩序关系中人（受过法律专门化训练的职业法律家）的重要性的经典论述。可参见 M. Rheistein, *Introduction to Max Weber on Law in Economy & Society* XLⅡ（M. Rheistein ed. 1954.）。

〔4〕 1970 年代末和 1980 年代初期，中国法律教育的迅速恢复和发展，可以说是来自一种政治力量的推动。参见《邓小平文选》第 2 卷、第 3 卷中有关著作及其他政治文献。另可参阅霍宪丹：“加强民主健全法制没有知识没有人才不行”，载《现代法学》1995 年第 3 期。

否,司法产品质量的高下,进而司法机关能否完成它们所承担的实现社会正义的神圣使命,都与法律教育的产品——职业法律家的素质密切相关。因此,顺应时代潮流,为培养现代社会中高素质的法律家而对法律教育制度进行的这种创新设计,无疑是一个大胆的改革之举。

(二)针对现实:对目前法律教育中的弊端作出回应

如果说上述指导思想是基于设计者对社会环境条件变化的认识之上的话,那么揭示现行法律教育,特别是法学研究生教育中存在的缺陷或弊端,可以说是制度构思的另一重要出发点。1970年代末重开法制建设以来,法律教育与立法、司法诸方面制度建设同时起步。经过多年努力,法律教育的总体状况的确发生了很大变化。[1] 但囿于各方面条件限制,法律教育制度中的许多环节一直存在不少严重的缺陷或弊端。[2] 这也包括作为整体组成部分的法学研究生教育在内。按照"原则意见",法学研究生教育总体上未能摆脱学院式教育模式,适应实际业务工作的能动性不强。其具体表现为:专业划分过细;[3] 培养规格单一;[4]

---

〔1〕十多年来中国法律教育所发生的巨大变化,既可说成绩斐然,亦可说功的补缺,有关成就方面评述的材料,可参见甘绩华:"中国法律教育的成就、改革与对外交流"(*China's Achievement in legal Education, Its Reform and Exchange with the Outside World*),北京第14届世界法律大会论文(英文)第109号,1990年4月22~27日。

〔2〕沈宗灵教授曾概括地指出了法律教育中存在的某些严重问题。参见沈宗灵:《比较法总论》,北京大学出版社1987年版,第483页。来自法律院系对有关主题的讨论中,也对法律教育的某些方面提出了意见或批评。参见北京大学法律系:"法律教育改革座谈会综述",载《中外法学》1990年第1期;武汉大学法学院:"'更新法学观念改革法学教育'学术讨论会",载《法学评论》1988年第6期;王晨光,"法学教育中的困惑——从比较视角去观察",载《中外法学》1993年2期;等等。

〔3〕国务院学位委员会1983年核准试行的草案确定,法学学科可招收13个高级学位专业的研究生,即法学理论、法律思想史、法制史、宪法、行政法、刑法、民法、诉讼法、经济法、劳动法、环境保护法、国际经济法、国际法。参见沈宗灵:《比较法总论》,北京大学出版社1987年版,第482页。针对法学专业设置方面存在的问题,法学界曾提出过一种倾向性意见。陈守一教授认为,法律教育的专业设置似乎应当有整体规划。自流发展,未必有利。法学二级学科是否都可设置专业很值得研究。参见陈守一:"我国高等法学教育的几个问题",载《中国法学》1984年第1期。专业划分应以知识结构确有明显特点为准,不宜为过分专门的学科单独设置专业。参见"朱剑明在高等法学教育座谈会上的讲话"(1983年12月31日),载《法制建设》1984年第2期。但专业设置狭窄,尤其是二级学科招生,有的甚至按三级学科培养的不利局面,多年来未予改变。

〔4〕中国目前的研究生培养规格主要有普通学术型、工程型、临床医学、经济管理硕士和文科应用型(参见李煌果、王秀卿主编:《研究生教育概论》,科学技术文献出版社1991年版,第46~50页),此外所讲的"培养规格单一"是指目前法学研究生教育,培养教学、科研型人才多,而法律应用型人才少。文科应用型研究生教育(包括法学类)的试办,已是针对这一缺陷进行的改革,但现在看来仍存在不少的问题。

学制过长；〔1〕招生及培养方式不利于在职人员提高等方面。这里需要指出的是，这些缺陷仅是涉及现行法学研究生教育这个局部领域，而非法律教育制度整体（在法律教育制度改革中，把握局部与整体之间的相互衔接、制约关系，在我看来很有意义）；另外，就法学研究生教育中的缺陷而言，这里也包括了1988年以来的法学应用类研究生培养工作。〔2〕最后，设计者对于这些缺陷的认识，还可以反映出设计者的法律继续教育思想。

总体来看，这里提出的问题，都以是否有利于培养高级法律实务人才为标准。前三点缺陷针对的是目前法学专业研究生教育制度本身。最后一点则针对司法领域中法律实务人员的素质状况而言。且不论置办法法律硕士教育是否就是解决现实问题的有效方案，这些问题确是在目前法律教育领域中不同程度地存在着的。而且受制于其中某些不利因素的影响，已使过去形成的法律人才的培养方式与市场经济条件下法律实际的需求之间日趋矛盾，改革法律教育（包括法学研究生教育）的必要性自然凸现出来。

（三）面向世界：采他山之石的创新精神

当今世界是物质、能量和信息大开放的世界。在教育要面向现代化、面向世界、面向未来的时代背景下，设计者大胆吸收和借鉴国外法律教育制度的先进经验，并试图以此来推进法律教育制度某些环节的改革。对于这种积极探索、大胆尝试的改革勇气和采他山之石的创新精神无疑应当给予肯定。这一点勿庸多述。

我们认为，至此摆在设计者面前的选择可以有两种：一是针对现实法律教育的弊端，参考国外法律教育的某种机制，在现行体制内部进行重构；二是在现有体制之外，另起炉灶，将国外法律教育模式直接移入目前的法律教育体系之中。从现实的答案来看，显然，设计者选择了后者。由此也可以推测设计者在制度构思上隐含着的另一个前提性认识，即现有的法学研究生教育既不能担负

---

〔1〕 笔者认为，法律教育是一种特殊性质的教育，其学制设计取决于多种较为复杂的因素，不可简单地说长论短。笔者拟对此另作专门研究。

〔2〕 1988年12月，国家教委研究生司、国务院学位委员会办公室、最高人民法院教育厅、最高人民检察院干部教育局、司法部教育司联合发出“关于下达刑法、民法、国际经济法三专业硕士生（应用类）参考性培养方案的通知”，该“通知”要求对现有的上述三个专业研究生教育的培养目标、招生、研究方向、学习期限、课程设置、业务实习、论文写作、指导方式、学位授予等，都要体现以培养法律实务人员为主的目标。旨在推动政法应用类研究生教育的改革，实现研究生培养规格的途径的多样化。

起培养高级法律实务型人才的历史使命，又无对之加以改造的必要性或可能性。于是，构筑一种新型的法律教育模式，并驾甚至取代现有法学专业硕士教育的趋势最终不可避免了。

四、制度设计的原型：美国法学院的 J. D. 制教育

当教育观念由学术型向实务型发生转变，并认为现有的教育资源不足以满足实现新的教育目标的需要时，转而寻求其他相应的制度资源便是顺理成章的了——设计者把目光投向了国外法律教育模式的选择上，而这个视线的落点正是美国法学院的 J. D. 制的教育。[1] 那么，为什么要选择 J. D. 制教育模式？法律硕士教育在多大程度上吸收了 J. D. 制的因素？更重要的是，将 J. D. 制移植到中国现行的法律教育体制中来是否可行？很显然，这些问题已经触及各国法律教育的比较研究以及有关法律移植方面的某些理论与实际问题，具有比较法上的重要意义。

针对本文的主题，有必要先对美国法律教育的概况和重要特征做出专门性的背景分析，尽管国内法学界对有关美国法律教育的轮廓已有相当深浅不一，但大同小异的介绍。[2]

与美国法律的历史兼程并进，发展之快和变化之大可以说是美国法律教育的一个突出现象。[3] 就现有的机构设施和人员（法律教师和学生）数量等方面

---

〔1〕 在最初的“原则意见”中提出的“法律专业硕士”的名词后面，附注有一英文词“Juris Doctor”，简称“J. D.”。J. D. 可直译为中文“法律博士”或“法学博士”。但该中文译名易与中国学位制度中最高一级的学位名称——博士——相混淆。为明显区别之，本文仍按英文原名，直称 J. D. 学位。J. D. 的概念以及美国的法学学位制度将在下文专述。

〔2〕 近十多年来，在介绍国外法律教育的作品中，美国的最多。从法制建设的大背景上看，中国法学界出现了较多主张吸收英美法因素的议论。例如，主张在中国吸收判例法制度，司法审判方式更多地引进对抗制，在证据制度中增设非法证据排除规则，等等。可见，以美国的 J. D. 制作为移植国外法律教育模式的首选目标，也是与此倾向相一致的。而从世界法律发展变化的角度观察，可参看沈宗灵：“二战后美国法律对民法法系法律的影响”，载《北京大学学报》（哲社版）1995 年第 5 期。

〔3〕 美国法律教育的历史大体可分三个阶段，即殖民地时期（1607 ~ 1776），以留学英国和在本地律所学徒见习的简单的法律训练方式为特征；1776 年建国至 19 世纪中期初创时期，主要在教学条件较为优越，并完全放弃法律业务的律师事务所的基础上，仿照布莱克斯通的教学模式，创办法律学校，尝试探索有组织的学校训练意义上的法律教学新途径；南北战争，特别是自 19 世纪末以来的创造性发展时期。这一时期确立了今天美国法律教育制度的主要基础，参看 Lawrence M. Friedman, *A History of American Law*, 2nd ed., Simon & Schuster, 1985, pp. 94 – 102, 318 – 22, 606 – 20, 691 – 95。英语法律文献中，有关美国法律教育最优秀的作品是 Robert Stevens, *Law School: Legal Education in America from the* 1850*s to the* 1980*s*(1983)。

的情形而言，美国是当今世界上法律教育规模最大的一个国家。[1]

众多法学院的各色不一与法律教育统一有效的行业化管理是美国法律教育的一个显著特征。由于美国政体的联邦制结构，所有程度的教育基本属于州或者私人的职事。因此，美国不存在官办的国立法学院。联邦政府对于法学院现有的控制，实质是以政府补贴作为维系其关系的纽带的。但由于这种政府性补贴的相对有限，联邦的间接管理形式相对来讲并不重要。中央政府控制的微弱与私人捐赠大学法学院这两方面的结合，导致了各个法学院在诸如课程及教学方面的巨大差异。[2] 面对如此众多而又多样的法学院，为确保法律职业者道德和业务素质的最低标准得以维护，经过长期的努力，两个民间性同业公会——美国律师公会（ABA）和美国法学院协会（AALS）[3]——建立起一套比较完备而严格的行业规章，为有效地组织、协调和促进法律教育事业的发展发挥着关键性的作用。

职业教育的性质与职业目标的一元主义是美国法律教育的又一突出特征。美国的法律教育在性质上属于职业教育，而不像民法法系国家那样的大学普通教育。[4] 这里所谓的职业教育是指这样一种概念：法律教育应与人文教育相分离；学生在开始学习法律之前被假定已获得了必要的人文科学知识；典型的法律学生是恰好成熟，并且为寻求从事法律职业作准备；法学院的任务在于为法律学生提供分析和解决法律实务方面的问题的各种技术性训练，其宗旨是训练

---

〔1〕 除有些法学院独立设置外，大多数法学院是某一所大学的一部分。据 1986 年统计，经 ABA 核准登记的法学院有 175 所，其中成为 AALS 会员学院的有 151 所。*Association of American Law School*, Handbook, Little, Brown and Company, 1986, p. 1。此外，还有至少 50 多所未经 ABA 核准的法学院，尽管法学院之间的规模大小不等，但总体上超过甚至远远超过俄罗斯、日本、英国、法国、德国、加拿大、澳大利亚、新西兰等国家。

〔2〕 就学生来源、执业去向以及法学院所在地域这个意义上讲，有些是“地方性”法学院，有些为“全国性”法学院，后者如芝加哥、哥伦比亚、哈佛、斯坦福、耶鲁。这些学院享有较高声望，在法律学术领域占有重要地位。当然，教学内容也不限于美国的某一局部法域。

〔3〕 美国律师公会（American Bar Association, ABA）是 1878 年由律师自愿组织的一个全国性律师机构。它在诸如法律改革、职业道德、法学院资格审核以及继续法律教育等方面起着积极的作用。美国法学院协会（Association of American Law School, AALS）于 1900 年在纽约州由 32 个法学院作为创始会员成立。1963 年设立协会的全国性办公室。1971 年依法注册为非营利教育机构，并被确认为两个全国立案的法律机关（另一个是 ABA 法律教育和律师资格部）。该协会出版的《法律教育学刊》（*Journal of Legal Education*）长期享有声望。Handbook。

〔4〕 对民法法系法律教育的性质与特点的一般性概括，可参阅沈宗灵：《比较法总论》，北京大学出版社 1987 年版，第 153～156 页。

他们“象法律家那样进行思考。”这种职业教育方向最初是由哈佛法学院法学教授斯托里(Joseph Story,1779 - 1845)奠定的。[1] 在这种教育观念的影响下,经过100多年的发展,美国形成了今天这样一套完整而又富有特色的大学本科后的法律教育制度。

从另一方面看,美国法律职业的结构及其内部分支之间的运作方式又决定了各个法学院均以统一培养法律家为其目标。美国的法律职业主要有两个显著的特征。一是法律职业在结构上是统一的,既不存在英国的沙律师(solicitor)和巴律师(barrister)那种职业二元分支,也没有审判与检控职业上的区分。法律职业的分工(specialization)当然存在,例如有法官、私人开业律师、法律教师等,但是这种分工反映了个人的兴趣偏好,而非来自制度上的硬性要求。另外一个特点是法律职业内部有着高度的职业流动性(mobility),除典型的法官是由法律实务、政府机关或者学术领域做出卓越业绩的阅历丰富的法律家中选拔而来,大多数法律家在公职与私人执业之间转换工种也是经常性的,尽管有的法律家有可能毕生只在某一法律机构任职。[2] 因而,美国的法学院不存在,也不可能对准备选择法官或法律教授职业的法律学生提供有所不同的专门性学程。“职业范围内的这种多样性和流动性迫使法律训练要宽口径和通用化,而非狭窄和专门化。”[3]

法律职业与法律教育目标的一元主义性质在法学院学制上的体现,构成了美国法律教育最突出的一个特征,即初级法律学历教育(first degree in law)被

---

〔1〕 1829年美国最高法院法官斯托里就任哈佛大学第一位 Natham Dane 法律讲座教授,并重构哈佛法学院课程。他不仅确立了美国近代法学院的发展方向,还写下了从宪法到冲突法广泛领域的权威性法学释评,成为早期法律教育史的重要先驱之一,参阅 Story,Joseph,in *The Oxford Companion to Law*,Clarendon,1980,p. 1192。斯托里建立起的法律教育的职业方向,显然与美国对英国普通法传统的继受有关。不过值得注意的是,就人文教育先于法律教育这种观念(或者说一种信念)而言,它却来源于西方的法律传统。“从12世纪开始,接受过文科教育就是从事法律、神学以及医学这些新‘新学’学习的一个先决条件。”“波伦亚从一开始便是一所研究生院意义上的大学,也就是说,大多数学生在入学之前就已获得了文科教育(通常是在修道院学校或大教堂学校接受教育)。伯尔曼(Harold J. Berman):《法律与革命—西方法律传统的形式》(*Law and Revolution*:*The Formation of the Western Legal Tradition*),贺卫方、高鸿钧、张志铭、夏勇译,中国大百科全书出版社1993年版,第151及以下页。

〔2〕 Arthur Taylor von Mehre,*Law in the United States*:*A General and Comparative*,Kluwer Law and Taxation,1980,p. 30.

〔3〕 Robert A. Chaim and Claude Rohwer,“Legal Education”,in Dennis Campbell Hinifred Hepperle(edited),*The U. S. Legal System*:*A Practice Handbook*,Martinus Nijhoff,1983,p. 17.

定位于大学本科教育之后。从美国法院的入学条件上看，报考法学院的学生通常要求已获得某个学院或者大学的文学士（B. A.）学位或理学士（B. S.）学位，[1]并且要通过竞争激烈的法学院入学考试（LSAT）。[2] 法学院的录取依据，除考生的 LSAT 成绩，主要还有该考生的本科成绩单、毕业证书、年龄、经历、课外活动能力和法学院认为对评价考生能否成功完成这种严格的法律学习的某些重要参考信息，甚至种族和少数民族因素也是决定录取所要考虑的因素。

法学院的学制为全日制在校学习 3 年，或在职兼读 4 年。在学期间需修满大约 90 学分，毕业时取得法律初级学位——J. D. 学位。[3] 在 3 年的学习期限内，法学院的教学内容基本上由普通法课程组成。课程分必修和选修两种。必修课一般约占全部课程设置的 1/3。[4] 尽管各个法学院开设的课程略有不同，

---

〔1〕 过去，几乎所有的法学院考生在大学本科时都学过历史和政治，但今天的情形已不限于此，考生通常受过诸如文学、经济学、自然科学甚至艺术方面的教育。也即说，法学院对考生所取得的本科学位的种类并无专门要求。前见 Arthur Taylor von Mehre，p. 18。从学生进入法学院之前所受的教育背景看，他们大都上过 8 年小学（primary school）、4 年中学（secondary school）和 4 年大学。这样，至少就应届学生来讲，他们的年龄基本达到 22 岁左右，或者说，美国学生很少有在 22 岁之前学习法律的。此外，从高等教育制度来看，美国研究生教育的规模超过世界的总和，在 80 年代中期，其硕士学位就达 600 余种。许多专业把硕士学位定为进入本专业岗位的必备条件，最有代表性的即工商管理硕士（MBA）。韩骅："美国和前苏联专业设置模式比较"，载《高等教育研究》1994 年第 4 期。

〔2〕 美国法学院的招生是一个充满激烈竞争的过程。尽管 70% 的考生被一些法学院录取，但有淘汰率最高的法学院仅录取其考生的 15% 左右。*Law School Admission Council and Association of American Law School：pre Law Handbook* 1983/84（Washington，D. C.：Law School Admission Council，1983）. 美国法学院的招生由 1974 年成立的法学院招生委员会（LSAC）负责。其会员学院现包括美国和加拿大的 191 所法学院。宗旨是协调、促进和提高法学院招生工作。LSAT 是由教育考试服务处（Educational Testing Service）组织的，为录取到所有 191 所 LSAC 成员学院所需的一种为时半天的标准化考试。它主要测评考生能否在法学院顺利进行学习所需的各方面技能，包括准确阅读并理解复杂的篇章，组织和驾驶资料并从中作出合理推论，评判理由及其他方面的推理和论辩的分析和评价能力。*LSAT* 1992—93 *Information Book*，（LSAS，Inc，1992）。

〔3〕 美国法学院的 3 年制是经过长期发展逐步建立起来的。"1859 年法学院仅设一年的标准课程。该世纪后期，2 年制日益普遍起来。3 年的 LL. B. 学制是后来的一项革新，始于 C. C. 兰达尔任院长期间的哈佛法学院"；"1871 年 LL. B. 课程被提高到 2 年，而 1876 年又提到 3 年（但第 3 年不一定非要在校）。到 1899 年，法学院已经接受了划一的 3 年制要求。前见 Lawrence Friedman，p. 609，612。1905 年，美国法学院协会（AALS）要求会员学院实行现在这种最低限度为 3 年的法律学制。E. Allan Farnsworth，*An Introduction to the Legal System of the United States*，2nd ed.，Oceana，1983，p. 15。

〔4〕 各法学院的必修课比例从低的 35% 到高约 90% 之间分布不等。前见 Robert A. Chaim and Claude Rohwer，p. 21。

但多数法学院在一年级开设的均为核心必修课(core of required curriculum),一般地包括合同、侵权行为、财产、民诉、刑诉、法律研究与法律写作。在必修课比例较高的法学院,二年级和三年级还可能设有职业道德、宪法、证据、税法等必修课。但通常来讲,法学院在后二年主要开设数量和门类不等的选修课。[1] 虽然将法理学、法律史和比较法一类科目列为必修的法学院非常罕见,但近10多年来,比较法和国际法这些所谓"增广见识的课程"(perspective course)在法学院特别流行。按照美国律师公会(ABA)的课程核定标准,法学院高年级学生还要参加一种现场实习(clinical program)。[2] 最后,学生在毕业前还要就所学科目写出一篇有相当份量的法律作品。

从历史上看,美国法学院颁发的学位主要是法学士(Bachelor of Laws,简LL. B.)学位。自1960年代起,参照医学院的传统,法学院开始以"法律博士",即J. D.学位取代法学士(LL. B.)学位。其原因在于大学本科后法律教育制度的确立;3年制严格的初级法律学历教育被认为具有研究生水平。[3] 总之,"法律博士"(J. D.)学位是美国法律学制中的初级法律学位。于此之上,有些法学院按照传统,还设有法律硕士(Master of Laws,简称LL. M.)学位。该学位有两种:一是为从事法律教育或法律研究的学术性方向;另一种是为深化某一专门学科的技能和专长而设置的,其中最普通的是税法方向。美国法学院设置的法律硕士(LL. M.)课程大多为后一种。最高一级的就是"法律科学博士"(Doctor of Jurisprudence或Doctor of Judicial Science,简称S. J. D.或J. S. D.)学位。该高级学位虽然每年颁发得很少,但有时却易与"法律博士"(J. D.)学位混淆。除此之外,法学院还为在美国从事高级研究的外国法律家授予一种"比较法硕

〔1〕 根据经济与法律发展的社会实际需要,法学院一般以相对配套的系列选修课群,来反映法律职业的专业需要。选修课数量庞大,设置灵活,学生可充分自由地选择某一方向的选修课,如公法的或私法的,以形成自己职业方向所需的专门性知识结构。

〔2〕 法学院的现场实习以直接的法律实务训练为指向(类似于中国法律学生的毕业实习),旨在发展学生的会谈、咨询、起草文书、策划、辩护等职业技能。它大抵包括两种类型;涉及真实的当事人和现实问题和模拟真实情形,是近十多年来美国法律教育界热烈关注的焦点问题之一。

〔3〕 美国的这种大学本科后法律学制的确立,同样经历了一个很长时期的过程。实际上,在斯托里为哈佛法学院学生设置取得法学士(LL. B.)学位的课程时,"没有一所法学院要求学生受过完整的大学教育"。前见Lawrence M. Friedmen,pp. 322,608。1923年美国法学院协会(AALS)制定了进入法学院必须受过一年大学教育的入学标准;1925年又将此标准提高到二年,1952年又提高到三年,直到后来要求入学受过完整的大学教育,前见Farnsworth,p. 15。

士”（Master of Comparative Law，简称 M. C. L. ）学位，以及认为对社会作出突出贡献的公民颁发的一种“荣誉法律博士”（Doctor of Laws，简称 LL. D. ）学位。[1]

取得 J. D. 学位，而不是 LL. M. 或 S. J. D. 学位，是法律学生在成为合格的法律职业者之前参加某一州的或州际律师资格考试的先决条件。

法律教育的职业性质必然要求法学院的教学方法模拟法律家运作法律的实际过程。这便是美国法学家兰达尔（Christopher Columbus Langdell，1826－1906）首创的教授法律的判例教学法（case method）。[2] 以判例教学法为主，多种法律技能训练法为补充，构成了美国法律教育的又一重要特征。相对于制定法的法律学习方法，判例教学法的原理是：

（1）这种教学法对于讲授庞大的制定法体系既不实用，亦不可行；

（2）法律训练的实际目的是讲授法律推理，讲授法律家和法庭获得结论所运用的方法；

（3）判例教学法完全适宜于帮助人们掌握美国法律赖以建立的法律原则。[3]

有趣的是，随着判例教学法在本世纪初为美国法学院的全面接受，法学界也开始对判例教学法提出种种激烈的批评。其主要内容是这种方法使法律学习仅仅局限于判例法，脱离活法；实行判例教学太耗费时间。[4] 在这种情况下，

---

〔1〕 Arthur Taylor von Mehre，*Law in the United States：A General and Comparative*，Kluwer Law and Taxation，1980，p. 24－25.

〔2〕 实际上，兰达尔并非第一位运用判例进行教学的人。波默罗伊（John Norton Pomeroy，1826－1885）于 1860 年代就在纽约大学法学院部分地使用了判例法进行教学。J. Willard Hurst，*The Growth of American Law*，1950，p. 261。1870 年哈佛大学校长埃利奥特（C. W. Eliot，1834－1926）任命兰达尔为哈佛法法院院长。兰达尔由此开始了对哈佛法学院的一系列在美国法律教育史上具有“革命性”意义的改革。其中对美国法律教育和法律学术最有深远影响的就是他引入了判例教学法，以取代过去流行的布莱克斯通式的讲授法（ex cathedra）。在 1871 年出版的《合同法判例汇编》序言中，兰达尔阐述了他采用判例法教学的理论根据。

〔3〕 Donald W. Greenberg，“United States”，in Alan N. katz（ed. ）*Legal Traditions and Systems. An International Handbook*，Greenwood，1986，p. 425。判例教学法在法学院教学操作过程的一般情况，还可参阅沈宗灵：《比较法总论》，北京大学出版社 1987 年版，第 271 页。

〔4〕 20 世纪，尤其是二三十年代以来的现实主义法学所反对的法学传统主要就是以兰达尔为代表的“概念论”或“形式主义”法学（当然也包括兰达尔的法律教育思想在内）。当今“威斯康星学派”的代表人物 L. M. 弗里德曼就认为，兰达尔最可自我炫耀的具有高度科学性的教学模式，与其说是物理学或生物学，毋宁说是欧几里德几何学。他的法律科学是一门没有岩石的地质学，没有天体的天文学。前见 L. M. Friedman，p. 617。“对于传授有关科目方面的信息，人们决不会再发明一种比起判例课更徒劳无益的方法了。”Karl N. Llewellyn，“The Current Crisis in Legal Education”，1 *J. Legal Educ*. 215（1948）。

一方面,法学院至少在一年级课程的教学中仍然保持着判例教学法和苏格拉底式讨论法(Socratic method),其原因正如哈佛大学梅伦教授所讲的,"以其由个别到一般的推理过程,判例教学法要比讲授法更接近普通法的天性。"[1]另外一方面,在社会学法学和现实主义法学运动的影响下,补充而不得替代判例教学法的多种教学方式上的改革措施,如"专题式教学"(programmed instruction)、"课堂讨论"(seminar)、"现场实习"(clinical program)、"计算机辅助法律教学"(CALI)、"模拟问题法"(simulation problems)等,不同程度地引进了法学院的教学活动之中。课堂讲授也并未被彻底取代。[2]

以上美国法律教育中的这四个主要特征(当然不仅限于此),不仅与民法法系国家法律教育的一般模式不尽相同,既就普通法法系来讲,它与同属于这一家族中的另一代表性分支——英国的法律教育方式也显然有别。特别是它将初级法律学历教育定位于大学本科教育层次之上的这种独特的制度设计,在当今世界各国之中,除同属于北美的加拿大普通法法域与其相同之外,别无二例。

应当注意到的是,法学院尽管以一元主义的职业性教育为其目标,但在美国法律教育史上,职业主义训练与科学主义训练、职业主义训练与人文主义教育的整合与分离这两对原则的斗争也从未中断过。[3] 美国法律教育的形成显然经历了一个长期逐渐演进的过程,其发达与完备的形态是一个不争的事实。而当我们考虑吸收和借鉴美国法律教育的诸多相对比的优点时,其渗透在法律教育模式中的普通法历史传统的某些深刻印记,是我们不应忽视的一个重要因素。

五、对法律硕士教育的若干异议

(一)比较

以美国法律教育的基本模式作参照,有可能使我们重新回到前面讨论的主题上来,对法律硕士教育作出更进一步的评价。从原型与摹本之间整体上的比

---

〔1〕 Arthur Taylor von Mehre, *Law in the United States: A General and Comparative*, Kluwer Law and Taxation, 1980, p. 26.

〔2〕 尤其在法学院高年级的某些课程,传统的布莱克斯通式的讲授法又重获其先前的某种流行,伯尔曼有感于美国法学院的这一气息,指出"波伦亚传统中的某些东西,经院主义辩证法中的某些东西,却在9个世纪后复活了——甚至在美国的法学院中也出现了这种现象。"前见伯尔曼,第198页。

〔3〕 Lawrence M. Friedman, *A History of American Law*, 2nd ed., Simon & Schuster, 1985, p. 618.

较中可以看出，法律硕士教育的观念和制度构造至少在以下三个方面与美国的 J. D. 制相接近或者基本一致。

第一，体现在法律硕士教育的指导思想方面，即法律硕士教育确立了以培养高级法律实务人员为指向的职业化教育思想。从其职业目标，课程设置力图增强法律实务型课程，教学方法上期望的实践训练（如强调案例教学、司法调研甚至对毕业论文倾向于实践性的灵活要求），论文指导及答辩委员会中高级实务专家成员的设置等方面，都很清楚地反映了这一点，还可以从名称上分析：法律硕士教育与现有的法学硕士教育的名称区别仅在一字之差——前者为“律”，后者为“学”字，而“法律”一词的选用也反映了设计者对该词作为具有“实践性”或“实然性”语意的认定。[1]

第二，将法律职业者的培养水平整体上移到研究生教育层次；法律硕士生的最低入学条件要求统一具有大学本科学历背景，从而完全排除了高级法学学位教育中同等学力者的入学资格。把作为一级学科的普通法学专业教育提高到研究生教育水平，这的确是对中国现有研究生教育制度的一项突破。这种调整的结果，对于那些具有非法学专业教育背景的学生颇有意味，也由此使法律硕士教育基本接近美国的 J. D. 制教育模式。

第三，与上述两点相关，法律硕士教育统一培养宽口径、通用型法律实务或与法律业务相关方面的人才，不依据法律职业分支或其他标准分设专业，采取某种一致的课程设置和教学方式，这也类似于美国的 J. D. 制教育。

但据我们初步的，也是粗浅的观察，它们两者之间尽管有上述的类似之处，仍存在着诸多差异。而将这些差异与现在的法律教育制度的有关方面结合起来，法律硕士教育存在着一些值得提出的问题或疑问。

（二）若干异议

第一，法律硕士教育使现行法学学制的纵横关系变得复杂。1970 年代末以

[1] 稍加注意就会发现，“法律”与“法学”这两个词常为人们有意无意地用于不同的语境。例如，有“法律家”和“法学家”、“法律学”和“法学”、“法律教育”和“法学教育”等。在汉语中这种用法上的差异，可能与人们对普通法和民法这两种法律传统的不同风格的认定有关。伯尔曼在论述近代西方法律科学在大学中的起源时，对于作为事实和材料的法律和以此为对象进行研究的作为意识上的法律知识体这两者间的关系，提出了与此相关的有意义的背景分析。前见伯尔曼，第 143～45 页。

来,中国法律教育体系已呈现出一种“多样化”的格局。[1] 附属于普通高等教育管理体制,高等学校的法律教育,特别是国家教育行政管理系统的大学法律系、法学院和司法行政部门管理的政法大学、政法学院是法律教育系统中的主干。其中最具有代表性的就是以取得初级法律学位为目标的4年制大学本科法律教育。根据学位条例以及其他有关规定,本科后的高级学位教育还包括二个阶段、四个层次。[2] 定位于硕士研究生层次的法律硕士教育,不仅使现行的法学学制趋于复杂,甚至在某些方面也未尽合理。

(1)大学本科法律教育。尽管法律专业本科学生在4年期间要学习相当的人文科学类课程,而法律硕士生已获得完整的大学普通教育,且在3年期间集中接受法律专业训练,但由于法律硕士生生源的二元结构,无论任何的培养方式,对于非法学专业背景学生而言,他们在这3年里所受到的终究是初级的法律学历教育。就法律专业的学习来讲,初级教育与高级教育之间当然有别(这也正是近代学位制度建立的一个重要基础),其各个学历层次之间应有各自的规定性要求。那么,这两种初级法律教育之间在法律专业方面的知识和能力水平上,何以体现为大学本科和硕士研究生这样的差距呢?进言之,这里实际上还隐含着对目前大学本科法律教育的质量和水平状况给予如何评价的问题。

(2)法学第二学士学位教育。它旨在培养国家急需的知识面宽、跨学科的高层次专门人才。学年为2年。取得学位的学生在待遇上相当于研究生班。[3] 由于报考条件主要是已获得除法学类专业的任何其他学科门类的学士学位,且其亦属于大学本科后的初级法律学历教育,因此它与法律硕士二元结构中非法学专业背景学生的教育方式有某种一致之处。法律硕士教育的设置在生源、培养目标、课程设置、教学方式以及其毕业生任职资格、人事评定制度方面如何较合理地处理与法学第二学士学位教育的关系,法学第二学士学位教育是否就是培养知识面宽、跨学科高层次专门人才唯一可行的途径,包括它的实践效果是

---

〔1〕“多样化”法律教育局面的兴起有其特定的社会历史背景。但从目前的实际中看,它的负面意义不可忽视。

〔2〕根据中国目前的高级学位制度,研究生教育分为研究生阶段教育和博士生阶段教育,这两个阶段又细分为研究生班研究生、硕士研究生、博士研究生和博士后四个层次。《中华人民共和国学位条例》、《中华人民共和国学位条例暂行实施办法》。并参阅李煌果、王秀卿主编:《研究生教育概念》,科学技术文献出版社1991年版,第26及以下页,第29~42页。

〔3〕参见《高等学校培养第二学士学位生的试行办法》(1987年)。

否仍然满足置办的初衷，这都是值得认真考虑的问题。

（3）法学硕士研究生教育。如前所述，目前法学研究生教育确实存在许多需要认真对待和解决的问题。但是，这些问题的存在是否就一定意味着可以置该制度于不顾，以另起炉灶的方式加以解决呢？显然这里还涉及制度设计中的成本计算问题。另一方面，虽有创新之制，问题依旧存在。而且，法律硕士教育的置办，势必导致在研究生教育阶段上学术型和实务型“双轨制”并行的局面，从而使法律高级学位教育制度趋于复杂。而若以法律硕士教育取代法学硕士教育制度，则又如何保持法律专业学术型教育制度的上下衔接关系？换言之，法律研究生教育阶段的培养目标仅以法律实务为指向，完全排弃法律学术目标的作法是否可行呢？

（4）法学博士研究生教育。高级学位研究生教育的上下层次之间有着直接的、紧密的制约关系。它要求大学本科生、硕士生和博士生教育三者之间的适应与协调，以便保证学位教育的质量。这是研究生教育的一个重要特点。依照现行学位教育制度，法律硕士研究生教育在纵向上已直接构成法学博士侯选人的选才基础，那么仅是接受了初级法律学历教育的法律硕士生是否能满足攻读法学博士学位研究生所要求的专业条件，是否能和先经法学本科继而法学研究生毕业的考生处于同一层次水平，这也是一个可以预见的实际问题。

第二，法律硕士教育的性质不尽确定。从“培养方案”看，无论法学类或非法学类背景的学生，他们的核心课程基本一致，均以普通法律专业核心课程为基础。如果说法律硕士教育对于非法学类背景的学生意味着一种学历教育的话，那么对于法学类背景的学生在很大程度上就表现为一种成人法律教育。因为这里的大部分门类的课程是他们在大学法律本科学习阶段就有所接触，或已具有相当基础的课程。若为避免重复而加深课程的内容，以致这些科目的份量与非法学类学生适用的课程方案形成较大悬殊，那么又何以确定这两类学生取得法律硕士研究生毕业水平的共同标志？依据生源专业背景上的差异分别采取脱产、半脱产、在职兼读等极为灵活的培养方式，以及学制长短不一的弹性规定使得这种成人教育的色彩更加突出。[1]

这里顺便强调一下,成人法律教育(或称继续法律教育)是法律职业化训练中的一项重要制度。"二战"后,它在美国等发达国家获得了迅速的发展。但在中国,由于历史等方面条件的限制,其重要意义还未被人们广泛地认识。随着法律与社会环境的迅速变化,终身法律教育观念的逐渐普及,有必要建立一种完善的继续法律教育机制,相应不断地补充和提高法律职业者的知识水平和业务素质,以保持法律实务工作的新鲜活力。但是,法律学历教育和继续法律教育这两者毕竟各有其不同的教育目标和教学方式。法律硕士教育究竟是学历教育还是继续教育,性质不尽确定。

第三,法律硕士教育既然以培养从事法律实务工作的法律家为目标,那么就无疑地要有相应一套教学方式予以现实。"培养方案"的各个环节虽力图增加法律实务知识和职业技能训练方面的因素,但这并非就意味着采取了职业训练(vocational training)所要求的教学方式。因为职业训练有其不同于学术训练(academic training)的特定方式。这在教育设施、教学材料、教学方法以及教师等方面均有所反映。例如,一位民法教授使用民法学教本讲授民法理论,和一位既受过良好的法律教育又有丰富经验的法官或律师运用民法判例研究之类的材料讨论民事法律实务专题比较起来,其间的区别还是显而易见的;而且这种区别会随着法律的日益复杂和法律训练制度的不断完备更加显著。那么在法律硕士生培养过程中,其职业性教育方式能否满足法律实务这一培养目标,这一点也是令人怀疑的。

第四,美国法学院的 J. D. 制不分设专业,但它并非没有专业化的培养途径。表现在,一方面以占课程设置约 1/3 的必修课作为确保各法律职业分支共同的、核心的法律基础,另外,以约占的 2/3 的庞大的选修课,即若干有专业倾向的选修课群,而不以专业为单位,灵活反应职业分工上的不同需求。在现代社会中,法律职业的分工是一个不可回避的事实。[2] 随着法律专业化的发展。不仅法官与律师之间存在职业上的某种差异,刑事辩护律师、民事代理人与证

[1] 例如,北京大学的招生简章称,其指导思想旨在"为在职人员更新知识、提高法学理论与法律专业知识创造条件,提供一个新的途径"。完全采取"不脱产"培养方式。"毕业期限可以推迟,但不得超过四年。"参见"北京大学招生简章"。

[2] 苏力:"法律活动专门化的法律社会学思考",载《中国社会科学》1994 年第 6 期。

券业务律师之间亦有明显不同。法律硕士教育的职业目标的领域非常广泛，但从“培养方案”来看，似乎缺乏由于法律职业分工所要求的必要而适当的专业化培养途径。

以上问题仅是就法律硕士教育的制度构设方面提出的。除此之外，还应考虑到，一种理想的制度设计与其现实过程之间未必能保持一种不折不扣的映射关系：制度方案在其实际运作过程当中，有时会出现某种程度的弹性伸缩。这种弹性伸缩在某一特定的社会条件下，有时可能会表现为其正、负效应的此消彼长。法律硕士教育在培养方式上的一个突出特点，就是它具有较大的灵活性。这种过于灵活的培养方式在实际操作中，是否会带来高等教育领域中时有的“混学历”、“花钱买文凭”这类危害教育质量，有损高级学位教育严肃性和权威性现象的后果，恐怕也是一个需加关注的问题。

六、结论

我们希望从现实主义的态度出发来评价法律硕士教育制度。在这个过程中，我们的评价并不存在某种预先设定的价值准则。尤其是法律硕士教育目前尚处于试验阶段，其发展前景与实践成效还将拭目以待，因此，更无意简单化地给它贴上成功或者失败的标签。但是，作为以上一番研究的结果，我们有意表达这样一种初步的认识：创办法律硕士教育制度是 1990 年代中国法律教育改革实践中的一次有意义的尝试；有必要对法律硕士教育模式的正面因素和负面因素一并给予认真的关注；在缺乏对该制度的质量保障方面作出进一步研究和论证的条件下，暂时不宜扩大其试验的范围；鉴于法律教育的改革是一项综合性较强的庞大的社会工程，因此，应当探讨关涉法律硕士教育的宏观问题，特别是中国法律教育改革的方向和目标是什么？如何建立一种理想的现代法律教育模式？

《中国教育改革和发展纲要》提出，未来我国教育事业发展的总体目标是，“形成具有中国特色的，面向二十一世纪的社会主义教育体系的基本框架。”[1]从法制建设的发展趋势看，法律教育的总目标和任务应当是，通过培养高素质的法律家，为促进中国法治社会的形成作出贡献。为实现法律教育发展的这一

[1] 中共中央、国务院关于印发《中国教育改革和发展纲要》的通知，载国务院法制局：《中华人民共和国新法规汇编》1993 年第一辑，第 141 页。

宏观战略目标,我们初步设想,可以考虑将法律教育的改革建立在这样的基础之上:第一,明了中国近代法律制度和教育制度形成演变的历史过程,以此来充分把握作为新型法律教育制度得以生长的现实“母体”的性状与特点。第二,考察当今世界先进国家,特别是欧美和日本二战后普遍兴起的法律教育改革的最新动态和发展趋势。通过深入细致地比较和论证,借鉴并吸收国外法律教育的有益经验。第三,在重构法律教育体系的过程中,注意兼顾局部与整体间的相互关系,以及与司法制度改革的衔接和协调。这样的设想,旨在期待着中国法律教育的改革踏上一条稳健而富有效率的发展之路。至于这条路如何来走,则不是本文在此所要和所能讨论解决的事了。

法律硕士(JM)教育的性质*

一、引言

"法律硕士"这个概念在我国出现于1990年代初,作为国家的一项法律教育制度批准于1995年并于1996年正式实施,迄今已走过了十年的历程。这其间,无论是大学法律院系从招生到指导培养各环节的实施(也包括为获得法律硕士培养单位授权资格所做的努力),法律实务部门的组织推荐报考和他/她们毕业后对司法等部门职业人员学历类型结构的改变和影响,还是高校非法学专业本科毕业生选择考研之路青睐于法律硕士专业的发展方向,国家教育主管部门对法律硕士专业学位教育的推重,以及互联网上对"法硕"所给予的极大关注,在我国的司法界、教育界甚至社会公众舆论领域,"法律硕士"这一概念都得到了相当程度的普及、传播并由此产生了较大的影响。[1] 然而与此同时,人们对法律硕士教育究竟是怎样的一种教育,也一直存在着理解和认识上的差异,

---

* 本文是司法部法治建设与法学理论研究专项课题"JM教育培养目标、培养要求和课程设置结构改革研究"部分结果(编号:01SFB3008,2002~2004),发表在《华东政法学院学报》2005年第3期,并作为"中国法律硕士教育研究——JM教育培养目标、要求、课程与论文改革研究报告"第二部分收录在《清华法学》(第九辑),清华大学出版社2006年版,第59~70页。该项成果曾获全国首届法律教育研究成果一等奖(2007)。

〔1〕 有关法律硕士的信息近年来成为教育类及法律类网站上频见的内容,不仅有"法硕在线"等专题网页和大量的专栏,在不少法律类网站上设立的"论坛"里面,关于法律硕士讨论的内容也是丰富多彩。从法律硕士教育对社会的影响力方面看,法律硕士已经成为目前中国最具吸引力的热门专业之一。据教育部研究生招生处首次公布的报名情况统计:2004年全国报考硕士的研究生约为945,136万人(其中50.2%为应届),法律硕士报考人数为34899,在工商管理(35777)、计算机应用技术(35510)之后,居第三位。而北京教育考试院对报考2005年研究生统计的最新数据显示,全国报考北京151个硕士生招生单位的20多万人最为集中的10大专业当中,报考法律硕士的人数逾万人,超过了MBA、金融学、计算机应用技术、企业管理、通信与信息系统等热报专业而高居首位。

关于法律硕士教育的内涵甚至还存在着一定的分歧或争议。[1] 这些不仅影响着目前法律硕士教育的组织者、举办者和管理者在实践中如何去操作这个教育项目,更影响着倡导者能否获得最初设计这种教育项目时所期待的种种益处,以及法律硕士教育的未来发展方向,有鉴于此,进一步界定其概念、阐明其性质及其特点,对于促使仍处于研究和探索之中的法律硕士教育的发展还是十分必要的。

本文讨论法律硕士专业学位教育(JM,下文均简称"法律硕士教育")的一些基本理论问题,[2] 主要是界定法律硕士教育的概念,并试图以"(法律)职业教育"和"专业学位"这两个概念进一步阐述法律硕士教育的性质及特征。

二、法律硕士教育概念界定

理论上讲,界定法律硕士教育的概念和属性其实并不困难。只要我们对法律硕士教育项目自酝酿、提出到试办以来的一系列推动法律硕士教育在中国发展的权威性表述稍加检视的话,就不难发现,法律硕士教育的概念或定性是十分明确而肯定的。

1995 年 4 月 11 日,以国务院学位委员会办公室和设置和试办法律专业硕士学位研究小组的名义提交国务院学位委员会第 13 次会议审查并获得通过的《关于设置法律专业硕士学位的报告》中对法律硕士教育的概念和性质表述为:

法律专业硕士学位是具有特定法律职业背景的职业性学位,主要培养立法、司法、行政执法、法律服务与法律监督以及经济管理、社会管理等方面需要的高层次法律专业人才和管理人才。

法律专业硕士与现行法学硕士在学位上处于同一层次,但规格不同,各有侧重。该学位获得者应具备较坚实和系统的法学基础理论素养,掌握较宽广的法律实务知识,具有宽口径、复合型、外向型的知识与能力结构,能综合运用法

---

[1] 王健:"全国 JM 调研工作会议纪要(重庆片区)",2001 年 3 月 23 ~24 日,打印稿;全国首届法律硕士教育(JM)论坛会议综述,杭州,2002 年 4 月。此外,在大量的相关讨论中,也都可以看到对法律硕士概念的某些认识上的差异或分歧。

[2] "法律硕士专业学位"在最初设置时称"法律专业硕士学位",后根据国务院学位委员会《专业学位设置审批设置暂行办法》改为今名,见学位办便字第 960602 号"关于法律专业硕士学位更名的通知",国务院学位委员会办公室 1996 年 6 月 5 日。JM 即 Juris Master 的简称,见学位办便字第 980202 号《关于征求对"法律硕士专业学位"的英文对应名称的意见》,国务院学位委员会办公室,1998 年 2 月 24 日。

律、经济、管理、科技、外语和计算机等方面的知识,独立地从事法律实务工作和有关管理工作。[1]

1999年,由全国法律硕士专业学位教育指导委员会秘书处对原有法律硕士教育培养方案(1996年)在总结几年的实践经验,并在广泛征求专家及有关主管部门意见和反复研究、论证的基础上修订公布的新的培养方案中,法律硕士教育被简洁地界定为:

法律硕士专业学位是具有特定法律职业背景的专业学位,是为实际部门培养德才兼备的、适应社会主义市场经济和社会主义民主、法制建设需要的高层次的复合型、应用型法律专门人才。

国务院学位办在转发新的培养方案的通知中还特别说明:

修订后的指导性培养方案进一步体现出法律硕士专业学位的特点,强调复合型、应用型知识结构和能力结构的培养,突出职业道德和职业能力的教育,在培养对象、考试方式、课程设置、培养方式、学位论文等方面做了较大的调整并提出了新的要求。[2]

上述对法律硕士教育概念和性质的界定,在2001年贺卫方、霍宪丹主持的《法律硕士(JM)专业学位教育的改革与发展报告:建构统一的中国法律教育模式》中又得到了进一步的肯定和阐释。这说明多年来对于法律硕士教育概念的理解和认识,至少在创设法律硕士教育项目的决策者和倡导者们那里是明确而稳定的,并在试办过程中不断被坚持和强调着。

三、法律硕士教育的性质及其特征

综合分析以上的表述,我们认为通过"法律职业"和"专业学位"这两个概念,将有助于理解和把握法律硕士教育的性质和内涵。

第一,法律硕士教育是为适应我国法律职业发展的需要而设立的,以促进法律职业的发展为其使命和目标;是一种职业教育,而非法学学科式的教育。

一般来讲,法律教育的目的就是培养法律人。法律教育的培养目标,包括人才类型和人才规格,规定着法律教育的性质。从前述有关法律硕士教育概念

---

〔1〕国务院学位委员会办公室《关于开展法律专业硕士学位试点工作的通知》,学位办[1995]36号,1995年5月30日。

〔2〕国务院学位委员会办公室《关于转发〈法律硕士专业学位研究生指导性培养方案〉及其说明的通知》,学位办[1999]41号,1999年6月14日。

的表述中,我们可以看到,法律硕士教育所要培养的法律人,不是一般的具有法律知识的人,更不是以养成公民良好的法律素质为目标,而是“理实兼备”、能直接从事法律实务工作的特定意义上的法律人。它以立法、司法、行政执法、法律服务和法律监督等法律工作岗位为其直接的服务对象并促进其发展;它所培养的人才类型重在“应用”、“实务”或“职业道德与职业能力”方面,并在实施人才培养的各个环节——入学条件、课程设置、教学方式、学位论文要求等方面予以体现。从事与法律有关的各种工作或从事这些工作的人员,典型的如法官、检察官和律师(广义上还包括公证、仲裁、调解、法律顾问以及法律教师等)一般统称“法律职业”(legal profession),因此可以说,法律职业的特定要求决定了法律硕士教育的职业教育性质。我们还不妨说,没有法律职业,法律教育就没有存在的必要;正如中国政法大学方流芳教授所言“法学教育只有依托法律职业,才有生存的正当性。”[1]只要社会需要法律,就要有维护法律运作的法律人,就需要提供培养法律人的有效机制。法律硕士教育正是培养职业法律人的专门机制。

归纳西方的法律教育传统,大抵有大学法学教育和法律职业训练两个理念上的类型(Ideal type);相对比较而言,前者的“法律教育不在于提供解决问题的技术,而在于对基本概念和原理的教导”,“法律学校不是职业训练学校而是将法律当作一门科学来教导的文化机构”。[2] 它以提供法学理论知识和指导从事法学研究为教学目标;教学方法上强调教师的系统讲授,旨在向学生传授知识;教学内容和教学材料注重对抽象的概念和原理加以阐释和分类;法律职业方面的训练被认为应当在大学毕业后的实际工作中或在高等法律职业学校中进行。因此,法律教育在性质上是一般的学科间教育,而非以接受大学本科教育作为进入法学院的条件,并以职业教育为指向的美国式的法律教育。

将西方的教育类型和我国的法律硕士教育进行对照,显然,法律硕士教育从性质上基本定位于美国式的法律职业教育概念,而非前者。

将我国的法律硕士教育定位于层次较高的职业教育,这并不是凭空臆想的

---

[1] 方流芳:“中国法学教育观察”,载苏力、贺卫方主编:《20 世纪的中国:学术与社会 · 法学卷》,山东人民出版社 2001 年版,第 372 页。

[2] M. Cappelleti and Others, *The Italian Legal System*, 1967, p. 89,转引自沈宗灵:《比较法研究》,北京大学出版社 1998 年版,第 183 页。

结果,而是基于特定的社会现实背景,针对法律教育中长期以来存在的某些缺陷,确立依法治国战略和现代化建设急需大量应用型高级法律人才,并在现行高等教育体制约束下选择的产物。把这些因素归结起来,具体就是:

第一,基于当时特定社会历史条件,我国的法律教育面临着为市场经济和整个现代化建设提供大量高级法律应用人才的迫切任务。1994 年,力倡并实际推动在我国建立法律硕士教育项目的霍宪丹教授(时任司法部教育司官员)提出了一篇关于面向 2000 年中国社会对法律人才需求趋势预测情况的研究报告。该报告依据大量权威数据,对截止 1993 年全国法律教育的状况以及到 2000 年社会对法律人才数量和层次结构的需求情况做了专门详细地分析。报告中指出:1993 年全国高校法科学生为 40555 人(本科 27580 人,专科 12975 人),约占全国在校生总数(2535517 人)的 2%;而全国法院系统的 22 万司法队伍中法律本科毕业生仅占 5.65%,专科为 27%,检察院系统为 4.32%,法律研究生层次的分别占 0.25% 和 0.14%,全国法院、检察院和司法行政机关每年减员 43000 人,高于当年高校的全部法科在校生总人数。据此,应用型高级法律人才的培养面临着以下几方面的重任:(1)法律教育宏观管理机构根据中央决策提出的到 20 世纪末使法律服务人员数量上达到律师 15 万人、公证员 3 万人、基层法律服务人员 20 万人建设目标的任务;(2)法院、检察院为了应对知识产权、金融、房地产、高科技犯罪、涉外等有难度的新型案件而需要大量的法律高级专门人才;(3)军队系统的保卫、检察、法院、司法行政机关每年需要培养 50~100名应用型法律专业研究生;(4)全国每个地市以上人大立法机关和政府法制部门都需要一名高层次法律人才;(5)政府等行政执法部门和法律监督部门、社会团体以及大中型企事业单位、民营机构中设立的法律事务部需要大量"复合型、外向型"高级法律人才。该报告的最后结论是:

1978 年以来的法律教育发展"带有明显恢复和补偿欠帐的性质,人才断层问题十分严重。那么,进入新的历史发展时期后,作为社会急需人才,法律人才的培养更应当同经济、社会发展、民主法制建设相适应、相协调……因此,必须把法学教育放在优先发展的突出地位,实行倾斜政策。政法在高等教育科类结构中的比例应逐步提高,法学教育的发展速度应高于教育发展的平均速度。必须进一步更新教育思想,调整教育政策,面对实际部门的迫切需要,加快培养适应发展市场经济急需的复合型、外向型高层次的法律人才。”[1]

这篇报告为在现代化建设新的历史条件下我国的法律教育应确立以培养应用型法律人才为目标指向提供了重要的实证依据，是定位法律硕士教育为职业教育的一篇基础性文献。

在理解法律硕士教育是具有“特定的职业背景”这一表述时，除了上述报告中对当时法务市场需求的紧迫状况的分析外，还应当考虑到的是法治思想，包括与这种现实需求并行发展着的法律职业观念方面所发生的导向性的变化。改革开放以前的很长时间里，在政法部门工作的人员被视为仅仅是执行国家专政职能的“刀把子”，是各级政法机关的干部，而不是专业人员。1980 年代初，教育部研究室主任郝克明在调研司法机关工作岗位特点的基础上，撰文提出司法人员应作为专业人员对待的主张，意欲恢复法律职业的专业性质。[2] 近年来，随着司法改革的深入，司法界和法学界在关于法律工作者的职业化方面形成更进一步的共识。2002 年 7 月召开的全国法院队伍建设工作会议上，最高人民法院首次提出“法官职业化建设”的总体目标，随后又发布了《关于加强法官队伍职业化建设的若干意见》。“法官职业大众化”被认为是应予摈弃的“陈旧观念”。[3] 同年，吉林大学理论法学研究中心等八个单位还联合召开了“中国法治之路与法律职业共同体”全国性的学术研讨会，集中讨论了在中国法治进程中建立法律职业共同体的合理性及具体途径问题。[4] 这些也都为法律硕士教育之被赋予职业教育的属性提供了重要的脚注。

第二，现有的法律人才的培养模式与应用型法律人才的供需之间存在的较大差距，这也促使新设置的法律硕士教育远离传统学科式的法律人才培养模式，顺理成章地定位于法律职业教育。对此，2001 年由“法指秘”组织专家起草

[1] 霍宪丹：“到 2000 年社会对法律人才需求情况的简介（1994 年 12 月）”，载全国法律硕士专业学位教育指导委员会秘书处编：《中国法律硕士专业学位教育的实践与探索》（以下简称“实践与探索”），法律出版社 2001 年版，第 17 ~ 23 页。

[2] 郝克明：“法学教育的层次结构应当适应我国法制建设的实际需要”，载《法制建设》1984 年第 2 期。

[3] 参见肖扬：“深入贯彻十六大精神稳步推进法官职业化建设”（2003 年 2 月 15 日）、苏泽林：“中国法官职业化建设的理论与实践”，载《法官职业化建设指导与研究》（中华人民共和国最高人民法院政治部编）（2003 年第 1 辑），人民法院出版社 2003 年版。

[4] 这次会议的研讨成果，连同相关文献资料汇集为该主题很好的一本书《司法改革报告：法律职业共同体研究》（张文显、信春鹰、孙谦主编），法律出版社 2002 年版。

的一篇关于法律硕士教育改革的报告里面,北大法学院贺卫方教授对法律硕士和法学硕士两者的差异做过一段清晰的比较和描述:

法学硕士制度设置的初衷是为法律教育和科研机构培养学术型人才,它所预期的毕业生是学术法律人(academic lawyer),而非实务法律人(practicing lawyer)。为了实现这样的目标,法学硕士在入学考试标准、专业划分、课程设置、导师以及毕业论文写作等各个环节上都是以学术为指向的。虽然这样培养出的毕业生越来越多地进入司法部门,而且教育主管部门也越来越多地强调加强应用型,但上述各个环节中的学术指向和教育性质任务并没有发生根本的变化。虽然许多人将来只能从事实务工作,但我们的目标却是学术的……JM 是一种本科后教育,这不仅有助于提升法律人才的层次,而且对于现行“以本为本”的法律教育模式的缺陷能够作出很大的弥补。本科后教育意味着学习法律的学生的年齿和阅历的增加,这样,学习者可以更好地领悟作为一门实践型和社会性学问的法律学,从而改善法律教育的效果。[1]

这里需要指出的是,由于我国法律人才的一般培养模式是以高中毕业为起点的大学本科法学教育,并非典型的职业教育,加之我国高等教育管理体制比较的死板、僵化等诸多复杂原因,高等法律院系很难成为培养高级应用型法律人才的有效机制。法学类研究生教育则长期遵循学院式教育模式,其狭窄的专业划分、单一的培养规格,学术性的培养要求与应用型法律人才培养需求相比,也存在着明显的距离。尽管早在 1988 年国家教育、司法等权威部门曾联合推动试办以培养法律实务人员为目标的文科应用型研究生教育(法学类)项目,[2]试图以此改变法学专业研究生教育不能适应应用型法律人才需求的状况,然而这一举措的实际作用和成效几乎是感觉不到的。在这种情形下,创设新的法律硕士教育项目也可说是一种不得已的选择。

---

〔1〕 贺卫方、霍宪丹主持起草:“法律硕士(JM)专业学位教育的改革与发展报告——建构统一的中国法律教育模式”,载全国法律硕士专业学位教育指导委员会秘书处编:《中国法律硕士专业学位教育的实践与探索》,法律出版社 2001 年版,第 392 ~ 393 页。

〔2〕 1988 年 12 月,国家教委研究生司、国务院学位委员会办公室、最高人民法院教育厅、最高人民检察院干部教育局、司法部教育司联合发出《关于下达刑法、民法、国际经济法三专业硕士生(应用类)参考性培养方案的通知》。该“通知”要求对现有的上述三个专业研究生教育的培养目标、招生、研究方向、学习期限、课程设置、业务实习、论文写作、指导方式、学位授予等,都要体现以培养法律实务人员为主的目标。旨在推动政法应用类研究生教育的改革,实现研究生培养规格的途径的多样化。

将法律硕士教育定位于职业教育,这在中国法律教育的改革与发展中有其重要意义。首先,法律硕士教育的创办,不仅为培养应用型高级法律人才开拓出一条有效途径。更重要的是,它的提出为我国的法律教育思想、观念带来了一个新的变化:它纠正了以往的“学”与“术”的分离、仅仅视法律之学为“术科”进而崇尚“学科”轻贱“术科”的“经学式”的法律教育观或法律人才观,暗含着人们对法律的社会作用和价值观的转变;由过去的“法律工具论”转向把法律视为推动社会各项事业进步的杠杆;在保持传统的“学术型”法学家培养机制的同时,更加重视培养“理实兼备”的应用型法律人。其次,由于把学习法律的程度提高到大学本科阶段之后,因而,以往长期凝固在人们内心里的这样一种偏见也被打破了——作为职业教育的法律硕士教育,并不是那种不足本科水准的中等技术职业教育的低层次教育活动。[1] 最后,正是由于法律硕士教育的试办,法律教育当中“理实并重”的观念引起了人们更进一步的关注和重视。

还要强调说明的是,我们把法律硕士教育定位于职业教育,于是也就排除了那种将法律教育简单化地界定为“素质教育”以及与此相关的其他类似概念,如“通识教育”、“人文教育”(或称“博雅教育”)等。

我们认为,法律硕士教育的本质,即在于它根源于法律职业的特殊性以及由此而产生的特殊的职业要求,以满足法律职业的需要并促进其发展为其存在的根本依据;法律硕士教育与其他任何培养高级专门人才活动的本质区别,正在于此。事实上,培养任何高级专业人才的活动都存在着素质教育的问题,我们不能说惟有培养法律人才需要建立素质教育的概念,而培养医生、工程师、教师、商业管理者、艺术家就不存在素质教育的问题。法律人的综合素质无疑是要经过长时期严格的、不同经历的锻炼造就而成,仅就接受学校教育而言,在教育制度完备、发达的现代社会里,至少就包括了少儿基础教育、初等中等教育乃至普通高等教育各个阶段的系统教育,[2] 而不光是法律职业教育阶段。霍宪丹教授更从纵的、横的两个方面清楚地论述了这个问题,

---

〔1〕 以培养法律辅助类技术应用型人才为目标的高等法律职业教育的教育教学活动。霍宪丹、杨阳:《高等法律职业教育专业设置指南研究》,中国政法大学2005 年版;又见2004 年10 月22 日印发的教育部教高[2004]3 号文件:《教育部关于印发普通高等学校高职高专教育指导性专业目录(试行)的通知》及附件《全国高职高专指导性专业目录专业简介(法律类)》。

〔2〕 从《中共中央国务院关于深化教育改革全面推进素质教育的决定》(1999 年6 月13 日)来看,我国的“素质教育”是一个涉及教育一切领域的广义概念。

他指出,法学教育中的素质教育的概念应当是普遍性和特殊性的统一,具有双重含义:一个是从纵向观察素质教育在小学、中学、大学中的普遍性和共同性要求,从这点来说,可以认为大学教育首先是一种素质教育,但问题并不仅仅如此。另一个是从横向观察,处在不同学科中的专业教育又具有特定的内容和要求。从 JM 教育看,学科专业中的素质教育要求又具体体现为法律职业素养的教育与养成,其目的在于解决如何培养合格的法律人的问题,而且这是一个伴随职业生涯始终的长期过程。[1]

还要特别说明的是,我们不把法律硕士教育从本质上定位于素质教育,这并不等于说在培养法律硕士专业人才的过程中不考虑或轻视其素质方面的因素,相反,我们认为法律硕士教育所要养成的对象,最终是需要具备各方面优越素质和优秀品质的法律人;教育者,包括教育管理者在举办法律硕士教育在过程中,应当高度关注法律人的素质养成问题,因为法律人的素质状况如何,关乎一国法治的命运。但是,我们不能因此而把法律硕士教育本身界定为素质教育;如果把法律硕士教育定位于素质教育,那样就将混淆法律教育与其他层次的或者各种类别的高级专门教育的本质区别。[2]

---

〔1〕 霍宪丹:"法律职业素养是'法共体'的基本资质",载《法学家》2003 年第 6 期。

〔2〕 素质教育是近年来我国法律教育研讨中的一个比较热门的话题。2003 年中国法学会法学教育年会的主题即"法学教育中的素质教育"。在这次研讨会上,发言的主流大都强调了法律教育概念中所包含的素质教育成分,而不倾向于职业教育的界定。如曾宪义和张文显在"法学本科教育属于素质教育"一文中提出"现阶段我国法学本科教育本质上属于素质教育,而我们所理解的素质教育是以人文教育为基础,包容职业教育和通识教育在内的教育模式,即具有通识教育和职业定向的教育模式"。在那次研讨的所有发言当中,中国政法大学徐显明教授的概括值得注意。他认为,目前中国的法学教育存在着我国法学教育起步的低起点与法律职业的高素质要求、法学教育究竟是精英教育还是大众教育、法学教育是素质教育还是职业教育、法学教育是科学教育还是人文教育四方面的矛盾。在他的归纳中我们可以看到,除了第一对矛盾关系法学教育的社会背景条件外,其他三个方面,特别是后两者,都与法学教育的定性直接相关。根据他的分析,职业教育和素质教育"追求的内容和方式是不同的……素质教育首先教给学生的应当是使他们学会学习,就是教给他们法学专业的学习方法。学习方法比学习知识更重要,其次应当教会他们怎样做人。学会做人和学会学习是素质教育里最基本的两个问题,但是这两个基本的问题又和职业教育不一样,职业教育首先教给人的是职业的操守、职业的技巧,应该教会人们在职业上的共同感觉,也就是在职业上的共同的尊严,还要教会职业态度及如何履行职业责任义务,这和素质教育完全不一样"。就法学教育究竟是科学教育还是人文教育,或者还是两者的融合,徐认为,法学教育应当克服人文教育和科学教育的脱节问题。理想的法科学生是应当兼具科学精神和人文精神这两种素质。徐的观点并没有简单地回答法律教育是职业教育还是素质教育或人文教育的问题,但他的观点是富有建设性和启发意义的。以上均见《中国法学教育通讯》2004 年 11 月第 3 期。

第二,法律硕士教育是一种专业学位教育,而非研究型法学研究生教育。

在有关的正式文件中,法律硕士教育的概念又表述为“专业学位”,如1999年公布的“培养方案”中对法律硕士专业学位的定义就是“法律硕士专业学位是具有特定法律职业背景的专业学位”。那么究竟什么是“专业学位”?其基本性质和特点是什么呢?

“专业学位”是1980年代后期从西方发达国家引入中国的一个教育学上的概念。最初称“职业学位”,原意是指对经过某种专业训练(professional training)达到一定的水平而授予的某种职业性学位,并以此作为从业必备的资格条件。它是在结合我国实施学位制度实际以及人事制度的现状的基础上,借鉴外国的相关概念并予以“本土化”的结果,其英文译名是professional degree。根据我国教育界的权威解释,它旨在培养在专业和专门技术上受到正规的、高水平的训练,在专门技术上做出成果的高层次人才,所授学位的标准应反映该专业领域的特点和对高层次人才在专门技术工作能力和学术上的要求。[1] 国务院学位委员会《专业学位设置审批暂行办法》(1996年)规定:“专业学位作为具有职业背景的一种学位,为培养特定职业高层次专门人才而设置。”我国自1990年以MBA的设置和试办开始了专业学位教育工作的历程。1995年国务院学位委员会第13次会议批准的法律硕士专业学位是我国设置的第三个专业学位。

那么这里面需要进一步解释的主要有三个问题,一是专业学位设置的依据;另外就是设置专业学位所依赖的“特定的职业背景”的含义究竟是什么;再就是专业学位都有哪些特点。

从教育学的角度来讲,首先,设置专业学位的职业一般都是那些专门技术层次较高,有独特的知识领域并有鲜明的实践性的专业技术职业;这种职业要求从业者有较高的学历起点,既要掌握本职业所需的专业理论知识,又要接受高水平的职业技能训练。然而有些职业虽然需要较高的职业技能训练,但并不需要很高的专业理论知识,如按摩师等,这些职业设低于本科的学位即可。所以,并不是所有的职业都可以设置相应的专业学位。

---

〔1〕 谢桂华:“我国专业学位的设置及其特点”,载《学位与研究生教育工作实践及思考》,高等教育出版社2002年版。以下相关部分的描述主要依据这篇论文。

我们常讲的“职业背景”的含义主要有以下三方面的内容:(1)这种职业本身对专门人才在知识、技术、能力、素质和职业道德方面有着较高学历上的要求,从发达国家的实践看,一般要求硕士以上的层次;[1](2)某一种专业学位通常与某一行业或某一职业岗位相对应;(3)该行业在经济建设和社会发展中有相当重要的地位,涉及的面比较广,有的还与人类的生命财产关系密切。

专业学位有着特定的职业背景并与某一任职和从业资格相对应,这是专业学位的一个特点。另外,从培养目标来看,专业学位教育还要求培养对象具有应用和复合有机结合的知识结构与能力结构,即根据相应职业岗位对人才规格和口径的要求,按照“学科群”或“学科领域”设置课程,而不简单地以某个一级学科,甚至某个二级学科来设置课程,旨在保持培养对象具有较宽广的知识面;从培养方式上讲,专业学位的举办不是纯由教育主管部门或学校垄断进行,而要求与对应的职业部门(用人单位)密切配合,如法律硕士教育即是由国务院学位办、政法实际部门和法律院校三方共同组成的“全国法律硕士专业学位教育指导委员会”这一行业性机构进行统一指导的。

以上所述我们不难发现,“专业学位”这个概念实际上就是法律硕士教育作为职业教育概念的一个教育学翻版。它是我们观察和认识法律硕士教育的概念、性质及特征的另一个视角。事实上,法律硕士教育自开办时起,即在“专业学位”这一概念和制度框架下进行的,它方便地容纳了应用型高级法律人才培养的要求,并为法律硕士教育的制度化设计提供了可资参照的发展空间。

在1998年召开的全国法律硕士专业学位试点工作研讨会上,国务院学位办副主任王亚杰曾从专业学位概念的角度阐释了法律硕士教育的内涵:[2]

法律硕士专业学位是国家专业学位系列的一部分或者说是专业学位的一种,它与法学硕士和其他硕士学位相比,层次上是一样的,但属于不同的类型。在培养目标、课程设置、教学要求、论文等方面是有其特定标准的,它在强调坚实、系统的法学基础理论素养的同时,着重与宽广的法律实务和应用能力的培养,要求学位获得者具备作为一个法律工作者所需要的综合知识、实际工作能

---

〔1〕 在美国,许多职业把硕士学位定为进入本专业岗位的必备条件,最有代表性的即工商管理硕士(MBA)。韩骅:“美国和前苏联专业设置模式比较”,载《高等教育研究》1994年第4期。

〔2〕 全国法律硕士专业学位教育指导委员会秘书处编:《中国法律硕士专业学位教育的实践与探索》,法律出版社2001年版,第170及以下页。

力,法律硕士专业学位是一个务实性的学位,实用性的学位。

无论举办十年来的实际情况如何,法律硕士教育的观念的、制度方面的要求明显体现出了它与现行其他高级法律人才培养模式——特别是与法学学科型硕士研究生教育的根本不同。这主要表现在培养目标、招生对象、培养要求、培养方式、论文形式、学位授予的标准等诸多方面。其中有两个问题需要特别说明:

其一,一方面,法律硕士专业学位与法学学科型硕士学位同为硕士学位,其二者在学位等次上处于同一层次或水平,或者说这两个学位的绝对值是相等的(等值);另一方面,虽然都称作“硕士学位”,它们却又是两个完全不同的概念,一如数学上的绝对值结果是“1”的“1”和“-1”一样。而其关键在于,不能以传统的(法学)学科型硕士学位的标准来衡量和评价法律硕士专业学位。从法律硕士教育多年来的实践看,这一点在相当多人们的心目中存在着认识上的误区,即自觉不自觉地、潜意识里按照传统的法学硕士这一学术型人才培养的标准去评判法律硕士教育。

其二,法律硕士教育以一元化的法律职业为其培养目标,人才规格统一为“法律人”(lawyer),而不象法学硕士研究生教育那样,在现行的学科/专业目录框架下按照二级学科的规划分门别类地培养法理学、法律史学、刑法学、民商法学、诉讼法学等专业的研究型法学家。通俗地讲,这也就人们常说的“法律硕士不分专业”。这是这两者最重大的区别。[1] 正是在这个意义上,我们说法律硕

---

〔1〕 这里需要对我国现行的授予研究生学位的学科专业目录稍作介绍。我国目前的学术型高级学位是按照哲学、经济学、法学、教育学、文学、历史学、理学、工学、农学、医学、军事学、管理学12个门类授予的。根据国务院学位办最新修订的《授予博士、硕士学位和培养研究生的学科、专业目录》(2002年),法学学科门类(03,此为学科序列编号,下同)下设法学(0301)、政治学(0302)、社会学(0303)、民族学(0304)4个一级学科;一级学科之下又分设若干二级学科,如下:法学——法学理论(030101)、法律史(030102)、宪法学与行政法学(030103)、刑法学(030104)、民商法学(含:劳动法学、社会保障法学,030105)、诉讼法学(030106)、经济法学(030107)、环境与资源保护法学(030108)、国际法学(含:国际公法、国际私法、国际经济法,030109)、军事法学(030110);政治学——政治学理论(030201)、中外政治制度(030202)、科学社会主义与国际共产主义运动(030203)、中共党史(含:党的学说与党的建设,030204)、马克思主义理论与思想政治教育(030205)、国际政治(030206)、国际关系(030207)、外交学(030208);社会学——社会学(030301)、人口学(030302)、人类学(030303)、民俗学(含:中国民间文学,030304);民族学——民族学(030401)、马克思主义民族理论与政策(030402)、中国少数民族经济(030403)、中国少数民族史(030404)、中国少数民族艺术(030405)。按此,凡攻读以上任何一个二级学科专业的硕士、博士研究生,符合条件者,最终均被授予法学硕士、博士学位。

士教育从一个方面改变了长期困扰我国学位与研究生教育的“学科、专业设置口径偏窄”、“应用性学科所占比重偏小”、“培养要求偏于学术性”等弊端。[1]

法律硕士教育与目前我国法律教育的主体——大学法学本科教育以及法学第二学士学位教育显然存在着诸多差异,如入学条件、学制以及培养目标、教学内容等等,这里我们就不再赘述了。

应当看到的是,培养应用型高级法律人才的实际要求与专业学位教育制度的设置,这两方面结合的最终结果,至少就那些非法学专业本科背景的法律硕士学生而言,是提升了初级法律教育的程度,即把学习法律的起点提高到了本科后阶段,这为确立法律教育的“高级教育”概念有着重要的意义。

从法律硕士教育以大学本科毕业生为招收对象这一点上来看,法律硕士教育实际上是一种本科后教育,因而是一种高级教育(higher education)。但这里又要特别注意的是:作为法律硕士学生,这只是其初次系统地接受法律教育;他/她所获得的学位,也只是其经过系统专门的教育后取得的第一个法律学位,并不是在学习法律的更高级阶段上取得的学位,譬如在大学法学本科毕业后进而取得的法学硕士、法学博士学位。有些人正是由于没有清醒地意识到这一点,所以往往得出法律硕士毕业生的水平比不上法学硕士研究生的结论。美国的法学院将 JD 的含义界定为 the first degree in law,恰好准确地揭示了作为本科后的法学院毕业生研究法律程度的内涵。

主要参考资料

1. 全国法律硕士专业学位教育指导委员会秘书处编:《中国法律硕士专业学位教育的实践与探索》,法律出版社 2001 年版。

2. 霍宪丹:《不解之缘:二十年法学教育之见证》,法律出版社 2003 年版。

3. 霍宪丹:《中国法学教育的发展与转型》,法律出版社 2004 年版。

4. 谢桂华:《学位与研究生教育工作实践及思考》,高等教育出版社 2002 年版。

5. 曾宪义、张文显编:《中国法学专业教育教学改革与发展战略研究》,高等教育出版社

---

〔1〕 我国学位与研究生教育存在的突出问题,参见国家教委《关于进一步改进和加强研究生工作的若干意见》,教研字[1995]3 号,1995 年 11 月 3 日。另外,在法律硕士教育实践中,目前有的学校“采取按照论文方向确定专业,按照专业确定学院的办法”,要求法律硕士研究生入学时即填报专业方向,然后按其所选方向分别归入各法学学院进行管理。虽然仍实施划一的培养方案,但我们还是担心这种做法对养成法律人的共同体意识或有不利。

2002 年版。

6. 贺卫方主编:《中国法律教育之路》,中国政法大学出版社 1997 年版。

7.《全国 JM 调研工作会议纪要(重庆片区)》(王健执笔),2001 年打印稿。

8.《中国法学教育通讯》(教育部高等学校法学学科教学指导委员会秘书处、中国法学会法学教育研究会秘书处主办),2004 年 11 月总第 3 期。

9. 方流芳:“中国法学教育观察”,载苏力、贺卫方主编:《20 世纪的中国:学术与社会·法学卷》,山东人民出版社 2001 年版。

10. 杨海坤主编:《法学应用人才培养模式的反思与重构》,法律出版社 2002 年版。

11. 周世中、倪业群:《法学教育与法科学生实践能力的培养》,中国法制出版社 2004 年版。

中国法律硕士教育的创办、发展与成就:1996－2006*

一、法律硕士教育十年发展概述

法律硕士教育于1995年批准设置,1996年正式试办,迄今已走过整整十个春秋。在这十年里,法律硕士专业学位教育的发展大体上经历了初步创办、探索和积累经验以及深化改革三个阶段。

(一)*初步创办时期*

从1995年到1997年是法律硕士教育发展的初创阶段。1995年前后,在当时主管法学教育的司法部官员的积极倡导下,在最高人民法院、最高人民检察院、国务院学位办、教育部、对外经济贸易部有关部门负责人,以及中国人民大学、北京大学、对外经济贸易大学、中国社会科学院等单位著名法学专家反复论证和协商下,共同完成了关于建立培养应用型、复合型高级法律人才制度初步的概念设计。1995年国务院学位委员会第13次会议通过了司法部法学教育司提交的报告,当年5月发布了《关于开展法律专业硕士学位试点工作的通知》(学位办[95]36号),提出了法律硕士专业学位试点工作的指导思想和原则、培养模式以及组织实施等原则意见;成立全国性专家指导小组。设秘书处于中国人民大学法学院,赵秉志教授任首任秘书长。1996年经批准获得试办权的中国人民大学、北京大学、中国政法大学、对外经济贸易大学、吉林大学、武汉大学、西南政法大学和华东政法学院共8所院校作为首批试点单位一共招收了第一批539名法律专业硕士学位研究生。这标志着我国法律硕士专业学位教育的

---

* 2006年12月28日,全国法律硕士专业学位教育指导委员会在北京召开法律硕士教育创办十周年纪念大会。这次会议上,国务院学位委员会委员兼副秘书长、办公室主任杨玉良院士代表教育部、国务院学位委员会宣布:“法律硕士专业学位教育经过十年试点,证明是成功的,试点工作结束,转入正式实施。”本文是笔者受法指委秘书处委托为召开这次会议准备的背景工作材料。修改后发表在《法制与社会发展》(吉林大学法学院)2007年第5期。

正式起步。

这一期间，在司法部法学教育司、国务院学位办和专家指导小组的共同努力下，按照国务院学位委员会第14次会议决定，“法律专业硕士学位”更名为“法律硕士专业学位”，英文名称确定为“Juris Master”，简称“JM”；经过认真地探讨和总结，确定了最初的法律硕士研究生入学考试科目；编写出版了由中国人民大学曾宪义教授主编的第一版《法律专业硕士学位研究生招生考试大纲》和考试教程；组织起草和发布了作为试点院校举办法律硕士教育重要依据的第一份教学指导文件——《法律硕士专业学位参考性培养方案》（1996年版）；1997年经国务院学位委员会、司法部决定，开展了同等学力在职人员攻读法律硕士学位的教育项目；同年，经国务院学位办批准，新增了南京大学、中山大学、厦门大学、中南政法学院、西北政法学院共5所院校为第二批法律硕士教育试点单位；为学习和借鉴美国法学院JD教育及其管理制度，组织考察了美国的律师公会（ABA）、法学院协会（AALS）和著名大学的法学院；更加规范的行业指导机构也在酝酿和筹划之中，所有这些工作，都为法律硕士专业学位教育的初步发展奠定了重要基础。

（二）探索和积累经验时期

从1998年成立行业指导委员会到2004年指导委员会换届前的六年间，法律硕士专业学位教育经历了一个积极探索办学模式和不断积累经验的发展时期。

1998年初，国务院学位委员会、国家教育委员会和司法部决定成立全国法律硕士专业学位教育指导委员会并在北京召开了成立大会。时任司法部部长的肖扬同志任首届指导委员会主任委员，曾宪义、顾海良、怀效锋为副主任委员，霍宪丹为秘书长；王叔文和高铭暄为顾问。司法部部长肖扬、国务院学位办副主任、国家教委副主任周远清出席会议并讲话。会议通过了指导委员会章程，确定了指导委员会下设工作机构、人员分工和工作要点；决定指导委员会秘书处设在司法部法学教育司，由秘书长主持秘书处工作。随后国务院学位委员会、国家教育委员会和司法部批准颁布了《全国法律硕士专业学位教育指导委员会章程》。按照这个章程，并针对实际情况和需要，教育指导委员会秘书处积极有效地组织和开展了一系列的工作，可归纳为下面几个主要方面：

第一，召开了全国性、高层次的法律硕士专业学位试点工作研讨会（1998年

10月由国务院学位办和司法部法学教育司在中南财经政法大学联合组织召开,国务院学位办王亚杰副主任、法学教育司怀效锋司长、国务院学位办李军处长参加会议并讲话),此外,2002年还举办了全国首次法律硕士教育论坛(浙江大学法学院承办)。在这些重大会议上,回顾总结法律硕士教育试办工作经验,交流和提出了存在的问题和情况,分析了法律教育改革的形势和任务及发展思路,提高了对法律硕士教育概念的理解和认识。

第二,严格按照教育部、国务院学位委员会、司法部文件要求,在中央政法委员会办公室、最高人民法院政治部、最高人民检察院政治部、公安部政治部、司法部法学教育司共同研究和统一部署下,制订招生工作规程,明确相关工作机构和职责任务,筹划并完成了每年法律硕士研究生的招生工作(包括在职攻读);随着认识的深入和实践情况不断调整和改进招生政策,1999年和2001年先后两次召开了招生改革专题研讨会,南京大学李有根副教授主持完成了《法律硕士专业学位研究生(JM)招生考试改革报告》;2000年起统一了全国统考、单独招生和在职攻读三种形式的招生,实行法律硕士研究生招生全国联考;根据报考条件和考试科目的变化,相应地修订了考试大纲和考试指南工作,使考试更注重对考生从事法律工作能力和发展潜质的考查;在组织报考、命题、制卷、考试、阅卷、数据分析和录取等方面,各试点院校承担了大量的工作任务,从而保证了招生录取工作的顺利进行。

第三,经过一年的调研、起草和广泛征求试点院校意见,修订和颁布了《法律硕士专业学位研究生指导性培养方案》(1999年版,该培养方案一直适用到今年国务院颁布新的培养方案为止)。围绕该方案的实施,组织编写法律硕士专门的教学用书、举办试点院校教师参加法律实务专题培训(西南政法大学承办了"WTO争端解决机制高级研修项目")、组织专业教师赴美进行专题培训、在试点单位(对外经贸大学法学院)示范性地开展案例教学等实践性教学法的专题研讨和交流活动,

第四,配合国务院学位办开展新增专业学位授权审核工作的部署,继续扩大法律硕士培养单位,1998年新增复旦大学、浙江大学、山东大学、四川大学、苏州大学、安徽大学、郑州大学、黑龙江大学、湘潭大学,1999年新增清华大学、南开大学、山西大学、兰州大学、云南大学、辽宁大学,2003年新增贵州大学、海南大学、河南大学、湖南大学、南京师范大学、中国社会科学院研究生院、江西财经

大学、烟台大学、中国人民公安大学、上海交通大学、西南财经大学为试点单位，使法律硕士试点单位总计达39所。法律硕士培养单位的全国布局已成规模。

第五，严密组织、精心策划，组织开展了全国性大规模地法律硕士教育专题调研活动。根据国务院学位办决定筹备召开全国专业学位教育工作会议的精神，2001年初秘书处组织在西安召开了调研工作会议，研究讨论调研总体方案、设计调查问卷、设置调研组织机构和人员，在曾宪义、霍宪丹等委员带领下，由贺卫方、杨树明、刘茂林、孙笑侠、胡旭晟、李有根、王健、邢志仁、王南玲、欧亚等组成的调研专家小组以上海、武汉、重庆和北京四个调研中心点辐射的全部试点单位进行了全面细致地调研活动，撰写了分组调研报告，并在此基础上最终形成了《法律硕士专业学位教育改革与发展报告》。整个调研活动为全面总结试办经验，宣传法律硕士教育概念，了解试办中存在的问题，制订和调整法律硕士教育的政策依据，确立今后法律硕士教育的发展方向具有重要意义。

（三）规范化、制度化和深化改革时期

2004年国务院学位委员会、教育部批准成立第二届全国法律硕士专业学位教育指导委员会。最高人民法院院长肖扬任顾问，司法部部长张福森任主任委员，中国人民大学曾宪义、北京大学吴志攀、中国政法大学朱勇任副主任委员，杜国兴任秘书长、韩大元和姜晶任副秘书长。委员共20名。同年6月，在北京召开了第二届全国法律硕士专业学位教育指导委员会成立大会暨第一次工作会议。在这一次会议上，副主任委员曾宪义教授代表上一届指导委员会做工作总结报告；国务院学位办副主任李军宣读了《国务院学位委员会、教育部关于全国法律硕士专业学位教育指导委员会换届的通知》；吴启迪副部长和张福森部长先后就法律硕士专业学位教育的改革和发展等重大问题作了重要讲话。杜国兴秘书长做了《关于新一届指导委员会及秘书处今后工作设想和思路的汇报》，经过研究和讨论，确定了目前指导委员会的工作安排，即创新培养模式，提高培养质量；结合法律职业积极开展理论研究；抓紧制订指导性规章制度以及评估指标体系；加强毕业生就业宣传和指导；继续组织开展在职攻读；完善培养单位布局，扩大培养规模等工作。会议期间同时举办了第二届法律硕士教育论坛，交流了各试办院校的办学经验。新一届指导委员会委员和39所培养单位的负责人参加了会议。

新一届教育指委员会成立后的几年来，坚持以科学发展观为指导，紧紧围绕“十一五”期间我国经济社会发展和法治建设对高层次的复合型实践型法律人才迫切需求的新形势和新任务,强调经验总结与理论研究,把法律硕士培养工作规范化建设作为保障和提高培养质量的基础建设,摆在突出的工作位置,不断健全管理工作制度和工作机制,卓有成效地开展了一系列工作:

第一,为保障和提高法律硕士教育质量,组织指导委员会委员或委托法律硕士教育研究专家,设计、起草了一系列规范法律硕士教育的规章制度。在总结法律硕士发展基本经验和课题研究成果的基础上,经过一年时间的调研和征求意见,并经2005年和2006年两次指导委员会工作会议的研究和审议,完成了《法律硕士专业学位教育工作规程》(王健教授起草)、《法律硕士专业学位评估方案》(霍存福委员牵头起草)、《法律硕士专业学位论文规范》(王健教授起草)和99版《法律硕士专业学位教育指导性培养方案》修订稿(孙笑侠委员牵头起草)等4份规范性文件的起草工作。其中《法律硕士专业学位教育指导性培养方案》和《法律硕士专业学位论文规范》已于今年8月由国务院学位办正式转发实施。

第二,加强了法律硕士教育指导委员会管理制度自身建设,完善了指导委员会工作机制,确立了指导委员会年度工作会议并同时召开法律硕士教育论坛;定期召开指导委员会主任会议研究重要工作事项;秘书处负责办理日常工作并充分发挥组织、协调、沟通的职能作用;更加注重发挥委员、专家作用并加大了协调组织的力度。这就为全面落实本届指导委员会的工作目标和各项任务,推进法律硕士教育的健康发展提供了坚实高效的组织保障。

第三,按照国务院学位办的安排部署,继续开展新增法律硕士培养单位的评审工作,2004年新增第六批法律硕士培养单位11所(中央财经大学、河北大学、内蒙古大学、大连海事大学、东北财经大学、上海财经大学、福州大学、华中科技大学、华中师范大学、湖南师范大学、解放军西安政治学院);今年又组织开展新增第七批培养单位的评审工作。为了保证评审质量,这次评审采取了比以往更规范、更严格的评审程序;增加了专家对申报单位的实地考察环节。

第四,会同中央各政法部门并与国务院学位办积极协调配合,充分发挥指导委员会的行业指导作用,根据在职攻读专业学位考试政策的变化和满足政法部门业务骨干和基层法律职业队伍建设的实际需要,制订和发布了各培养单位关于在职攻读法律硕士研究生招生录取工作的指导意见、论证和调整了在职攻读法律硕士研究生考试的科目设置、修订考试大纲和考试指南，进一步完善了在职攻读法律硕士招生和录取工作，促使在职攻读工作得以持续、健康地发展。

第五，随着法律教育改革的深入，高校学科建设意识的不断增强，各培养单位大力加强法律硕士专业学位学科建设，不断努力改善办学条件，利用各自不同的优势，努力探索各具特色的办学路子；中国人民大学组织编写出版了有针对性和独具特色的法律硕士专用教材，北京大学法律硕士改革小组自 2003 年起开始尝试设计通用方向和专业方向相结合的法律硕士培养制度，还有其他许多院校在法律硕士研究生的招生、培养、学位论文组织、开展案例教学、诊所等实践教学活动以及开展法律硕士专业学位研究等方面的工作都取得了大量积极有益的成果。

第六，随着法律硕士教育发展的深入，更多具有活力和创造性的活动已经在筹划开展或者正在实施，包括组织评选"全国优秀法律硕士专业学位论文"、评选"全国法律硕士教育优秀教学和管理工作者"、评选"全国优秀法律硕士毕业生"、设立中国法律硕士专业学位教育专题研究项目、开通"全国法律硕士专业学位教育网"以及开展对外交流与合作方面等等。

总之，十年来，在国务院学位委员会、教育部正确领导和政法部门的大力支持下，指导委员会在协调全国法律硕士专业学位教育活动，探索高层次的复合型实践型法律人才的培养目标、培养途径、培养模式和发展道路；在密切高等院校与政法实际部门联系，大力为新时期政法队伍知识化专业化建设服务；在推动规范和提高法律硕士专业学位培养质量；在组织开展国内交流活动，提升新时期中国法学教育的国际地位和影响力等多方面开展了大量工作，形成了指导委员会活动框架下的法律硕士专业学位培养制度，与政法部门干部教育和继续教育规划实施相协调的工作机制，各培养单位间沟通协作与国际交流的活动机制，卓有成效地促进了法律硕士专业学位地迅速发展，今天，法律硕士专业学位已经成为全国具有重大社会影响的专业学位。

二、创办法律硕士教育取得的重大成就

法律硕士专业学位教育创办十年来，为我国法律教育的改革与发展，为依法治国、科教兴国和构建和谐社会做出了重要贡献，取得了以下重大成就。

第一，法律硕士教育的创办，建设了一批应用型高级法律专门人才的培养基地，为我国实行依法治国和推进现代化建设培养了大批优秀的法律人才。

依法治国,人才是基础。没有经过严格专门训练的和相当数量的法律人才,一切都无从谈起。十年来,通过分期分批授权,逐步扩大办学试点单位,也日益显示出规模效应。从1995年首批的8个试点院校,经过1997年、1998年、1999年、2003年、2004年的第六次审批,目前全国已达到50个培养单位。涵盖了中央和地方所属的以及综合性、政法、财经、师范、民族、军事等不同类型、不同行业特色的高校,实际上已经完全囊括了中国高水平的、有培养法律专门人才优越条件和办学实力的高校。已经超过了改革开放初全国设置法学本科高校数量的总和。从1996年开始到现在,累计招收法律硕士研究生近50000人,获得学位的18102人。目前在校生近30000人。据近年来的统计显示,法律硕士专业一直居全国几百个研究生招生专业中最热门的十个专业之一(居第三位)。这些广泛分布在全国广大区域法律硕士培养单位培养了大批高素质法律人才。特别是在职攻读毕业生,绝大多数是各地各级司法机关、党政和社会管理机关的领导或骨干,他/她们为促进当地经济、政治和社会的发展,为维护边疆的稳定,为构建和谐社会做出了不可或缺的贡献。

和二,法律硕士教育的创办,为深化我国法律教育的改革,调整人才培养的结构和类型,探索应用型、复合型高级法律专门人才培养模式做出重要的尝试和贡献。

法律硕士专业学位(JM)属于我国专业学位系列中的一种,是我国设置的第三个专业学位。在此之前,我国的法律人才主要是学术型人才的培养模式。其间虽然曾经多次尝试应用型法律人才培养方式,但效果并不显著。法律硕士专业学位的设置,极大地改变了过去人才培养结构和类型单一的局面,在试办法律硕士教育十年当中,以科学、公正选拔具有法律职业发展潜力的培养对象为目标,以面向法律职业和社会管理等职业应用领域为导向,逐步在构建起一套应用型、复合型的高级法律专门人才培养模式方面闯出了路子,并积累了经验。

在国务院学位办、教育部高校学生司和司法部法规教育司的统筹领导及指导下,论证和设计了符合我国现阶段国情的全日制统招法律硕士研究生和在职攻读法律硕士研究生两种招生工作体制。不断研究和改进考试制度,修订考试大纲和考试指南,在总结招生工作经验,经过多年的实践,根据法律硕士专业学位的特点,以加强对从事法律职业工作相关能力条件和职业素质的考查,科学、规范地提高联考的信度和效度为目标的招生考试思想和实施方案基本形成。

法律硕士专业学位是以法律职业为背景，注重法律职业能力和职业素质培养的高层次学位，从论证和确立培养目标、改革培养方式、形成新的培养模式和体系，无不推动我国法学教育思想、教育内容和方法的深刻变革。十年来，为了探索应用型法律人才培养模式，通过指导委员会、专家和各高校的配合，法律硕士专业学位培养方案前后经历了三个版本，而每一次修订，都在突出职业能力、职业道德和应用型人才的知识结构方面不断得到完善和向前发展。与此同时，随着各个培养单位对教学规律、特点认识的深入，符合自身办学条件的个性化的培养方案也被创造出来了，课程设置逐步合理，体例新颖、内容上突出实务理论研究前沿水平的法律硕士专用教材编写出来了，诊所训练、法庭论辩、案例教学、专题研讨等实践性教学方法的运用越来越广泛和成熟，法律硕士研究生培养的双导师制逐步建立起来了，学位论文的评价标准也越来越完善和科学。

第三，法律硕士教育的创办，为健全和完善我国的法律教育管理体制，充分发挥政法实务部门在培养法律专门人才中的作用做出了贡献。

十年来的实践表明，按照法律硕士专业学位发展要求建立的指导委员会及其工作制度，适应法律硕士专业学位专业性、职业性强的特点，形成了法学教育指导部门、政法用人部门和试点单位发挥多方面的主创性和积极性，同心协力开创法律硕士专业学位工作的新局面。这种体制，比较适应法律职业和法学教育的互动关系，符合法律硕士专业学位的性质和办学要求，因而对推动和促进法律硕士专业学位的改革与发展起到了积极作用。中央政法委员会、最高人民法院、最高人民检察院、公安部、司法部等政法各部门将在职攻读法律硕士专业学位工作纳入“九五”、“十五”干部教育培训规划，出台鼓励政策，积极促进了在职攻读工作的开展。指导委员会及其秘书处积极协调50所培养院校和政法部门，在推动各部门规划实施和保证招生培养质量方面为有关部门和学校提供了一个交流的平台。

第四，法律硕士教育的创办，为更新法律教育观念，促进法律教育研究的深入开展做出了贡献。

自创办法律硕士教育以来，与之相关的方案设计、实地调研、征求意见、研究论证或进行专门的课题研究活动就没有中断过。不论是全国法律硕士教育论坛，还是全国性大规模专题调研活动；不论是政府立项科研课题，还是以法律硕士教育为选题的硕士学位论文，或者发表在法学类、教育类学术性期刊上以法律硕士教育的主题的大量学术性作品，以及网络上关于法律硕士教育的异常热烈的讨论，实际上都营造出或形成了一个关于当代中国法律教育改革与发展的思考、探索和研究的浓厚氛围。在这个过程中，产生了新的法律教育思想、观念，而这些新的思想和观念又反过来促进和推动着法律硕士教育的发展。

第五，法律硕士教育的创办，在借鉴国外法律人才培养先进经验，开展了对外交流与合作，树立中国法律教育良好的国际形象方面做出了贡献。

十年来，各试点单位积极开展多种形式的与境外和国外的交流与合作，如举办双边或多边的研讨会，实行人员交流和书刊、资料交流。在此期间，教育部和司法部都曾组团出国考察专业学位教育，从而促进相互的交流与借鉴。

三、未来面临的挑战与发展机遇

法律硕士教育创办的十年，中间经过了艰难的探索历程，凝聚了政府、司法、教育、社会多方面的心血，既取得了显著的成就，也随着社会的发展和认识的深化而面临着许多有待更进一步探索和解决的问题。这既是机会，也是挑战。

第一，进一步提高对法律硕士专业学位重要地位作用的认识。实践说明，法律硕士的设置，体现了在全面推进“实行依法治国，建设社会主义法治国家”的治国方略。我国加入世界贸易组织和深化司法体制改革新形势下法学教育改革发展的基本方向，完善了我国高层次实践型法律人才和高素质复合型法律人才的培养制度。几年来，我国法律职业的整体知识结构得到优化，也为政法部门落实中央关于建设一支高素质政法干部队伍的要求提供了重要的实现途径和制度保障。与此同时，以教育观念更新为先导，促进了法律院校树立知识、能力和素质全面发展的人才教育观和全面质量观，激发了广大法学教育工作者开展法学教育理论研究和教育方法改革的巨大热情和创造力，形成了高等院校与用人部门积极协作的开放式办学机制。这些都说明，法律硕士专业学位在我国法学教育中具有重要地位，在高层次应用类法律人才的培养中发挥着主渠道作用。

第二，凸现法律硕士专业学位特色，不断提高培养质量。当前，在部分管理人员和部分教师中，对法律硕士专业学位的性质、特点、基本规格和基本要求等方面的认识并不到位。在一些单位，法律硕士与法学硕士、第二学士学位、法学本科的根本区别和类型要求在培养过程中不突出，在一定程度上影响了培养质量和这个品牌的声誉。现在看来，能不能在招生、培养的全过程中，体现出专业学位的鲜明特色，这是专业学位的生命力所在，是专业学位生存、发展的基础和前提。

一是要加强人才培养规格的规范工作，在全面总结几年来培养工作的基础上，进一步修改、完善法律硕士专业学位培养方案。在注重统一人才培养规格的同时，培养方案应为各试点单位发挥优势和办出特色留下足够的空间。二是要抓紧教学用书的编写工作，在此基础上，组织开展教师的培训和交流研讨活动。三是进一步研究和探讨培养模式的改革，提倡多种方法综合运用，鼓励开展研究性学习、比较性学习和探索性学习；探讨实行导师组和责任导师相结合的指导模式，使整个培养过程的每一个环节都有导师的参与和指导。通过多方面努力，使法律硕士的培养活动更加符合专业学位的内在要求和培养规律，保证培养工作的特色更加鲜明、质量更有保障。

第三，建立正规化的管理制度，在教育资源的配置上做到法律硕士研究生与法学研究生同等地位、同等对待。部分院校法律硕士研究生、在职攻读法律硕士研究生反映入学后学校提供的学习条件包括住宿、图书馆及生活补贴、医疗甚至有些教师的教学态度，与同层次的法学研究生相差甚远，虽然学位办为在职攻读生正名，确定了正式称呼，但实际上，包括相当学校的老师甚至领导仍称呼在职攻读生为“学员”，视之为“不正规”的一类研究生，如此等等。他们觉得是受歧视的“二等公民”，严重不满，情绪动荡，从而影响了学生学习积极性和法律硕士的教学质量和声誉，也往往成为一个稳定的因素。其原因，除了高校扩招后校舍资源紧张外，主要似乎学校有关部门和人员对法律硕士的重要性和特殊性认识不足。法律硕士与法学硕士学位都处于同一层次，同一规格，都是我国法学类研究生的重要组成部分，无论是法学研究生还是法律硕士研究生，都将或已经在我国法治建设中发挥了重要作用，不存在任何厚此薄彼的理由。无论是在教学管理上，教学过程中和后勤保障上，都要同等对待、同等待遇，凡是提供给法学研究生的各项条件和待遇，也要提供给相同渠道的法律硕士研究生。这方面制度是否健全、做得怎么样，建议作为法律硕士专业学位教育评估的一项重要指标予以保证。

教育部领导同志在“全国专业学位教育工作会议”的讲话中正确指出专业

学位与学术型学位三个"同等",即"同等重要"、"同等地位"、"同等对待"。各院校应当切实贯彻执行。

第四,以建立国家司法考试制度为契机,实现法律硕士与法律职业的有机衔接。国家统一司法考试制度已经建立并付诸实施。统一司法考试制度为实现法律硕士专业学位教育与法律职业的有机衔接提供契机和连接点。通过统一的司法考试实现法律硕士专业学位教育与法律职业对接,这既是由法律硕士专业学位本身的特殊地位和性质所要求,也将保证具有良好的法律职业素养的专门人才通过考试遴选进入法律职业,有利于从整体上拓宽我国法律职业人员的知识领域,全面提高法律职业人员的综合素质,从而适应司法改革的要求,进一步推进国家法治建设。为此,必须处理好统一司法考试与法律硕士培养的关系,鉴于 JM 教育的培养目标和学位性质,法律硕士教育不仅要以是否取得专业学位为直接目标,而且,还要以通过统一司法考试为改革培养工作的主要内容和评价标准。美国的全国律师靠似乎,只有全美律师协会认可的美国大学法学院毕业生(即 JD)才能参加。日本司法考试则规定 80% 从大学法学部"法科大学院"的毕业生(专业学位)中录取。我国的统一司法考试与我国的正规法学教育与我国的 JM 专业学位教育能否对接,其关系极大,影响深远。

第五,继续坚持政法实际部门参与培养的工作机制。政法部门参与法律硕士培养,既是由这个学位的性质所决定,也是几年来法律硕士工作顺利发展的成功经验之一,应当继续坚持。几年的实践证明,以学位与教育行政部门为主导,法学教育行业主管部门充分发挥指导职能,政法实际部门积极参与培养的管理指导体制与培养制度,促进了各试点单位形成与实际部门积极协作的开放式培养机制。在一些地区,实行学校教师与实际部门专家的"双导师制"的模式值得参考。司法部作为指导委员会秘书处所在单位,几年来为发展我国法律硕士专业学位教育工作做了大量繁重的工作,发挥了重要作用,作出了宝贵贡献。

第六,充分发挥全国法律硕士专业学位教育指导委员会的作用,健全指导委员会工作制度和试点院校的专门管理机构。强化指导委员会的作用和功能的核心,是强化法律职业部门对法律硕士专业学位教育的支持、引导和参与。几年来,法律职业部门通过指导委员会的渠道,促进了法律硕士教育的发展和完善。针对目前存在的问题,还要进一步健全指导委员会的各项工作制度,保障有效运行。可考虑采取四项措施:第一,建立指导委员会的年会制度和主任委员会议制度;第二,设立法律硕士教育论坛,对培养过程中遇到的突出问题定期组织专题研讨并结集出版“年刊”;第三,定期出版专门刊物或内部通讯,推进工作情况交流,及时反映法律职业与 JM 教育的发展动态;第四,组织对外交流,建立与国外法学教育的交流与合作关系。

为从组织上保障法律硕士专业学位教育的健康发展,加强对法律硕士专业学位培养规律特殊性和培养要求的研究,各单位可考虑建立专门机构负责专业学位教育的培养、管理和研究工作。

第七,建立法律硕士专业学位教育质量评估机制,保障其规范、有序、健康的发展。首先,要在调查研究基础上制订出完善的评估指标体系;其次,实行自查与专家评估相结合,以评促建。在本届指导委员会任期内,组织专家组开展全面实地评估。

第八,优化布局结构,适当增加试点单位,逐步扩大发展规模。鉴于法学的学科特点、主要任务和法律职业的发展需要,今后在法科研究生教育的发展中,建议将发展的增量部分,集中用于法律硕士专业学位教育的发展,使其在法学类研究生教育总规模中占据主体地位。

按照法学教育高起点、高质量、高效益、可持续发展的方针,稳步扩大法律硕士专业学位教育规模。较长远的发展目标可定位在 5 万人左右。培养单位也要逐步适度增加。在新增试点院校时,在严格掌握统一的准入标准的前提下适当增加西部地区试点院校。

在法律硕士专业学位教育内部结构上,今后要以全日制法律硕士研究生为主,适度发展在职攻读法律硕士研究生。

第九,借鉴其它专业学位教育和国外同类教育的成功经验,适应社会发展和建设法治国家的需要,积极探索法律硕士专业学位教育的多种培养规格。要进一步研究和借鉴外国特别是美国 JD 教育的成熟经验以及 MBA 等多个专业学位的成功经验,加强各专业学位之间的沟通与合作。建议择取若干所优秀的 JM 试点单位通过与国外同类院校合作的形式直接引进先进的法律人才培养模式;支持并鼓励各校从国家和本地区的实际需要出发,根据法律部门和其它行业、部门的特殊要求并结合自身优势培养出不同种类、特色鲜明、适应性强的高素质法律人才。

法律硕士教育制度的改革与发展

——一个政策分析*

一、引言

在“关于举办法律硕士教育应注意的几个问题”一文中,[1]笔者讨论了法律硕士教学管理活动的八个方面的问题,提出了相应地建设性意见和建议。不过那篇文章所讨论的内容基本上属于微观或中观的,法律硕士教育管理制度和政策调整等许多宏观问题,则涉及不多。2008 年 6 月,国务院学位办就我国专业学位的总体设计问题展开调研,要求各专业学位教育指导委员会、各省级学位管理机关和有关高校就专业学位教育制度的完善、面临的问题及其发展趋势、新增单位遴选方式、行业指导委员会作用发挥以及质量保障等问题提供决策分析意见。借此机会,并受全国法律硕士专业学位教育指导委员会秘书处的委托,笔者对调研涉及的各项问题进行了全面系统的总结,根据现有经验和实际存在的问题,参考各单位提交的全部调研材料,[2]完成了法律硕士专业学位总体设计研究报告,进而形成本文。

按照管理部门决策事项的分类,本文依次讨论四个问题:其一,结合当前司法改革和教育改革的总体背景,从法律硕士教育管理制度本身以及其与相关制度环境的关系方面来观察法律硕士教育所面临的主要问题,并提出相应的改进措施;其二,确定新增法律硕士培养单位的原则和具体办法;其三,如何完善法律硕士教育指导委员会的工作机制和进一步发挥其作用;其四,关于更好地保

---

* 本文发表在《政法论坛》(中国政法大学)2009 年第 3 期。

〔1〕 参见《甘肃政法学院学报》2009 年第 1 期。

〔2〕 此次调研共有 21 所高校提交了书面报告或意见书,另有 4 份关于国外法律人才培养情况的专题报告。

障法律硕士人才培养质量的问题。原调研计划中关于国外法律职业人才培养经验和借鉴的问题,已另成专文,这里不再涉及。本项研究注重描述问题的准确与完整,分析意见的合理,对策建议的可行。是否实现了这个预期的目标,还请大家批评指正。

二、当前法律硕士教育面临的主要问题及改进意见

第一,法律硕士教育缺乏高位阶法律的保障,应尽快制订出台《中华人民共和国学位法》,为法律硕士等专业学位的发展提供更好的制度保障。现行的《中华人民共和国学位条例》(1980 年)及其《暂行实施办法》(1981 年)已实施多年。限于历史条件,两者均无"专业学位"的规定,包括法律硕士在内的专业学位一直缺乏较高位阶的法律保障。国务院学位办目前正在征求意见的《学位授予和人才培养学科目录设置与管理办法》讨论稿,总结了我国开展专业学位(该"管理办法"中将"专业学位"改称"职业学位")教育的经验,规定了设置专业学位的基本标准,非常必要,但它在法律形式上属于一个部门的行政规章,其效力低于全国人大颁布的法律,仍是一个权宜之计。《学位法》草案已修订多次,但至今未能公布。应尽快制订和颁布包含专业学位内容的《学位法》,以便在更高层次上建立起人才分类培养的概念和管理运行机制,为下一步协调各有关管理部门整合和统一中国的法律教育奠定基础。

第二,法律硕士的学位层次设计选择了学术型学位的第二级概念,即硕士学位,名实不符,概念错位,制约了法律应用型人才培养的发展空间。可遵循法学的传统并借鉴世界上发达国家的经验(惯例)重新加以审查和调整,将"法律硕士"改为"法律博士"。我国学术型人才的培养,按照受教育程度实行学士、硕士和博士三级学位制度。法律硕士虽然名为"硕士",但其实质内容是法律职业的第一学位(the first degree in law),即一个人第一次接受法律专业教育。由此产生的逻辑上的问题是:法律职业的第一学位教育为什么是"硕士"层次,而不是"学士"或"博士"?它的"本科"阶段的教育哪里去了?"法律硕士"中的"硕士"一词究竟是什么意思?或者说,就同一专业知识领域而言,究竟应当用怎样的"学位"名称(符号)来标示不同阶段的学历程度?经过认真思考和对古今中外历史的观察,建议:将"法律硕士"(英文 Juris Master,简称 JM)改为"法律博士"(Juris Doctor,简称 JD),理由是:(1)我们已将法律硕士定位于今后我国从事法律职业的人才培养的重要途径,而不同于从事法律教学研究型人才培养途径。这样就有可能实现学术型人才和职业型人才的分途培养、分类管理和分别评价。(2)我国历史上曾长期(曹魏至宋代)设置的专门执掌法律令并"传相教授"的职官称"律博士";(3)欧洲历史上即以"(民法)博士"指称那些掌握罗马法知识并且造诣高深的人;美国鉴于在大学毕业后开始法律第一职业学位教育而为法学院的毕业生授予"法律博士",即 JD(在此之前则授予 LL. B,即"法学士");日本 2004 年开始实施借鉴美国法学院模式的"法科大学院",其毕业生也授予"法律博士"。

当然,这种做法的一个先决条件是,人事用人单位必须建立分别类型的人才管理制度和人才评价体系,把"法律博士"单独确定为从事法律职业的一种专门的专业技术职务序列。这样,职业型的"法律博士"概念也就不会与学术型的,受过法学学士、法学硕士教育后取得的"法学博士学位"发生混淆。

第三,国务院学位委员会、教育部和发改委应大加统筹和调整的力度,建立分类型招收和培养研究生的概念,改变学术型和职业型两类研究生培养规模的比例结构,在每年下达研究生招生计划时,大幅压缩学术型研究生招生规模和计划,扩大法律硕士研究生招生规模和计划,实现专业学位人才规模化发展的目标。多年来,教育部一再倡导要把专业学位人才培养作为今后研究生教育的主渠道,以扭转我国长期研究生培养类型结构不合理的局面。可是,多年来发展专业学位的措施,主要是依靠增加培养单位这一条途径。由于每年的研究生招生计划管理没有相应的措施(如招生指标的分类设计和管理),以至近年来硕士研究生的招生规模虽然不断在扩大,但其实际增长部分,仍限于学术型研究生范畴。几所政法大学近年招生的实际情况都反映出这个问题。因此,我们认为应通过计划调节手段来改变两类研究生规模的比例结构,改变职业学位仅仅是作为学术型人才培养的补充的状况。另一方面,在如何确定法律硕士招生规模的问题上,有单位提出,可通过指导委员会建立法律硕士毕业生就业基础数据报送制度,组织专家组综合汇总相关数据并进行有效的分析解读,然后通过行业、地域发布就业指导的相关权威信息,为下年招生规模提供科学决策的依据。这样,吴启迪所讲的应当按照"美国专业学位实际上已经占到了一半以上这样一个事实来看专业学位的重要性"(2004 年第二届指导委员会成立大会讲话)这句话,[1]也才会更有实际意义。

第四,法律硕士与目前其他法律教育形式之间的关系存在很大矛盾。应当采取切实果断和有效的措施加以统筹和协调,暂时保留法学本科教育,立即停办法学第二学士学位教育。改革开放30年来,我国法律人才的培养一直是采取多渠道、多形式、多层次的多元化发展策略。这种发展方式,产生于"文革"破坏法制,法律人才培养工作彻底中断、政法队伍"青黄不接"的特定历史时期。在改革开放初期,为我国社会主义民主和法制的恢复重建做出了历史性的贡献。但物换星移,事过境迁,随着改革开放和现代化建设的深入,1995年设置法律硕士专业学位后,法律第一职业学位教育的各种形式之间的不协调问题,或者说法律硕士教育与其他形式的法律教育之间的矛盾随即出现。基本法律人才培养模式的不统一成为我国当前法律教育中的一个最突出的问题:

(1)法律硕士与法学本科学士学位同为第一职业学历教育,但入学起点分别是大学本科毕业和高中毕业,差异过大,矛盾冲突显著;近年来关于"取消法学本科"的议论,也都与此有关。我们认为,无论从我国的现实,还是从日本、韩国的情况看,取消法学本科教育都将涉及权力体制、就业、人事管理、价值观念上和文化教育传统等诸多十分复杂的因素,客观上有很大的难度,所以目前提出取消法学本科的条件并不成熟,只能维持法学本科和法律硕士教育并存的现状。但可以将两者分别予以这样的定位,即大学法学本科侧重培养现代民主法治国家良好公民素质,法律硕士教育明确以将来从事法律职业做准备。

(2)法律硕士与法学第二学士学位这两者设置的初衷、入学基本条件、培养目标、课程设置和教学要求完全一致,只是学制上相差一年,法学第二学士学位学制2年,人事和工资待遇是研究生班(介于大学本科和硕士研究生之间);法律硕士则3年,待遇为硕士研究生。因而导致法学第二学位丧失办学根基,报考者甚寡,形同虚设已有多年,实无继续举办之必要,应当立即停止。

(3)法律硕士报考法学博士研究生,其培养目标与学位教育的类型和层次上存在着不协调的问题。

第五,法律硕士的招生、录取及相关管理制度存在较多政策性的、技术性问题,应当做出相应的调整和改进。

---

[1] 吴启迪在第二届全国法律硕士专业学位教育指导委员会成立大会上的讲话,2004年6月16日。

（1）全日制法律硕士招生考试科目的专业课设置明显不合理。全日制法律硕士考试科目包括政治理论、外国语、业务课一、业务课二共4门；其中两门业务课涉及法学理论、宪法、中国法律史、刑法、民法5科。全日制法律硕士只招收非法学本科专业背景考生，考试科目恰好是考生从未学过的内容，也就是说，接受法律硕士教育所需具备的专业资格条件，只能通过自学或其他途径获得，而对于应届毕业的考生来说，考试时正处于本科四年级学习阶段，即正在进行第一学历教育。这样的考试，明显违背考试的基本规律，很不合理，就跟要求高考考生必须具备他/她将要报考的大学本科专业课程一样是荒唐的。法律硕士入学考试要考的专业课内容，恰好是考生入门后希望掌握的内容。而今不仅笔试，不少学校的复试环节仍以笔试或口试的方式重复这些科目。这样，入学考试科目与法律硕士培养方案的课程之间就形成了部分交叉和重复。同样的科目反复学，反复考，考了又学，影响、弱化了考试和培养各自功能的发挥。

建议：以"综合素质测试"或"社会综合知识"取代目前的法律专业课考试。鉴于我国的法学院教师熟悉传统的笔试命题的原则、方法和技术，而对综合素质、能力方面测试的考试技术还比较生疏，因此要发挥教指委的作用，就考试科目设计问题专门立项并组织专家开展相关研究。其解决问题的基本思路：一是借鉴美国法学院入学考试（LSAT）经验；二是考察MBA最新的考试改革模式以及公务员考试经验。

（2）全日制和在职攻读两类法律硕士在报考资格条件上存在着政策性不协调、不平等的问题。前者允许同等学力（即大学专科毕业生）报考；后者则要求必须大学本科毕业（且一般应有学士学位）。

建议：教育部应调整报考政策，按照法律硕士教育性质的特殊要求，将报考法律硕士的学历资格条件统一明确为大学本科为起点，以与国家统一司法考试的报考资格相一致。

（3）关于报考在职攻读法律硕士研究生的学历条件方面，应当重视和解决党校学历报考资格的问题。目前在职攻读法律硕士招生当中，党校毕业文凭报考资格认定的问题较为突出，招生压力较大。党校文凭的学历认定，《教育部办公厅关于党校函授教育学历有关问题的意见》（教学厅函［2004］15号，2004年6月21日）明确规定党校举办的函授教育不纳入国民高等教育系列。并指出按照《中共中央关于面向21世纪加强和改进党校工作的决定》（中发［2000］10

号)，“取得党校函授教育学历，待遇参照国民教育相应学历的有关规定。”但现在的问题是，与其他种类的专业学位不同，在职攻读法硕的考生生源以政法及党政机关为主，其中有不少是党校毕业文凭，限制这些人报考，对受教育机会本来就少的西部内陆基层司法干部参加学习影响很大。

建议：考虑有条件地开展接受党校学历文凭报考在职攻读法硕研究生试点，即规定凡属政法系统工作的现职人员，经本系统一定级别部门(如省)严格甄别认为确属业务骨干，并经专门的学历认证后的考生，给予其以党校学历身份报考的资格，以便那些确实属于政法系统政治业务素质好的考生能够享受法硕教育。此项试点立足于我国法治的现实国情，故仅限于报考法律硕士，暂不涉及其它专业学位。另外，可以考虑取消录取比例中关于政法部门不少于85%的限制。

(4)在职攻读法律硕士招生实行限额管理，总的来讲，对于调控招生规模，保障招生质量无疑有其必要性，但是限额数量的确定，没有考虑各个招生单位之间客观上存在明显的差距(如政法大学和大小规模不等的综合大学法学院)，指标分配上等量齐观，结果使办学条件比较好的院校无法发挥应有的作用，小型法学院的招生任务又常常不能完成。总之，在职法律硕士名额的分配，要考虑培养单位的法学学科实力及其在全国影响力。

建议：将目前的上限封顶、统一分配指标的做法，改为分类的、动态的指标管理，首先从各个培养单位的实际办学条件划分出若干类型的培养单位，以此作为确定指标的客观依据；其次，对在招生指标使用上能够严格自律，招生工作规范，工作水平和质量有保障的单位，允许其自行确定下一年度的招生规模；对于实际录取人数未达到当年招生限额的招生单位，放开其下一年度的招生限额；对于业内认为确属过低的分数线，监管办法自应一仍其旧。这样做的好处是：一是使指标管理制度更切近招生单位的实际，增强指标使用与管理的针对性和有效性；二是招生管理部门可免受学校招生工作业绩评价压力之累；三是由于指标分配与办学条件挂钩，有利于于促进培养单位的学科建设。

(5)对于在职法律硕士录取的结果进行排行，既是对培养单位自定分数线和自主录取的一种监督手段，同时又是确定下一年招生限额指标的直接依据。作为管理手段，这无可厚非。但这里有两个问题需要进一步考虑：

其一，目前所列的三项排行(总分最低分、总分平均分最低分和外语最低分）中，只区分东部考生和西部考生两项指标。从目前全国统招研究生考试为少数民族单独划定合格分数线的做法，以及新疆、宁夏、青海等民族地区政法系统报考在职法律硕士者比较多的实际情况来看，有必要将少数民族考生作为一个单项指标，以便招生单位在制订录取方案时，考虑对政法系统的民族考生给予优惠录取的政策。因为宁夏、青海、新疆以及广西、贵州、云南、四川等地政法系统的民族考生，正是需要体现国家考试优惠政策的对象，他/她们不存在“留不住，下不去”的问题，长期坚守在边疆和基层政法战线，为国家稳定和民族团结做出了贡献，有理由报考全国统招研究生那样享受一定的优惠政策。有些学校近年来也试图为民族考生制订一定的优惠录取政策，但按照目前的排行管理方式，很难实现。

建议：为在在职法律硕士录取中同样体现民族政策，增加民族考生指标项，将汉族考生与民族考生的各项最低分数区分排列。

其二，由于全国各个招生单位的录取规模不完全一致，少则四五十，多则二三百，其计算平均分的基数（或统计样本）并不相同，那么这样计算出来的总分平均分最低分不加区分地统一排行是否客观、科学？有效性是什么？值得进一步考虑。（例如根据学位办公布的2007年在职攻读法律硕士招生排序，南京师范大学、吉林大学、南开大学、黑龙江大学的总分平均分均为213分，只有小数点上的差异，但这4所法学院的招生人数依次是151、199、147、100）。

（6）每年在职法律硕士招生，中央政法“五部委”（中央政法委、最高人民法院、最高人民检察院、公安部、司法部）都要发布组织推荐报名工作的专门文件。其中录取方面有“推荐计划的报考人员，政法各部门将于录取阶段商全国法律硕士专业学位教育指导委员会，采取相应照顾录取政策优先重点录取”一语，那么这里的“照顾录取政策”由谁制定？招生单位怎样“优先重点录取”？均无可行的操作之法。学校在接受政法系统咨询时亦常感被动或为难。

建议：要么在今后的“五部委”文件中删除此语；要么“法指秘”与学位办会商制订具体落实办法。

第六，全日制统招法律硕士与在职攻读法律硕士两者的毕业结果认定存在差别待遇，前者毕业符合条件者将同时获得毕业证和学位证；后者则仅为学位证。“双证”和“单证”问题的出现始于1998年在职攻读法律硕士专业学位工作的开展。形成两者差异的政策依据在于，前者被界定在学历教育的范畴内，因此同时颁发“双证”；而后者是“授予具有研究生毕业同等学力人员硕士学位”概念的延伸，被界定为“非学历教育”，只颁发学位证。[1] 尽管主管部门希望努力扩大全日制统招类型的规模，但从实际效果来看，在职攻读类型的招生总规模要大于全日制类型（导致这种情况的原因应该说与招录制度和就业等方面的因素有关）。

而目前这方面存在的主要问题是：其一，在职攻读人员所在单位组织人事部门由于种种原因在同时面对“双证”和“单证”的情况下，对在职攻读法律硕士教育产生疑惑和不解，加之各地、各部门理解和执行人事政策的差异，每年招收和毕业学生时，培养单位都要面临解释政策方面的很大压力。其二，据不准确地了解，有个别高校（主要是某些在招生和招生指标上享有特权的重点高校）利用全日制招生指标招收在职攻读法律硕士，以“双证”吸引在职攻读考生生源，进而造成培养单位招生工作和考生报考的混乱，干扰了现有在职攻读法律硕士教育工作秩序。

建议：学位管理部门与相关教育行政管理部门、人事部门就毕业证和学位证的效力问题加强政策上的协调和统筹力度；同时对培养单位招收两类法律硕士的工作严格加以规范。

第七，进一步修订和完善法律硕士培养方案，使法律硕士培养模式合乎法律硕士教育的本质要求。此次调研中，一些单位（主要是举办时间较短的）提出法律硕士教育定位不清的问题，认为这是导致实践中一系列问题的根源。经过反复地分析，我们认为这种认识或表述并不准确。法律硕士的办学定位应该说是非常明确、非常清楚的，即以法律职业为目标导向的高层次复合型、实务型法律专门人才。这个定位是多年来一直主张和倡导的，是我们举办法律硕士教育的一个基本出发点，其本身并没有任何问题。那么问题出在哪了呢？应该说是法律硕士的教育模式与现行其他法律人才培养模式存在着混同；法律硕士培养的措施或手段没有跟上法律硕士培养目标的要求。这些问题集中表现在法律硕士的培养方案上面。换句话说，2006 年修订实施的指导性培养方案虽然总结和吸收了以往的经验和新的研究成果，但仍有必要做进一步的修订。调研中属

〔1〕 国务院学位委员会《关于授予具有研究生毕业同等学力人员硕士、博士学位的规定》（1998 年 6 月 18 日国务院学位委员会第十六次会议通过）。

于这一类的问题反映得最多,归纳概括起来,主要是:

(1)课程在培养方案中的核心地位不够突出,培养方案的结构设计值得改进。

(2)课程设置基本上仍以法学知识体系的划分为基础(如法学本科专业16门核心课),没有按照职业分工领域所涉及的专业知识作为设置课程的依据,在本应得到强化的职业训练倾向方面显得保守。

(3)对于我国法律教学向来欠缺和薄弱的法律职业道德、法律文书写作、法律研究方法等职业训练必需的课程仍然不够重视。

(4)必修课不精,该突出的不突出(如民商法);选修课设置随意性大,没有突出专业能力训练,没有与可能的职业分工所需的专业化设置形成紧密的联系。

(5)缺乏必要的指导性教学文件或实施指导教学内容的具体标准。

(6)学分总量设置仅有45学分,明显偏低,不足以为(非法学本科专业背景的)学生奠定足够的法律知识基础,难以实现预期的培养目标。

(7)法律实务训练环节薄弱,法律诊所式训练仍处于边缘地位。

(8)与第一专业的结合不足,没有体现出复合型能力的培养。大部分学生第一专业知识往往在法学的专业学习中被忽略和抛弃了,而没有像培养目标中所期望的那样能够将两个专业的知识有机地结合在一起。

总之,指导性培养方案缺乏明确的思路和详细的论证,尽管法律硕士教育与司法考试、公务员考试和法律职业之间的目标是一致的,但总体上它们之间的联系疏薄。有些学校基于各种原因也没有对培养方案做认真的研究,办学投入也不足,导致法律硕士的影响力很小,未能获得社会认同,在学校中被认为低人一等,许多学生入学后感到压力很大,怀疑自己选择的正确性。

所有这些问题,都说明了目前法律硕士人才培养模式的不稳定,还处于探索和变化发展中,同时也说明了进一步研究和改进现有培养方案的必要性。

第八,加强师资队伍建设,全面、切实地实行双导师制。法律硕士教育能否办好,关键看师资力量。由于长期以来大学强调的以传统理论型科研成果为重点考核目标的人才评价标准,真正有丰富实践经验的教师十分稀少。仅凭学校师资无法培训学生的实践能力,培养职业型、应用型人才,实在是一项不可能完成的任务。因此,除了采取各种措施不断提高法学院教师的水平和能力外,还应积极推广双导师制,聘请法律实际部门的专家参与法律硕士教学指导等有关工作,来弥补学校教师在提供某方面法律训练方面的不足。

第九,要引导学校特别重视和加强法律图书馆的建设。法律图书馆向来是办法律教育必不可少的设施。没有足够的图书文献资料,法律学习与研究就无法有效开展。以至于言及法学院,几乎就是指一个法律图书馆。我们认为一所品种齐全、数量充足、设施完善、管理先进、服务周到、人员素质高而环境幽雅的法律图书馆,对养成良好的法律人才至关重要。目前高校的学科建设,都非常重视实验室建设、研究基地建设,而法学院的图书馆建设方面还重视得不够。今后,除了法学院校自身要改变观念,提高对法律图书馆重要性的认识外,还可以通过一定措施,来促进法学院校重视法律图书馆建设,如在评审条件上、法律硕士教育评估指标体系设计上以及评估专家组成员构成上,增加法律图书馆指标的权重和配置法律图书馆专家。

这里要说明的是,以上第七、第八、第九项都属于法律硕士教育内部方面的问题。这些问题,有的是需要管理部门通过指导、监督检查措施来解决的;有的是需要发挥行业指导机构的作用来解决,还有的需要办学单位自身的努力。

第十,政法部门和教育管理部门要进一步倡导研究和探索法律硕士培养的规律和特点,新闻单位也要加强对法律硕士教育的宣传,营造有利的社会舆论环境,引导人事部门和社会公众转变传统的人才价值观念,关注和重视应用类人才的培养工作。我国的高等教育,包括研究生教育,无论从教育观念、人才评价标准、教学内容和教学方式方法的采行,还是从师资以及教学设施条件方面来看,长期习惯于学术型人才的培养模式,与专业学位的要求存在着潜在的不同程度和形式的差异。这是今后发展和完善专业学位需要克服的不可忽视的一个重要障碍。因此,要大力提倡和探索专业学位人才培养模式,建立与专业学位人才培养相适应的教学制度。

三、关于确定新增法律硕士培养单位的方式问题

我国设置专业学位以来,新增专业学位培养单位的确定,一直是以国务院学位办发布的开展新增单位评审工作的工作文件和行业指导委员会的具体评审办法为依据组织和实施。关于评审的周期,2003 年《关于申请新增专业学位研究生培养单位的通知》(学位办[2003]18 号)规定每年开展一次申报和评审工作;2005 年《关于调整新增专业学位研究生培养单位申报工作的通知》(学位

办[2005]50号,2005年8月31日)又规定自2006年起每2年评审一次。评审的方式、批准程序等方面基本没有太大的变化。其基本工作流程是:国务院学位办根据研究生培养政策和开展学位工作的实际情况发布文件部署评审工作;符合基本申报条件的高校或科研机构在规定的期限内通过所属的主管部门向国务院学位办提交申请表和相关材料;国务院学位办收到申报材料后委托相关专业学位教育指导委员会组成专门评审小组进行审议,投票表决;学位办根据审议结果以发布文件的方式确定新增单位(申报和评审往往是一个竞争激烈的过程)。学位办部署开展评审工作时制订有《申请新增专业学位研究生培养单位的基本条件》(2003年),行业教育指导委员会进行审议时,也制订有更为具体和有操作性的评审办法。在过去的20年里,这种以政府职能部门为主导,相关行业指导部门配合,通过政策手段加以实施的确定培养单位的方式,推动了专业学位教育制度在我国的建立和发展,并为探索和改进专业学位的管理模式积累了经验。

我国自1995年首次设立法律硕士专业学位并批准第一批试办单位起,至2006年已开展了7次新增单位的评审工作,目前全国共有80个法律硕士培养单位(历次审批情况是:1996年第一批8所、1997年第二批5所、1998年第三批9所、1999年第四批6所、2003年第五批11所、2004年第六批11所、2007年第七批30所)。除西安政治学院为军事院校,中国社会科学院为科研机构外,其余78个均为普通高等学校。关于培养单位的规模,有些高校认为应当注意防止出现法学本科专业"一哄而上"那样的局面,对新增单位要严格控制。对此,我们认为这里实际上涉及两个方面的问题:一是关于今后我国法律硕士培养单位的规模发展;二是如何确定法律硕士培养单位的问题。而解决这两个问题,应当综合考虑以下几个因素:

第一,要坚持科学发展法律硕士教育的观点,明确我国现代化建设事业的实际需要是法律硕士教育发展的根本所在。要从我国目前法律人才培养的总体情况(各种培养渠道、层次、规模、区域布局、类型结构等方面)入手,对我国不同地区、不同职业领域对应用型法律人才的需求进行实证调研和分析。对哪些单位和部门、哪些地区需要人,需要什么样的人(法官、检察官、律师、司法干警、法律顾问等)要有比较清楚的概念。毕竟学生毕业后是要找工作的。这方面,要特别注意发挥最高人民法院、最高人民检察院、公安和司法行政系统以及中央编制、组织人事等部门在人才需求规划方面的作用,使人才培养工作有的放矢;培养单位和人才培养的规模究竟多大才会有现实依据。这方面的工作,最终可以体现为依靠政法系统对我国未来若干年间应用型法律人才培养的类型和总体规模做出规划。以此作为有计划、有步骤地确定新增法律硕士培养单位的基本依据。

第二,深入调研和分析我国现有的可能承担法律硕士教育任务的机构资源。既然我们确立了法律硕士教育在培养应用型法律人才的主渠道地位,那么就要在机构设置方面得到体现,就要把那些开办法学本科教学有历史、条件较好的高校纳入到法律硕士培养单位队伍中来。目前,我国承担法学本科教学的高校大约有600多个,法学硕士(一级学科)培养单位100多个。在设有法学本科专业的高校中,有73%的高校仅有10年办学历史,是1998年以来法学专业过度扩张的结果,品质不一和质量保障等问题已引起法学教育界的高度关注。我们初步估计,从我国的国情(人口数量众多、地域辽阔,社会经济政治都处于迅速发展变化之中)、开展法律教育的高校的历史传统和条件以及国外经验等等因素来看,应用型法律人才培养机构的总规模,以保持在200个左右为宜。这可以作为今后制订法律硕士培养单位发展规划的基本参考。

第三,借鉴美国ABA受理和审查法学院开办资格条件的做法,改进目前新增单位的评审方式,充分发挥指导委员会的作用,把定期评审新增培养单位的做法变为学位办和指导委员会的日常性工作。大体来说,就是由指导委员会根据学位办的有关要求制订新增单位发展规划,报学位办批准后具体实施。指导委员会按照有关工作规范和评审标准受理新增单位申请,并组织专家对申请单位进行考核评估,符合条件的由指导委员会向学位办申报批准。

第四,整合现有的相关规范,统一各种标准,制订和实施《法律硕士专业学位教育办学标准》,以此作为评审新增法律硕士培养单位或评估的依据。目前关于法律硕士教育的规范,除指导性培养方案和论文规范外,还有:(1)国务院学位办的《申请新增法律硕士培养单位的基本条件》(2003年版);(2)教育指导委员会制订的《2006年法律硕士新增单位评审细则》(2006年11月15日修订适用,但未公布)。此外,为实施评估,几年前就研究和起草了《法律硕士专业学位教育合格评估方案》。这种分别专门事项制订标准的做法存在着入门标准和评估标准不统一的问题。从道理上讲,我们认为,不论是准入资格,还是评估,标准都应该只有一个——满足条件者,则可以举办;不满足者,则不准举办;申请时条件满足,但后来办学条件变化不足以支撑者,则可通过黄牌、红牌的警告,直至取消办学资格的方式来处理。另外,制订并公布实施这样一个统一的标准,对于准备举办法律硕士教育的高校,平时即可对照条件标准逐项建设,发挥规范的指南作用;如果已经获得授权,则可以此作为督促和检查自己平日办学质量的检测依据;学位办和指导委员会亦以此作为评估办法。

有一点要特别强调,在制订这个《办学标准》时,要特别重视申请单位开办法学教育时间长短的因素。因为,法律教育办学条件的建设、法律教学传统的形成、法律图书文献(包括判例)资料的积累、法律专家学者等教学研究人员成长等等,无一不是需要较长时间的积累。这一点,与自然科学工程技术专业的情况完全不同。总之,要评价一个申请单位是否具备举办法律硕士的条件和水平,其举办法学教育时间的长短应当是一个重要的衡量指标。

四、如何进一步发挥法律硕士教育指导委员会的作用

法律硕士专业学位教育指导委员会的性质、组织机构和职责范围,是由《全国法律硕士专业学位教育指导委员会章程》(1998 年 1 月 8 日)规定的。按照《章程》,指导委员会的主要职能是:指导、协调全国法律硕士专业学位教育活动;加强培养单位与法律实际部门的联系;推动法学教育的国际交流与合作;促进我国法律硕士专业学位教育水平的不断提高。指导委员会自成立以来,在国务院学位办的指导和中央政法机关的协助配合下,在评审新增单位、制订或修订指导性培养方案和相关业务规范、协调各政法部门组织每年的在职攻读考试、改革招生考试、开展业务培训、开展专题调研活动、组织召开年度工作会议和法律硕士教育论坛、编辑出版有关业务指导材料(包括考试大纲和指南)、组织出国培训和加强对外交流、健全和完善自身管理工作机制等方面做了大量工作,有效推动了十年来我国法律硕士教育的发展。随着我国学位学位制度改革的不断深入和对专业学位管理制度特点认识的提高,今后进一步发挥指导委员会的作用,应当注意做好以下工作:

第一,按照任职期限的规定,定期做好指导委员会的换届工作。自 1998 年以来,指导委员会已有两届。第二届指导委员会于 2004 年组成。按照《章程》第 5 条规定,指导委员会成员每届任期 4 年,到今年已经届满,应换届组成第三届指导委员会。再从目前指导委员会成员的实际情况看,部分委员因工作调动、离退休及其他原因无法履职，客观上也需要尽快完成换届，以便为开展工作提供可靠的组织保障。国务院学位委员会、教育部和司法部在确定指导委员会名单时，应适当考虑增加法律职业部门专家的数额；在确定高校法律专家的名额时，应重视吸收在促进法律硕士教育改革和发展方面做出显著贡献的专家。

第二，按照《章程》关于指导委员会可以根据工作需要设立若干专门工作机构的规定（第八条），设立教育指导、质量监督和职业发展三个工作组，强化对指导委员会秘书处工作的支撑力度，以保障落实指导委员会的工作任务。指导委员会的作用能否得到有效发挥，秘书处的统筹、协调、组织和落实能力起着至关重要的作用。由于法律硕士教育指导委员会秘书处挂靠司法部国家司法考试司，虽然体现了法律职业学位教育管理的特点，但由于考试司机构和人员编制的限制，履行秘书处职责时总是力不从心。2004 年第二届指导委员会成立时，曾筹划过由若干委员分别牵头承担开展专项工作的制度（如法律职业理论研究、培养、规章制度建设、培养方式改革与教材建设、毕业生就业等），但这项工作一直没有真正落实。经过研究，考虑可以成立教育指导、质量监督和职业发展三个专门工作组，每个工作组由组长、副组长和若干成员（不限于指导委员会委员）组成。分别制订工作制度，明确组长的职责范围和工作任务。各组组长必须提出每一年度的工作计划和经费预算申请，由秘书处审查、核准和拨付一定的经费。然后在每一年度的指导委员会工作会议上报告本组的工作开展情况。这样可充分调动指导委员会各委员的工作主动性和积极性，不使委员虚设，或者被动地等待秘书处的指令。

第三，指导委员会切实行使职能，努力开展各项业务指导工作。从更好地开展法律硕士教育工作的实际需要出发，今后指导委员会会在诸如制订学位标准、完善或修订教育教学指导意见、组织开展师资或相关业务专题培训与研讨交流、适时出台招生录取指导意见、开展精品课程建设和优秀论文评选、组织实施质量监督检查或评估、搭建网络信息平台、筹办年度工作会议和法律硕士教育论坛、印发业务手册、编辑出版论文集或信息指南、组织开展课题研究、拓展对外交流和合作等许多方面大有作为。当然，这些工作仅靠秘书处无法完成，要真正落实，还需要通过一定的方式，例如由秘书处安排全国有条件的一些法律院校以轮流或者分别承担其中某些部分的方式来实施。

第四，要进一步发挥指导委员会作用，还需要得到政法部门、学位管理部门和教育行政管理部门的有力支持。指导委员会委员的组成包括了中央政法委员会、最高人民法院、最高人民检察院、公安部等政法部门的专家。这些委员在指导委员会今后的工作中应当发挥积极的作用,他们可以提供更多有益于法律院校改进教学的各种实务信息,并提供有效的改进措施,而不是消极地接受指导委员会的决定。另外,学位管理部门和教育部在制订和出台有关政策时,也应更多地注意到不同专业学位教育所赖以支撑的职业背景特点,并加强与指导委员会的沟通和联系。例如在审批法律硕士办学资格、核定法律硕士招生规模等方面,应当充分吸收指导委员会的意见。

五、如何有效保障法律硕士人才培养质量

前面关于法律硕士教育目前面临的问题、法律硕士培养单位的遴选和确定以及指导委员会作用的进一步发挥等等,实际上都直接或间接地涉及法律硕士教育的质量问题,它们都会以不同的程度或形式影响法律硕士人才培养的质量。这里再专门分析和阐述这一问题。

逻辑上讲,如何有效保障法律硕士人才培养的质量这个问题包含两层意思:首先是法律硕士人才培养的质量是什么?怎样反映和评价法律硕士人才培养的质量?显然这是一个前提性的问题。而只有先搞清楚了这个问题,才谈得上如何保障的问题,才会使质量保障措施有的放矢。我们认为,法律硕士人才培养的质量,就如同企业生产制造产品,它的质量体现在产品的规格、性能是否符合和达到预期的设计标准一样,而集中体现在法律硕士的培养目标上。相对于培养目标而言,教学内容或课程的设置、教学环节的设计、师资力量的构成、教学设施设备的配置,以及相关的教育管理规章制度等等,都是服务于这个目标的措施和手段。按照这个思路,再结合实际情况,关于法律硕士教育的质量保障,要特别注意解决好以下几个的问题:

第一,进一步研究法律硕士人才培养规格,深入总结和提炼反映应用型法律人才职业素质和职业能力的各项具体指标,为建立科学完善的法律硕士人才质量评价体系提供依据。目前我们认识法律硕士毕业生水平或状态的依据,主要就是“指导性培养方案”里面关于法律硕士培养目标的一段文字表述,即“为法律职业部门培养具有社会主义法治理念、德才兼备、高层次的复合型、实务型法律人才”,具体主要有:掌握马克思主义基本原理,恪守法律职业道德规范;具备从事法律职业所要求的法律知识、法律术语、思维习惯、法律方法和职业技术;能够独立从事法律职业实务工作,达到有关部门任职要求;熟练一门外语四个方面要求(2006 年版)。这个培养目标,对于法律硕士教育究竟要培养怎样的人才而言,只能说是描述了一个大体的方向,与具体、有效地去测定一名毕业生水平的要求相比,明显带有原则性、抽象化甚至是空泛的特点;这里所列举的法律硕士毕业生所应具备的职业道德、职业能力等要求缺乏我国政法实际工作状态的支撑,带有较多理想的、应然的色彩。换句话说,我们对我们所要培养的法律硕士人才,究竟要具备哪些具体的能力,达到怎样的水平,在认识上还相当的模糊。这个问题看似简单,但实际上是我国法律教育长期不发达、法律教育在相当程度上脱离法律职业、法律工作不被看作专业性质的工作的结果。这方面,我们应当认真学习和借鉴美国法律家协会(ABA)围绕如何界定法律人(lawyer)的职业价值标准和职业基本技能所展开的研究及其成果。

第二,法律硕士主要有赖于法律院校的培养造就。加强法律院校在办学理念、硬件条件和软实力等方面的建设,对于保障法律人才培养质量至关重要。试想,如果办学单位存在着本报告第二部分所列举的各种问题,则人才培养的质量必受影响。事实上,加强现有法律硕士培养单位的各项建设,包括时间、精力、政策和财政方面的投入,也包括合理地确定符合条件的新的培养单位,不断改进和提高办学水平,这些无疑都是提高法律硕士人才培养质量的根本保障。在各种保障措施当中,要特别重视和强调以下三点:

(1)要有一套好的培养方案,所谓"好的培养方案",归根结底是要满足我国法律职业的实际需要,其核心是课程设置和相应地训练方法。

(2)要有一支好的师资队伍。

(3)要有一个良好的法律图书馆以及模拟法庭等训练设施。

第三,树立全面的质量观,建立评价法律硕士办学的长效机制。近年来,作为检查监督高校办学的主要手段,评估倍受重视并被广泛采用。法律硕士教育自创办至今尚未进行过评估,但法律硕士指导委员会早在两年前就已经在考虑并着手实施评估的准备工作。本次调研报告中,有不少法学院提出希望尽快颁布评估办法开展评估工作。随着办学经验的不断总结和研究的深入,我们认为,总的来讲,评估是保障办学的一种非常有效的措施,但究竟怎样发挥评估在保障办学质量中的作用,值得深入研究。目前对于高校整体或者某个教学项目的评估,都是以专门的和单独的方式组织开展的。就是说,评估工作并没有与办学的其他环节紧密联系起来，这便造成对法律硕士办学评价的多重标准并行的局面；审批办学资格是一回事，评估又是另一回事。这导致了在讨论法律硕士合格评估方案草案时，少部分法学院便抱怨评价标准的前后不一的情况。

经过反复斟酌，并考察美国 ABA 的评估方式，我们认为，首先要明确的是，对于法律硕士办学的评价，应当而且只能坚持一个标准。这把尺子，既用来衡量一所法学院是否有条件举办法律硕士，又定期测量那些已经获得批准的法学院是否能够维持批准时的办学条件和水；既为准备申请办者提供可预计的建设指南，又为办学者观察日常办学状态和进行自我评价提供方便的、随时可以查询的参考准据。这就需要把学位办的申请基本条件、指导委员会的具体评审标准和尚在讨论的评估方案草案协调、整合起来，制订一部统一的《法律硕士专业学位教育办学标准》。至于实施评估的专门事项，可另外制订《法律硕士专业学位评估实施办法》，以提供开展评估工作的操作依据。在制订这个评估实施办法时，有两点特别要强调：一是评估专家组的构成上，必须要有一名专业的法律图书馆专家；二是要设法提高评估的有效性和实用价值。这方面，美国 ABA 的评估将评估材料和评估结论保密，注重对受评法学院提出改进建议和建议的做法，值得我们学习和借鉴。

鉴于通过评估手段督促和保障法律院校规范办学和维持最低办学标准，这只是一种可能的、预期的检测手段。法律硕士毕业生的质量究竟如何，还要看他/她们最终在职业领域里究竟发挥着怎样的作用，为法律职业和法治事业的发展做出怎样的贡献，而这是需要一个较长周期来观察和反映的。因此，在评价法律硕士教育成就时，还应当把司法考试通过率、就业率、执业业绩等方面综合起来，从整体的、系统的思维出发，以全面的质量观来对待质量问题，决不能以某个单一环节片面地来评价人才质量问题。

主要参考资料

1. 全国法律硕士专业学位教育指导委员会秘书处编：《中国法律硕士专业学位教育的实践与探索》，法律出版社 2001 年版。

2. 全国法律硕士专业学位教育指导委员会秘书处编：《法律硕士专业学位教育调研材料汇编》，2008 年 7 月。

3. 王健编：《法律硕士教育指南》，2007 年第二版。

4.《关于开展专业学位总体设计有关调研工作的通知》(学位办[2008]24 号,2008 年 6 月 16 日)。

5. 关于转发国务院学位办《关于开展专业学位总体设计有关调研工作的通知》的通知(法指秘[2008]3 号,2008 年 6 月 30 日)。

关于举办法律硕士教育应注意的几个问题*

到底什么是法律硕士教育？如何办法律硕士教育？对于上级主管部门、学校或者研究生院，特别是对于法学院来讲，法律硕士教育究竟意味着什么？学校为什么要花费如此的精力、人力和财力去争取获得这个学位授权项目呢？增加一个教育品种，究竟能带来什么好处？地方政府或者学校、研究生院如果说是为了加强学科建设，改善自身的学科专业结构，扩大办学规模，培养社会需要的法律人才，那么对法学院又意味着什么？提出这些问题，不只是因为办一个专业要付出成本，也不仅仅是因为申办者阐述的那些理由——解决本地区法律人才匮乏，加强学科建设等。这些理由其实并不具有针对性，因为它们同样也可以是申办法学专业、法学第二学位、法学硕士点等的理由。更重要的是，一旦获得授权，就要在今后办学过程中切实实施。我们不仅要生孩子，更重要的是要养好这个孩子，使其成为有用之人。这才是我们的最终目的。根据十年来的办学经验和现有认识水平，这里提出八个应当注意的问题。

一、研究法律硕士教育的规律和特点，关注人才培养中的现实问题

要办法律硕士教育，自然就要了解它的特性，就要理解和把握法律硕士教育究竟是怎样的一种教育项目。这里面的一个核心概念，即培养应用型高级法律专门人才。"应用型"是相对于学术型、学理型、研究型而言的。从我国的学位制度看，法律教育实行的是两个类型、三级学位的制度，即法律人才的培养方式分研究型学位和应用型学位两种，前者是按刑法、民法、经济法学、诉讼法等法学二级学科培养的法学硕士或博士研究生教育；后者则直接以社会分工的不同领域作为专业设置依据，重视和强调人才培养的应用性和职业性质。法律硕

---

* 本文以 2007 年全国第七批新增法律硕士培养单位评审的实地考察工作为背景写成，后发表在《甘肃政法学院学报》2009 年第 1 期。

士就是按照这个思路设计的一种高级职业教育。申报单位显然都已设有法学本科专业和数量不等的法学硕士研究生专业，那么，法律硕士和它们是什么关系？为什么要在现有的法学本科和法学硕士教育之外又设置法律硕士这样新的教育项目？不论现行教育制度和学科制度存在怎样的问题，存在怎样需要整合和统一的理由，这些都是实践中回避不了的问题。需要办学者了解我国法律硕士教育设置的社会背景，了解法律硕士教育十年来的经验和争议所在，了解我国学位制度与研究生教育基本政策及其发展变化，并具有描述办学计划、评价办学优势与缺陷以及制订和改进实施方案、管理办法、具体措施的能力。对这些问题的了解和掌握不仅是办学预备的一项内容，还要成为今后经常探索的课题。

二、关于指导性培养方案的理解和实施问题

2006 年 8 月，国务院学位办转发了法硕教育指导委员会拟订的新的法律硕士培养方案。这是法律硕士教育的第三个培养方案。这个培养方案总结、吸收了以往好的办学经验，如继续强调双导师制和实践能力培养；反映了对法律硕士教育研究的最新成果，如关于学位论文的要求。但必须明确的是，这只是一个“指导性”的方案，各地的法学院还应当结合自己的实际情况，创造性地设计自己具体的实施方案。这方面，北大法学院自 2003 年以来尝试的法律硕士教育改革方案设计，尤其值得关注。这个方案的酝酿和实施，不仅可视作北大法律教育改革的重要一环，更可视为引进美式法律教育最近模式并结合我国当今实际的一个有创意的范例。

我国现行的培养方案是由人才培养目标、学制和学习年限、入学对象、课程设置、教学手段与教学方法、实习、毕业条件等内容构成的一个整体。这一设计是 1950 年代移植前苏联教学制度的结果，多年沿袭，并形成一个传统。最近 30 年来我们又把眼界扩展到美国法学院的教学制度。只要随便翻阅任何一册美国的法学院概览，我们都会为美国法学院的课程设置体系留下这样一个深刻的印象——门数不多的必修课，也就十来门，接着就是几倍于必修课的、一连好几页的选修课目表；必修课长期几乎没有什么变化（这反映了美国法律体系相当的成熟和稳定），而选修课则较灵活的反映社会变化的需要。那么这一设置启发我们思考：课程在人才培养模式中究竟处于什么地位？怎样看待课程在法律硕士研究生培养方案中的地位？

我个人认为,课程应该处于培养方案中的核心位置。即使是训练学生职业能力和职业素质一类的项目,如司法实习或诊所、专题讨论或案例研究、法律文书写作训练等等,最终都是要以课程的形式体现出来。要培养人才,要达到一定的培养目标,关键是要看你到底开出了哪些课程,怎样开设这些课程,手段和目的之间能否保持合乎逻辑的关系?比如说,法律硕士教育要培养职业的法官、律师,要使学生的知识和技能满足从事职业的需要,那么有关我国现行的主要实在法方面的课程的门类和课时就一定要完备和充分,民法、商事法、经济法、刑法、诉讼法一类的课时量,就不能与其他的法律课程等量齐观。翻阅欧陆、英美及日本的法学院课章,莫不如此。

同时,在设计具体方案时,也要充分考虑法律人才培养的必要的专业化问题。"专业化"意味着不按照法学知识体系的逻辑进行的划分,而是按照市场,按照现有实际职业领域的分工所做的一种划分。尽管我们创设法律硕士教育的目的之一就是为了克服传统的按学科门类划分培养专业人才模式的某些缺陷,但在克服这些缺陷的同时,也要注意避免出现法律硕士生在接受了法律通识教育后,结果却没有了就业所需要的专业特长或专门技能的情况。

总之,培养单位有必要对指导性培养方案做一定的补充和变通。特别要注重课程结构的设计;必修课一定要精,要突出我国现行实在法的分量,选修课的数量要使学生有课可选,根据市场需要尽可能较多的开设,最好能形成几个专业化方向。

三、关于重视实践教学环节的地位和作用的问题

应该说,法律职业道德、法律诊所和法律文书这三门课是我国法律教学中向来欠缺和薄弱的环节;法律职业道德和法律诊所是最近几年来才有的较新的课程。法律文书虽然一直是法学专业的一门课程,但从来都是选修。它们在现行法律教学中的一个共同之处就是都处于边缘的地位。很少引起应有的重视,也没有获得应有的位置;课时量很少,师资力量也比较弱。在有的法学院,教法律文书的教师,大都是从教大学语文公共课转过来的,法律职业道德也大都由思政品德课教师充任,即使是指导实习的教师,大多也不是法学院的主干教师,他/她们的地位远不如刑法、民法、法理教师那样显赫。去年在成都召开的一次全国性法律诊所工作会议上,与会者抱怨目前法律诊所面临的诸多困难,并表示要积极地说服有关部门和法学院重视诊所课程,争取把这门课列入法律硕士研究生的选修课甚至是必修课。这也可以说从一个侧面反映了法律实践训练环节在目前法学院的不受重视。当然,也反映了以美国基金著力推动的诊所法律教学渗透和影响中国主流法律教学的有限。

我们认为,这三门课程对于培养应用型法律人才的重要性不言而喻。试想一想:且不说掌握了怎样的实在法知识,一个缺乏职业素养,头脑不清,思维纷乱,连个简单的文书都写不好或口头表达窒碍的人,怎能指望他/她做好法官或律师的工作?既然我们把法律硕士教育界定为培养实务法律专门人才的活动,那么法学院就必须为他/她们获得这方面的技能和素质做充分准备。

四、关于师资队伍建设问题

我们反复强调课程在培养方案中的核心地位。为什么这么说呢?因为课程归根到底是由人开设的;强调课程,实际就等于是在强调人的重要性。这样,师资及其所开设的课程,就成为举办法律硕士教育的核心要素。所以我们说,法律硕士教育能否办好,就是要看你的师资力量到底怎样;有没有足够数量和一定水平的教师开出实用的、高水平的课程来。师资将是决定法律硕士教育成功与否的最大问题。

那么什么样的师资才能满足法律硕士教育的需要呢?有法学博士学位的就是好教师?或者,只要是教授就是好教师?我觉得不一定。学历也好,职称也好,都只反映了这个教师的学术水平和受教育程度,还不能说就一定胜任法律硕士的教学,就一定是培养应用型法律人才的好教师。一般来讲,比较理想的教师是那种既通晓学理,又熟谙实务的法律人。这样一个说法虽然比较简单,也是我们衡量优质师资常常坚持的标准。可这样的师资在实际当中并不容易找到。因为在我们的法学院里,支撑法律教学的教师大多是很职业化,他们从本科或研究生一毕业就开始教学生涯,他/她们熟悉图书馆,娴于查阅各种文献资料,擅长备课和课堂讲授而缺乏法律实务经验。讲授法学原理(不限于法理学,也包括部门法知识体系)是他/她们的拿手好戏,这是他们的长处。可是要他们训练学生法律实务能力,应该说还是有局限的。即便有的教师,特别是从事各门实在法教学的教师有时从事一些兼职法律顾问或律师,也因为仅仅是兼职,专业化水平也有局限。

鉴于我国职业流动性相对较弱的现实,近年来有的法学院尝试实行了“双导师”制,就是由大学法学教授和司法实际部门的高级法官、检察官和律师来共同承担法律硕士研究生的教学和训练，使每个学生同时获得教授和实务导师的指导。这样，民法就不仅有民法教授讲授民法理论，还有民事法官讲授民事审判专题，不仅可以克服学理和实务常常脱离的这一难题，又能在教学中吸纳实务中的宝贵经验，充分利用实务部门的资源优势，有助于加强法学院与司法机关的联系。可以说，实务导师是弥补法学院师资结构性缺陷的一个好办法。当然，也有人担心“双导师”可能会造成谁都不指导，谁都不负责的局面。但我想，这其实是个管理的问题；如果管理制度完善，责任落实到位，这个问题应该是可以避免的。

五、要特别重视和加强法律图书馆的建设

法律图书馆向来被认为是办法律教育必不可少的设施。以至于言及法学院，几乎就是指一个法律图书馆。尽管如此，可是我们平日感受的、对图书馆的印象经常是——它仅仅是一个借书、还书和保管书刊资料的场所。在许多人心目中，图书馆员不过是这些书刊的保管员，甚至是一个可以方便地安置学校冗余人员的地方，法学院学术水平高、能力强的教授一般不会被任命去负责法律图书馆，法律图书馆馆长参加法学院办学重大事项的决策也是罕见的，在其他法学学术权力机构中，情形同样如此。今年初，法律硕士教育指导委员会秘书处组织考察美国的法律教育制度。给我们留下深刻印象的一点是，美国 ABA 组织的评估法学院的专家组成人员当中，除了法学院长、法学教授和法律实务部门的人之外，还要有一名法律图书馆专业人员。从法学院评估专家成员专业背景的构成上，清楚地表明了美国法学院对法律图书馆是怎样的重视。我认为这一点很值得我们学习。

我们在办法律教育过程中，对法律图书馆重要性的认识还远没有达到认识上的地步。在这次实地考察中，就发现有这样一个问题，无论学校财务处，还是学校图书馆，或法学院图书馆，负责人都不能确切地回答出学校法律专业图书的种类、数量、占法学院图书资料购置经费总投入的数额这个问题。法学院购置图书，除了纯法学类的图书资料外，自然还会涉及社会学、政治学、经济学、历史、哲学等一般人文社科类图书，但法学或法律类图书和非法学或法律类图书之间的比例却是一个笼统含糊的概念。这表明，法律专业图书资料的经费投入没有作为一个单独的计算指标，没有作为一项独立的概念，法律类与非法律类图书资料没有得到清晰地、有意识地区分，法律类图书资料建设与法律教育成本和需求之间关系密切的概念还没有建立起来。但如果你要办法律硕士教育，势必就要考虑，在经费投入总量有限的情况的下，法律类图书资料的总投入应该占多少，法律类里面的法律学术类书目要占多少？法律期刊要占多少？各种法典、法规和判例书要占多少？等等。这些问题，应该说都取决于主办者对法律硕士教育性质的认识。若对这些问题不加考虑，那么你的法律教学是否能有效满足学生的学习需要就会成为问题。梁慧星教授曾说：法律研究是文本研究，是书面研究。因此我们有理由说，没有足够的图书文献资料，法律学习与研究就无法有效开展。总之，一所品种齐全、数量充足、设施完善、管理先进、服务周到、人员素质高而环境幽雅的法律图书馆，对养成良好的法律人才至关重要。

六、关于教材、实训基地和法律诊所建设问题

为法律硕士研究生提供完整和适合的教材，一直是“法指委”致力的重要工作，曾有组织编写的整套计划并且实施，但后来由于种种原因，这项编写计划没能完全落实，最终只出版了四五种，使用率不高，影响有限。前两年中国社会科学院法学所针对法律硕士学习的需要推出了一套比较完整的教材。去年中国人民大学出版社又推出了一套体例颇新颖的教材。这些教材都以各自师资力量为写作主体，使用范围主要限于本校。其他院校的法硕教学，大都是任课教师以某个本科教材或研究生讲义为底本，课堂讲授有很大自由发挥的余地。总的来讲，至今还没有编写出一套理想的、适合全日制统招的以及在职的法律硕士研究生教材。针对法律硕士研究生，究竟应当编写怎样体例、风格和内容的教材，尚属有待探索和实践的一个问题。在我看来，编写法律硕士研究生教材，至少应当遵循以这样一些原则：

首先，法硕教材的定位应当是为初学法律者编写的；不能因为“研究生”这个名称，就把编写法律硕士教材同等于编写学术型法学专业研究生的教材。这两者不能等量齐观。其次，在教材内容的编排上，除了实质性教学内容（text），还应辅以较多数量的案例（cases）和相关阅读材料（materials），引导和提高学生对各种问题的分析、推理、判断和表达能力，以达到学以致用的效果。在这方面，MBA 或国外同类教材的编写经验可以借鉴。

法律教学固然主要在课堂上进行。再就是要有图书馆、讨论室、报告厅以及学生社团，如法律救助社等的辅助环境。此外，还有一个很重要的场所，就是法院、检察院或律师事务所。这类机构是用来供学生实际练习法律业务，就像医学院设附属医院，为学生提供临床实习的机会一样。实训基地建设不单是保障法律学生练习实务技能的一个环节或方式，它同时还是为学生寻求就业机会的一个纽带。

法律诊所是20世纪90年代后期由美国引进的一种实践性法律教学项目。目前全国已有大约66所法学院校开设了法律诊所课，其中包括我国最好的几所法学院校。但有个现象颇为有趣：法律诊所和法律硕士虽然均由美国移植而来，但基于种种复杂的原因，这两者在引进之后基本上循着各自的路径发展——前者以美国福特基金会为轴心运转，后者则由国务院学位办和法指委秘书处等机构管理和监督。尽管有的法学教授同时兼顾参加两边的工作和活动，但真正就工作业务开展方面来讲，彼此之间殊少联系。这种情况不同程度地带来了一些被动，如法律诊所开设的对象主要面向法学专业本科生，而在法律硕士层面则处于较任意的状态，各高校开设的情况不一而足（我一直坚持，为本科生开设法律诊所并不完全适宜，但对于法律硕士研究生，则必须普遍开设）。再比如，法律硕士研究生指导性培养方案已经修订颁布了第三版（2006年8月国务院学位办发布），但都没有把法律诊所明确地写进去。不能不说是一个重大缺憾。我认为，法律硕士教育和法律诊所两个管理机构之间的协作与沟通，对双方的发展都是非常必要的。

七、关于法律硕士毕业生的就业指导工作

众所周知，无论法学本科，还是法学硕士研究生，近年来都成了报考的热门专业。高校专业设置上“你有我有全都有”的盲目竞争，使得目前除了专业较为接近的财经、师范、民族类高校外，遍及全国的、传统上与文法类专业毫不相干的外语、理工、建筑、水利、电力、化工、航空航天、农、林、医药或中医药、地质、矿业、石油、邮电、海洋、海事等高校，都“标准的”开设了四年制本科法学专业。无论你对中国的法学教育有多么深入的了解，都很难想象诸如北京物资学院、中国传媒大学、中国民用航空学院、石家庄铁道学院、华北煤炭医学院、大连水产学院、南京审计学院、中国计量学院、景德镇陶瓷学院、山东轻工业学院、山东中医药大学、华北水利电力学院、天津医科大学临床医学院、湖北汽车工业学院、华南热带农业大学这些学校竟然都设有法学专业。于是，法学院班级的规模越来越大，法科毕业生的数量越来越多，他/她们的就业方向——党政、司法和其他公务管理机构又大都集中在中心城市，形成法科毕业生的就业压力。

关于法律硕士毕业生的就业情况到底怎样，目前我们还没有收集到全面的、确切可靠的统计资料，暂时还不能肯定地描述和判断。不过从私下了解的情况看，用人单位观念上认为法律硕士研究生只学过三年法律，不如学过七年的法学硕士研究生，实际上取本科是法学专业的法学硕士毕业生而舍弃法律硕士毕业生的情况不仅存在，可能还不在少数。另外，随着法律硕士培养单位的不断增加，从目前全国的50所扩大到80所或更多，可以预测，今后法律硕士毕业生的就业竞争将会更加激烈。更根本的问题是，我们一直在信心十足地宣称法律硕士教育的目的是要为法律职业提供后备力量。可我们培养出的“产品”如果单纯地因为质量问题而不为市场接受，或者和其它现有法律教育“产品”相比在竞争中被淘汰，那么这就会动摇法律硕士教育的根基，就是法律教育改革的一个失败。这个判断似乎有点耸人听闻，但细想一想其实就是这么回事。所以，就业问题将构成对法律硕士教育的一个严峻挑战。对准备举办法律硕士教育的新增单位来讲，这是一个从一开始就应当引起高度关注的问题。

着眼于学生就业来确定办学目标，规划招生规模，凝聚培养特色，并有意识地、及早地为学生就业开辟途径。在这方面，可做的事情很多。比方说，我们是否对当前某个区域的法务市场进行深入的调研和统计分析？我们是否真正了解中国不同地区、不同层次的机构对法律人才的需求状况？某个地方法院、检察院，或某一城市的律师界，究竟需要多少和怎样条件的法官、律师？已经毕业目前正在从事法律职业的人对当年在校接受的法律专业训练有怎样的感受和评价？实务部门的经验和需求能否方便地进入到现行的法律课堂中？从法学院方面来讲，是否设有常设机构，是否提供了比较好的办公环境和设施条件，是否配有强有力的专门人员定期收集各种就业信息，编印各种就业指导手册，为学生提供就业咨询和指导服务，有效地开展校友工作，如接待校友或与校友保持经常的联络，等等。这些工作，是不应该等到学生快要毕业的时候才去做的，而应当是法学院的一项常规工作。也不光是为毕业生，还应该从学生一入校就开始，利用寒暑假，为一年级、二年级学生提供实习锻炼的机会，让他/她们在实习中为将来的就业做好准备。

八、管理机构与规章制度建设

法律硕士教育的管理机构主要是国务院学位办、全国法律硕士专业学位教育指导委员会及其秘书处（挂靠在司法部国家司法考试司），以及教育部学位与研究生教育发展中心。这些机构以发布统一行政文件的方式控制着全国各有关高校法律硕士教育的运转。目前,比较稳定的规章制度还不是很多,最主要的就是《全国法律硕士教育指导委员会章程》(1998 年)、2006 年国务院学位办转发的《法律硕士专业学位研究生指导性培养方案》和《法律硕士专业学位论文规范》,以及《申请新增法律硕士培养单位的基本条件》和具体评审办法等。法律硕士专业学位已于 2006 年底由国务院学位办宣布结束试办而成为我国一项正式的教育制度。为此,还有不少环节需要进一步地规范化和制度化。比如,目前正在加紧制订法律硕士评估方案及实施方案,其他一些有关具体业务指导方面的规范也在酝酿中。那么这些都是所有培养单位需要了解和掌握的。除此之外,培养单位还要结合自己的实际,如法律硕士教育指导管理机构、招生复试录取、法律硕士实务导师管理以及实习或实践教学方面,制订更具体的实施办法或规定。在这方面,就有一个发挥培养单位主动性和创造性,如何探索、塑造或凝练办学特色的问题了。

法律硕士专业学位教育工作规程研究*

法律硕士(JM)教育试办迄今已整十年。但它究竟是怎样一种人才培养模式,办学单位应具备哪些基本条件,提供怎样规格的服务,遵循什么样的办学程式,才算合乎法律硕士教育的本旨,而不混同于现行的法学本科或法学硕士教育,这些问题,教育管理部门以及办学单位一直都有不同的理解和实践。法律教育论者往往倾重对职业法律人才培养的应然阐述,而疏于对办学行为本身做更具体的制度化界定。我们以为,构建一个体现法律硕士教育概念的示范性办学模式,以此作为实施办学的依据,不仅有利于法律硕士教育工作的规范化和质量保障,对于评估、为潜在的申报单位提供参考以及法律硕士教育管理规章制度的完善等方面也是十分必要的。构建这一教育模式的基础,一是立足于现有法律硕士教育的办学实践,二是参考其他专业学位的有益经验,三是借鉴美国法学院的 JD 教育管理模式。据此,这里尝试归纳出以下八个方面的办学标准或要求。

一、教育宗旨

法律硕士教育的宗旨是培养法律职业所需要的法律人(lawyer)。法律人应具备的职业道德与职业能力的规格是:(1)忠实执行和捍卫中华人民共和国的宪法和法律,具有维护当事人合法权益和实现社会正义的职业使命感;(2)理解和掌握法学理论、法律及其制度,具有法律分析、推理、解决问题、口头和书面表达,掌握法律研究方法以及其他有效从事法律职业所需要的基本技能。法律

---

* 本文是 2004 ~ 2005 年专题研究法律硕士教育管理规范化和制度化建设问题的主要成果。被全国法律硕士教育指导委员会秘书处列为内部工作参考文件提交法律硕士教育指导委员会二届二次会议(2005 年 8 月 23 ~ 24 日,重庆)和二届三次会议(2006 年 4 月 10 ~ 11 日,长沙)进行专题研究和讨论。

硕士专业学位教育由举办法律硕士教育的高等教育机构（又称“培养单位”）培养符合上述要求的法律专门人才。

为便于用语使用的统一，以下常用语应予规范和界定：

“法律硕士专业学位”（Juris Master，JM），是指拥有授权资格的高等教育机构授予的本科后第一个法律职业性学位（the first degree in law）。

“高等教育机构”是指承担法律硕士专业学位教育的办学实体，包括单独设置的高等政法学校、设置法学院或法律系的综合大学及科学研究机构。

“全日制法律硕士研究生”是指通过全国联考全日制在校攻读法律硕士专业学位的学生。

“在职法律硕士研究生”是指通过全国联考在职攻读法律硕士专业学位的学生。

“全国联考”是指在全国统一招收攻读硕士学位研究生考试中的法律硕士全国联考，以及国务院学位委员会办公室组织的招收在职人员攻读法律硕士专业学位全国联考。

“法律硕士学位论文”是指按照严格的写作规范完成的、符合授予法律硕士专业学位标准的一篇书面作品。

二、组织与管理

法律硕士专业学位教育由符合设置标准并经国务院学位委员会办公室授权审批的高等教育机构，包括单独设立的政法高等学校、附属于综合大学的法学院或法律系及有关研究机构实施。高等教育机构现有的办学条件和投入的资金能够承担法律硕士专业学位教育，能保障其教育资源用于一个健全的教育方案，实现其办学目标。高等教育机构设置法律硕士教育领导组织和管理机构。领导组织人员中有校级主管领导、教授和能够提供业务指导并与学校保持密切联系的省级以上政法机关的人员；管理机构中有一名负责法律硕士教育的常务负责人，有若干具备良好专业素质的管理工作人员。领导组织和管理机构能够有效地执行教育部、中央政法机关、国务院学位委员会办公室、全国法律硕士专业学位教育指导委员会有关的政策、法规和规章；正确理解法律硕士专业学位教育的性质和特点；从学校总体发展目标定位的眼光描述办学计划，发展和适时评价办学的优势和不足，并确定改进的方案和措施；在组织和管理本校的法律硕士教育工作中，制订有完善的实施方案、管理规定及具体办法。

三、师资

有一支能满足完成教学方案所需要的专职教师队伍，并有资深的、有教学指导兴趣的法官、检察官和律师等法律实务人员作为兼职指导教师。除具备符合教育法规定的高等教育机构教师任职资格外，专职教师具有较高的专业学术背景（不低于硕士学位），在课堂教学能力、学术研究与写作方面有出色的表现；有中级以上教学职务。确定专职教师的数量充分考虑下列因素：(1)注册学生的总数；(2)有无对学生提供个别指导的机会；(3)教师能否完成规定的教学工作量，并有时间从事学术研究；(4)能否有效参加学校的公务活动和为法律实务部门及社会提供服务的机会。专职教师的总数不低于26名，教授、副教授不少于专职教师总数的4/5；法律实务部门的兼职教师数量不低于专职教师总数的1/3。专职教师为学生提供实质性的教学指导；必修课由教授、副教授承担，其中，教授承担的必修课不低于必修课总数的2/3；法律实务部门的兼职教师参与不低于1/2的专业课的教学指导。有确保其教师保持良好教学效果的合理措施。

四、招生录取

能够依照教育部、国务院学位办等有关规定制订本校的招生政策和招生简章，并有可供考生了解、索阅相关信息的报考资料（图册或指南等）。有效地组织和实施招生工作计划；有完善、合理的复试标准和复试程序。录取在职法律硕士研究生时，有可行的综合测评考生业务能力、工作业绩的办法；重视考生所在单位的推荐意见。录取初试（笔试）成绩较低的学生，有完善可行的培养质量跟踪保障措施。

五、教学指导

参照全国法律硕士专业学位教育指导委员会秘书处《法律硕士专业学位研究生指导性培养方案》，为全日制法律硕士研究生和在职法律硕士研究生制订统一的或者分别适用的完善、可行的教学实施方案；包括侧重某些法律或法律职业领域的专业方向性培养方案。面向所有法律硕士研究生提供足以使他其获得法律硕士专业学位和胜任法律职业所必需的教学指导，包括：

(1)开设不低于指导性培养方案所规定的最低门数的课程，并达到规定的总学分数；

(2)有效地从事法律职业所需要掌握的部门法、法律理论、职业技能（包括法律分析与法律推理、法律研究、解决问题和口头与书面交流），以及法律职业责任方面的学习内容；

（3）为学生通过课堂讲授、案例分析、小型专题研讨或个别指导等方式的学习提供充分的机会；

（4）通过法律诊所、司法实习、社会调查、法律咨询等方式，使学生获得至少一次现场实践的经历；

（5）为学生组织法庭论辩或其他双方对抗性学习活动创造条件；

（6）开设至少一次国家统一司法考试的应考指导课，但不计入学分，也不作为毕业的条件；

（7）为学生的课外学习提供必要的指导意见。

制订并坚持完善的鉴定学生学习能力或学业成绩的标准，包括平时学习状态、是否有进步以及是否达到毕业水准；学业成绩的评价以学生的入学为起点。

六、法律图书馆

对于以文本研究为主要特征的法律专业学习而言，拥有一个专业化的、收藏数量和种类充分、管理完善和使用便利的法律图书馆的重要性是不言而喻的。因此，要有可供学生使用的、满足法律硕士教学方案所要求的、书刊种类和数量都充足的法律图书馆。法律图书馆设一名专职馆长，馆长获得法学学位并有图书馆工作良好的知识和经验；有数量足够并能够胜任提供适当的图书馆服务的工作人员。有不断积累和新增法律专业书刊的书面计划；有必要的资金保障法律专业书刊品种、数量的增长和服务功能的提高。法律图书馆能方便地提供有适当深度和广度的查询指南、参考文献检索和其他方面的服务，满足法学院的教学、研究和服务项目的需要。法律图书馆各种载体形式的资料的品种、数量支持法律硕士课程设置的要求，满足学生、教师学习、研究和服务方面的需要。

七、教育设施

有满足目前需要和新增需求的硬件设施和技术设备，至少包括：（1）一处可容纳 300 名学生同时使用的教学空间；（2）三个各可容纳 50 名学生课堂学习环境，并能满足多媒体教学的需要；（3）一个专门的模拟法庭以及法律诊所训练以及组织小型研讨活动的空间。校园网利用方便。法律图书馆有满足学生、教师、图书馆服务、书刊保管、图书管理员和设备等充足的硬件设施，有不少于 60

座的电子图书阅览室。有建立在法院、检察院和律师事务所等机构的、可供学生参加实践教学训练的环境或基地。

八、学位论文与学位授予

制订有关于学位论文的开题、答辩申请的提出及申请资格的审查、论文评议、组织和实施答辩、学位评定、学位授予、学位论文的报送、收藏、管理以及对已授予学位论文的抽查等环节完善的工作规程。学位论文在专职教师和法律实务部门的兼职教师的共同指导下由学位申请人独立完成。学位论文的写作符合全国法律硕士专业学位教育指导委员会发布的《法律硕士(JM)专业学位论文规范》。法律硕士专业学位的授予要举行隆重、热烈的学位授予仪式。

以上办学标准,应当为法律硕士专业学位全部的教育工作所遵循。不论是部属院校,还是地方院校,不论综合大学法学院,还是单科政法大学,也不论是在沿海城市,还是内陆腹地,凡举办法律硕士教育的机构,都应当提供本规程所赋予的法律硕士人才培养的内涵与品质的服务。这是维护国家和社会法制统一的基础保障。我们相信,随着实践经验的积累和对高级法律专门人才培养规律认识的丰富,今后将会对法律硕士教育做出更加合理的描述。

主要参考资料

1. 全国法律硕士专业学位教育指导委员会秘书处编:《中国法律硕士专业学位教育的实践与探索》,法律出版社 2001 年版。

2. 王健:“法律硕士教育的性质”,载《华东政法学院学报》2005 年第 2 期。

3. American Bar Association Section of Legal Education and Admissions to the ABA, *Standards for Approval of Law Schools*, 2004ed.

4. 孙笑侠:“法学院标准化发展的政府调控”,载 http://www.edu.cn/20020809/3063872.shtml.

5. 国务院学位委员会《专业学位设置审批暂行办法》,(学位[1996]30 号,1996 年 7 月 22 日)。

6. “硕士学位授权学科、专业点基本条件”,《关于进行第十次博士、硕士学位授权审核工作的通知》附件 2,学位办[2005]14 号,2005 年 4 月 22 日。

7.《关于申请新增专业学位研究生培养单位的通知》(学位办[2003]18 号,2003 年 4 月 7 日)。

8. 全国法律硕士专业学位教育指导委员会:《新增法律硕士专业学位培养单位应具备的条件》,2004 年。

关于规范在职攻读法律硕士教育的几个问题

一、制订指导性规范的意义

在职法律硕士教育创自1998年。与全日制法律硕士不同，十多年来，除司法部和国务院学位委员会联合发布的《关于开展在职攻读法律硕士学位工作的通知》以及相关主管部门的工作文件外，[1]在职法律硕士教育的实施一直没有专门的指导性培养方案。其间法律院校只是变通适用或"参照执行"全日制法律硕士的培养方案（2006年8月该方案升级至第三版）。[2] 法律硕士专业学位已于2006年底被国务院学位办宣布为一项正式的教育制度，在职攻读又是其重要的一个组成部分。目前全国已有的80个法律硕士培养单位当中（2009年6月又批准新增35个），除清华大学外均招收在职攻读法律硕士研究生。近三年来，每年报考在职攻读者过万，年均招生8800名左右，规模颇大，成为输送法官、检察官、律师等应用型高级法律专门人才的一条重要途径。另一方面，在职攻读类型的研究生培养实践中过去就存在的一些问题，特别是培养目标与教学内容不相协调且脱离实际的矛盾也随之越来越突出，因此，从制度上规范在职攻读法律硕士的教学目标与过程管理，为法律院校提供一个可资遵循的基本规范十分必要，应引起有关方面的关注和重视。

---

〔1〕《关于开展在职攻读法律硕士学位工作的通知》（学位[1997]56号，1997年11月10日）。此外，每年司法部还会同中央政法委办公室、最高人民法院政治部、最高人民检察院政治部、公安部政治部联合发布政法系统开展在职攻读法律硕士专业学位推荐报名工作的通知，等等。

〔2〕1996年8月15日国务院学位办和司法部法学教育司联合发布《法律硕士专业学位参考性培养方案》（学位办[1996]41号）。这是法律硕士专业学位的第一份培养方案。试办之初"主要招收在职人员，以在职兼读为主"。1999年，国务院学位办又转发了法律硕士专业学位教育指导委员会秘书处修订的《法律硕士专业学位研究生指导性培养方案》（学位办[1999]41号，1999年6月14日），其中规定"在职攻读法律硕士专业学位教育参照本方案制定培养方案"。该方案经修订于2006年8月3日发布（学位办[2006]39号），其中"在职攻读法律硕士专业学位教育培养方案另行制订"。

实际上，主管部门也一直在酝酿制订在职攻读法律硕士培养方案。2007年，法律硕士教育指导委员会秘书处就将论证和起草“在职攻读法律硕士专业学位教育指导性培养方案”列入当年的工作计划，[1]并委托专家提出草案征求意见。为有助于这项工作的进行，笔者收集了现有国务院学位办和指导委员会全部的有关文件，通过比对分析，并结合实践中的问题，经过反复的思考，对制订在职攻读法律硕士研究生指导性培养方案的有关问题提出若干意见，供大家批评和参考。

二、制订指导性规范的原则

制订规范首先应考虑的基本的、前提性的条件有以下三项。

（一）兼顾法律硕士教育的二元模式

按照我国目前的学位法，取得学位有两条途径：一是全日制攻读学位的学历教育，二是在职攻读，也叫“非学历教育”，它是《学位条例》当中“同等学力在职申请硕士学位”这个概念的扩展，或者说是一个变种。法律硕士也因此形成“全日制法硕”和“在职法硕”二元模式。这两者在入学条件（可能有本专科背景的差异）、学习方式（全日制在校、在职不脱产）和学习结果（单一的学位证、毕业与学位双证）上都存在不同程度的差异。这种差异在实践中客观存在，并导致了法律硕士教育中的两对儿矛盾：

一是由两类法律硕士生教育背景的不同而导致的与其法律学习的性质及其学位内在统一要求之间的矛盾——“全日制法硕”的本/专科背景均为非法学专业；“在职法硕”的本科背景则既有法学又有非法学，于是有可能造成这样一种情况：同是法律硕士学位的获得者，甲有7年的法律学习经历，而乙仅有3年。

二是两类法律硕士生在学习需求上存在的一定程度的矛盾——“在职法硕”来自党政司法和社会管理部门，有一定的政法实践经验（对于司法和社会生活的种种具体、复杂情形，他们有时可能会比导师了解或体验得更深），学习目的主要是想针对现有的经验提高或扩展相应的法学理论知识水平；而“全日制法硕”则几乎普遍地希望获得大量的职业训练，而不只是法学理论。我们对历

[1]《全国法律硕士专业学位教育指导委员会2006年工作总结暨2007年工作要点》（法指委[2007]2号，2007年4月6日）。

届法硕学生调查,以及对有的学校了解的情况,大都如此。这一点已经引起了指导委员会和国务院学位办官员的注意。

制度上的差异和实际中的矛盾和问题,使得我们在制订在职法硕教育的规范性文件时面临相当的困难,也决定了这个规范不能简单地重复全日制法硕的培养方案模式。基本的思路是:在保持训练目标基本一致的前提下,尽可能地减弱这两种模式间的差异所带来的困难,制订有针对性的、切实可行的指导性规范。

(二)突出规范文件的指导性

这是起草这个文件的一个技术性要求。按照《全国法律硕士专业学位教育指导委员会章程》(1998 年 1 月 8 日),法硕教育指导委员会的职能之一,就是“指导制订培养方案”(第二条,第十条第一款)。根据这条规定,法硕教指委有指导和规范法硕教育的职权,而具体方式上可以采用灵活的文件形式:例如制订“培养方案”,这种方案尽管是指导性的,但从全日制法硕的情况看,由于内容的完整而具体,所以可供培养单位直接适用(当然也有法学院不限于此,在保持大前提一致的基础上,结合自己的办学条件和改革探索的研究成果,进一步制订出个性化的培养方案,如北京大学法学院);再如可以制订一个相对原则性的指导意见。对于在职法硕教育而言,我们认为选择后一种方式更为适宜。理由是:

第一,作为法律硕士教育业务指导机构,法指委发布的指导法硕教学活动的规范性文件,以原则的、底线式的或有一定弹性的规范为宜,给办学单位留有结合自己实际条件和变通的余地或空间。考虑到目前全国已有 115 家法硕培养单位,其办学条件、规模和办学目标上都互有一定的差异,情形更是如此。

第二,按照 1997 年学位 56 号文件(《关于开展在职攻读法律硕士专业学位工作的通知》),在职攻读法硕研究生在基本要求、课程设置、质量标准等方面要与在校法硕研究生一致,“进行正规、系统的培养”,但现实中有一个非常实际的问题是,“在职法硕”性质上究属于“非学历教育”,和全日制法硕毕业生取得“双证”的情况不同,毕业时只有“学位证”。学生认为,自己经历并完成了和全日制法硕一样的“正规、系统”的课程学习,为什么结果不同?为此,我们每年都面临着向学生做出政策解释的压力;而毕业生也同样面临着无法向本单位政治部或人事部门解释为什么只有学位证而无毕业证的压力。

实际上,在职法硕是从现行学位制度中“授予具有研究生毕业同等学力人员硕士学位”这一概念引申来的(1998《国务院学位委员会关于授予具有研究生毕业同等学力人员硕士、博士学位的规定》),它是“在现行的向毕业研究生授予学位的渠道之外”,“一条使具有研究生毕业同等学力人员获得学位的渠道”。按照这个《规定》,本科毕业、获学士学位后工作满3年、发表或出版相关专业成果的申请人,一旦通过工作业绩认定、课程考试(包括国家组织的外语和学科综合水平考试)和学位论文答辩,培养单位即应授予其法律硕士学位证书。

有鉴于此,因此,在制订在职法硕培养规范时:

(1)参照《国务院学位委员会关于授予具有研究生毕业同等学力人员硕士、博士学位的规定》(1998年6月18日国务院学位委员会第16次会议通过),注意相关规定的协调;

(2)对在职法硕取得法律硕士学位提出底线式的、基本的课目要求或相关指导;

(3)为学校留出灵活设置方向性学习的自主空间,以便学校发挥主动性和创造性;

(4)文件的名称,可叫做“在职攻读法律硕士专业学位工作的指导意见”,以示与取得“双证”的全日制法硕的“培养方案”有所区别(注:“培养方案”是指培养研究生的一份综合性的教学管理文件,和专指培养本科专业人才的“教学计划”一样,它是1950年代中国高等教育移植前苏联模式的结果)。

(三)合理借鉴美国模式

借鉴美国法律教育管理模式有两层意思,一是要注意美国在法律人才培养模式中所强调的问题,如法律职业道德、法律写作和实践性法律教学等方面的不足,这同样是我们在办学实际中遇到的问题。二是在规范教学文件的形式方面,突出课程的中心地位。我们知道,美国法学院最基本的教学文件就是课程设置体系,其中规定必修课、选修课或方向性选修课组,除此之外,都属于一般管理规定。这样的设计可以启发我们加深对专业课程在人才培养过程中心地位的认识。实际上,要培养什么样的人,关键是要看开设了哪些课程,课程是实现人才培养目标的基本教学单元,一切训练方式都将以课程的形式出现。因此,在职法硕教学的规范性文件的内容,应以课程为核心。

总之,在制订这个指导性文件时,应当考虑有关的学位法规及政策规定,总结近十年来的实践经验,并借鉴美国法律教育中的合理因素。由此也可以看到,制订在职法律硕士的指导性规范,和制订全日制法硕培养方案一样,同样是比较复杂的一项任务。

三、关于培养目标与培养规格

在职法硕和全日制法硕最终获得的是同一种学位,两者的培养目标及其表述自然也是一致的,只是达到这一目标的方式有所不同。

关于培养规格,这是我国以往的培养方案或教学计划中相当薄弱的一个环节。一个人在接受过某种专门的法律训练之后,到底要达到怎样的水平程度,究竟需要具备哪些具体的能力、素质,能做什么等等,这些问题多年来缺乏关注或专门研究。导致这种情况的原因,除了有观念上的因素外(如认为规定具体的规格、标准,那是职业技能式教育的事情),也有体制上的,即法律人才培养活动与法律实务部门的需求长期脱离的问题(法学院只管生产,而很少去法院或律师事务所做市场调研,考虑市场用户的实际需要)。我们知道美国的法学院是以职业市场需要为办学导向的,法学院被定位在为法律职业培养后备力量,因此法学院人才培养如何,直接受到法律家组织的关注和监控。ABA 的法律教育管理机构就曾组织专门工作小组调研法律人才的构成条件,包括职业素质和职业能力,每项能力都给予详细、确切的定义,并逐条列举阐明其含义(如 1992 年 ABA 提出的"麦考利报告"),以此反馈给法学院,作为法学院确定培养计划的参考依据。

我国目前尚未开展过这方面的工作,但从现有的研究成果、合乎当前法治建设要求的认识水平和已有的法律职业法规来看,我们有可能将一些相对具体的、基本的标准确定下来。除了应有的政治素质、职业道德等一般条件外,主要是要求掌握现行的实在法及其知识理论体系、各种法律实际技能。针对目前比较普遍存在的书面写作、研究法律能力差的弱点,这里特别强调了语言文字以及组织和管理法律事务方面的能力。以上有些内容直接参考了《法官法》、《最高人民法院关于加强法官队伍职业化建设的若干意见》、《法官职业道德基本准则》的规定。

四、关于课程设置

在职攻读法律硕士以完成"规定动作"为主,"自选动作"为辅,课程设置分必修课和选修课两大类。必修课为取得学位所必需,既要简练精干,又要扎实充分，以我国现行主要的实在法为核心，取其“最大公约数”，课时总数保持在36分以内为宜。在科目设置方面：

第一，“中国法导论”这门课在法律硕士培养方案中没有，科目名称是新设计出来的。我们认为，在职法律硕士研究生主要的学习任务是掌握现行中国实在法，所以，一般法学理论或基础法学性质的课程固然不能没有，但可以适当简约，使学生在进入中国实在法体系学习之前，先对中国法的基本概念、基本知识有所了解，以提高基础法学的学习效率，内容上，可以融合现有中法史、法理学、比较法等内容；另外也为选修阶段的专深学习奠定基础（在选修阶段，可根据各校条件进一步开设法律思想史、现代西方法理学、罗马法、法律社会学等高级专深课程）。因此，这门课的定位是为学生学习现行中国实在法提供入门基础。

第二，我国现行的实在法体系，以宪法、行政法与行政诉讼法、民法、刑法、刑事诉讼法、民事诉讼法为最基本的内容，其列为必修的理由，自不待言。另外，为反映民法在满足市场经济需要中的重要作用，其在我国法学知识体系中内容庞大的实际，且无论在大陆法系还是英美法系（表现为合同法、侵权法、财产法的形式）都分配相当多的课时的做法，因此，有必要将民法一门按其构成部分单独列出，予以突出。

第三，法律职业道德、法律研究或法律方法、法律写作在法学教学体系中向来不受重视，学科地位不高。很难想象，无论一个人法学专业水平怎样高，而缺乏职业道德，不会做案件摘要、不会描述事实，不会寻找法规、案例资料或引用有关专业书籍，不会用准确的语言文字就有关法律事务进行有效的写作，而能够胜任法官、检察官、律师等法律职业。有识者早已指出：法律职业是一种语言的职业。因此，这类课程在法律硕士教育中的缺失是个非常大的问题。在法律硕士教育中，这一局面必须扭转。

第四，法律英语。在职法硕通常已有相当的公共外语基础，再加重复，难受实效。而改学法律英语，冀图使外语教学更具有针对性，在专业知识和外语两方面收到学习的实效。

关于选修课的设置，首先应当考虑，设置法律硕士教育的目的之一，原本是要克服按照学科门类培养法律人才的缺陷，但在克服这一缺陷的同时，又要避免出现学生在接受通用基础教育后反而丧失掌握就业所需的专业特长或专门技能的情况。因此我们希望选修课的设置能够达到这样一种效果，即选修课要与必修课相衔接,又要在必修课所涉及的某一法学专门领域内有所深化。

为防止选修的随意性,在设置的方式上,培养单位可根据情况采取两种办法:一是简单开设一定数量的高级专深课程;二是开设由若干专题课程构成的专业化方向课程组(cluster of courses),如公司法与证券法、财税法、房地产法、知识产权法、环境与资源法、科技法、刑事法、家事与青少年法、社会法、医事法、人权法、教育法、司法、法理学、国际法、外国法与比较法等。这方面,北京大学法学院近年来的做法值得关注。

这两种办法都可充分利用各培养单位设有若干法学二级学科硕士点(甚至博士点)的条件,如此,既充分利用了现有的法学教育资源,又促使现行法学教育体制和法律硕士教育的结合与协调。至于具体设置哪些专深科目或专业化方向,完全可由培养单位根据本地区实际和社会发展需要,结合自身实际条件和办学特色自行确定。指导意见中只提出最低课时量的要求,而不做硬性规定。

五、有关管理规定

作为指导性规范文件,当然要对在职攻读的资格条件、攻读期限、指导教师、培养方式、学习管理,以及论文和学位申请等有关方面提出基本的要求,以规范在职攻读法律硕士的管理活动,保障培养质量。

在职攻读法硕的报考条件原来一直规定是工作满5年。2006年起学位办文件已改为3年,与在职人员以同等学力身份申请硕士学位的年限条件一致。考生的身份原来比较严格地限定在政法系统或有关部门从事法律工作的,但目前实际上已经不局限于此。

在职攻读法律硕士专业学位应当在一定期限内完成,这个要求是1998年学位委员会授予同等学力硕士、博士学位规定的第7条,即学位申请人自通过资格审查之日起必须在4年内完成学位授予单位组织的全部课程考试和国家组织的水平考试,且成绩合格。否则本次申请无效。据此,指导意见相应地提出了在职法硕的学习期限方面的要求。

从法律硕士教育本质的需要和现实情形来看,目前不少法学院实行的"双导师"制,应该说是弥补学校师资条件不足的一种比较理想的办法,值得提倡和推广。教学方式上,要求对在职法硕采取各种有针对性的、灵活的教学方法,而且特别强调了要重视和加强法律写作能力和法律研究方法方面的训练。

关于学位论文,法指委已经制订了《法律硕士专业学位论文规范》,这个规范当时在制订的时候,就已经充分考虑到了要兼顾全日制法硕和在职法硕这两种情形。因此按照学位办文件规定直接适用这个规范就可以了。对于论文的开题、撰写、评审、答辩等方面的要求,各培养单位的学位管理机构都制订有自己完善的学位管理制度和具体的学位论文管理规范,所以指导意见中不必再做更多的规定,以免与不同培养单位的规定出现差异。

主要参考资料

1.《中华人民共和国学位条例》(1980 年 2 月 25 日第五届全国人民代表大会常务委员会第十三次会议通过)。

2.《中华人民共和国学位条例暂行实施办法》(1981 年 5 月 20 日国务院批准实施)。

3.《国务院学位委员会关于授予具有研究生毕业同等学力人员硕士、博士学位的规定》(1998 年 6 月 18 日国务院学位委员会第十六次会议审议通过)。

4.《关于开展在职攻读法律硕士专业学位工作的通知》(学位[1997]56 号,司法部国务院学位委员会,1997 年 11 月 10 日)。

5.《关于转发"法律硕士专业学位研究生指导性培养方案"及其修订说明和"法律硕士专业学位论文规范"的通知》(学位办[2006]39 号,国务院学位委员会办公室 2006 年 8 月 3 日)。

6.《全国法律硕士专业学位教育指导委员会章程》,(1998 年 1 月 8 日全国法律硕士专业学位教育指导委员会第 1 次会议通过)。

7.《关于 2007 年招收在职人员攻读硕士学位工作的通知》(学位办〔2007〕36 号,国务院学位委员会办公室 2007 年 6 月 6 日)。

附:

关于在职攻读法律硕士专业学位教育工作指导意见

(试拟稿)

一、为进一步完善和规范在职攻读法律硕士专业学位教育工作,保障法律人才培养质量,更好地满足我国法治建设的实践需要,根据国务院学位委员会、学位委员会办公室和全国法律硕士专业学位教育指导委员会等有关文件,在总结实践经验的基础上,提出在职攻读法律硕士专业学位工作指导意见。

二、法律硕士专业学位教育的目标是为党政、司法和社会管理部门培养具有社会主义法治理念、德才兼备、高层次的复合型、实务型法律人才。在职攻读是实现这个目标的一条途径。

三、通过在职攻读取得法律硕士专业学位，应当具有良好的政治、业务素质和良好的品行，遵守中华人民共和国宪法和法律，恪守法律职业道德规范和执业规则，同时应当具有准备从事法律职业所需要的职业思维、职业语言、法律知识、法律方法和职业技能，具体应达到以下规格标准：

1. 掌握现行部门法知识，对相关法学理论有广泛的涉猎和深刻的理解；

2. 熟练掌握和运用法律术语、法律解释方法进行法律分析和法律推理；

3. 对各种社会现象和案件能够运用法律职业思维和法律原理发现问题、分析问题和解决问题；

4. 掌握各类诉讼程序，能够从事代理、辩护、非诉讼业务（如法律咨询、谈判、起草合同）；能够进行事实调查和取证；

5. 能够从事法律研究，并具有良好的书面写作和口头表达能力，包括英语或其它一门外国语；

6. 有组织和管理法律事务的能力。

四、在职攻读法律硕士专业学位教育应开设至少 36 学分的学位课程，包括：

1. 社会主义法治理念(2 学分)

2. 法律英语(3 学分)

3. 中国法导论（含法理学、中国法律史，2 学分)

4. 宪法(2 学分)

5. 民法・总论(2)

6. 民法・物权法(3)

7. 民法・合同法(3)

8. 民法・债权法(3)

9. 刑法(4)

10. 刑事诉讼法(3 学分)

11. 民事诉讼法(3 学分)

12. 行政法与行政诉讼法(2 学分)

13. 法律职业道德(2 学分)

14. 法律研究/法律方法与法律写作(2 学分)

五、各培养单位应根据本地区实际和社会发展需要，结合现有法学专业硕士点或博士点的培养条件灵活开设一定数量的、与学位课衔接的高级课程；有条件的培养单位，应开设由若干专题课程构成的专业化方向课程组（群），如公司法与证券法、财税法、房地产法、知识产权法、环境与资源法、科技法、刑事法、家事与青少年法、社会法、医事法、人权法、教育法、司法、法理学、国际法、外国法与比较法等，努力体现自己的办学特色。

高级课程或专业化方向课程组（群）均为选修，学分不少于20学分。

六、国民教育序列的大学本科毕业生从事政法及相关实务工作满三年，通过在职攻读法律硕士专业学位全国联考，并经培养单位审查合格后，取得在职攻读法律硕士专业学位研究生资格。

七、在职攻读法律硕士专业学位的学习期限不少于2年，最长为4年。如果4年内未能修满规定学分和通过课程考试，则注销本次在职攻读资格。

八、在职攻读法律硕士研究生的培养由有研究生导师资格的教师承担；培养单位应采取有效的教学组织形式，在复试和录取、课程学习和论文指导等环节提倡和鼓励实行在校教师和政法等实务部门专家相结合的"双导师"制。

九、采取灵活的、有针对性的教学方法，如系统讲授、专题讨论、案例分析、法律诊所等；要特别重视和加强法律写作能力和法律研究方法的训练。

十、重视和加强学习过程管理，积极探索适合在职攻读法律硕士专业学位特点的考核评价方法，注重考察学生运用所学专业理论和知识，发现、描述、概括、分析、判断和解决问题的能力。

十一、修满规定的学分，课程考试成绩合格的，可进入学位论文准备阶段。根据国务院学位办[2006]39号文件规定，在职法律硕士学位论文的标准和要求按照《法律硕士专业学位论文规范》执行，按10学分计。学位论文的开题、撰写、评审、答辩等管理流程，遵循各培养单位的一般规定。

十二、修满学分、课程考试合格和学位论文答辩通过，符合学位授予条件者，授予法律硕士专业学位。

十三、培养单位根据本指导意见制订的具体实施方案，报全国法律硕士专业学位教育指导委员会秘书处备案。

十四、原有法律硕士教育管理的文件中与本指导意见规定不同者，以本指导意见的要求为准。

在中国法律教学中引入诊所教学的几点意见*

关于"法律诊所"及由此而展开的关于实践性法律教学方法方面问题的讨论,大都强调美国法学院的教学法改进中国法学院教学法的重要意义。讨论的内容都紧扣法律教育的微观层面,而几乎没有涉及与之相关的、应予呈现的背景以及目前中国法律教育改革遇到的一些根本性问题。对此,提供以下几点看法,供大家批评:

其一,中国法学院所实行的教学方法与中国的大学法律教育性质是紧密相关联的。目前在中国法学院占主导地位的教学方法仍是课堂讲授法,与此之外,辅以有限的课堂讨论(其中包括了以辅助理解讲授内容的案例分析和讨论)、模拟法庭(辩论)以及实习等所谓教学实践环节方面的训练。这是我们讨论中国法律教学方法问题的一个基本出发点。无论是要改变法学院传统的某些保守、僵化而又陈旧的教学法,亦或在现行制度之外引入外来的经验,都离不开这个前提条件。

其二,基于法律传统以及文化观念背景上的差异等因素,中国的法学院在组织和实施法律教育培养目标的途径、方式等方面不同于美国的法学院。近二十多年来美国法学院日益兴起的诊所训练项目(clinical program),从其背景渊源上看,它是美国早期法律教育,即在教学条件较好的律师事务所里培养自己

---

* 1990 年代以来,改革法律教学内容和教学方法的呼声和实践探索一直不断。其中比较突出的就是美国法学院越来越广泛采用的法律诊所教学方式在中国法学院推行的有关问题。笔者对此问题的思考始于 2001 年 8 月 21 ~23 日美国福特基金会北京办事处在北京香山召开的"中国法学教育教学方法改革研讨会",当时来自全国法学院校的 30 余位专家参加了会议。会议的主题是研讨和交流案例教学法、技能培训、诊所法律教育和法律硕士教育等问题。会后,会议组织者邀请笔者就诊所教学在中国法律教育定位的一般问题发表意见,于是起草了书面意见,2007 年改定成此文。

接班人的学徒式训练传统的回光返照;从性质上讲,它是与其传统的法律教育职业性目标(“象法律家那样思考”)相适应的模拟职业法律家从事法律实务工作的一种训练技术或手段。这种培养学生未来从事法律职业的技能性训练,一方面与美国法学院的职业教育目标相适应,另一方面也满足美国法学院学生在知识、年龄方面都已达到相当程度的条件(例如,已经受过普通高等教育,而且,特别要注意的是,其年龄大约在22岁以上)。

其三,基于上述二者,将为了克服在其法律教育自身的发展过程中的某些缺陷而采用和发展起来的一种教学方法移植到中国的大学法学院来,姑且不论如此引进的目的或意义如何,现行的法律教育制度、受教学时间约束的课程体系结构、与学生成熟程度(一般以自然年龄为标志)直接相关的起码的社会经验如何等等,是否满足适用诊所训练所要求的条件,首先就是值得考虑的问题。

例如,我们可以假设性地提出这样一类问题:目前在中国的大学里接受法律教育的本科生毕业之后并不一定都要从事法律职业(狭义),那么,向不准备从事法律职业的那部分人提供这种高度技术化的专门训练,究竟有什么意义?对于情况相反的那部分学生,即将来要致力于法律职业的学生,难道他(她)们对于现行庞大的法典体系的学习和掌握已经足够的充分,以致他(她)们仍有充分的时间接受诊所训练?我预计,随着未来中国统一、完整的民法典的制定和颁布,大学民法教科书的总篇幅将会比现在有更大的扩增、而民法的教学内容及其所占用的总课时也将会增加。

应当说,这些条件关乎诊所训练方法功效的大小和适用的空间,都是需要进行认真研究的课题。至少就这次研讨来讲,对于这些方面的问题尚缺乏必要的反思。

其四,中国法律教育的改革是全面性的,不只限于其中的某些个别环节。克服我们在培养法律职业者方面某些脱离实际、陈旧的、教条的观念和教育方式的积弊,也不等于可以简单地在现行体制内嵌入某一外国的个别的经验,这当然包括那些在该国制度条件下能够运作良好的经验。特别是,四年的大学法律教育也不是一个大口袋,任何尝试都可以毫无条件地投入这有限的时间和空间之中。

其五,我们的法律教育改革方向无疑是要建立一种更加完善地能够促进法律职业发展的训练机制,诊所方式的训练正是实现这一目标的有益途径。随着中国统一司法考试制度的建立和逐步完善,针对法律职业需要的实务性训练机制必将相应地建立起来。我想,在那样一个环境里,不止是诊所,课堂讨论、模拟法庭、法院检察院和律师事务所的学徒式训练,判例研究等等与诊所式训练具有同等功效的训练方式都将大有可为。

如何在中国开展法律实践教学*

刚才我们观摩了汪世荣教授出品的诊所教学短片《与你同行》(*Go with You*)。这个片子给人留下平实无华、真切感人的深刻印象。短片完全真人真事,角色扮演乃至词曲创作、影片制作全由当事人承担。尽管是中国目前众多高校诊所法律教学开展情况的一个缩影,但它形象生动地告诉我们,法律诊所在中国法学院的现实当中是如何进行的。我想,任何一个在中国从事法律教学的教师,如果他从不熟悉诊所教学的话,那么看了这个短片之后,一定会从中得到这样或那样的启示。

取材于西北政法大学的法律诊所教学活动,透过法科学生参加诊所训练的真实的个案,影片向我们清楚地展示了诊所训练方式的几个关键环节:一是如何接待当事人;二是如何进行事实调查或者获取证据;三是如何进行法律分析和法律研究,即将案件事实转换为法律语言进而对事实进行法律解释;最后是获得解决问题的具体方案并加以实施。细加分析,它给我们提供了教学法上极为丰富而重要的信息。

首先,法律诊所这种训练过程,通体包含着对学生从事实际工作所需要的各种能力的训练,其核心就是培养学生的"实践能力",而这正是长久以来我们致力法律教育改革所追求的目标。其次,进一步讲,实践能力的核心又是什么呢?我认为就是做人的工作的能力。法律工作者是社会工作者,社会关系、社会工作都是围绕人这个核心而展开的。法律学生毕业之后要跟人打交道,要直接面对实实在在的、各种各样的、富贵贫贱男女等等的活生生的人。诊所教学一切围绕如何认识人和跟人打交道出发,这就牢牢抓住了法律学习的本质,抓

---

* 本文源于笔者2012年8月21~22日西北政法大学举办的中国诊所法律教育专业委员会教师培训会上的发言,后修改而成。

住了从事法律工作的精髓。最后,在上述诊所训练模式的第三个环节,即法律分析和研究,是一个体现诊所教学在法律教学法上特质的重要环节,我推测,可能正是在这个环节上,出现了以法律诊所为代表的实践教学和传统讲授法之间关系问题的一个交集,也就是在法律人才培养过程中如何处理现行实在法教学的问题,换句话说,就是实在法(也包括司法解释等法律文件)在教学过程中如何呈现和以怎样的方式予以实施的问题。在我们这样一个有着悠久牢固的经学传统的国度里,尽管我们不断复述和遵奉"理论联系实际"的教学原则,然而围绕实在法体系的各项原则、规范、术语和概念的语言分析和解释活动始终是法律教学的基本任务。无论在价值还是教学制度层面,讲授法一直占居法律教学的主导地位。这无疑是有效开展实践法律教学必须面对和解决的一个问题。

2001 年 8 月 21 ~23 日,福特基金会在北京香山召开过一次法律诊所会议。我参加了那次会议。之后会议组织者邀请我就诊所教学在中国法律教育的定位问题发表意见,于是我提交了关于在中国法律教学中引入诊所教学的一篇书面报告。这次是我从那以后第一次专门参加法律诊所活动。其间尽管没有亲身参与,但我一直密切关注着法律诊所教育的发展。这次有幸参加这个会议。自然又引起我对诊所教育的一些思索。我认为一个基本的问题就是如何在中国开展法律实践教学? 这里面涉及很多的具体问题,时间关系不开展,只说说我认为最重要的两个具体问题,一是"课程化"的问题,另一个是"常态化"的问题。

最近十年来,在福特基金会和热心实务教学的倡导者的积极努力下,法律诊所在中国渐次推展,越来越多的法学院加入到法律诊所委员会的会员行列,内在方面,在教师队伍、教学活动、教学法研讨、经验分享、教材编写、国际交流和学会组织等方面都取得了有目共睹的成就,成为推进我国法律教学改革的一支不可缺少的力量。但是从法律教育整体状况来看,对于法律诊所价值的认识,还远未达到充分发挥其潜在作用应有的程度。一个典型的例证就是,在法学院的课程体系当中,法律诊所并没有成为一种普遍的、连续稳定的训练方式;法学专业的课程模式是以具有主体价值的 16 种基本的法学学科知识体系构建起来的,模拟法庭、案例教学、社会调查和司法实践等不过是前者的补充或辅助手段;法律诊所的设置方式不同程度地游移在必修和选修的不确定状态之间,大多数的教育管理者和法律教师仍然把"课程"有意无意地理解为"民法学"、

“刑法学”、“诉讼法学”那样的东西，诊所只不过是对于那种系统的、有理论和知识体系的“课程”的一个补充，是解决学生“用”的问题的一个手段，一种工具，一个途径，其本身还不足以具备“体”的地位和价值。

我一直坚持，但凡人才培养目标当中所涉及的某方面的知识和技能，最终都要通过设置相应“课程”的方式予以实现，列入课程计划表，标明课程的名称、学时/学分、开设时间以及学习要求等信息，而其作为必修、必选、任选的设定以及学时量的多寡，应视该“课程”与培养目标的关联度而定。近年来，我也尽可能地在各种场合呼吁应当明确地把法律诊所作为法学院的常规课程确定下来；在法学本科专业，特别是在法律硕士（Juris Master）当中，应当设为必修课。“课程化”意味着要有一支专门、稳定和高水平的教师队伍。课程定位的问题解决不好，教师的工作量、教学成果的认定等实际中一直存在的种种问题就无法彻底解决。这个问题虽然具体，但它实在是影响甚至制约法律诊所教育发展的大问题。

诊所课程地位的不确定，显然跟我国传统教育观念的影响以及对法律教育性质（科学主义还是职业主义）认识上的差异有关。值得关注的是，近年来对于法律教育是学术培养还是职业训练的认识有了重大进展，教育管理者和领袖法学院的主流意识基本一致转向了“职业教育”的概念，并逐渐为越来越多的人接受。国家学位管理部门关于研究生教育的二元类型划分及其结构性调整、中央政法委主导的“政法干警招录培养体制改革”试点项目、教育部最近实施的“卓越法律人才教育培养计划”，五所政法大学历次“立格联盟”高峰论坛的主题报告，都特别强化了这一概念。新一轮法律教育改革所呈现出来的这一趋势，一方面为法律诊所教育的发展创造了极为有利的外部环境，同时也应看到的是，要实现这些教育项目的预期目标，法律诊所教育是最值得借助的一个教学资源。

我所说的“常态化”问题，是指应当把法律诊所课程纳入到法学院校课程建设的常规机制当中，即把它作为我们现行课程建设和管理的一项常规工作，而不是偶然或者例外，因此它要比诊所教学“课程化”的含义更广。其中的一个重要问题是支撑法律诊所发展的经费问题。多年来，法律诊所教育的开展主要依赖外部资金的投入支持，这一点，和晚清西洋传教士来华开办新式教育之初，主要靠免费入学或提供奖学金招徕学生的情形颇相类似。这也这往往成为吸引某些法学院校开展诊所教学的一个诱因。但在经历十年积累后的今天，也从长远来看，维持法律诊所教育所需的经费来源应当转移到主要依靠自有经费的投入上来。经费投入、评估标准以及相应管理措施如果不纳入到法学院校常规课程管理体系当中，不能融入到现有的教学制度中来，那么法律诊所就会如同游离于现有法律教学体系之外的异物，终有隔膜、孤独和封闭之感。如果我们承认法律诊所教学在中国法学院校有其存在的必要，承认它在以职业为目标导向的应用型法律人才培养模式当中的重要价值，那么就很难想象诊所教学与现有常规的课程建设投入和管理分离的情形。“课程化”和“常态化”无疑要牵涉到许多具体的工作和艰苦的努力，但我认为这是在中国进一步发展法律诊所教学的要务和急务。

法律硕士(JM)学位论文规范化探究*

一、制订规范的意义

在我国法律教育体系中，法律硕士是一个全新的概念。它在人才观念、培养模式和学位标准认定等诸多方面，都有别于以大学本科为主体及其延伸的各层次的法学人才培养的概念。尽管在官方文件和主流研究作品中，人们不断地阐发和复述着法律硕士教育的特殊属性(即强调应用型人才培养的职业化目标导向)，在有的论述中提出了一些对法律硕士论文的应然性要求，如法律硕士论文应当强调应用，要密切结合实际，注重研究判例等等，但总体来看，到目前为止，有关法律硕士论文的内涵、形式和评价标准等问题的认识和实践还都比较模糊、抽象或不够确定。

法律硕士研究生取得法律硕士学位(JM)应当撰写学位论文，这一点基本上不存在什么问题。据笔者观察，绝大多数人认为制订法律硕士专业学位论文规范是必要的。它对于促进法律硕士教育管理工作的规范化，为法律硕士研究生导师和撰写论文的学生提供指引，树立良好的写作规范意识、更好地反映和体现学习过程及其最终研究成果，从而确保法律硕士研究生培养质量等方面都有很重要的意义。但也有个别意见认为，要求法律硕士研究生撰写符合某种规范形式的学位论文，是混淆了学术型研究生培养和应用型研究生培养的做法，而应代之以国外有的做法，即写课程论文。

我们认为，"学位论文"并不一定就等于"学术论文"；专业学位论文是一个

---

* 受法律硕士教指委秘书处委托，作者于2005～2006年就法律硕士学位论文进行了专题研究，完成了本文及附件《法律硕士专业学位论文规范》。该"规范"于2006年8月3日由国务院学位办转发实施(学位办[2006]39号文件)，后应里赞教授之约发表在《望江法学》(四川大学法学院主办)2007年冬季号总第一期，法律出版社2007年版。笔者感谢各位委员在讨论时提出的重要修改意见。

证明学位获得者具有从事某种职业任职能力的书面文件,不同与学术型学位论文。另外,尽管目前对于专业学位授予标准问题的研究还很薄弱,而且学位条例及其实施办法的规定所针对的也只是"学术论文",还没有涉及到专业学位论文的标准。但是不管怎样,既然要获得一个学位,那么就应当提交一篇体现这个标志性符号的凭据或载体;就应当写论文;作为以文本研究为特色的法律研究,更是如此。至于论文的形式、内容、要求的程度、衡量评价的标准如何,那只不过是一个怎样去反映法律硕士教育的特殊性要求的问题了。

北京大学法学院 2004 年提出的一份关于法律硕士教育的改革方案中指出:作为高级法律实务人才的规模性训练,无论从其本身需要还是从培养单位日益面临的论文答辩的困境,法律硕士培养方案中似乎都不应该包含理论性或学术性较强的硕士学位论文的内容,但是与法律职业相关的写作训练却是必不可少的。法律硕士学生的毕业(学位)论文应该和其专业课程(尤其是高级专业课程)的学习以及社会实践紧密联系,应体现较强的实践性。我们认为,北大改革案中关于论文的这一理念,完全合乎法律硕士教育的性质。而既然法律硕士研究生有必要撰写毕业论文,那么对论文提出一个最低限度的规范化要求也自有其合理意义。

二、概念界定与"规范"的适用范围

我们不妨对法律硕士学位论文试作以下概念界定:法律硕士学位论文是法律硕士研究生在指导教师的指导下独立完成的,合乎严格的写作规范并标志着获得法律硕士学位(JM)的一篇书面作品。全日制法律硕士研究生和在职法律硕士研究生取得法律硕士学位,必须撰写学位论文。

这个概念中包含了两个要点:一个是"合乎严格的写作规范",另一个就是"书面作品"。后者意味着法律硕士论文的最终成果形式既不是一个工程设计、也不是一个数据库,而是一篇书写的、文字性的作品。就前者而言,有专家提出:这里的"写作规范",如果广泛地来理解,也可以包括对论文质量方面的要求,但通常的理解还只是形式方面的或程式化的东西,因此,在这个定义里面可否考虑加入反映对论文质量方面要求的内容。

我们认为,对于论文内容质量——往往表述为"创新性"或"原创性"——的要求,会因学科门类的不同而有一定的差异;而不同学科专业领域的专家、学者也会坚持某种不同的评价论文的标准。那么就法律专业的学位论文而言,

“创新”或“原创”的含义究竟是什么呢？甚至法律专业学位论文是否存在着如同自然科学和工程技术领域的学位论文所意指的“创新”？（目前攻读法律类研究生数量庞大,年复一年地出产众多硕士学位论文,而这些论文里面究竟有多少能够提供新东西,是个令人无法肯定回答的问题）。这些问题自然涉及法律专业学位论文的质量评价标准问题。在法律教育界,它们从没得到过深入系统的讨论,即使讨论了,也一定是意见纷呈。总之,要对法律专业的学位论文的内容质量做出一个能为全国各培养单位都能接受的评价标准,至少就目前条件,是相当不切实际的一件事。尽管存在着判别论文内容质量的种种困难,但有一点是可以肯定的:硕士学位论文应该是一篇写作规范严格的作品。这一点,相信大家都会接受。如果一篇论文从构思选题到调研、写作的内容和形式等方面都是认真完成的,遵循了比较严格的写作流程,那么我们就可以设想它绝不会是一篇普通的作品。也就是说,定义中“合乎严格的写作规范”这句话是广义的,包括了对论文的内容和形式的严格要求,体现了一个力图通过严格的写作规范形式上的要求达到保证内容质量的目的的考虑。

还要说明的是,这里所说的“写作规范”,主要应当表现为撰写法律硕士学位论文所应遵循的一个行业指导性文件。而这又涉及法律硕士论文规范与培养单位对于硕士论文一般要求之间的关系问题。目前培养单位关于法律硕士论文的规范要求,大体有两种方式:一种是学校自己专门制订的法律硕士论文规范;另外就是参照适用本校统一的硕士学位论文规范。这两种情况当然不能保证全国各个法律硕士培养单位法律硕士学位论文规范的基本统一。以学位教育主管机构和行业指导机构的名义制订的法律硕士论文规范,自然属于行业技术规范、技术标准,应当是全国普遍适用的,包括全国各个法律硕士培养单位的论文指导教师和写作论文的法律硕士研究生(包括全日制和在职攻读两类法律硕士研究生)。它也应当是有关行业管理机构用以评估和检查法律硕士学位论文所依据的一个工作文件。

三、论文选题的原则与来源途径

关于法律硕士学位论文的选题和内容,在认识上,大家都一致强调要遵循理论联系实际的原则,着眼于现实问题,面向法律实务,重在解决现实法治中的问题,并能透过论文表明作者具备了运用法学理论解决实际问题的能力;这是完全正确的。可问题是,就法律硕士学位论文的写作实践来讲,究竟应当如何来具体贯彻和体现这一原则呢？这需要我们认真调查和了解现有法律硕士撰写学位论文的实况。

从近年来法律硕士研究生选题的情况来看,我们发现主要存在三方面的问题:首先是不知道选哪个问题作为论文题目。他/她们对自己已有的问题当中的哪一些可以选作学位论文的题目常常感觉到心里没底;要么担心自己构想出的题目可能在导师那里通不过,要么可能被同学或其他人认为没什么价值。特别是有些在职法律硕士生,他/她们根据自己从事司法工作的经验一直在琢磨着的,或是手头正待解决的一些疑难法律问题其实很好,有其潜在的研究价值,但就是由于种种原因没有勇气提出来,并经过认真的构思而把它放大成一个象样儿的题目。从和法律硕士生的日常接触中,我们发现这个问题比较普遍。第二种情况是,有的同学在调研不够充分或受视野局限的情况下自己匆匆拟定一个题目去写,殊不知这个题目其实早已有人写过,甚至是做过比较专深研究的题目。如此,则导致选题的低水平重复。第三种情况是干脆不知道写什么,脑子里没有问题,没有题目。论文撰写无从下手。

有鉴于此,经过认真思考和分析,我们提出了关于选题的三项原则:(1)论文的选题应当符合法律硕士培养方案所确定的宗旨。作为一个起码的要求,这意味着法律硕士论文的选题至少应当是“法律的”(of law)或“关于法律的”(about law),而不是法律以外其他学科专业领域的题目。(2)选题可以不受现有法学学科门类的划分(如现行学科制度中10个法学二级学科之分)的限制;可围绕专门的问题,选择运用不同学科——除法学本身外,其他如政治学、社会学、哲学、历史、经济学等学科——的理论、知识和方法进行交叉或综合研究的题目。(3)题目设计合理。这是针对论文题目方面的一个要求,因为有的论文选题内容不错,但题目名称取的不好。如有的同学不加斟酌地使用“浅析……”、“试析……”,殊不知对于要求集中深入研究某一问题的专门作品而言,这类用词并不妥当。

按照这些原则,并结合法律硕士教育的性质,我们提出以下四个关于选题的来源途径:(1)在法律和法律职业领域中具有显著的实践价值的、和教学目标的要求相适应的问题。法律硕士生在课堂学习和日常自学中总会得到这样或那样的收获,基于对理论知识与方法的掌握和对现实问题的观察、思考,往往会产生各种问题,如果注重这方面的积累,并不断地思考和总结,自然会从中提炼出好的选题。(2)全日制法律硕士研究生在实习或调研中遇到一些有研究价值的典型案例、事例或问题。(3)在职法律硕士研究生在本职工作中面临的缺乏学理解释的,或者突破了某种流行的观点和认识的,其研究的结果可能对解决这些实际问题有一定价值的案例、典型事例。这类选题来源于司法实践,有着鲜活性、前沿性和应用性,我们认为这类选题是法律硕士,特别是在职法律硕士生学位论文选题最理想的一个来源。(4)法律实务部门的兼职指导教师提出的,或者专职教师正在进行的项目研究课题。指导教师命题自然也是确定选题的一个途径。

另外,为使学生建立良好的写作规范意识,避免写作中可能出现的问题(如有的同学虽然完成了论文,但并没有很好的理解这篇论文的价值),便于学生圆满地完成学位论文,对于选题的价值判断、题目的难易度、篇幅、研究方法、材料使用以及时间安排等方面的问题,还应当提出一些必要的、原则性的指导意见,主要包括:(1)能否比较清晰地意识到所选论题的价值;(2)对有关拟确定选题的已经发表、出版和通过答辩的研究成果了解的程度如何;(3)所于选论题的难易程度和允许的篇幅之间能否保持适当的比例;(4)是否可以充分利用个人已经掌握的理论、知识、方法和经验;(5)可用的研究材料能否支撑该项研究;(6)有无合理的调研和写作的时间。

当然,论文题目的确定,最终必须取得论文指导教师肯定的评价意见。

四、论文的形式、内容与篇幅

关于论文的形式,许多专家都主张论文形式的多样化,即可以是通常的研究论文(并非学术论文),也可以是案例研究或专题调研报告。实际上,不论采取何种形式,都只有在遵循了某种具体的、可操作的工作流程并且实质性地完成了一定的研究工作之后,论文的写作才有意义,才能保障不同形式的论文符合学位论文质量的要求。

根据文科论文写作的一般规律,针对法律专业论文的特殊性,我们认为,撰写一篇法律硕士学位论文,至少应当完成下列基本工作并考虑有关的要求:

(1)对论文的主题有完整、充分的描述,概念界定清晰;(2)对选题所涉及的问题有必要的综述,归纳分析同类题目的研究成果或研究现状;(3)综合运用理论、专业知识、技术手段和文献资料对论题予以扩展,进一步具体地记录或描述思考、判断和推理的过程。论证过程能够反映作者阅读文献资料的数量;(4)

合理利用已有的观点或见解,提出作者自己独立的认识和观点,并以显著标志的方式对二者做出区分;(5)作者对论题研究获得的最终结果应当得到完整的、确定的、精练的表述;如果不可能导出预计的结论,则可对相关问题予以讨论,提出建议、研究设想或尚待解决的问题等。(6)案例研究应提炼出法学上的问题,结合学理和司法的观点进行综合分析,研究结论有助于解决该案例本身并为解决类似案件提供有益帮助。(7)调研报告以解决法治实践中的问题为重点,调研方案设计合理可行,数据资料充分可靠,综合运用了法学和其他相关领域的专门知识,分析过程清晰,有明确的调研结论。研究文档齐全。(8)语言文字的使用符合《中华人民共和国国家通用语言文字法》,用语合乎汉语语法。(9)论文结构一般不超过三个层次,各部分之间应当保持紧密的逻辑关系和合理的篇幅比例。

此外,论文的写作应有较充分的时间保障,连续投入工作的时间不少于3个月。论文正文的篇幅,以1万~1.5万字为宜;最多不超过2万字。

这里需要对论文的篇幅稍加说明。关于法律硕士学位论文的字数,一种看法认为规定2万~3万字为宜,因为无论案例分析还是调研报告,低于2万字恐怕难以保证质量。另外也有人指出:现在似乎感觉一篇论文写的字数越多越好,越像一篇论文,但要求篇幅多了好写,要写短,反而困难。所以如果要从真正的标准来讲,1万~1.5万字篇幅就很好,让他写起来感到困难。我们认为后者所说的情况在实际中是客观存在的。每年举行答辩时,我们也曾专门注意过这个问题,发现的确有这样的现象:一篇论文,从目录看上去内容非常丰富,面面俱到,但仔细一看,往往铺垫过多;本来要讨论怎样做鱼香肉丝,结果却大谈如何养猪;离题太远。而一旦涉及到论题,到了要就他论文核心内容展开他的意见观点的时候,则已是接近尾声,准备收场了。所以我们主张论文的篇幅不宜过大。正文的篇幅以1万~1.5万字为宜,迫使他必须写干货,把背景性的铺垫压缩到作者的头脑中,压缩到思考论证过程当中,而无法呈现在提交的论文里。另外还可以假设一下:一篇达到在法学类核心期刊上发表水平的论文,也不过就是1万~1.5万字左右的篇幅。法律硕士的毕业论文如果达到发表这样的水平,应该说就可以了。再多的话,则会加重读者的负担,或者造成不必要的资源浪费。总之,控制字数的主要目的,还是为了保证论文的质量。当然如果遇有特别情况,那么最多也不要超过2万字。

五、引证、注释与编排体例

根据最近十多年来法学界不断倡导的法律研究规范化的成果，这里将法律硕士论文的引证、注释和编排体例分别归纳如下：

关于引证，应当遵循下列基本规则：(1)引证以必要为限；(2)引证法律文件、判例及司法文件以权威机构的出版物为准；(3)除按本规范引证已发表的作品外，引证未发表作品应取得相关权利人的许可；(4)引证必须符合被引作品的本意；不得曲解原意；(5)正文引证超过100字时，缩进引文行列并变换字体排版；(6)引证应有显著标志，并以注释方式完整、准确地显示出被引证作品的有关信息。(7)引证作品的标题(包括副标题)应当完整，勿用简称。法律文件、书籍、刊物、报纸，用书名号；文章篇名用引号。

关于注释体例：

(1)注释位置采用脚注，整篇论文连续计码。(2)书籍或成册作品的注释格式：作者，标题，出版者，出版时间，版次，页码；定期出版物注释格式：标题，出版物名称，出版时间，卷期号，页码。(3)作者(包括著者、编者、译者、机构作者)为一人以上时，应全部完整地列出。(4)众所周知的作品，如《列宁选集》、《圣经》、《论语》等，以及法律文件，不注出作者。(5)编辑者、整理者而非著作者的作品，在作品标题后括弧注出“×编”、“×整理”。(6)不同作者的合成作品，先注出特定的作者和作品名称，再注出该合成作品相关信息。(7)正文多次引用同一作品的注释，第一次引证时，注释信息的内容必须完整。除此之外，紧接第一次之后的注释，用“同上，页×”；在其他注释间隔之后的注释，用“前注×，页×。”(8)转引作品的注释，先注明原始作品相关信息，加“转引”字样后注明所依据的作品。(9)引用图表，直接在图表下注出来源，不用脚注。(10)引用访谈、演讲或报告、信札等作品，应尽可能注明其形成的时间和地点。(11)电影、电视和广播作品，应在作品名称后括弧注明出品的机构和时间。(12)互联网或数据库作品，应注明网址或数据库作者和时间。(13)学位论文应注明学位授予单位名称和论文获得答辩通过的时间。(14)外文作品的引证，从该文种的学术引证惯例。

关于论文的编排和印制，前置部分的主要内容和编排次序为：(1)封面(应注明学位授权单位、法律硕士学位论文、题目名称、作者姓名、指导教师姓名及其职称、论文提交及答辩日期、《中国图书资料分类法》、《国际十进分类法

UDC》类号、密级);(2)独立完成与诚信说明;(3)摘要(中文摘要800~1000字,英文摘要与中文摘要内容一致);(4)关键词(3~5个,并对应英文);(5)目录;(6)法规、判例、术语、缩略语及插图等列表(如果必要)。

论文的尾部一般包括:(1)参考资料目录(应按不同类别予以分类,如法规、著作、论文、外文等,并按拼音或笔画顺序编排);(2)附录(如有必要,可将对补充理解正文内容有用的,诸如罕见的珍贵文献、重要典型的判例等资料编为附录);(3)致谢(特别是对完成论文提供思想启发、研究材料等不同形式帮助的个人及图书馆);(4)后记(如果必要)。

论文用A4纸印制,除前置部分外,双面印制。

这里有两个问题需作说明:其一,是否有必要对论文的引证和注释做这样详细、专门的规定。有人认为,论文的体例可以直接参照某个权威期刊(如《中国社会科学》、《法学研究》、《中外法学》等)体例,而不必在这里再规定一套专门的体例。经过反复考虑,我们认为法律硕士论文还是应当有自己专用的一套体例,理由是:(1)目前已有的那些较权威的引证和注释体例都各有其适用的对象和领域,以其各自的专业领域为背景,并反映了各自对学术规范的理解和要求。所以,要求法律硕士论文直接套用那些体例,恐有不妥,更何况那些体例之间也互有差异,其中有的还有改进和完善的余地;(2)这里所规定的引证、注释与编排体例与现行主要的体例之间并不矛盾,它吸收、借鉴了近年来规范化的成果和流行的几种权威期刊体例的优点,特别在注释方面,弥补了其某些明显的不足;(3)在一部规范性文件里直接规定好所需要的各种体例,无论对指导教师,对研究生或者其他之用,一册在手,可节省使用者再次查阅之劳,不必再去查找其他的(同样或不同样的)体例了。其二,就是要不要"致谢"和"后记"。有人提出现在论文里的"致谢"和"后记"写得大都程式化,都是虚的、客套的东西,因此没有必要,应拒之于论文之外。这种情况当然存在。但问题是,"致谢"写得走了样儿和论文是否要"致谢"应该不是一回事。我们可以设想,在学位教育和信息交流异常发达的今天,一篇好的论文的完成不可能不利用他人的研究成果,向那些对完成论文提供思想启发、研究材料帮助的人和机构(特别是图书馆)表示致谢,对于树立良好学风和传统、尊重他人的研究劳动等是必要的。至于后记,只是提出可以列出这么一格,视情形而定,所以注明如果"必要"的话,应该不是什么问题。

附：

法律硕士专业学位论文规范

全国法律硕士专业学位教育指导委员会制订

国务院学位办2006年8月3日转发(学位办[2006]39号)

一、适用范围

(一)法律硕士专业学位论文是法律硕士专业学位研究生在指导教师的指导下独立完成的,合乎严格的写作规范并标志着获得法律硕士专业学位(JM)的一篇书面作品。全日制法律硕士研究生和在职法律硕士研究生取得法律硕士学位,必须撰写学位论文。

(二)本规范是关于撰写法律硕士专业学位论文基本要求的指导性文件,是开展法律硕士专业学位论文评选、检查和评估工作的基本依据,供法律硕士培养单位、法律硕士研究生指导教师和法律硕士研究生使用。

二、选题

(一)论文选题必须符合法律硕士专业学位研究生指导性培养方案所确定的培养目标;论题本身属于法律的或关于法律的,而不是法律以外其他学科专业领域的。

(二)法律硕士学位论文的选题可以不受法学学科门类(如法学二级学科)划分的限制;可以围绕某一法律的或法学上的专门问题,运用不同学科的理论和方法进行交叉或综合的研究。

(三)选题有意义并且题目设计合理,一般应是来源于以下方面的题目:

1. 在法律和法律职业领域中有着显著的实践价值并和教学目标的要求相适应的问题;

2. 全日制法律硕士研究生在实习或调研中遇到的有研究意义的案例、事例或问题;

3. 在职法律硕士研究生在本职工作中面临的缺乏学理解释的,或者突破了某种流行的观点和认识的,其研究的结果可能对解决这些实际问题有一定价值的案例、典型事例;

4. 法律实务部门的兼职指导教师提出的,或者专职教师正在进行的项目研究课题。

(四)论文作者在确定论文的选题时,应当考虑以下因素:

1. 能否比较清晰地意识到所选论题的价值;

2. 对拟确定选题有关的已经发表、出版和通过答辩的研究成果了解的程度如何;

3. 所选论题的难易程度和允许的篇幅之间能否保持适当的比例;

4. 是否可以充分利用个人已经掌握的理论、知识、方法和经验;

5. 可用的研究材料能否支撑该项研究;

6. 有无合理的调研和写作的时间。

(五)论文题目的确定必须取得论文指导教师肯定的评价意见。

三、论文的形式、内容要求与篇幅

(一)论文形式可以是研究论文、案例研究或调研报告。

(二)论文的写作一般应完成以下方面的工作:

1. 对论文的主题有完整、充分的描述,概念界定清晰;

2. 对选题所涉及的问题有必要的综述,归纳分析同类题目的研究成果或研究现状;

3. 综合运用理论、专业知识、技术手段和文献资料对论题予以扩展,进一步具体地记录或描述思考、判断和推理的过程。论证过程能够反映作者阅读文献资料的数量;

4. 合理利用已有的观点或见解,提出作者自己独立的认识和观点,并以显著标志的方式对二者做出区分;

5. 作者对论题研究获得的最终结果应当得到完整的、确定的、精练的表述;如果不可能导出预计的结论,则可对相关问题予以讨论,提出建议、研究设想或尚待解决的问题等;

6. 案例研究应提炼出法学上的问题,结合学理和司法的观点进行综合分析,研究结论有助于解决该案例本身并为解决类似案件提供有益帮助;

7. 调研报告以解决法治实践中的问题为重点,调研方案设计合理可行,数据资料充分可靠,综合运用了法学和其他相关领域的专门知识,分析过程清晰,有明确的调研结论。研究文档齐全。

8. 语言文字的使用符合《中华人民共和国国家通用语言文字法》,用语合乎汉语语法;

9. 论文结构一般不超过三个层次,各部分之间应当保持紧密的逻辑关系和合理的篇幅比例。

(三)论文写作应有较充分的时间,连续投入工作的时间不少于3个月。

(四)论文的正文篇幅以1万~1.5万字为宜;最多不超过2万字。

四、引证与注释体例

(一)引证应当遵循以下基本规则:

1. 引证以必要为限;

2. 引证法律文件、判例及司法文件以权威机构的出版物为准;

3. 除按本规范引证已发表的作品外,引证未发表作品应取得相关权利人的许可;

4. 引证必须符合被引作品的本意;不得曲解原意;

5. 正文引证超过100字时,缩进引文行列并变换字体排版;

6. 引证应有显著标志,并以注释方式完整、准确地显示出被引证作品的有关信息。

7. 引证作品的标题(包括副标题)应当完整,勿用简称。法律文件、书籍、刊物、报纸,用书名号;文章篇名用引号。

（二）注释体例

1. 注释位置采用脚注，整篇论文连续计码；

2. 书籍或成册作品的注释格式：作者，标题，出版者，出版时间，版次，页码；定期出版物注释格式：标题，出版物名称，出版时间，卷期号，页码；

3. 作者（包括著者、编者、译者、机构作者）为一人以上时，应全部完整地列出；

4. 众所周知的作品，如《列宁选集》等，以及法律文件，不注出作者；

5. 编辑者、整理者而非著作者的作品，在作品标题后括弧注出“×编”、“×整理”；

6. 不同作者的合成作品，先注出特定的作者和作品名称，再注出该合成作品相关信息；

7. 正文多次引用同一作品的注释，第一次引证时，注释信息的内容必须完整。除此之外，紧接第一次之后的注释，用“同上，页×”；在其他注释间隔之后的注释，用“前注×，页×”；

8. 转引作品的注释，先注明原始作品相关信息，加“转引”字样后注明所依据的作品；

9. 引用图表，直接在图表下注出来源，不用脚注；

10. 引用访谈、演讲或报告、信札等作品，应尽可能注明其形成的时间和地点；

11. 电影、电视和广播作品，应在作品名称后括弧注明出品的机构和时间；

12. 互联网或数据库作品，应注明网址或数据库作者和时间；

13. 学位论文应注明学位授予单位名称和论文获得答辩通过的时间；

14. 外文作品的引证，从该文种的学术引证惯例。

五、编排与印制

（一）论文前置部分的主要内容和编排次序为：

1. 封面（应注明学位授权单位、法律硕士学位论文、题目名称、作者姓名、指导教师姓名及其职称、论文提交及答辩日期、《中国图书资料分类法》、《国际十进分类法 UDC》类号、密级）；

2. 独立完成与诚信说明；

3. 摘要（中文摘要 800 ~ 1000 字，英文摘要与中文摘要内容一致）；

4. 关键词（3 ~ 5 个，并对应英文）；

5. 目录；

6. 法规、判例、术语、缩略语及插图等列表（如果必要）。

（二）论文正文。

（三）论文的尾部一般包括：

1. 参考资料目录（应按不同类别予以分类，如法规、著作、论文、外文等，并按拼音或笔画

顺序编排);

2. 附录(如有必要,可将那些对补充理解正文内容有用的,诸如罕见的珍贵文献、重要典型的判例等资料编为附录);

3. 致谢(特别是对完成论文提供思想启发、研究材料等不同形式帮助的个人或图书馆);

4. 后记(如果必要)。

(四)论文用 A4 纸印制,除前置部分外,双面印制。

法律硕士学位论文选题指南*

法律硕士学位论文是法律硕士研究生在指导教师的指导下独立完成的，合乎严格的写作规范并标志着获得法律硕士专业学位（JM）的一篇书面作品。按照国务院学位办和全国法律硕士专业学位教育指导委员会的有关规定，无论全日制的，还是在职的法律硕士研究生，要取得法律硕士专业学位，都必须撰写学位论文。在攻读法律硕士学位的全部学习过程当中，学位论文的撰写无疑有着重要的意义。然而，究竟怎样撰写法律硕士论文呢？

由于法律硕士是我国的法律教育体系中一个较新的概念，在人才观念、培养模式和学位标准认定等诸多方面，它都有别于现行——也是延续着传统的——法律人才培养的概念。虽然法律硕士教育的权威机构出台的文件以及主流研究作品中都不断地在阐明和重复着法律硕士教育的属性，但是，关于法律硕士论文的内涵和标准等问题在实际中还比较模糊，抑或有着不同的认识和理解。

从近年来学生选题的实际情况来看，主要存在着三个问题：第一种情况是，不知道选哪个问题作为论文题目。他/她们对自己已有的问题当中的哪一些可以选作学位论文的题目常常感觉到心里没底；要么担心自己构想出的题目可能在导师那里通不过，要么可能被同学或其他人认为没什么价值。特别是有些在职法律硕士生，他/她们根据自己从事司法工作的经验一直在琢磨着的，或是手头正待解决的一些疑难法律问题其实很好，有其潜在的研究价值，但就是由于种种原因没有勇气提出来，并经过认真的构思而把它放大成一个象样儿的题

---

* 本文是为解决法律硕士研究生不知如何选题、如何写作论文等实际问题经过反复总结而成的，写于2006年2月，多年来一直作为西北政法大学指导在职法律硕士研究生准备撰写学位论文时的辅导内容。

目。从和法律硕士生的日常接触中,我们发现这个问题比较普遍。第二种情况是,有的同学在调研不够充分或受视野局限的情况下自己匆匆拟定一个题目去写,殊不知这个题目实际上早已有人写过,甚至是做过比较专深研究的题目。其结果,很可能导致选题的低水平重复。第三种情况是,干脆不知道写什么,脑子里没有问题,没有题目。凡此,都是法律硕士学位论文写作当中需要解决的,即法律硕士学位论文选题的来源问题。

我们认为,法律硕士学位论文的选题首先应当符合法律硕士培养方案所确定的宗旨,即培养法官、检察官和律师等职业法律家;这就意味着法律硕士的选题至少应当是法律的(of law)或关于法律的(about law),而不是法律以外的其他学科专业领域的。还意味着,法律硕士学位论文的选题可以不受现有的法学学科门类划分,如现行的 10 个法学二级学科分类的限制;也就是说,可以围绕某一法律的或法学上的专门问题,选择运用不同学科——除法学本身外,其他如政治学、社会学、哲学、历史、经济学等学科——的理论、知识和方法进行交叉或综合研究的题目。这是从法律硕士生如何选题的一般原则来讲的。具体来说,以下几方面题目的来源,我们认为是值得考虑和选择的:

第一,政府发布的各类法律研究课题。国家社会科学基金项目、省/部等各级政府的研究项目,各级政法及其他机关设立的研究项目中都有许多法律的或关于法律的研究课题。这类题目大都经过专家论证,反映了学术研究的前沿和最近发展动向,是具有重要应用价值的理论和实践性的问题。这类题目虽已发布并成为在研课题,但这并不意味着这类题目就毫无进一步研究的余地,没有再不断完善和补充的其他可能。通过网络查询了解其内容,进而判断他人的研究在材料上、方法上、理论观点等方面是否还有不足,是否还存在着就自己的经验或认识范围内其所存在的疏忽或遗漏。何况作为选题设计时的参考,人们也有理由从中受到各种各样的启发。

第二,在职法律硕士研究生在本职工作中面临的缺乏学理解释的,或者突破了某种流行的观点和认识的,其研究的结果可能对解决这些实际问题有一定价值的案例、典型事件。这类选题来源于司法实践,有着鲜活性、前沿性和应用性,我们认为,这类选题是法律硕士,特别是在职法律硕士生学位论文选题最理想的一个来源。

第三,在法律和法律职业领域中有着显著的实践价值的、和教学目标的要求相适应的问题。法律硕士生在课堂学习和日常自学中总会有不同的收获,基于对理论知识与方法的掌握和对现实问题的观察、思考,往往会产生各种问题,如果注重这方面的积累,并不断地思考和总结,自然会从中提炼出好的选题。

第四,法律实务部门的兼职指导教师提出的,或者专职教师正在研究的课题。由指导教师命题自然也是确定选题的一个途径。

除此之外,在确定论文的选题时,还应当注意考虑以下几个因素:

(1)能否比较清晰地意识到所选论题的价值;

(2)对有关拟确定选题的已经发表、出版和通过答辩的研究成果(如已获得法律硕士学位的学位论文)了解的程度如何;

(3)对于所选论题的难易程度和允许的篇幅(约1.2万-1.5万字)之间能否保持适当的比例;

(4)是否可以充分利用个人已经掌握的理论、知识、方法和经验;

(5)可用的研究材料能否支撑该项研究;

(6)有无合理的调研和写作的时间。

至于学位论文的形式,许多从事法律硕士教育工作的专家都认为,除了研究论文,也可以是形式规范的案例研究或专题研究报告。

为便于法律硕士研究生选择理想的学位论文题目,顺利完成论文的开题和写作,我们汇集了近年来政府发布的有代表性的法律类研究课题指南,一个是1999~2006年国家社会科学基金项目中有关法学的研究课题(不光是法学,还包括政治学、史学、图书情报、体育等领域有关法律的课题);另一个是2003~2005年司法部法治建设与法学理论研究项目。我们希望这些课题对诸位同学的选题工作能有所帮助。特别要说明的是,这里面的题目,大多只是代表了某个具体的研究领域或范围的一个指向,并不直接就是已经确定的论文题目,所以不能简单地照搬原题。同时,也不能把选题仅仅局限在这里所列出的题目的范围,毕竟,这些题目只是给大家提供一个参考。今后,我们还将组织法律实务界的专家,从司法实践领域征集一批有研究价值的问题或案例提供给大家作为论文选题的参考题目,以达学用结合,学以致用之功效,为改进和提高司法质量,构建和谐的法治社会贡献绵薄之力。

法律硕士研究生招生工作的组织与实施*

一、法律硕士研究生招生的含义

1. 招生工作的根本任务

与开展其他任何本科后教育一样，法律硕士研究生的招生有着工作性质的严肃性、政策指导的严格性、环环相扣的工作流程的复杂性、工作任务的艰巨性和责任重大的特点。招生工作的根本任务是要选拔合格的培养对象。它直接关系法学院校开展法律硕士教育的规模，并进一步影响和制约着高级应用型法律人才培养的质量，因此是开展法律硕士教育的一项重要工作。

2. 多元化招生模式

基于我国高等教育的管理体制和教育行政部门调控研究生招生政策的作用，法律硕士的招生自1995年创办时起即为多元模式（全日制、在职及单独考试）。2009年，中央关于加强基层政法队伍建设政策的深入实施和教育部对于我国研究生类型结构进行“战略性调整”举措的密集出台，迅速形成了目前的四种法律硕士教育类型，进而形成了四种法律硕士的招生形式：（1）全日制统招非法学本科背景的法律硕士研究生招生，简称“法律硕士（非法学）”；（2）全日制统招法学本科背景的法律硕士研究生招生，简称“法律硕士（法学）”；（3）在职攻读法律硕士研究生招生；（4）政法干警招录体制改革试点的法律硕士研究生招生，培养模式同“法律硕士（法学）”。

3. 组织实施与具体要求

从组织实施方式和具体要求等方面看，这四种形式的招生均有各自不同的特点和要求。除了政法招录改革试点外，其他三者，均统由三或四个层次构成

---

* 本文系笔者在全国法律硕士教指委新增培养单位政策业务培训工作会议（2010年7月1日，贵阳）讲稿的基础上修改而成，曾发表在《法学教育研究》（第7卷），法律出版社2012年版。

的管理框架下完成的：

（1）教育部或学位管理部门：每年发布当年的招生文件。

（2）各省（市区）教育考试管理机构，或特定高校的招生管理机构（研究生部/处）：按照前述文件具体组织和实施招生工作。

（3）法学院。

这四个机构各自承担相应的工作职能，招生管理工作的内容也十分庞杂，除考务以及数据信息管理等纯技术工作外，主要有三项：

（1）报考条件，不同类别的法律硕士，对于报考的学历条件、专业背景或者工作年限等方面均有不同。

（2）考试科目，亦随之不同。

（3）复试和录取。

自法律硕士教育创办以来，这三者一直处于不断的调整和变化之中。下面结合招生政策，分别概要介绍目前这四种法律硕士招生的一般工作流程和特点，并结合法律教育的内部规律和我国法治实践，探讨法律硕士招生工作存在的有些问题。

二、法律硕士招生制度沿革

（一）最初多元化的招生方式

最初设计法律硕士教育项目时，报考条件规定为受过大学本科教育者，在职或应届不限，专业背景不限。但考试科目却随考生本科专业为法律和非法律而有所不同，科目总数为 5 门，除政治理论、外语 2 门为通考科目外，前者是民法学、刑法学、综合（宪法、法理学、中国法制史）；后者为现代汉语、法学基础理论、综合考试（含民法总论、刑法总论）。

试和录取形式分三种：一是全日制统招，二是纳入全国统招范畴的少数高校单独招生，三是试点招生学校自行组织的招生。

三者的区别是：前两者属于学历教育，学生毕业同时获得毕业证和学位证（俗称“双证”）。后者属于非学历教育，即同等学力申请学位概念，学生毕业只获得学位证，而没有毕业证。

1996 年首次招收法律硕士研究生，即按照这一设计组织实施。考试科目随本科专业背景不同而差别对待是其突出的特点，尽管考生报考的是同一种教育项目。

（二）考试方式的归并整合

1998 年开始实施在职攻读法律硕士考试，多元的考试形式趋于归并与整合。1997 年 11 月，学位委员会和司法部决定从 1998 年起开展在职攻读法律硕士教育工作，即凡从事法律或相关工作满 5 年者，可参加由法硕招生高校联合组织的专门考试，又称“全国联考”。考试科目为政治理论（由学校自行组织）、英语、民法学、刑法学、综合考试（含宪法、法学基础理论、中国法制史）。“在职攻读法律硕士”，其实就是前面提到的第三种招考形式，即在职人员同等学力申请硕士学位制度的一个具体化。这一变化，把在职考生的考试统归为一种。鉴于考试形式的复杂和组织管理的繁琐，这时有关部门已开始考虑整合不同类型的考试方式。

1999 年“法指秘”成立后，决定自 2000 年起，把过去的全日制统考、单独考试、在职攻读三者统合为全日制统考和在职攻读两种，明确规定报考全日制统招的法律硕士研究生，必须是国民教育序列大学非法律专业毕业生。同年 11 月，教育部高校学生司配发文件，界定了“法律专业”的概念，即法学、经济法、国际法、国际经济法、劳动改造法、商法、公证、法律事务、行政法、律师、涉外经济与法律、知识产权法、刑事法共 13 个专业。就是说，凡这些专业毕业者，均不得报考全日制法律硕士研究生。考试科目统一规定为刑法学、民法学、综合（宪法学、法理学、中国法律史）、外国语、政治 5 门。这就是今天全日制非法学本科背景考生报考的法律硕士的由来。

不过有趣的是，对于报考在职攻读法律硕士研究生，却没有专业背景方面的上述特殊要求。经过这次政策调整，法律硕士教育的二元模式形成了。

（三）考试科目的变化

2002 年，教育部决定对全日制硕士生的入学考试科目做出调整，即考试科目数量由 5 门缩减至 4 门——政治理论、外国语、基础课、专业基础课。两门公共课满分各 100 分；两门专业课满分值各为 150 分。减少考试科目门数的理由主要是：随着社会的发展，硕士生的招生规模连年大幅增加，考生也连年剧增，考务管理工作任务重，难度大。[1]

---

[1] 《教育部关于调整全国硕士研究生入学考试科目的通知》（教学[2002]9 号，2002 年 5 月 24 日发布）。

相应地,全日制法硕和在职法硕入学考试的科目,自2003年起,均调整为政治理论、外语、业务课一(刑法、民法)、业务课二(宪法、法理学、中国法律史)。在职法硕的政治理论的考试方式和内容,则完全由招生学校自定。

(四)命题管理方式的变化

自2004年起,法律硕士联考的命题、阅卷等考务管理工作,由指导委员会秘书处改由教育部考试管理中心统一组织。另外,自2004年以来,主管部门对在职攻读法律硕士的招生政策开始实行一整套新的管理办法,主要内容是:由招生学校自行划定录取分数线、自行确定录取名额(不久又改为相对自定招生名额和限定招生名额,相对自定即在规定上限条件下自行确定招生名额);运用排序监督招生质量的手段等。

招生放权与采取有效的质量监督措施相辅相成,目的是希望建立起自律的招生工作机制。但这种排行管理也存在一些具体技术问题,特别是,计算各高校总分平均分的基数差异较大,不加区分统一排列很不科学。

(五)简化在职攻读考试科目

2006年起,在职攻读考试科目由3门减为2门;业务一、业务二合并为一门“法学综合”,包括法理学、中国宪法、中法史、刑法总则、民法总则5科,总分300分。同时,报考的年限条件由5年减为3年。放宽报考年限、简化考试科目,这一变化使在职攻读法律硕士的招生,与在职人员同等学力申请(法学)硕士学位的考试方式接近或一致。

(六)2009年:法律硕士规模、类型和范围的扩张

2009年初招生的复试和录取即将开始时,基于当年高校毕业生就业形势严峻的压力(法学专业毕业生即其一),教育部急令增招5万名招全日制专业学位研究生,用于录取原报考学术型各相关专业的应届考生。创制了“法律硕士(法学)”这一新概念,用于录取法学专业应届考生。2000年以来一直实行的“法学本科应届毕业生不得报考法律硕士研究生”的限制性规定由此被打破。

同年,中央政法委等15个中央部门联合实施的政法干警招录体制改革试点,将法律硕士纳入本科后培养层次,设置了2年制的法学本科毕业生攻读的法律硕士项目(详见后文)。

以上是法律硕士招生制度的大体沿革情况。总的来讲,招生政策的变化或不稳定,在很大程度上反映出法律硕士教育制度尚处于不成熟的状况。

三、全日制法律硕士招生

（一）基本工作流程

包括法学、非法学本科毕业生在内的考生报考全日制法律硕士研究生，适用同样的招生文件，招录工作流程也完全一致。也就是说，全日制法律硕士的招生，完全遵循教育部每年发布的《招收攻读硕士学位研究生管理规定》及其《实施细则》和《全国招收攻读硕士学位研究生简章》。这些文件详细规定了管理机构及其职责、招生计划、命题、报名、初试、评卷、复试、调剂、录取、违规处理等许多具体工作环节。从学校的招生任务看，招生工作占用了全年的时间，其周而复始的一般工作流程是：

第三季度（7、8、9 月）：院校确定和上报本校招生政策、招生计划，咨询宣传。

第四季度（10、11、12 月）：学校根据文件组织网报、现场确认；因为法律硕士实行全国联考，不涉及组织命题工作。

第一季度（1、2、3 月）：组织考试和阅卷，根据当年招生计划进一步确定或调整招生计划。

第二季度（4、5、6 月）：复试、调剂和录取，这其间也包括大量具体工作环节和任务，法学院承担。

（二）有关法律硕士招生的专门规定

以 2012 年的招生管理规定和实施细则等文件为例，全日制法律硕士招生的专门规定主要包括以下内容：

（1）招生政策。总的背景是调结构，加快研究生教育增长方式转变；专业学位招生做加法；学术学位招生做减法，以 2011 年为基数减少学术型招生规模 5% 以上。因此，今年法学各专业招生规模都有了减少，而法律硕士指标有了明显增加。法律硕士和法学硕士研究生招生指标分别下达、分类管理。

（2）法学院要按照教育部发布的《细则》和《简章》的要求，制定具体的招生办法和补充规定。

（3）报考条件。除须具备一般条件外，法律硕士（非法学）只招收非法学本科专业（代码 0301）考生，法学专业本科毕业生不得报考；法律硕士（法学）只招收法学类专业（代码 0301）考生。

（4）考试形式。法律硕士接收推免生；由于采取全国联考，两类法律硕士均不设置单独考试。

(5)考试科目设置。两类法律硕士初试科目设置四个单元：思想政治理论(100分)、外国语(100分)、基础课(150分)、专业基础课(150分)四个单元，每单元时间3小时，即：

非法学考生——法硕联考专业基础(刑法学、民法学)、法硕联考综合(法学理论、宪法、中国法律史)。

法学考生——法硕联考专业基础(刑法学、民法学)、法硕联考综合(法学理论、宪法、中国法律史)。

(6)命题。法律硕士联考联考科目的命题工作由教育部考试中心统一组织；统考科目考试大纲由教育部考试中心统一编制，联考科目考试大纲由教育部考试中心或教育部指定相关机构组织编制。

(7)评卷。法律硕士评卷由教育部委托有关单位组织进行(中南财经政法大学承担)。政治、英语统考科目实行省招生委员会统一领导、省教育考试管理机构统一组织、评卷点具体承办的管理体制。法律硕士联考科目答案及评分参考由命题机构用机要寄送评卷单位。全国统考、联考试卷评卷的规则、程序和要求由教育部考试中心制定。

(8)复试。教育部制定并公布考生进入复试的基本分数要求(自定线高校除外)；全国分一、二类地区分别设置进入复试的最低分数线(军校根据解放军总政治部要求一律按照一类地区分数线)。同等学力考生复试时应加试两门与初试不重复的专业课，但报考法律硕士(非法学)的同等学力考生，可以不加试。复试的内容、方式和全重，完全由各学校自行确定。

(9)调剂。报考法学硕士和法律硕士之间的相互调剂政策——法律硕士(法学)接收法学本科的法学硕士考生的调剂申请，不接收非法学本科的法学硕士考生；法律硕士(非法学)亦然。

(10)录取。

四、在职攻读法律硕士研究生招生

(一)招录管理体制和招录依据

和全日制招生一样，在职攻读法律硕士的招生仍然依照每年主管部门的文件组织和实施。但不同的是，在职攻读招生由国务院学位办/学位与研究生教育司组织实施，向直属高校和省学位办发布文件；省学位办向省属高校转发文件。

此外,教育部学位与研究生教育发展中心(简称“学位中心”)根据学位办文件制订进一步的考务管理实施办法。全国法律硕士专业学位教育指导委员会秘书处每年还就全国政法系统组织报考工作以中央政法委、最高人民法院、最高人民检察院、公安部和司法部的名义发布文件。

因此,高校组织和实施在职攻读法律硕士招生工作所依据的文件包括:

(1)国务院学位办、教育部学位中心发布的各种招录文件(省属高校还有省学位办文件);

(2)中央政法委员会、最高人民法院、最高人民检察院、公安部、司法部联合发布的关于在职攻读法律硕士专业学位的文件;

(3)全国法律硕士教育指导委员会秘书处发布的有关指导性文件和政策;

(4)高校依据上述文件制订和发布的本校招生简章及复试录取规定。

(二)招录在职法律硕士研究生的一般原则

在制订复试的具体实施方案和录取工作时,应当综合考虑以下因素:

(1)重视和加强复试工作环节,避免初试定录取、复试走过场的缺陷;

(2)合理地对待主管部门赋予的招生自主权,严格自律;

(3)不断总结现有经验,认真分析和研究法律硕士教育的规律和特点,积极探索法律硕士教育改革和发展的途径。

根据近年来的招生政策和法学院校的实践情况,招录在职法硕时应遵循以下基本原则:

(1)考生必须符合国家规定的报考条件并参加全国联考;

(2)符合招生单位确定的初试最低分数线,必须参加复试且成绩合格;

(3)录取时注重对考生笔试成绩以及业务能力或工作业绩的综合考查;对录取的笔试成绩(包括初试和复试)较低的考生应采取跟踪监督的办法,注重培养质量;

(4)录取名额的确定,要遵循法律硕士教育的规律,结合本学院办学条件和优势,兼顾政法机关法律职业人员训练的实际需要;

(5)对特殊区域考生的录取予以优惠政策;民族考生的初试和复试录取成绩应适当低于相应区域的汉族考生;对在新疆、青海、西藏、宁夏、甘肃、陕西、内蒙古等边疆和欠发达地区政法机关工作的考生,以一定方式体现与中东部地区考生有别的招生优惠政策。

(三)招生工作一般流程和专门问题

1. 招生的一般工作流程

每年招生的一般工作流程是:6 月发布招生文件,法学院据此制订和发布当年招生简章,并做好招生咨询宣传工作;7 月考生进行网上报名和现场确认,完成报名信息汇集和上报;10 月考试;12 月底左右学位中心发布联考成绩和有关文件,据此法学院要制订和发布复试和录取通知,并组织实施;次年 3 月上报录取结果。

考生报考有学位办等单位组织编写的业务课和外国语科目的考试大纲和考试指南。

由于报名和考试工作主要由管理部门完成,除了报名,涉及法学院的工作量并不很大。法学院主要的招生工作是在复试和录取阶段。

2. 复试和录取

在复试和录取阶段,法学院面临的工作主要有:

(1)制订复试方案,发布复试通知。复试分数线应以学位中心提供的联考成绩统计为基本依据,参照当年考生数量和招生限额;此外要规定参加复试的条件、复试科目和内容、时间、地点、资格审查所需的证明材料以及录取标准等事项。

(2)资格审查。这是招录的一个比较重要的工作环节,审查的内容包括:准考证;身份证;联考成绩单;报考资格审查表。

法院、检察院、司法、政法委、公安等政法部门人员、人大系统干部以及有关部门从事法律实际工作者的审查表,要有单位同意意见并盖章;其他考生要有所在单位人事部门填写的推荐意见。

实践中,资格审查的难点,是考生的学历证明和报考年限条件:

学历证书。国民教育序列本科毕业证或学士学位证;识别假证问题;政策解释问题(军校本科证、党校本科证)。

报考年限。2006 年由过去的 5 年改为 3 年,伪造工作年限问题。

(3)录取结果上报。按照学位中心要求按时提交录取数据库;将录取工作总结上报学位办,抄送法律硕士专业教育指导委员会秘书处(包括组织措施、录取情况、存在的问题和政策性建议等)。

3. 确定初试分数线

法学院往往关心的是招生指标,希望招生越多越好,多年实践的情况看,除少数高校的招生是量多分高外，绝大多数高校招得越多，分数越低。

据学位办[2004]97号(2004年12月29日发布)，排序管理的具体办法是，每年由教育部学位中心对全国招收在职法硕的高校录取学生的情况制作三种统计分析表：

(1)总分平均分排序

(2)总分最低分排序

(3)外语最低分排序

这三种排序均分列东部院校和西部院校。

排序管理的具体运用是：

(1)对于排序靠前的学校，可在一定的限额内自定下年招生名额；

(2)排序居中的学校，适当限定下年招生名额；

(3)排学靠后的学校，则减少招生名额。

(4)对排序持续靠后、招生质量较差的学校，即总分平均分连续3年均在末5位的学校，下年度停止招生，责令整改；最近2年均在末5位者，通报批评，并减少下年度招生名额，责令整改。实施这项管理措施以来，山西大学曾被停招一年，吉林大学、大连海事大学、华中科技大学、华中师范大学、内蒙古大学等学校受到过通报批评。

五、政法干警招录体制改革试点工作中的法律硕士招生

“政法干警招录培养体制改革试点”是2008年以来出现的一个新提法，最初叫做“政法院校招录培养体制改革”。2007年底胡锦涛同志在全国政法工作会议代表和全国大法官、大检察官座谈会上的讲话中指出：“改革政法院校招录教育制度，推进政法干部工作正规化、规范化，努力造就一支政治坚定、业务精通、作风优良、执法公正的政法干部队伍。”

按照权威的表述就是：这项工作是以胡锦涛同志为首的党中央，正确把握国际国内两个大局，全面分析新时期我们党面临的形势和任务，从加强政法工作和政法队伍建设，巩固党的执政地位，维护国家长治久安的战略高度提出来的，这项改革措施的推行具有很强的现实针对性，主要目的是：(1)是从维护和巩固政权，确保国家长治久安的战略高度，解决基层和边疆政法编制紧缺，干警素质不高、能力不强，法官、检察官断层和警力不足等问题。这些问题在处置去年的拉萨“3·14事件”和今年新疆的“7·5事件”当中显得

更加突出和迫切。(2)解决军转干问题和当前突出的大学生就业问题。(3)解决培养与使用脱节,进一步深化政法院校教育体制改革。胡锦涛同志指出,这些都是政法队伍建设方面的重要改革,涉及面广,既要下决心改革,又要稳步推进。

这项改革试点工作的主要内容和特点是:

第一,招录工作动员了超常的政治资源,显示了庞大的、强有力的组织领导架构——中央政法委牵头,中组部、中编办、最高人民法院、最高人民检察院、教育部、公安部、司法部、财政部、人力资源与社会保障部、解放军总参共11个部门,2009年又增加民政部、安全部、公务员局、解放军总政治部4个部门,共15个部门,以文件所用公章来形象地说,这就是3枚斧头镰刀、10枚国徽、2枚八一军徽,党政军部门各司其职,关于培养政法人才或法律教育的工作,动员如此宏大规模的政治资源,在我国法律教育乃至高等教育历史上,前所未有。

第二,三项资格考试一体完成,就是说将满足教育所需的教育(入学)考试、满足就业需要的公务员考试以及司法从业资格的司法考试三者整体纳入试点工作;具体来讲,入学时教育水平资格考试与公务员考试"两考合一"——前者采取教育部国家统一高校入学考试模式,结合试点班按层次确定,即报考专科的考试科目为文化综合(历史、地理、政治),报考专升本和二学位的,考试科目为民法学,报考法律硕士的,考试科目为专业综合(刑法学、民法学、法理学、中国宪法学、中国法制史,以2门计),考试大纲由中组部、人力资源和社会保障部、教育部分别负责制订。后者考试科目为行政职业能力测验和申论;凡定向到基层法院、检察院(不含法警)的学生在校期间参加司法考试,实行单独取得司法资格的优惠政策。

第三,"教、学、练、战一体化的教学模式"。凡各学历层次教育的培养目标、专业设置、教学内容和教学方式,均以政法职业为目标导向;突出政法综合素质和政法实务训练内容;以职业道德、基本技能和专业能力培养为核心。

(1)专科教育,招生对象主要是高中学历起点的军队退役士兵,学制2年,基层实习半年,就业方向:中西部和其他经济欠发达地区县(市)以下基层法院、公安和司法行政机关,培养政法应用型人才;专科毕业证书。专业设置由教育部商最高人民法院、公安部、司法部及相关院校确定。

（2）本科教育（含专升本、二学位），学制2年，基层实习半年；就业方向：中西部和经济欠发达地区县（市）以下法院、检察院及公安、司法行政机关，培养本科层次的应用型、复合型政法人才；毕业生颁发本科毕业证并授予学士学位；其中定向到法院、检察院的，专业设置由教育部商最高人民法院、最高人民检察院、公安部、司法部及相关院校确定。

（3）研究生教育，以法学本科学历为起点，2008年设刑法、民法2个专业；2009年采取法律硕士专业学位教育形式；学制2年（1年理论教学，1年实务教学，其中半年实习）；重点加强知识应用和职业技能的训练；课程考试合格且论文答辩通过者，颁发硕士研究生毕业证书并授予法律硕士专业学位；就业方向：中西部和其他经济欠发达地区县（市）级以下法院、检察院。

表1　政法干警招录培养模式

培养层次	招生对象 考试科目	培养目标	学制/年	专业设置 培养方式	毕业水平/学位	就业方向
专科教育	中学毕业 军队退役士兵 考试科目： Ⅰ行政职业能力和申论 Ⅱ历史、地理、政治	政法应用人才	2	教育部与中央司法机关及院校商定； 基层实习半年 免学费，发生活补助费	专科毕业证	——中西部和其他经济欠发达地区县（市）以下基层法院、检察院、公安和司法行政机关 ——凡定向到法院、检察院的各层次学历试点学生（不含法警），在校时参加司法考试，实行单独取得资格的政策 ——研究生层次的需服务满5年，本科层次的满7年，专科层次的满9年，方可交流
本科教育	本、专科毕业生 考试科目： Ⅰ行政职业能力和申论 Ⅱ民法	政法应用型、复合型人才	2	教育部与中央司法机关及院校商定； 基层实习半年 免学费，发生活补助费	本科证 学士学位证	
研究生教育	法学本科毕业生 考试科目： Ⅰ行政职业能力和申论 Ⅱ刑法、民法、法理学、宪法、中国法制史	高级政法人才	2	1年理论教学 1年实务教学（含半年实务部门实习） 免学费，发生活补助费	硕士研究生毕业证 法律硕士专业学位证	

第四，严格的定向和定单式培养的管理模式，即国家直接为县级（含）以下基层政法部门委托试点高校定向培养，学生入学后，与培养院校、定向单位所在省（自治区、直辖市）的省级政法机关和定向单位签定三方定向协议，学费和生活补助费均由国家财政负担（生活补助费发放和标准按财政部财行[2008]459号文件），试点班学生享受准公务员待遇；录取的高校应届毕业生，户口迁入录取学校；录取的退役士兵，由民政部门统一明确相关政策。试点班学生在校期间按学生管理规定管理。

学生毕业后，院校按原确定的招录单位进行派遣，并将其档案和户口转至相关单位。学生到定向单位报到后，由招录单位按规定办理公务员录用手续。试点班学生毕业到定向单位工作，研究生层次的需服务满5年，本科层次的满7年，专科层次的满9年，方可交流。

在校学习期间不合格或者毕业时未获得相应学历学位的人员，以及毕业时不符合相应职位资格条件要求的，不得录用为公务员，国家不负责安排工作，学生自行择业。同时，一次性退还所享受的补助费（包括学费和生活补助费）。

违约不到定向单位工作的毕业学生，不得录用到其他党政机关以及参照公务员法管理的事业单位，要将情况记入考生诚信档案，并应在违约处理决定公布后1个月内，一次性退还所享受的教育费用和补助费（包括学费、培养费和生活补助费），并缴纳该费用50%的违约金。

根据中央指示精神，该项工作从2008年正式启动，由全国5所政法大学和20所公安警官类高校招收退役或拟退役士兵和高校毕业生招录5160人（法院320人，检察240人，公安4360人，司法行政240人），分大专、本科（专升本或第二学士学位）和研究生（法学硕士）三个层次，为中西部和其他经济欠发达地区14个省区（晋、蒙、粤、桂、渝、川、贵、滇、藏、陕、甘、青、宁、新）县级以下司法、公安和司法行政系统定向培养政法干警。

2009年试点高校扩大为66所，计划招录23068人。招录拟退役士兵2929人，已退役士兵4906人，高校毕业生15233人；招录2年制专科13821人，2年制二学位和专升本7799人，2年制法律硕士研究生1448人；定向法院系统1924人，检察系统1942人，公安系统16179人，司法行政系统3023人，范围是冀、晋、蒙、辽、黑、皖、赣、豫、鄂、湘、桂、贵、滇、陕、甘、宁、琼、渝、川、藏、新、兵团22个省区。

这项重大举措对我国法律教育的改革直接提出了挑战或任务,并引发我们深入思考:

(1)国家投资开办政法院校,举办法律教育的目的究竟是什么?全国这么多的法律人才培养平台,招生规模如此之大,毕业生又这么多,但为什么政法机关又缺人?到底哪个环节出了问题?

(2)首次参加试点的院校为政法大学和部分公安警官类职业学院;今年第二次试点院校范围有所扩大,除增加了公安类职业学院外,还扩展到综合大学法学院,如吉林大学、山东大学、武汉大学、四川大学、内蒙古大学、辽宁大学、西藏大学、新疆大学、新疆财大、云南民族大学、青海民族学院、内蒙古民族大学、西南民族大学。这涉及到高等政法院校办学定位的问题,没有参加的大学法学院办学目标是什么?全国所有的政法院校办学功能上是否"被分工"?如果有,谁分的?根据什么标准?既然招录政法人才这项工作是关乎党和国家政权建设、法治建设的大事,是国家这么大的需要,可是为什么那些主流的高校却远离党和国家对法律人才培养的现实需要呢?

(3)招录培养改革方案,在一定程度上提出了政法人才的评价目标,这种评价标准与现有的评价标准之间的关系如何处理?

这项试点工作目前正在实施中,从法律教育改革的全局看,还面临一系列需要进一步研究和解决的问题,包括整体和局部的关系、基层和上级的关系、东部和西部的关系、改革院校和未改革院校的关系、政法机关人才需求和教育培养的关系等。这些都值得法律教育工作者深入思考和探讨。

六、法律硕士招生方面存在的问题和改进

法律硕士专业学位教育项目自创办以来一直争议不断,问题多多。招生方面主要有以下问题:

(一)全日制法律硕士招生制度

1.考试科目设置不合理

全日制法律硕士考试科目包括政治理论、外国语、业务课一、业务课二共4门;其中两门业务课涉及法学理论、宪法、中国法律史、刑法、民法5科。全日制法律硕士只招收非法学本科专业背景考生,考试科目恰好是考生从未学过的内容,也就是说,接受法律硕士教育所需具备的专业资格条件,只能通过自学或其他途径获得,而对于应届毕业的考生来说,考试时正处于本科四年级学习阶段,

即正在进行第一学历教育。这样的考试,明显违背考试的基本规律,很不合理,就跟要求高考考生必须具备他/她将要报考的大学本科专业课程一样是荒唐的。法律硕士入学考试要考的专业课内容,恰好是考生入门后希望掌握的内容。而今不仅笔试,不少学校的复试环节仍以笔试或口试的方式重复这些科目。这样,入学考试科目与法律硕士培养方案的课程之间就形成了部分交叉和重复。同样的科目反复学,反复考,考了又学,影响、弱化了考试和培养各自功能的发挥。

2. 报考资格条件

全日制和在职攻读两类法律硕士在报考资格条件上存在着政策性不协调、不平等的问题。前者允许同等学力(即大学专科毕业生)报考;后者则要求必须大学本科毕业(且一般应有学士学位)。

全日制法律硕士的招生原本排斥法学本科专业应届生报考,可是,只要工作几年之后,这名法学专业毕业生仍可通过在职攻读的途径获得法律硕士学位,因为报考在职攻读法律硕士,并不限定本科专业背景。这样一来,分享法律硕士教育的,就不只是法学本科专业的毕业生,也有非法学专业者,差异只在于报考和攻读学位的时间和步骤罢了。正因此,对于法律硕士人才培养的质量标准也就始终难以做出合乎逻辑的、统一的评价,同时也带来实际操作中的诸多难题。这是自法律硕士教育形成二元模式以来一直存在的老问题。2009 年"法律硕士(法学)"的出现,又使这一问题更趋复杂。

(二)在职法硕招生管理

1. 报考学历和工作年限条件

党校毕业文凭问题比较突出,招生中面临压力较大。关于党校文凭的学历认定问题,教育部曾在 2004 年 6 月 21 日发布的《教育部办公厅关于党校函授教育学历有关问题的意见》(教学厅函[2004]15 号)中明确,党校举办的函授教育不纳入国民高等教育系列。同时指出,按照《中共中央关于面向 21 世纪加强和改进党校工作的决定》(中发[2000]10 号),"取得党校函授教育学历,待遇参照国民教育相应学历的有关规定。"现在的问题是,与其他种类的专业学位不同,在职攻读法律硕士专业学位的考生生源以政法系统为主,其中有不少是党校毕业文凭,不让这些人报考在职攻读法律硕士学位,对各地,尤其是中西部内陆地方的基层司法机关干部素质的提高影响很大。

2. 招生限额确定标准

招生限额的管理制度对于调控和规范学校招生,以保证招生质量无疑有积极的作用,但从每年下达的招生数量分配表上看,全国各法律硕士培养单位的培养条件或能力,与其招生名额之间并不完全协调。最明显的,综合大学法学院与全国五大政法大学之间,无论从培养应用型法律人才的办学经验,还是从师资队伍、图书资料、与法律实务部门的业务联系以及教学设施设备条件等方面来讲,客观上尚有明显的差距。但政法大学的招生数额却低于大学法学院。现有的培养能力和条件没有得到充分的发挥。因此,招生数额的分配比例与不同类型法律硕士培养单位之间不尽协调。

这方面还有个问题:高校被确定的招生指标在当年由于保障质量的原因而未必能全部用完,这个问题在 2006 年的招生中比较突出。许多法学院坚持不过低下划录取线,结果使原定的招生指标剩余较多。这就会带来一个问题:要完成招生计划,就要降低分数线,降低分数线又要受上级监督惩罚,而不降低分数线,又没法向学校交代,又要面临学校认为招生工作没有做好的很大压力。所以招生部门左右为难。受生源市场越来越少的影响,特别是今年可能将新增 30 个单位(总数将达 80 个),明年这一问题肯定会更加突出。一旦出现这情况,实际上,原来的为保障质量而予以限额的管理办法,实际上在一定程度上就失去意义了。

以某大学为例,2006 年报考考生 867(比上年还增加了 52 人),下达的限额 290,最后按文件要求划定联考分数 168 进入复试,录取 269,剩余指标 21 个。该校知道:如果划线 164 分,就能完成 290 名招生计划任务。今年这种情况不在少数。当然也有个别反例,自定联考分数线过低。

3. 排行管理

由学校自主确定进入复试的分数线,对保证学校的招生自主权和结合具体实际情况选拔法律人才具有重要作用。

但目前的排行榜只是分东部、西部考生总分最低分、总分平均分最低分和外语最低分三项排列指标,缺乏进一步细致的、必要的分类。例如排行榜不分考生民族成分,一律统排,体现不出对来自政法系统少数民族考生的优惠政策。在全国统一招收硕士研究生初试分数设定上,民族考生享受较大优惠政策。在职攻读的民族考生,尤其是来自新疆、宁夏和青海等民族地区的考生,本该正是充分体现国家考试优惠政策的对象，他/她们不存在“留不住，下不去”的问题，长期坚守在边疆政法战线上，为国家的安全、稳定和民族团结做贡献。因此也应当象全国统一招收硕士研究生考试民族考生享受一定优惠政策那样予以相应地优惠。近年来，我们在实际招生中一直关注这个问题，试图在联考分数线划定上适当区分汉族考生和民族考生，尤其是给长期从事边疆基层政法实践工作的民族考生以必要的优惠。但在目前这种排行榜的管理下，很难实现。

在职法律硕士研究生招录工作的现状、问题与对策*

在职攻读法律专业学位硕士研究生(以下简称“在职法硕”)是1997年国务院学位委员会和司法部研究决定设置,并于1998年开始实施的一个非学历教育项目;旨在为政法实际部门培养高级法律专门人才,迄今已连续开展了16年;目前已成为与“法律硕士(非法学)”、“法律硕士(法学)”并行的通过在职攻读形式取得法律硕士学位的一种培养法律专门人才的重要方式。[1] 值得注意的是,在职法硕教育的发展规模、办学的质量与成效,与政法队伍建设的实际需要和国家宏观学位教育政策的制定和调整变化有着直接密切的关系,深受国家学位管理部门招录政策的影响。本文以最近7年的官方文件和权威统计资料为依据,系统总结和分析在职法硕教育开展的基本情况、招录工作模式以及相关政策的变化、招录工作中存在的实际问题,进而提出相关对策意见和建议,供有关部门决策和法学院校办学参考。

一、基本情况

1. 招生单位及其区域分布

截止2011年最近的一次专业学位审批,目前全国法律专业学位培养单位有118个,其中在职法硕培养单位80个(其中清华大学自2006以来一直未招生,尽管2006年、2010年均获得了招生计划)。2009年、2010年和2011年三次新增的38所高校均未获得在职法硕招生权。现有80个在职法硕招生单位的

---

* 本文发表于《研究生教育研究》(中国学位与研究生教育学会会刊)2015年第1期。收入本书时恢复了原来删除的少量内容和附表。

[1] 国务院学位委员会《关于开展在职攻读法律硕士专业学位工作的通知》(学位[1997]56号.1997年11月10日)。目前法律专业学位教育,除在职攻读类型外,还有全日制的“法律硕士(法学)”、“法律硕士(非法学)”两种,此外,中央政法委主导的政法干警招录培养体制改革试点项目中,自2009年起列入了“法律硕士(法学)”。

区域分布情况是:华北5省区(京、津、冀、晋、蒙)17个点,其中北京11个点,最为集中;东北三省7个点,沈阳和大连共5个点;华东7省24个点,每省平均2个以上,主要集中在上海(6个)、江苏(4个)、山东(4个),为全国最密集区;中南6省19个点,主要集中在广州(6个)、武汉(5个)和湖南(4个);西南5省区6个点,川渝各2个,云贵各1个,西藏空白;西北5省区7个点,主要集中在西安(4个),甘青新各1个,宁夏空白。(见附件)

可以说,在职法硕培养单位已经基本形成了全国性布局,但区域之间布点数量的差异十分突出;西南和西北10省区一共13个,远不及中东部,只比北京多2个。宁夏和西藏至今仍是空白,更加突显了东西之间的结构性差异。当然,这两个民族自治区目前也都有在职法硕毕业生,他们主要是由邻近省区的高校培养的。例如2010年在国务院学位办和最高人民检察院、最高人民法院的支持下,西北政法大学承担了每年为西藏自治区司法机关定向培养在职法硕的专项任务。宁夏的在职法硕毕业生也多出自于该校。

2. 招录规模与招生质量

总体上看,最近7年报考在职法硕的考生有增有减。[1] 2007年比上年猛增7675名考生,这一变化与2006年报考政策中有关考生工作年限的条件由5年减为3年有关,之后又逐步递减,但都超过了2006年实际考生总量。规模上,尽管2007年新增了30个培养单位,单位总量由50个增至80个,但由于实施宏观紧缩政策(即限额),因此近5年来招生计划的总体趋势是逐年递减;而每年的实际录取则有高有低(见表1)。

值得注意的是,2009年(含)以前各年总的录取人数均未达到当年预计的招生限额(2008年完成计划录取的84%,2009年为89.67%)。2010年起,主管部门对招生指标实行全面的限额管理,即全国各招生单位最多100名,不再设置自定名额,招生总量5430名,较上年计划减少3460人,减幅39%,这是对在职法硕招生规模连续压缩幅度最大的一次。然而2010、2011年的实际录取又比其当年的招生计划分别增加了579人和776人。这是主管部门为解决少数高校招录中日益突出的供需矛盾而对原来下达的招生限额进行后期微调的结果。

---

〔1〕 在此之前的有关数据待考。据统计,1996~2003年累计招生29448人,获得学位8848人。2004年在校生共20600人,其中全日制9328人;在职攻读11272人。

表 1 2006～2013 年全国在职法律硕士招录情况一览

年份	全国平均成绩			实考人数	招录计划（名额）	实际录取（人数）
	外语	专业综合	总成绩平均分			
2006	49	132	180	11711	限额为 4470； 13 个单位无限额	6570
2007	46	132	177	19386	9830	7618
2008	48	127	174	17466	8165	6864
2009	50.2	133.6	182.6	14296	8890	7972
2010	47	137.5	183.5	13758	5430	6009
2011	52.17	133.73	182.6	14502	5330	6106
2012	47.43	121.46	167.19	16758	6410	6979
2013	47.11	125.23	170.48	17325	6275	6704
总计				125202	＞54800	54822

说明：（1）2006 年 13 所高校自定招生规模而无最高限额；2007 年最高自定限额为 300 人；2008 年、2009 年最高自定限额为 200 人；2010 年以来规定最高限额均为 100 人。（2）2006 年全国在职法硕单位为 50 个；2007 年后增为现在的 80 个，2013 年为 78 个。（3）本表资料来源：国务院学位办、教育部学位与研究生教育发展中心发布的年度文件。

评价考生的质量，至少牵涉考生的综合素质、已有工作业绩和联考成绩等诸多因素。单从联考成绩看，2006 年起在职法硕考试科目由过去的三科（外语和 2 门专业课）减为两科（外语和专业综合），在外语、专业综合和总成绩这三项观测指标中，历年来各自分别有高有低，但总的趋势是稳中有升，外语成绩的提升比较显著。

3. 招录管理制度与工作流程

在职法硕的招录管理体制，一直实行在国务院学位办统一领导下，全国法律专业学位研究生教育指导委员会秘书处（简称“法指秘”）、教育部学位与研究生教育中心（简称“学位中心”）、省级学位管理管理机关及省级学位中心分工参与的工作模式。教育部学位中心承担命题和考务管理工作（包括组织阅卷、成绩统计分析和发布以及录取信息管理等）；各省学位或教育主管部门负责本省内的具体考务；法指秘在以中央政法委办公室、最高人民法院政治部宣教部、最高人民检察院政治部干部教育训练局、公安部人事训练局、司法部办公厅（通称“五部委”）名义组织推荐报考工作、根据当年考试情况向学位办和高校提出录取指导意见和建议分数线、监督招生单位等方面发挥一定的作用。

在职法硕招录工作的基本流程是：国务院学位办于每年5~6月向各省级学位、教育管理机关和招生单位下发文件，部署当年的招录工作，同时发布文件通报上年录取结果的排序和有关处理意见；6~7月考生在指定网站（http://www.cdgdc.edu.cn/zz10.html）上进行网上报名，并在指定地点进行现场确认；10月考试；12月学位办发布录取工作通知，学位中心公布考生成绩，并提供外语、专业综合和总成绩的全国平均分；各高校于次年一季度内组织进行复试和录取工作，通过网上录取系统向学位中心报送录取结果，完成招生工作。从管理角度讲，在职法硕的招录工作和全日制招生工作一样，也是一项耗费全年时间的工作。

4.招录基本政策与制度

目前在职法硕的报考和录取的具体制度和政策的内容主要是：

（1）报考条件，包括学历和工作经历两方面，前者要求考生具有国民教育序列的大学本科毕业证或学士学位证，这意味着，通过党校和未在教育部备案的军校取得的本科证不能报考。至于考生的本科学历是否是法学专业，无所要求。

2006年以前，考生必须从事5年以上政法实际工作经历才能报考。2006年起降为3年。工作经历的计算标准是考生获得本科毕业证或学位证的发证时间到报名的现场确认时间。考生可自由报考全国任何一所招生学校而无所限制，但在录取时如果发生调剂的情况，则将有所限制，即仅限于报考学校所在省内。

（2）考试科目。过去在职法硕的考试科目共计四门，即政治理论、外国语（英语、俄语）、专业基础课（刑法、民法）和综合课（法理、宪法、中国法制史），其中政治理论一直由各高校自行组织，其余3门则实行全国统一考试（又称“联考”），外语满分100分，开设英语和俄语两种，俄语的考生限报黑龙江大学。

2006年起专业基础课和综合课合并为一门“专业综合”，内容仍为五科，满分仍为300分；俄语考生又增加了东北财经大学，另外还增加了日语语种，但限报东北财经大学。

为便于考生备考，学位办每年都编印指定的考试大纲和指南。根据2004年《教育部办公厅关于严禁举办考研辅导班的通知》（教学厅15号）要求，严禁高校举办考前辅导班，不得教师参与任何考前辅导（包括社会上的考研辅导）。

（3）复试和录取标准。在职法硕的复试和录取工作完全由高校根据学位办文件自行组织。2004年起，录取分数线改由各高校自主划定，这是教育部实施的各项招生考试中赋予学校最大的一项自主权。但与此同时，学位办也实行了一套比较严格的管理措施对高校加以监督和制约——要求招生单位要成立录取工作领导小组；制订和公布复试办法和复试标准；复试内容要综合考查考生的品质、专业知识和技能、素质等方面；录取要综合考虑考生的联考成绩、复试成绩和工作业绩。其中比较硬性的制约措施就是对各高校当年的招录结果进行排序管理。

多年来一直有一条关于在职法硕考生身份的限制性规定，即非政法部门考生录取比例一般不超过本校当年录取计划的20%。这条规定原本是为保证政法等实务部门的考生报考而设置的，在早些年对限制考生报考有一定的作用，但目前已几乎没有任何意义；凡本科毕业且工作年满三年者，均可成功地报考和被录取，而不论考生从事怎样的工作。

（4）关于调剂录取。2007年起规定考生只能向报考高校所在省内的其他院校进行调剂而不得跨省。学位办认为这样限制的目的是为了“保证培养质量，便于在职人员兼顾工作、就近入学”。在此之前，考生可在全国范围内的各个高校间自由地调剂录取。由于没有统一的录取分数线，因此这种自由的调剂政策对全国考试成绩各式各样的考生成功获得入学机会起了很大作用，但同时也带来培养和管理方面的一些问题。

（5）对自主招录的监管措施，主要有以下三者：

第一，利用排序控制和约束招生单位的复试和录取自主权。排序分别东部和西部院校，观测指标有三项：一是总分平均分（即将全国各高校录取考生的总分平均分由高到低进行排名）、二是总分最低分排序、三是外语最低分排序，通过减少招生规模、通报批评、暂停招生、取消培养资格措施约束高校的招生工作。

排序结果的运用办法是：排序在前的学校自定下年招生规模，但这也经历了由无限自定到有限自定，有限自定又由 300 人降到 200 人，直到取消自定的过程；排序居中的予以适当限制；排序较后的减少下年招生指标。其中总分平均分连续 3 年排序最后 5 位的（西部学校 3 位）且低于指导分数线的下年停招；连续 2 年且低于指导分数线的予以通报批评并减少下年招生指标，限其整改。

第二，学位中心认证处在每年录取结束后随机抽查考生的报考资格，检查各高校的资格审查工作，尤其是对考生的毕业证的真假。对于资格审查不严、有弄虚作假等问题的招生单位，将采取通报批评或停止招生等措施。

第三，要求省级学位委员会和教指委对各招生单位的报考、录取、排序情况建档，跟踪、监督和检查学校培养工作。

实施这种监管办法以来受到通报批评的学校有：吉林大学（2005 年），贵州大学、海南大学（2006），大连海事大学、华中科技大学、华中师范大学、内蒙古大学（2007 年），中央民族大学、西北大学（2009 年），广东商学院、青海民族大学（2011 年），中南民族大学、新疆大学（2012 年）；山西大学曾受到最为严厉的停招一年的处罚。

2005 年秘书处曾根据国务院学位办有关文件发布了指导招生录取工作的文件，提出了联考合格成绩的指导性分数线，这对全国各法硕培养单位招生工作起到了积极作用。这也是迄今为止指导委员会唯一一次出台在职法硕招录工作指导分数线。

2007 年，学位中心研发并采用了“在职攻读硕士学位网上录取系统”，可结合当年的招录政策，专门针对超限额、违规调剂、重复录取、考生身份比对检查、联网进行学历学位证书认证，并实现数据上传、校验、统计、检查监督等，不断完善招生管理工作环节。

历年来，学位办在招生工作中都坚持强调：在职人员攻读硕士学位是国家多渠道培养高层次专门人才的重要举措，也是积极发展专业学位教育的重要途径。做好在职人员攻读硕士学位录取工作，对于保证生源质量，树立良好声誉，促进此项工作健康发展具有重要意义。各招生单位要加强管理，树立品牌意识，切实提高研究生培养质量。被通报批评学校要认真研究存在的问题，提高认识，加强整改，提出具体改进措施。

二、招录工作存在的问题

在学位管理部门、秘书处、学位中心和招生单位等方面的共同努力下，在职法硕的招生管理制度和操作规程都在不断地改进和完善，保障了在职攻读学位工作的正常发展。在职法律硕士教育也取得了显著成绩，为政法队伍建设起到了很大作用。[1] 但与此同时，实践中也存在着一些需要解决的具体问题。

根据笔者对历年招生政策的研读和招生实际情况的观察总结，目前在职法硕的招录工作主要存在以下几方面的问题。

（一）报考条件和录取

（1）报考的学历条件规定以取得本科毕业证后要从事满三年的（政法）实际工作，这一规定只是针对高校应届毕业的考生，对于已经从事政法工作多年和在职取得本科学历的考生则构成报考障碍。例如，一位在政法部门工作20多年的业务骨干，在工作中通过专升本取得了本科学历，但需要再等三年才能报考。这种将具有本科学历和具备政法工作经历这两项条件进行简单逻辑关联的规定显得机械和僵硬。

（2）对考生的本科专业没有要求，即便同为政法系统考生，但法学和非法学本科背景并存，[2]专业程度参差不齐，为培养和论文指导带来一定困难。

（3）关于限制党校毕业文凭报考。这个问题前些年比较突出，学校在招生中也面临较大压力。党校文凭的学历认定问题，教育部曾在2004年6月21日发布的《教育部办公厅关于党校函授教育学历有关问题的意见》（教学厅函［2004］15号）中明确，党校举办的函授教育不纳入国民高等教育系列。同时指出，按照《中共中央关于面向21世纪加强和改进党校工作的决定》（中发［2000］10号），“取得党校函授教育学历，待遇参照国民教育相应学历的有关规定。”问题是，与其他种类的专业学位不同，在职法硕的生源以政法系统为主，受党校教育和取得相应文凭者较多，限制党校毕业考生报考，对扩展政法队伍提高业务的途径有一定程度的影响。

---

［1］ 王健：“中国法律硕士教育的创办、发展与成就：1996－2006”，载《法制与社会发展》2007年第5期。

［2］ 由于种种原因，我国目前从事政法工作的人员，其本科专业并非都是法学，有不少中文、外语、计算机或其他专业的本科毕业生。尽管招生政策上要求考生应具有政法工作背景，但实际上这并不能保证考生应有的专业水准。

(4)如何落实优先录取政法系统推荐考生政策的问题。中央政法"五部委"每年向所属系统发布推荐报考工作的专门文件中都规定,凡纳入"推荐计划的报考人员,政法各部门将于录取阶段商全国法律硕士专业学位教育指导委员会,采取相应照顾录取政策优先重点录取。"那么这里的"照顾录取政策"由谁制定,怎样"优先重点录取",均因规定笼统而在实际中无法操作;每当政法部门执"五部委"文件就此问及学校时,学校则无以应对。

(5)联考试卷的管理和利用问题。多年来联考试卷一直采取集中评阅和集中管理,评阅完毕后试卷并不返还各招生单位。但是经验表明,比对考生初、复试的试卷的笔迹是查验考生作伪的一个有效办法。如能将联考试卷返回各学校,或有调用试卷的工作机制,则将有便于学校严把录取质量关。

(二)招生限额与分配标准

招生限额随不同的学校而有不同程度的差异,[1]现在的问题是,各校的招生限额,主要是依据各单位多年沿袭的招生规模和录取成绩的先后排名来确定的,对于该单位法学教育的基础、办学条件及其所在地域报考生源情况等的因素则考虑不足。也就是说,招生限额的分配未能充分、客观地反映出各单位培养能力条件上的差异和考生的报考需求。由于全国各单位办学条件(如大学法学院与政法大学)及其所在区域的环境条件存在较大差异,各单位管理者的认识程度或办学水平的不同、就近入学的客观条件与各地授权点数量多少的不同,以及限制跨省调剂政策的制约等诸多因素,致使招录工作出现较多问题:

(1)生源匮乏或逐年递减的高校为完成招生限额而降低复试分数线,或低分接收外校调剂。以2011年为例,全国有51.8%的单位录取考生的总分最低分不及全国总分平均线(182.6分),总分最低分最高的单位与最低的单位之间相差将近100分。

(2)招生限额、考生数量和实际录取之间严重失调。西安政治学院自2005年开始招收在职法硕,至2009年的5年间只录取了20名考生(2005年11人,限额100人;2006年3人,限额100人;2007年3人,限额80人;2008年1人,限

---

[1] 以2011年为例,全国77个招生单位中最高限额为100名(共有24个单位,其中中国政法大学、西北政法大学因有联合培养和定向培养任务超过了100名),50(含)至80名之间的单位有39个,14个单位的限额不足50名,最低为25名。

额100人;2009年2人,自定)。2010年将限额削减为50人,最后录取48人,但44人为西北政法大学调剂考生,接收调剂率高达91%。2011年的情况依然如此。这一情况在其他高校也不同程度存在着。

(3)由于招生名额限制,那些生源质量好、数量充足、培养条件优越和声誉好的政法院校在录取时面临很大压力,特别是西南、西北、华东三所政法大学,复试分数线连年推高,但有意思的是,报考这些学校的考生数量反而连年增加,不减反增。[1]

从考生方面讲,优秀成绩不能被录取的问题日益严重。同样的试题、评分标准和考试成绩,甲地150分的考生即能录取,而乙地200多分的考生却被淘汰。考生考试成绩的高下与录取结果已无合理关联。那些试图报考名校的考生需要冒即便成绩优异,也将面临被淘汰的巨大风险。学校无法向考生做出合理解释。

调剂虽然能够部分解决考生的入学,但这个办法的作用是有限的。首先是各省区招收在职法硕单位的数量不等,调剂要受可调范围的限制。更重要的是,许多考生出于学校声望、人脉资源、学缘关系、职业规划、学费等因素的考虑宁愿继续报考,而不愿意调剂录取到别的学校。

我们认为,招生限额管理办法的功能在于调控和规范学校的招生规模,旨在确保招生质量。但这只是其发挥作用的一个方面。作为一种调控手段,限额制度的客观效果,受全国培养单位规模和生源总量的制约。因此,从技术上看,究竟如何合理地确定全国各招生单位的限额,应该说是一个比较细致、复杂的问题。现行的指标分配办法,应该说已明显脱离了考生报考的需要和各校招生能力条件的实际情况。尽管学位办和法指秘关注到这一问题给予帮助,每年录取时都再次调整限额以缓解录取中的矛盾和压力,但仍不能从根本上解决限额分配脱离实际的问题。

(三)录取结果的排序和管理

现行的排序方式是分列东部、西部考生的总分最低分、总分平均分最低分和外语最低分三项排列指标进行全国总排名。这里有三个问题:

---

〔1〕 例如,西北政法大学2009年报名820人,实考598人;2010年报名1076人,实考757人;2011年报名1048人,实考716人,而招生名额均为100名,迫使录取分数线连年升高。

第一,各高校招生规模少则四五十,多则上百,计算其各项平均分的基数,即统计样本差异很大,以如此得出的平均分来考量学校的招录质量,不仅不科学,也没有任何说服力。例如2008年,北京大学、西安政治学院总分平均分都是224分,华东政法大学223分,但这三所高校招生数分别为127名、1名和250名;西南政法大学、中央财经大学均为218分,招生数分别是210名和79名;复旦大学、中国政法大学、武汉大学均为215分,招生数分别是210名、69名和140名,这种排序就如同举重项目不分若干公斤级而混合进行比赛一样的荒唐。

第二,招生结果的排序分别东部和西部院校,单列西部院校的本意是想从政策上扶持和保护西部院校的办学,但实际中却出现了事与愿违、有些西部院校反受其害的情况——在西部排序最后3位的院校,其平均成绩却在东部院校末5位以上,例如西北大学,2007年的平均成绩是185.04分,居西部排序表倒数第3,非西部排序表倒数第9;2008年平均成绩187.55分,又居西部排序表倒数第3,但在全国排序倒数第19位,总分最低分排序居全国第14位(175分)。该校连续两年在后3位,并因此已经受到了“减少2009年招生限额”的处罚,但如果将该校列入东部排序范围,就不属于“持续招生质量差、排名较后”的高校。这一情况可能是决策者始料未及的,应当引起注意。

第三,从全国统招研究生考试为少数民族单独划定合格分数线的经验看,排行体系的设计没有将民族考生作为一个单项指标,因此也无法为政法系统的民族考生给予优惠录取的政策。新疆、青海、宁夏、广西、贵州、云南、四川等地政法系统的民族考生,正是需要体现国家考试优惠政策的对象,他/她们不存在“留不住,下不去”的问题,长期坚守在边疆和基层政法战线,为国家稳定和民族团结做出了贡献,有理由像报考全国统招研究生那样享受一定的优惠政策。有些学校近年来也试图为民族考生制订一定的优惠录取政策,但按照目前的排行管理方式,很难实现。

(四)“单证”问题

在职法硕教育项目是依据在职人员同等学力申请硕士学位这一制度设立的,又称作“非学历教育”,符合条件者获得硕士学位证而无学历证。但在实践中,在职法硕研究生录取后均接受了三年左右较为系统、完整的专业课程学习,这事实上已超出了“非学历教育”的概念。新颁布的《在职攻读法律硕士研究生指导性培养方案》(学位办[2009]10号,2009年3月12日),更加淡化了在职法硕教育的"非学历教育"色彩,多年来取得学位者的"单证"和"双证"的矛盾更加突出。

上述问题,有些已经引起学位管理部门的注意,我们也期待决策部门能够就这些问题认真研讨,不断改进和完善在职法硕的招录工作。[1]

三、政策意见和建议

2010年9月,国务院学位委员会印发了《硕士、博士专业学位研究生教育发展总体方案》,从宏观上提出了我国专业学位的发展目标和相关要求。具体到在职法律硕士教育,特别是在职法律硕士的招录问题,这里结合上述问题,提出几点政策意见和建议。

1. 要积极肯定在职法律硕士教育的价值和作用。多年来,在职法硕教育在提升全国政法队伍的学历层次、特别是对边疆和内陆基层政法队伍建设方面的成效十分显著。现阶段,我国政法队伍建设的一个比较突出问题就是边疆、特别是内地基层政法人才数量不足和素质不高的问题。2008年中央政法委主导的"政法干警招录培养体制改革试点"和2011年教育部和中央政法委联合实施的"卓越法律人才教育培养计划",[2]都是为解决这一问题采取的重大举措。应当看到的是,在职攻读教育在这方面多年来一直发挥着积极的作用。近年来,我们一直跟踪关注西北五省区政法队伍方面的情况。据我们2011年的调研,西北五省区政法系统研究生学历所占比例大约是总量的1－5%左右,而这个有限的高学历群体,主要是通过在职法律硕士学习途径培养出来的。在职法硕研究生几乎是定向培养,学生大都来自基层和工作一线,学习和研究积极性

---

〔1〕 2012年3月国务院学位办组织有关省级学位办、高校、有关专业学位指导委员会秘书长及学位中心考试处负责人就在职攻读招生工作问题开会研讨。议题包括(1)是否需设定各校、各专业学位类别的招生规模上限?(2)结合全国联考各校录取成绩、报考资格抽查结果、教学合格评估等,如何建立与招生计划挂钩的奖惩机制?(3)是否同意报考条件统一为"具有相关工作经验的学士学位获得者?"(4)是否限定考生的前置学位?(5)如何加强考试安全?(6)所有招生单位是否需向社会公开招生录取办法、收费标准、教学地点、培养方案、课程教学和学位论文要求等信息,以接受社会监督。其中,异地办学项目是否应明确合作单位和合作方式以及学生在校学习的最少时间,并报异地办学地省级教育主管部门备案?(7)拟委托学位中心建立在职人员攻读硕士专业学位信息库,对招生单位上报的招生、录取、培养、学位授予等数据实行统一管理,对于信息报送有何建议,等等。

〔2〕 参见《2008年政法院校招录培养体制改革试点工作实施方案》(政法[2008]28号,2008年6月30日);《教育部、中央政法委员会关于实施卓越法律人才教育培养计划的若干意见》(教高[2011]10号,2011年12月23日)。

高、针对性强，毕业论文选题常能够结合本职工作（这一点与全日制法律硕士生有很大不同），取得学位后不存在“下不去、留不住、用不上”的问题。尽管有的学生利用上学机会跨地域跳槽，离开艰苦地区而流向发达地区，但绝大部分毕业生还是返回到自己原来的工作岗位，成为所在单位的业务骨干。

尽管在职法硕研究生在入学之前已经具有较为完整的专业背景，熟悉相关业务，但由于当代中国的法律思想观念、制定法体系、司法制度等都随着社会经济政治的快速发展而处于不断地完善和变化之中，因此他们在已有专业基础上系统地，带有补充、深化或者扩展性质的学习仍然有其价值。[1] 此外，高校和学位管理部门在招录工作中也积累了一定的经验，相关管理制度和措施也越来越完善且有特色。

总之，完善在职法硕的招录制度，首先应当对此有充分的认识和估计。

2. 根据政法人才中长期发展规划的需求实际，确定部分高校承担在职攻读培养任务，把人才需求与教育培养更紧密地结合起来。首先，高校办学和学科专业发展的一个基本规律（也是经验）就是既要有所为、又要有所不为，鼓励特色办学而不盲目追求品种的齐全。目前法律硕士已形成在职攻读、法律硕士（法学）和法律硕士（非法学）三种。法硕培养单位并不一定都要同时举办这三者。其次，不论从高校办学传统和办学条件资源上讲，还是从多年来在职法硕招录工作的实际状况看，现有 118 个法硕培养单位实在没有必要都要承担在职攻读培养任务。即便现有的 80 所高校，有的要么生源匮乏，要么不能很好地面向政法人才培养的主线（生源转向非政法部门），录取分数低，办学效益不高，又时常面临质量监督的压力。因此，建议指导委员会会同中央政法系统，按照政法人才中长期发展规划的需要，从全国均衡布局和具有良好办学条件这两方面来选取若干高校作为在职法硕培养基地，分区域、有计划、有针对性地承担此项任务。如果按照全国平均每省 2 个左右的培养单位计算的话，与承担“卓越法律人才计划”的高校规模也大体相当。[2] 如此，可把在职法硕的招录计划与政法系统干部教育计划更密切地衔接起来，同时促进政法部门与承担院校共同建

---

〔1〕 王健：“法律硕士教育的性质”，载《华东政法学院学报》2005 年第 3 期.

〔2〕 “卓越法律人才计划”分类设计的应用复合型和西部基层法律职业人才两类培养基地，即分别确定了 58 个和 12 个基地，共 64 所高校。

设在职攻读教育项目。其他高校则集中精力办好全日制法硕教育。

3. 进一步调整和完善在职攻读法硕的相关招录政策。关于基本招生工作框架:我们认为可以把在职法硕招录工作纳入全日制统招研究生工作框架(《方案》中已经提出),但保留现有基本的操作管理模式,即采取统一报名考试,单列招生计划,设置专门的报考条件和考试科目,高校自定录取标准的方式。

关于报考条件和招生指标,建议:将取得本科学历的时间与考生工作年限这两者分别作为单项独立的条件而不作关联;考生学业背景统一规定为法学专业本科毕业;有条件的开展接受党校学历文凭报考在职攻读法硕的试点工作,即规定凡属政法系统工作的现职人员,经本系统省级主管部门严格甄别认为确属业务骨干,并经专门的学历认证后的考生,给予其以党校学历身份报考的资格,以便政法系统真正的政治业务骨干有机会接受法律硕士教育。此项试点立足于我国法治的现实国情出发,所以应仅限于报考法律硕士,暂不涉及其它专业学位。招生指标的确定方面,以培养单位取得省级以上政法系统委托培养计划任务作为上报招生计划的基本依据。

鉴于在职攻读只发学位证而无学历证纯属管理制度不合理造成的问题,因此,凡符合条件的在职攻读毕业生,均应颁发学位证和毕业证。

关于各高校录取结果的排序和管理问题,建议:学位办委托学位中心总结排序管理办法中存在的经验和问题,研究和制订新的科学合理的评价标准和管理办法。考务方面,在职法硕的联考试卷在集中评阅和成绩确认工作完成后,建议将试卷反还各招生单位使用和处理,以便招生单位核查替考作弊之用。

附：

全国法律硕士教育机构区域分布一览

按：截至2012年最新统计，全国法律硕士教育机构共118个，括号内数字为批次；其中批准招收在职法律硕士的机构有80个，即第8次审批以后的机构均未参与招收在职法律硕士研究生工作。

华北地区：

北京：北京大学（1）、中国人民大学（1）、中国政法大学（1）、对外经济贸易大学（1）、清华大学（4）、中国人民公安大学（5）、中国社科院研究生院（5）、中央财经大学（6）、中央民族大学（7）、北京师范大学（7）、北方工业大学（7）、北京交通大学（8）、北京航空航天大学（8）、北京理工大学（8）、北京科技大学（8）、北京工商大学（8）、首都经济贸易大学（8）、中国青年政治学院（8）、中共中央党校（8）

天津：南开大学（4）、天津师范大学（7）、天津财经大学（8）

河北：河北大学（6）、河北经贸大学（7）、中央司法警官学院（10/特）

山西：山西大学（4）、山西财经大学（8）

内蒙古：内蒙古大学（6）

东北地区：

辽宁：辽宁大学（4）、大连海事大学（6）、东北财经大学（6）、沈阳师范大学（7）、中国刑事警察学院（7）

吉林：吉林大学（1）、东北师范大学（8）、延边大学（8）、长春税务学院（8）

黑龙江：黑龙江大学（3）

华东地区：

上海：华东政法学院（1）、复旦大学（3）、上海交通大学（5）、上海财经大学（6）、上海大学（7）、同济大学（7）华东理工大学（8）、上海海事大学（8）、上海师范大学（8）、上海对外贸易学院（8）

江苏：南京大学（2）、苏州大学（3）、南京师范大学（5）、东南大学（7）、河海大学（9）、扬州大学（8）

浙江：浙江大学（3）、浙江工商大学（7）、宁波大学（7）

山东：山东大学（3）、烟台大学（5）、中国海洋大学（7）、青岛大学（7）、山东科技大学（8）、山东政法学院（10/特）

安徽：安徽大学（3）、安徽财经大学（7）、中国科学技术大学（8）

福建：厦门大学（2）、福州大学（6）

江西：江西财经大学（5）、南昌大学（7）、江西师范大学（7）

中南地区：

河南：郑州大学（3）、河南大学（5）

湖北：武汉大学（1）、中南财经政法大学（2）、华中科技大学（6）、华中师范大学（6）、中南民族大学（7）、中国地质大学（8）、武汉理工大学（8）

湖南：湘潭大学（3）、湖南大学（5）、湖南师范大学（6）、中南大学（7）

广东：中山大学（2）、华侨大学（7）、暨南大学（7）、广东商学院（7）、华南理工大学（7）、深圳大学（7）、华南师范大学（8）、广东外语外贸大学（8）

广西：广西师范大学（7）、广西大学（8）、广西民族大学（8）

海南：海南大学（5）

西南地区：

重庆：西南政法大学（1）、重庆大学（7）

四川：四川大学（3）、西南财经大学（5）西南交通大学（8）、西南科技大学（8）、西南民族大学（8）、四川省社会科学院（8）

贵州：贵州大学（5）、贵州民族学院（8）

云南：云南大学（4）、云南财经大学（8）、云南民族大学（8）

西藏：（无）

西北地区：

陕西：西北政法大学（2）、解放军西安政治学院（6）、西北大学（7）、西安交通大学（7）

甘肃：兰州大学（4）、西北民族大学（8）、甘肃政法学院（8）

宁夏：（无）

青海：青海民族学院（7）

新疆：新疆大学（7）

招生政策的调整与法律硕士教育面临的新挑战*

一、令人困惑的"法本法硕"

2009年3月19日，教育部发出《关于做好全日制硕士专业学位研究生培养工作的若干意见》(教研[2009]1号)，决定除少数目前不适宜应届毕业生就读的专业学位外，其他专业学位面向应届毕业生招收专业学位研究生，并决定2009年增招专业学位硕士研究生5万名。据此，法学本科应届毕业的硕士研究生考生，在复试录取阶段可填报调剂并被录取为法律硕士专业学位研究生。招生专业的规范名称是"法律硕士(法学)"。扩展全日制专业学位范围的新的招生，特别是针对"法律硕士(法学)"而出台的相关培养举措，直接导致法律硕士教育新的难题的出现——法律院校究竟如何对法学和非法学本科背景的法律硕士研究生实施有效的分类培养?

2009年7月11日，由北京大学法学院主办、南京大学法学院承办在南京召开第六届全国法学研究生教学与管理研讨会。会议的主题是"法律硕士培养模式改革与创新"，旨在探讨问题，谋求应对，寻求出路。会议的具体议题有四项：一是法律硕士教育制度的基本理论，二是非法本法硕培养模式及运作现状，三是法本法硕培养模式的构想，四是法律本科、法学硕士、法律硕士教育的整体思考。来自全国主要法律院校的30多位专家参加了会议。

目前，开办法律硕士教育的高校数量正在迅速增加。根据最近公布的第八批新增单位的评审结果，全国新增法律硕士培养单位35个。[1] 全国法律硕士

---

* 本文最初是2009年7月11日在北京大学法学院主办、南京大学法学院承办的第六届全国法学研究生教学与管理研讨会上的总结发言稿，修改后发表在《南京大学法律评论》2010年春季卷。

[1] 《关于批准新增法律硕士等类别专业学位研究生培养单位的通知》(学位办[2009]35号，2009年6月9日)。

培养单位总数已达115个。所以会议研讨的这些问题,也是新增单位即将面临的问题。会议的议题有着明确的针对性和现实紧迫性。经过一整天的研讨,大家各抒己见、汇聚问题、交流经验、梳理思路、互相启发,呈现出法律院校对新政策出台后种种思考和见解。下面先对会议的研讨情况稍做归纳。

在开幕式上,南京大学法学院院长李友根教授指出了“法本法硕”培养方案的出台,使我们的工作更加迷茫,也更加突显当下研讨相关问题的必要性。北京大学法学院副院长龚文东教授坚持多元化的意义,但又指出大学法学院不能无限扩张,它应当保持应有的边界?南大研究生院许钧副院长在致辞中指出,从政策变化涉及的各个专业学位领域的角度来讲,这次研讨是反应最快的,很有意义。

中央党校研究生院院长卓泽渊教授主持了第一专题的讨论。他提出三个问题:第一,法律硕士教育的基本定位,包括名称统一规范化的必要性;第二,制度建构中未来的走向是什么?与现行法学教育制度的关系及衔接问题;第三,法律硕士与法学硕士之间如何区别,这是理论上进行制度设计的前提。两者培养目标、培养方法比较性差异是什么?

中国人民大学法学院朱力宇教授以本校的实践为例,对我国目前的法硕教育模式,按照学校背景的不同做了分类,归纳为四种代表性的类型供各校参考。他的要求现行的法硕培养方案应当给各学校留有自主空间,应兼顾各校办学条件的差异,必修课大体一致但选修课应有自主余地等主张,有其明显的合理性和必要性。

华东政法大学研究生教育院副院长杨忠孝教授和大家一样,对法本法硕的出现感到困惑。他认为这种局面的出现,可能与决策部门之前没有做充分的调研有关。其中最大的困惑是,以我们现有学校的教学条件,如师资,能否面对如此众多类型的学生进行相应的有效的教育?这是个有价值的问题,因为感受问题是一回事,把感受到的问题准确的描述出来是另一回事。为此,他介绍了华东政法大学拟采取的精细化的分类指导的有关情况。应当说是很有启发的。

厦门大学法学院副院长林秀芹教授描述了今年在招生过程中大家普遍感受到的一个问题,即招收法学本科背景的法律硕士研究生这项任务是上面压下来,不招不行。她进而对法硕教育的定位提出了异议或质疑,即法律硕士教育从一开始就缺乏系统的思考,政策变化或举措出台,都是摸着石头过河。

北京师范大学法学院副院长夏利民教授提出，法律硕士教育制度设计依据的理据、制度设计依托的我国学位制度环境、教育制度自身和实践运行中出现的问题等等，对法律硕士教育的理论研究是根本性的，所以长期争议不断。

华东政法大学校长助理林燕萍教授主持了第二专题的讨论，她希望与会者就非法本法硕的现状问题介绍各自的经验和面临的不同问题。中南财经政法大学研究生部副部长张德淼教授对教育指导委员会的培养方案提出了异议，指出2006年版的培养方案相比1998版的培养方案有所进步，但仍有很大的局限。湘潭大学法学院副院长胡平仁教授认为“法本法硕”的出现，从理论上讲并没有设置的政策依据和法制建设的依据。在他看来，“法本法硕”培养方案中缺乏法学专业以外的其他专业知识是一个缺陷。

南昌大学法学院院长利子平教授主持了第三专题的研讨，西南政法大学研究生部穆静介绍了本校在实践教学环节的经验。江西财经大学法学院副院长黄华生提出的“法本法硕”在实践中可能遇到的种种琐碎问题，实际是一个在现行主管部门的研究生教育规定和学校有限的自主空间之间的政策选择问题。湖南师范大学法学院副院长肖北庚教授、郑州大学法学院副院长马松建教授、上海财经大学李清伟教授分别就“法本法硕”培养方案实施中可能面临的问题，如教育行政管理部门对学位教育干预过多等提出了批评。

在山东大学法学院院长齐延平教授主持的第四专题的讨论中，北京师范大学法学院副院长黄振中教授对“法本法硕”是临时还是固定举措表示疑虑。西南政法大学研究生部副主任邓刚教授认为“法本法硕”涉及的问题属于培养环节的问题，但此问题还可放到招培就业的大系统中观察。辽宁大学郭洁教授介绍了该校灵活变通地适用统一培养方案的经验。吉林大学法学院副院长蔡立东教授提出了关于法科研究生教育的一系列反思和问题，包括法律硕士是否比法学硕士更胜任实际工作？法学硕士教育能否担当起培养学术人才的使命？实务型与学术型人才培养的区分是否真实存在？能否建立一种统一的法律硕士教育模式？统一法科硕士培养途径如何实现？学位论文能否不作要求？东南大学法学院高歌教授主张应当把法学硕士研究生规模减少到最低限度。

以上是会议研讨的大致情形。

二、法律硕士多元招生政策的演变

会议主题所涉及的问题实际上可归纳为两个方面：一是最近政府在法律硕

士招生政策方面的重要调整变化及其与当前法律教育改革的一般关系;二是目前法律硕士教育面临的问题和可能采取的补救措施。

就前一个问题来讲,法律硕士研究生招生政策的内容十分庞杂。除了考务工作的组织管理,包括数据库管理等纯技术问题外,大的方面有三项:一是报考条件,例如有关考生的学历条件或专业背景、年龄以及道德素质等。二是考试科目。三是复试和录取。这三方面虽然具体,但都体现着法律硕士教育是怎样一种教育这一根本问题。自法律硕士教育创办以来,这三者一直处于不断的调整和变化之中。

1. 1995 年法律硕士试办之始即为多元的入学考试。最初设计法律硕士教育项目时,报考条件规定为受过大学本科教育者,在职或应届不限,专业背景不限。但考试科目却随考生本科专业为法律和非法律而有所不同,科目总数为 5 门,除政治理论、外语 2 门为通考科目外,前者是民法学、刑法学、综合(宪法、法理学、中国法制史);后者为现代汉语、法学基础理论、综合考试(含民法总论、刑法总论)。考试和录取形式分三种情况:一是全日制统招,二是纳入全国统招范畴的少数高校单独招生,三是试点招生学校自行组织的招生。三者的区别是:前两者属于学历教育,学生毕业同时获得毕业证和学位证(俗称"双证")。后者属于非学历教育,即同等学力申请学位概念,学生毕业只获得学位证,而没有毕业证。1996 年首次招收法律硕士研究生,就是按照这一设计组织实施的。可见,法律硕士项目招生考试,从一开始就呈现出多样的特点,考试科目随本科专业背景不同而差别对待又是其中的一个突出特点,尽管考生报考的是同一种教育项目。

2. 1998 年开始实施在职攻读法律硕士考试,多元考试形式趋于归并和整合。1997 年 11 月,学位委员会和司法部决定从 1998 年起开展在职攻读法律硕士教育工作。即凡从事法律或相关工作满 5 年者,可参加由法硕招生高校联合组织的专门考试,又称"全国联考"。考试科目为政治理论(由学校自行组织)、英语、民法学、刑法学、综合考试(含宪法、法学基础理论、中国法制史)。"在职攻读法律硕士",其实就是前面提到的第三种招考形式,即在职人员同等学力申请硕士学位制度的一个具体化。这一变化,把在职考生的考试统归为一种。鉴于考试形式的复杂和组织管理的繁琐,这时有关部门已开始考虑整合不同类型的考试方式。

1999年,“法指秘”决定自2000年起,把过去的全日制统考、单独考试、在职攻读三者统合为全日制统考和在职攻读两种,明确规定报考全日制统招的法律硕士研究生,必须是国民教育序列大学非法律专业毕业生。同年11月,教育部高校学生司配发文件,界定了“法律专业”的概念,即法学、经济法、国际法、国际经济法、劳动改造法、商法、公证、法律事务、行政法、律师、涉外经济与法律、知识产权法、刑事法共13个专业。就是说,凡这些专业毕业者,均不得报考全日制法律硕士研究生。考试科目统一规定为刑法学、民法学、综合(宪法学、法理学、中国法律史)、外国语、政治5门。有趣的是,对于报考在职攻读法律硕士研究生,却没有专业背景方面的上述特殊要求。经过这次政策调整,法律硕士教育的二元模式正式形成。

3. 自2003年起,法律硕士入学考试科目随教育部研究生招生政策的调整由5门减为4门。2002年,教育部决定对全日制硕士生的入学考试科目做出调整,即考试科目数量由5门缩减至4门——政治理论、外国语、基础课、专业基础课。两门公共课满分各100分;两门专业课满分值各为150分。减少考试科目门数的理由主要是:随着社会的发展,硕士生的招生规模连年大幅增加,考生也连年剧增,考务管理工作任务重,难度大。[1] 相应地,全日制法硕和在职法硕入学考试的科目,均调整为政治理论、外语、业务课一(刑法、民法)、业务课二(宪法、法理学、中国法律史)。在职法硕的政治理论的考试方式和内容,则由招生学校自定。

4. 自2004年起,法律硕士联考的命题、阅卷等考务管理工作,由指导委员会秘书处改为教育部考试管理中心统一组织进行。另外,自2004年以来,主管部门对在职攻读法律硕士的招生政策开始实行一整套新的管理办法,主要内容是:由招生学校自行划定录取分数线、自行确定录取名额(不久又改为相对自定招生名额和限定招生名额,相对自定即在规定上限条件下自行确定招生名额);

---

〔1〕《教育部关于调整全国硕士研究生入学考试科目的通知》(教学[2002]9号,2002年5月24日)。

运用排序监督招生质量的手段等。[1] 招生放权与采取有效的质量监督措施相辅相成,目的是希望建立起自律的招生工作机制。但这种排行管理也存在一些具体技术问题,特别是,计算各高校总分平均分的基数差异较大,不加区分统一排列很不科学。

5.2006年起,在职攻读法律硕士入学考试科目由3门减为2门,即把业务一、业务二合为一门"法学综合",其中包括法理学、中国宪法、中法史、刑法总则、民法总则5科,总分300分。与此同时,根据笔者提出的论证和建议报告,学位办决定报考在职法硕的年限条件由5年减为3年。这一变化——放宽报考年限、简化考试科目——使得在职攻读法律硕士的招生考试,在招生政策上与同等学力申请(法学)硕士学位的考试方式接近或一致。

6.2009年初,在全日制法律硕士研究生即将复试和录取阶段,教育部紧急下达文件,在原定招生计划基础上,额外扩招全日制专业学位研究生5万名,专门用于录取符合条件的原报考学术型学位各相关专业的应届考生。[2] 这意味着,2008年出台2009年研究生招生政策时,法学专业应届毕业生还不得报考法律硕士,但等到复试和录取政策出台时,却积极鼓励考生调剂录取到法律硕士专业中来。2000年以来一直实行的法学本科应届毕业生不得报考法律硕士的限制性规定被打破。这个一百八十度的大转弯实在有趣。[3]

综上,法律硕士的招生,从最初一开始,就处于多元的混合状态。这从一个侧面反映出法律硕士教育制度尚不成熟稳定的特点。其根本原因,就在于法律硕士的招生,完全受教育行政管理部门一般招生管理政策框架的约束。硕士研

---

〔1〕 参见《关于做好2004年在职人员攻读硕士学位录取工作的通知》(学位办[2004]97号,2004年12月29日)。排序管理的具体办法是,每年由教育部学位中心对全国招收在职法硕的高校录取学生的情况制作三种统计分析表:(1)总分平均分排序,(2)总分最低分排序,(3)外语最低分排序,这三种排序均分列东部院校和西部院校。排序管理的具体运用是:对于排序靠前的学校,可自定下年招生名额;排序居中的学校,适当限定下年招生名额;排学靠后的学校,则减少招生名额。对排序持续靠后、招生质量较差的学校,即总分平均分连续三年均在末5位的学校,下年度停止招生,责令整改;最近二年均在末5位者,通报批评,并减少下年度招生名额,责令整改。实施这项管理措施以来,山西大学曾被停招一年,吉林大学、大连海事大学、华中科技大学、华中师范大学、内蒙古大学等学校受到过通报批评。

〔2〕《教育部关于做好2009年专业学位研究生招生计划安排工作的通知》(教发〔2009〕6号)。

〔3〕 从我们直接接触和间接了解到的情况,在报考法学专业而未被录取的考生当中,不少考生明确表示不愿意调剂到法律硕士专业,尽管我们没有进行详细的统计。而为了完成招生计划任务,招生部门做了大量的解释和动员工作。

究生招生政策的多元,必然导致法律硕士招生方式的多元。至于法律职业的特殊需要,以及相应地法律硕士教育的特点和规律,无法得到充分的考虑或有效体现。

2000年以来,全日制法律硕士的招生模式相对稳定,变化不大。1998年起开展的在职攻读法律硕士的招生政策总体上趋于简化。法律硕士教育也一直保持着二元模式并存的状态,而针对这一状况的相关争议或批评也从未终止过。[1] 在这个过程中,教育主管部门所采取的政策调整,不仅没有缓解矛盾,解决固有问题,反而使原有问题进一步扩大和复杂化。结果是老问题尚未消化,新问题又接踵而至。

例如,全日制法律硕士的招生原本排斥法学本科专业应届生报考,可是,只要工作几年之后,这名法学专业毕业生仍可通过在职攻读的途径获得法律硕士学位,因为报考在职攻读法律硕士,并不限定本科专业背景。这样一来,分享法律硕士教育的,就不只是法学本科专业的毕业生,也有非法学专业者,差异只在于报考和攻读学位的时间和步骤罢了。正因为如此,对于法律硕士人才培养的质量标准也就始终难以做出合乎逻辑的、统一的评价,同时也带来实际操作中的诸多难题。这是自法律硕士教育形成二元模式以来一直存在的老问题。2009年"法律硕士(法学)"的出现,又使这一问题更趋复杂。

三、法律硕士二元模式的应对之策

现在讨论第二个问题,即在全日制法律硕士教育形成新的二元模式的条件下,我们面临的问题和可能采取的补救措施。

按照教育主管部门的解释,新政策的出台,不止是"为了应对当前就业问题",而且是要通过扩大专业学位的规模,调整研究生的类型结构,即学术型与应用型研究生的比例。目前,我国每年招收硕士研究生约40万人,其中专业学位仅占总量的10%。权威人士表示:这次结构调整,是重新定位硕士研究生教育的培养目标,实现研究生教育由培养学术型人才向以培养应用型人才为主的

---

〔1〕 例如,最近一名法律硕士研究生发表了"为什么要废除全日制法律硕士这一尴尬的专业学位"的文章,载西政杨睿律师,http://yangrui.fyfz.cn/blog/yangrui/index.aspx?blogid=457472,2009年4月4日访问。

“历史性转型和战略性调整”。[1] 通过“增量带动存量的调整”，可将专业学位研究生规模从总体的10%提高到20%，今后还要进一步增加，使专业学位规模占到研究生总量的至少一半以上。

其实，无论怎样强调研究生教育改革的必要性和重要性，都无法排除其作为减轻本科毕业生就业压力的一条可行途径这个事实。即使不是全部，就业问题必然是催促招生政策临时调整的一个重要诱因。这里必须强调的是：指出高校毕业生就业存在压力的问题，并不意味着我们要指责教育部门的办学成就。其实重要的在于，就业形势的严峻，应当更加促使我们深刻反思大学教育，包括研究生教育的最终目的究竟是什么。正是在这个意义上，我们说重新定位研究生的教育目标十分必要。

过去，我们在现代化建设需要大量高级专门人才的口号下不断盲目地扩大研究生招生规模。2003 年前后，全国硕士生招生规模的增长率一度高达 30% 左右。可是都增长到哪里去了呢？主要是在传统的学术型研究生部分了，专业学位并没有明显增加。结果是，法学院法学各专业的研究生数量成倍的增长。在几所政法大学里，民商法、经济法、诉讼法、刑法专业每年的招生数都在百人以上，甚至法学理论、法律史专业也都超过了 30 人。且不说如此规模的硕士研究生教育，使得导师数量、指导质量、图书资料和教学设施条件等方面都成为问题，单就这些专业的人才培养目标定位，就足以对整个研究生教育构成根本挑战——社会上需要那么多的民法学家、经济法学家、诉讼法学家和刑法学家吗？需要那么多的法学理论、法律史专业的教学与科研人员吗？事实上，目前高校的法学硕士研究生，除了一少部分，绝大部分都着眼于未来就业方向，积极准备各种资格考试，如司法考试、公务员考试，对于本专业，只是抱着过得去甚至应付的态度。否则，他们就常常为了求得学业和就业之间平衡而花费相当多的时间和精力。从就业方面来看，社会容纳法学教学和研究的学术理论人才的空间毕竟是有限的，绝大部分法科研究生毕业后要面向各种实务工作岗位。但问题是，学术型人才的培养机制并不足以为学生将来从事实际工作提供必要的准备。这是造成人才培养与法律职业分离或脱节的状况的一个重要原因。

---

〔1〕“加大力度，调整硕士研究生教育结构——国务院学位办主任、中科院院士杨玉良答记者问”，载教育部网，http://www.kaoyan.cn，2009-03-03。

尽管教育部要求除不适宜应届毕业生就读的专业学位外，其他专业学位均面向应届毕业生招收专业学位研究生，实行全日制培养，但就法律硕士招生来讲，今年并不存在面向应届毕业生的问题。因为自2000年以来，法律硕士一直在招收应届非法学专业本科毕业生。所以，今年扩大专业学位招生计划，原本完全可将增加的指标直接投入现有的法律硕士招生计划之中。然而，新增指标并未用于已有的法律硕士招生计划，而是明确规定"只能从第一志愿报考法学一级学科[0301]下设各专业(030180除外)考生中调剂"，[1] 而且必须是应届考生，为此，还专门设计出一个新的招生专业名称——"法律硕士(法学)"。我们无法了解决策者的真实意图，推测起来，之所以放弃现有的平台而另辟新的招生专业类型，应当说这跟解决法学，而非其他专业本科生就业有直接的关系。[2] 为合理体现考生本科背景的差异，一个与法律硕士(非法学)相对应的新概念被创造出来了；全日制法律硕士教育中再次形成新的二元结构。至此，我国的法律硕士教育已发展为法律硕士(法学)、法律硕士(非法学)和在职攻读法律硕士三种类型。

"法律硕士(法学)"的出现，对法律硕士教育无疑带来了新的挑战。首先，报考法学硕士和法律硕士研究生彼此分类管理、互不调剂是教育部多年坚持的一项招生政策。今年打通，是权宜之计，还是作为一项稳定的措施今后继续保持下去，必须明确。

更根本的问题是，生源专业背景完全不同的两类法律硕士生在同时分享同一种属性的教育项目时，如何制订和实施有针对性的、可行的和相对合理的培养方案？如何界定两种全日制法律硕士教育的共同基础和差异所在？这是各高校目前最难处理的问题。

今年春，笔者在主持本校招生工作的同时，不断思考有关这些问题，并于3

---

[1] 《关于做好2009年全日制专业学位硕士研究生招生工作的通知》(教学司[2009]2号，2009年3月11日)。

[2] 近年来，不少有关高校毕业生就业状况调研的结果都表明，法学专业最难就业或就业率最低。中国人保部官员痛批十大热门专业失业率最高，2009年3月6日四川在线。团中央学校部和北大公共政策研究所关于应届毕业生就业的一项联合调研显示：法学专业以37.85%的就业率排在末尾，被认为"最难就业"，法律专业人才供需：是过剩还是紧俏？但极具讽刺意味的反例是，我国基层和内地边疆地区政法队伍断档问题十分严峻，为此，2008年起，中央政法委等11个部门联合开展了政法院校招录培养体制改革试点工作。详见《关于印发2008年政法院校招录体制改革试点工作实施方案的通知》(政法[2008]28号，2008年6月30日)。

月向学位办和指导委员会秘书处提交了一份简要的书面意见,大体内容是:

(1)不论法学背景还是非法学背景,法律硕士教育的宗旨和培养目标都应坚持统一,即培养应用型的、以法律职业为目标导向的法律专门人才。

(2)法学本科背景的法律硕士生学制以2年为宜。如仍按3年制,则教学指导必沦为低水平重复之境。

(3)学程安排方面,针对本科阶段教学,以补遗和深化为基础,以加强职业训练为重心:第一学年:开设高级法律专题课,如民法专题、刑事法专题、民事诉讼法专题、刑事诉讼法专题、行政法专题、法律职业道德、法律写作与法律方法、比较法与法律史、法理学专题等深化课程。第二学年:上学期——可根据各校的实际条件开设若干方向性选修课(如公司法、金融证券法、投资法、房地产法、财税法、医事法、知识产权法、国际贸易法等),并应专门开设应对司法考试的课以及就业指导方面的课;下学期——在法院、检察院、律师事务所等机关进行实务训练,同时准备毕业论文。

(4)提倡和鼓励法律院校对以上有条件的课程采取法律诊所、专题讨论、案例分析等职业训练方式进行。

这些意见,与后来学位办转发的适用于法学专业毕业生的指导性培养方案进行对比,[1]两者的精神和基本模式上完全一致。除此之外,笔者还进一步提出:

(1)自2010年起,放开法学专业应届毕业生报考法律硕士的限制性政策。

(2)为进一步明确和深化法律硕士教育的职业教育定位,组织相关机构开展新一轮(全日制)法律硕士研究生指导性培养方案的修订工作。

(3)通过一定的形式,组织相关部门进行调研和论证,调整国家统一司法考试政策,在报考资格、通过率等方面,采取向法律硕士毕业生倾斜的政策措施,大幅度提高法律硕士毕业生司法考试通过率(60%左右)。

(4)鉴于非法学专业本科毕业生报考法律硕士时考试科目设置中长期存在不合理的问题,尽快启动法律硕士研究生考试科目设置研究项目,为调整报考政策提供依据。

(5)通过引导、鼓励和示范等途径,加大力度,推动法律院校适应应用型法

---

〔1〕《关于转发全日制硕士专业学位研究生指导性培养方案的通知》(学位办[2009]23号),附件1。

律人才培养的各项条件建设,如师资、教学设施和制度等。

最后要说明的是,在考虑上述问题的过程中,笔者心中一直有一个无法消除的疑虑和障碍:多年来,凡涉及法律教育的举措的出台,一直存在着缺乏系统思维、忽视教育内外部规律的有机衔接或协调的缺陷。由于我们至今都没有提出和认真探讨过究竟谁对法律教育负责这个问题,所以,现有条件下我们所做的一切努力,都只不过是竭力阻止情况进一步恶化。

申报和建设硕士专业学位点的几个问题

——以法律硕士专业学位为例*

2013年11月，国务院学位办启动新一轮的专业学位授权点评审。此次评审规定省属学校由省级学位办组织评审，教育部直属高校则自行评审，不以是否具有某种相对的学术学位点作为申报条件（即“脱钩”）、限额申报、总量控制等原则。同时规定省学位委员会或直属高校的评审专家组都要有相关教指委委员和行业部门专家参加。〔1〕 这便赋予了相关专业学位教指委参与评审工作的重要任务。文件发布到2014年2月底申报截止这一期间，笔者先后应邀参加了福建师范大学、兰州理工大学、大连大学、石河子大学、国际关系学院申报法律硕士点的专家论证，陕西师范大学、哈尔滨工程大学、长安大学，以及江苏省学位办、内蒙古自治区学位办组织的专家评审会。在审阅申报材料、现场答问及以外的交流过程中，一方面感受到学位管理部门、高校和具体申报单位对于发展专业学位的认识和申报工作的实际情况，受到不少教益和启发。同时也发现申报单位对专业学位认识的参差不齐，与当前学位与研究生教育改革的要求还有这样那样的差距，这又促使我进一步思考：我们为什么要“报点”，即“报点”的目的和意义究竟是什么，怎样“报点”，“学位点”批下来又怎么办等一系列问题。笔者始终认为，高校“报点”就如同生孩子，前提是要领取结婚证，这如同单位获得硕士、博士学位的授权，取得生育指标如同得到某个“学位点”，而有了结婚证和生育指标，还要看当事人有无生育能力和能否把孩子养活、养好。

---

* 本文初稿于2014年2月1日，3月15日定稿，发表于《陕西学位与研究生教育》2014年6月，第11卷第1－2期。

〔1〕 国务院学位委员会《关于开展增列硕士专业学位授权点审核工作的通知》，（学位［2013］37号，2013年11月18日）。

不能光想着要生孩子，更重要的是要看怎么把孩子养好。本文就是笔者在这一期间对这些问题断断续续思考的一个小小的总结，提出来供大家批评和参考。需要说明的是，尽管笔者所参与的评审工作涉及了各种类别的专业学位，但由于自身所从事的专业领域的原因，笔者在文中主要以申报法律硕士专业学位为例加以说明。

一、学科导向转向需求导向

“2011 计划”实施以来，我国高等教育改革的总趋势是由传统的学科导向转向强调以市场需求为导向。[1] 2013 年 7 月教育部、发改委、财政部出台关于深化研究生教育改革的文件，明确提出一条主线，即“服务需求，提高质量”，两个着力点，即培养模式改革（科教结合、产学结合）和构建培养质量保障体系。在观念上和政策上推动“四个转变”：发展模式（发展方式从注重规模转变为更加注重质量提升）、人才培养结构（以学术学位为主转变为学术学位与专业学位协调发展）、培养模式（从注重知识学习转变为知识学习与职业能力培养并重）、质量评价方式（人才质量评价方式从注重在学培养质量转变为学习期间的学业表现与毕业后的职业发展能力并重）的转变。其中，构建“需求导向”的人才培养模式是当前学位与研究生教育改革的顶层设计思路。[2]

以上可以视为今年开展新增硕士专业学位授权审核工作的重要背景，它的意义是：(1)以服务需求为导向，从源头推进研究生培养模式改革和质量保障体系建设，提升高校（特别是地方高校）服务区域或行业需求的能力；(2)经过 2010 年新增专业学位后，我国目前仍有约 1/3 硕士单位尚无专业学位点，不能适应研究生教育结构调整的需要；(3)为加快发展专业学位教育，申报专业学位不以是否拥有相应学术学位点为条件。这一点，改变了 2010 年学位第 27 次会议通过的《硕士、博士专业学位设置和授权审核办法》中申报单位必须要有一定的硕士点这项规定。申报专业学位，不与是否拥有学术学位挂钩，势必引起申报的大量增长，因此学位主管部门相应确定了“限额申报、总量控制”的原则。申报专业学位点，必须首先了解以上各项政策条件，为正确把握申报工作方向

---

〔1〕 教育部、财政部《关于实施高等学校创新能力提升计划的意见》（2012 年 3 月 15 日）。

〔2〕 教育部、国家发展改革委、财政部《关于深化研究生教育改革的意见》（教研［2013］1 号，2013 年 3 月 29 日）。

奠定基础。

二、申报单位应处理好三个关系

对于申报单位来讲，如何做好申报工作，首先要注意处理和把握好以下三个方面的关系：

1. 申报新增专业学位点与学科专业建设的关系。这次申报实行“限额申报、总量控制”的原则，全国大体按照每个符合申报条件的高校2个左右的限额来确定审批新增总量，同时给省级学位管理部门留有一定比例的自由统筹空间。限量申报，意味着申报高校的内部和高校之间势必互有竞争和淘汰，省属高校一般允许申报3～4个（新疆稍多）。因此不是只要申报就能获批。但同时也自然出现另一个问题，就是有的高校或学院可能持消极态度——既然未必一定能够保证获批，则抱着应付申报，甚至干脆放弃的心理。因此，这里就有一个妥善处理申报和专业建设长远发展的关系的问题。这次不成功，还有下次机会，学科专业总是要发展的。况且，即便申报不成功，现有的一级学科学术学位点可以探索专业学位建设发展的思路，考虑挂靠现有专业学位点通过设置专业方向也是一个办法，这样可以为今后申报做准备。

2. 申报的专业学位点与其现有其他相关学科专业的关系。申报的院校大都有相应的本科专业或（学术学位）研究生专业，例如，已经有了法学本科专业、法学硕士点，为什么还要申报法律专业学位点呢？作为办学单位，法律硕士和现有的法学硕士、法学本科是什么关系。在评审过程中，我常向申报院校提出这个问题，然而令人失望的是，回答大都含糊其辞，使我感到中国的许多高校都得了“申报癖”，但凡教育部开评什么项目，高校就争先恐后，不问理由、不问合适与否，群起而申报之。对于新增某个专业学位点究竟有什么意义，缺乏真正的思考。当然，这跟长期以来高教的大环境是有关系的。

3. 专业学位的理想型与专业学位的改革与发展趋势之间的关系。我国的专业学位发展参差不齐，总体上还都处于发展和探索中，不很稳定和成熟。例如法律硕士，有几种类型，如何处理本身都在探索中。随着专业学位的改革，今后还会有新的政策，那么理想的专业学位和现实所能达到的状态，以及其今后的改革趋势，这之间的关系也应该是我们认真考虑的。

这次审核新增专业学位点，还有一个特殊情况，就是学位点的动态调整问题。这本是一项促使高校自主优化学科专业结构的好政策。可在实际当中，笔者遇到有个别高校，多少出于反正我主动撤一个肯定就应该上一个的心理，因而不认真论证设计替换专业学位点的现象。如何做好动态调整工作，这个问题应当引起重视。

三、做好申报的准备工作

大家都知道，申报专业学位点涉及许多方面的工作。一般来讲，我们的法学院对于法学本科、法学硕士研究生教育都比较熟悉，对于法律硕士应该说还比较陌生。从申报材料看，突出印象是对国家发展专业学位教育的政策把握不够充分、对专业学位教育本身的认识也还不够充分。这些都会影响申报项目的论证质量。所以，除了必须要吃透文件规定的各项内容、认真解读申报表中的各项指标和要求、写好申报材料、组织好专家进行论证，进而修改完善这些必要的工作之外，最主要的是就是要把握好评审专业学位点的基本条件。

这个条件就是学位[2013]37 号文件的附件 1《增列硕士专业学位授权点基本条件》。这个条件适用于所有硕士专业学位类别。这个条件不同于 2010 年的评审。当时对各专业学位都设计了各自专门的评审标准，包括学科条件、师资条件、教学条件、实践条件等。特别是学科条件的设定。现在都统一为一个基本标准，是各专业学位设置的最大公约数。

四、论证好申报项目的"三性"

申报材料的论证，归纳起来有三项关键内容，一个是需求的必要性，二是申报项目的不可替代性，三是实施申报项目的可行性。

第一，需求的必要性，也就是人才需求的必要性。现在我们常讲"以需求为导向"，实质就是以实际为导向。这里重点要考虑的是"需求"问题。过去我们也常常讲教育要满足社会需求或需要。那么到底什么是"需求"？"需求"是如何体现的呢？

(1)需求的领域。法学院要办法律硕士点，首先要考虑的问题是谁需要法律硕士？法律硕士毕业生的就业市场在哪里？这个问题不论证清楚，人才培养项目的设立就是盲目、没针对性的。而人才需求的领域，从国家这个层面讲，主要有三大领域，即重点研究和解决国家急需的战略性问题的、科技尖端领域的前瞻性问题、涉及国计民生的重大公益性问题的三方面人才。法律人才即属于解决国家战略性问题和国计民生的重大公益性问题的人才。

(2)需求是有层次的，即需求的层次性。相对于国家重大需求(往往是博士层次的人才)，硕士专业学位人才是满足地方、省区或区域经济社会发展对人才的需求。因此，我们论证谁需要法律硕士，主要应立足于本省或区域法律人才的需求领域。

(3)谁代表需求，或需求是如何体现的。许多申报材料在论证需求时，往往讲依法治国需要大批法律人才。这话没错，但作为具体的培养项目论证设计，不能停留在口号，否则就是“被需求”。是不是真正的社会需求，法学院说了不算，而是法学院培养的人才所服务的需求领域的主管部门说了才算，即用人单位的人事部门提出的进人计划，例如省法院、省检察院等机构的政治部人事处提出来的用人计划。因此，申报项目的论证，严格讲，应在需求部门的主持之下进行，这也是推动产学结合的应有之义。所以最理想的项目论证情况是，法学院在省级相关部门或行业主持下进行论证，这样做的好处，不仅是人才需求部门明确提出人才需求的数量规模，还要提出对某类人才的知识结构和能力方面的标准和要求，以后项目批准下来后，还要为法学院提供实务资源，就业市场等等。

(4)需求要有一定的稳定性。这是从需求的期限来讲的。需求有近期的、中长期的。作为一种相对稳定的人才培养项目，所培养的人才当然不应该是临时的或暂时的，而是有一定的需求期限。这也就是需求的持续性。如果经过一定的时间不需要了，那么这个项目也就失去存在的意义了。

(5)需求的规模。作为专业学位人才的培养项目，需求要有一定规模的。这个规模有多少，归根结底还是要行业主管部门说了算。

第二，申报项目的不可替代性。需求的问题解决了，接下来要论证的就是，申报单位在满足需求方面的优势、特色，或者说不可替代性的问题了。某个地区已经有了若干个法律硕士点了，那么为什么还要多你这一家呢？没有你这个法硕点行不行？是现有的培养单位满足需求的能力不够，所培养的毕业生都已全部就业，但数量仍然不够？还是虽然已满足了需求，但某个方向领域还不足？这个问题要论证清楚。要讲一个理由出来。否则，培养的毕业生就业竞争压力会很大，培养过程的资源配置也会成问题。

第三，项目实施的可行性。需求讲清楚了、实施项目的理由也讲清楚了，接下来就是你能不能实施的问题了。申报单位有没有能力和条件实施这个项目，这就要进行项目实施的可行性论证了，也就是展示申报单位自身的条件了。主要有两方面：一是法学院打算怎么实施人才培养项目，这意味着法学院要有一整套科学、合理、可行的培养方案和人才培养模式。二是条件保障措施，这方面主要是师资、教学和实践基地三大方面。

五、如何填写申报材料

本次专业学位申报表，与以往有很多的不同，明显体现了学科专业建设导向上的变化。以下分别说明。

（一）论证报告

过去的学科申报，比指标、看总量，注重定量。这次表格的论证报告没有规定任何固定格式，只给出一个填写内容，要求定性描述，要求在5000字的范围内，通过对人才需求、招生计划、培养目标定位、培养方案和培养方式、质量保障条件以及自身优势与特色等方面的描述，论证申报项目的必要性和可行性，特别要求对申报单位与行业或企业的合作情况做出说明。规定的字数不能超过，有些申报材料有六七千字，是绝对不行的。

（二）培养方案

这是申报单位要准备的第二种申报材料，无字数限定，也没有固定格式。一般来讲，培养方案是系统反映人才培养模式的一种重要的教学管理文件。通常包括以下内容：培养目标和人才规格、专业领域或专业方向设置情况、学制和培养方式（全日制、非全日制）、课程设置与学分、实习教学、学位论文、学位授予、就业去向等内容。培养方案的制定，应当遵循完整性、规范性和可行性原则。课程设置是培养方案最核心的内容。

那么究竟怎样制定培养方案呢？过去法律硕士教指委关于培养模式方面设置了三方面的要求，可以作为我们制定培养方案的基本参考：

（1）按照全国法硕教指委制定的指导性培养方案，会同相关政法机关以及法律实务单位，共同研究、制定本单位法律硕士研究生培养方案。这此申报要求学校与部门行业主管共同论证、设计和制定培养方案，目的就是要使培养方案能够充分反映人才需求领域的实际；共同构建学校与实际部门合作办学模式；形成合作办学机制，深度合作。

目前教指委正式发布的指导性培养方案有四个：一是法律硕士（适用于法学本科背景），二是法律硕士（适用于非法学本科背景），三是在职攻读法律硕士，四是法律硕士知识产权法专业方向。需要注意的是，申报单位在制定培养方案时,可以此作为基本参考依据,但不必拘泥于此。

(2)课程设置、教学组织要切实以实际应用为导向,以职业需求为目标,以综合素养和应用知识与能力提高为核心。课程设置是培养方案的核心。课程设置必须充分体现出行业部门对人才的岗位能力和职业素养要求,只有部门或行业才能最有权威地提出所需要的人才究竟是一种什么样的人才,是具备怎样的专业知识和能力素质的人才。

(3)采用讲授、案例分析、研讨、模拟、社会实践等多种教学形式,切实将理论与实践紧密结合。

除培养方案外,还应对该培养方案在体现专业学位研究生教育规律、适应经济社会发展情况、探索专业学位研究生培养模式等方面的主要特点进行必要的说明或介绍。

(三)办学条件

简况表是以表格形式全面反映申报单位自身基本办学条件的一份申报材料,旨在显示实施上述培养方案的各种条件保障是否充分和可行,是否具备实施培养方案的能力、水平和条件。所取有关数据,统一以最近5年(2009年1月1日至今)为限。

(1)专业人才需求与招生。主要观察最近三年相关学科专业的招生数、毕业生就业情况及前景分析、申报学位点未来三年拟招生数,以及如何吸引优秀生源的招生政策和保障措施。

(2)支撑学科专业。在我们所要申报的专业学位点之外,申报单位有哪些相关的学科专业,包括本科和研究生专业,这些学科专业的名称、招生时间、获得学位授权的时间等。有的高校仅填写法学院为限,而忽略了本校相关的其他专业。这也是观察本单位办学经验、办学条件的一个比较重要的观测点。

过去申报专业,需要有相近的学术学位硕士点。申报法律硕士,要求在法学一级学科下有3个(西部地区2个)二级学科硕士点,且其中至少有1个是2003年第九批或之前获得的硕士点。这次脱钩,不以是否具有学术学位硕士点为条件,是教育部为实现从源头上推动专业学位发展的目的而在申报条件上采取的一个重大突破。因此,即便你没有一个法学二级学科硕士点,也同样可以申报法律硕士。有些学校抓住这个机会积极申报,应该说是有发展眼光的。

(3)师资。观测点有教师的类别(专职和兼职)、职称(正高、副高、中级,合计)、年龄(30 岁以下;31 -45 岁,46 -60 岁、60 岁以上)、学历(博士、硕士学位人数)的总体情况。具体到专职教师,有姓名、年龄、职称、学历/学位、专业、拟承担培养任务、相关职业资格证书名称及获得时间、主要专业实践经历;兼职教师方面,观测点有姓名、年龄、职称职务、工作单位及从事的主要工作、拟承担培养任务、职业资格证书名称、主要工作成果。在这些观测点中,重点强调的有两个:

一是专职教师具有实践经验方面的情况。特别是其中的主要专业实践经历,观测点在于教师参加专业实践方面的情况。有些申报材料在这里什么都填,特别是教师的科研、学术活动填了很多(承担科研项目、编写教材、获得科研奖励等等),这是不规范的。

二是兼职教师参与人才培养的范围和深度。一般讲,法学院总聘有一定数量的兼职教师,也时常应邀做讲座或报告。但法律硕士教育要求这些实务导师深入参与到人才培养的各个环节中,例如面试、某些课程的讲授、是否与专职导师共同参与选题和论文指导等。兼职教师往往聘请的是政法实际部门的领导,法院院长、检察院检察长等等。填表的时候好看,但能否实际落实呢?政法部门的领导能否保证实际参与法学院的人才培养活动?这里就有一个法学院如何与政法实际部门协调互动的问题。因此,兼职教师参加法律硕士培养工作,关键是要形成常态化工作机制,这是法律硕士教育中的一个难点,是带有普遍性的一个问题。

申报法律硕士,专业师资的规模当然要有最低要求。学位办文件并无具体的规定。过去法硕教指委在评审时制订过一个基本标准,按照 2006 版指导性培养方案规定的 8 门必修课和 5 门推荐选修课,每门课程按 2 名教师计,其中允许交叉重复 3 名教师,那么最少要有 23 名专职教师,其中教授应占总数 40% 以上,即至少 6 名;或副教授以上职称(或具有法学博士学位)的任课教师占一半以上,即至少 13 名。博士学位获得者须达到一定比例(无刚性规定);有法律实践经验者比例不低于 80% 。对于兼职教师数量,没有具体规定。我们认为,兼职教师的数量原则上应能够保障实施“双导师”制的要求,不能少于专职教师的一半,当然太多、甚至比专职教师还要多也没有必要。关键要实质、有效地参与培养活动。

(4)实践教学成果。主要观测最近 5 年有影响或有代表性的实践教学活动和成果 20 项。显然,这是要观察申报单位是否有开展实践教学方面的经验和积累。

(5)教学条件。这里有三个观测点:

一是拥有专业文献资料的种类和数量方面的情况。法律研究是一种文本研究,是否拥有一座种类和数量充足的良好的法学图书馆,对于法学院的办学至关重要。法硕教指委曾规定有一个最低标准,具备法律与法学方面的基本工具书、必修课与推荐选修课平均每门具有 50 种以上学科专著及案例材料;拥有全部法律类专业核心期刊、已具有法律硕士培养资格单位的法学院(校)的法律类专业期刊以及中央级政法机关和对口部门公开发行的专业期刊。

二是现代化教学设施。不同的专业学位教育,对于教学设施的要求会有所不同。就法律硕士讲,法硕教指委规定,要有满足 300 人教学、案例讨论和讲座所需的多媒体教室;以及 60 人以上的专用模拟法庭或仲裁庭;4 门以上的必修课要采取多媒体辅助教学;60 座以上的电子图书阅览室;有使用校园网的设施条件。除此之外,还会有其他一些设施设备,例如实施多媒体教学所须的各种物质技术设备(投影仪、录音录像照相器材、网络等)。

三是开展实践教学的条件。以上主要是从保障教学的硬件方面讲的,这里主要是校内为学生提供实践教学的环境和条件,包括实施团队学习、案例教学、专题研讨等的教学环境和模拟法庭、法律诊所、法律援助社等。

(6)实践基地。其包括实践基地和合作单位名称及地点、建立时间、专业实践内容、条件等。把实践基地作为一项独立的观测指标,足见它对举办专业学位的重要意义。这里观测的重点在于是否有数量充足、有较长期稳定的合作关系、管理规范的实践基地;能否为学生完成论文提供实践课题、专业指导和措施保障。

(7)经费与保障措施。其包括两部分,一是要对未来三年经费投入、用途的做出承诺和规划;二是拟建立健全的办学管理体制、机制、规章制度等相关保障措施。

在整个简况表中,这一部分的内容比较特殊,它实际上隐含着申报单位目前开展专业学位教育的还存在的不足或者问题、困难,也因此合乎逻辑地要求申报单位提出今后进一步加强相关条件建设的努力方向和具体任务。三年刚好完成一届学生培养的周期。

最近,教育部就学位点评估、研究生教育质量保障、学位论文抽检等方面出台了一系列新的规定,[1]其中规定,新增学位点获得学位授权满3年后,必须接受学位办统一组织和专业学位教指委实施的专项合格评估。因此,这部分一定要认真分析和论证,找出今后重点坚强建设的目标和任务,经费投入的数量和具体用途都要针对性,例如,通过三年的投入和建设,师资队伍、图书资料、实践基地、管理机构、规章制度以及管理办法等等都要有显著改进和提升;不足的要充足、欠缺的要弥补、已有基础的要进一步提升、比较好的要更好。

---

〔1〕参见《学位授予单位研究生教育质量保证体系建设基本规范》(学位[2014]3号)、《学位授权点合格评估办法》(学位[2014]4号)、《博士硕士学位论文抽检办法》(学位[2014]5号),这三个文件均于2014年1月29日发布。

第三部分

杂　组

关于法律硕士教育实施情况的报告(2001)

美国法律教育考察报告(2007)

应当改革法律硕士的入学考试制度(2005)

关于将在职法律硕士报考年限由五年减为三年的建议(2006)

关于筹备召开2005年法指委工作会议的意见

关于筹备召开法指委2006年度工作会议的意见

目前在职法律硕士招生中存在的问题及改进意见(2007)

关于在职攻读法律硕士研究生招生管理工作改进意见的报告(2010)

关于近期法律硕士教指委工作的意见和建议(2012)

关于深化法律硕士教育改革问题的两封信(2013)

关于部署开展法律专业学位点评估工作的意见(2014)

西北政法大学王健教授谈如何统筹全国的法律教育

《法律人:理论与实务》序

学位论文要过五关

寄语政法招录试点班各位新同学

关于法律硕士教育实施情况的报告(2001)

一、背景

根据国务院学位委员会办公室总体部署和《关于开展法律硕士专业学位教育阶段总结后和调研的通知》(法硕指秘[2000]字14号)精神,并按照关于具体开展该项工作的预备会议(西安,2001年2月23~24日)进行分片调研的预定设计以及会后下发的《关于法律硕士专业学位调研工作安排的通知》(全国法律硕士专业学位教育指导委员会2001第1号文件),2001年3月20~23日在重庆召开了片区调研工作会议。全国法律硕士专业学位教育指导委员会调研专家组成员和来自西南、西北片区法律硕士试点单位(包括兰州大学、西北政法学院、四川大学、云南大学、西南政法大学一共5所大学)的研究生培养部门负责人和教师参加了会议。西南政法大学研究生部承办了这次会议,并为会议的顺利进行做了大量认真、细致的会务工作。

2001年3月20日报到的当晚,与会者即召开了一个小型的预备会议,西南政法大学副校长徐静村教授主持并初步安排了全部的会议日程。21日和22日两天分别就预定议题和安排进行了紧张、高效地研讨。

重庆片区调研会除所有调研对象以外的参加人员有:姜晶(全国法律硕士指导委员会秘书处)、陈渝(重庆市学位办)、徐静村(西南政法大学副校长,教授、博士生导师)、贺卫方(北京大学法学院教授、博士生导师,专家组成员)、杨树明(西南政法大学教授、博士生导师,专家组成员)、邢志人(辽宁大学法学院副院长,专家组调研秘书)、王健(北京大学法学院,专家组调研秘书)、祁晓红(兰州大学研究生院副院长)、俞树毅(兰州大学法律系副教授)、刘光华(兰州大学法律系副教授)、葛洪义(西北政法学院教授)、姜皙(西北政法学院研究生部总支书记)、曾远文(四川大学研究生院研究员)、里赞(四川大学法学院教授）、张丽星（四川大学法学院院长助理）、张胜冰（云南大学研究生部副主任，教授）、张晓辉（云南大学法学院副院长，教授、博士生导师）、刘笑梅（云南大学法学院讲师）、卢景德（西南政法大学研究生部总支书记，副教授）、赵万一（西南政法大学研究生部副主任，教授）、李常青（西南政法大学研究生部副主任，副教授）、李功健（西南政法大学研究生部学位办负责人）、吴剑（西南政法大学研究生部副处）、盛时动（西南政法大学研究生部办公室负责人）、袁劲秋、陈迎新（均为西南政法大学诉讼法专业博士研究生，会议记录）。

为了开好这次调研会议，各试点学校在会前都进行了充分的准备，在本单位组织了教师、学生参加的座谈，在此基础上形成了自己的经验总结材料，并提交这次会议。下面按照调研提纲所预设的贪污，将调研中反映出来的问题作一综述。

二、试点学校实施法硕教育的情况

（一）试点单位管理部门

目前，法硕试点学校在西南和西北两大区域共有兰州大学、西北政法学院、四川大学、云南大学和西南政法大学5个。除西南政法大学是1996年首批开办的试点学校，在法硕教育的实施中积累有较多的经验外，其余均为近年新设的学校，办学经验尚处于摸索阶段。一个突出的印象是，所有试点学校对于法硕教育项目的设立都表现出了肯定和积极的态度。从办学主体对法硕教育的关注和重视程度、组织管理机制的建立、硬件实施建设以及教学师资力量的投入等方面都做了大量工作或准备工作。四川大学反映，法硕学位设立的目标“定位比较准确”，顺应了为法治社会培养高素质应用型法律专业人才的需要，它“立即得到了法律实务部门单位和人员的欢迎。”以此作为法律职业人才培养的主渠道，“实现了法硕从理论——实践——再理论——再实践的过程”，是适应我国国情实际的。云南大学法学院利用学校“211工程”专项经费500万元建设法学院的有利条件，新建了模拟法庭、法律网站、计算机室等设施，从而为法硕教育提供了优良的硬件条件。

从各试点院校目前实施法硕教育的工作状况和已有的经验来看，主要有以下一些情况和特点：

1. 关于法硕具体的组织管理制度

一般都设有专门的机构或专人——如法硕专业学位教育领导小组或办公

室来负责有关于法硕的业务工作,其中,有的是由单位(大学或法学院的)主管牵头成立的;有的还吸收所在地方的省级政法部门的负责人参加(如云南大学)。工作载体基本上附着于研究生培养部门(综合性大学则研究生部与法学院协调管理)。由此可以看出:(1)法硕虽然是按照法学这个一级学科设定培养目标的,但管理体制上均被纳入了现行的研究生教育管理体系;但是(2)从各校的实践来看,法硕教育的管理体制又有其一定的独立性,在招生、培管等环节上相对地自成一体;尤其是(3)地方政法实务部门的介入,是现行常规法律教育管理体制所没有的,这是目前一些试点单位中较有特色的一种做法。

2. 关于招生录取环节方面情况和问题

(1)关于生源与入学。有些地区的生源非常好,如西南反映近年来报名人数的情况是:1996 年报考者 64 人,1997 年为 244 人,1998 年为 560 人,1999 年为 800 人,2000 年为 900 人,2001 年(即今年)为 1600 人,报名人数迅猛攀升。在这种情况下,一方面,有的招生单位希望能增加名额指标,有的希望能有报名权(现在报名在省司法厅),以取得与其他地区或其他办学类型相比更加主动的办学竞争环境(如西南政法大学反映,由于在职的报名归司法厅(局),我们无法对口宣传。他们不愿意拿出骨干来上学,所以"去年我们招生报名就没有满,他们封锁消息,而我们等米下锅"),并要求以"西部地区"的名义对于分数线下的(特别是英语成绩)某些考生给予更为优惠的录取政策或增加机动录取指标。另一方面,也不同程度地存在着招生指标浪费的问题,这主要存在于在职攻读类型当中。其原因主要与实务部门的主观、客观条件有关。主观上,大家对此都很重视,但在实际上,只有某些部门能充分利用配给的这些指标,有的(如公安系统)分下去指标就再没有回音了。云南大学和兰州大学均反映,最大的问题是这些生源的入学在经费上存在着严重的障碍。目前的学费是每个学员一年 9000 元,实际部门感到紧张,不愿承担,或只给报销一半。来自兰大的代表在会上提出,可否通过某种渠道,利用国家对西部教育的财政支持来解决这个问题。此外,代表们反映,有些实际单位存在着"任人唯亲",不按照选送标准选拔的问题。

(2)关于入学条件。西北政法学院反映在职报考的要工作 5 年才有资格报名,年限太长。再有,报名时间和考试时间随意性比较大,如 2000 年招的学生到 2001 年才能入学,这不利于今后的课程安排和管理。

3. 教学的组织与实施(包括师资、课程、教材教法等)

关于师资,各学校普遍选派了最好的教师(副高以上职称)来承担法硕的教学,有的还聘请实际部门者参加教学。四川大学和云南大学都以课程为单位成立了导师组,西北政法学院则专门在每个专业课程中安排2名老师做联络员,起导师的作用;各校都相应地制定了专门的教学规章制度,在教学中强调要注重法律的实际问题,尽可能地结合司法经验,讲授案例。教材处理上各校比较灵活,教学内容主要由教师掌握,辅以参考资料和自己的科研。

关于法硕在今后5~10年中改革与发展的建议和思路问题。关于这方面的问题,试点单位大多只是从局部的经验出发加以考虑的,并比较笼统地提出了他们的一些感觉性的建议,主要有:(1)要扩大法硕的发展规模,多下达指标,把法硕作为法律职业训练的一种方式,规模可与法学本科规模相当,以缓解就业(因为法学本科生现在就存在着就业压力),这样做,对提高政法部门干部的素质和学历层次也有好处,并相应地主张放宽条件,对业务工作忙,但又有培养前途的,以特批指标加以解决。在管理上要重视保证质量,严格把关;相应地,(2)试点单位大多建议,应由"法指委"下达统一的教学大纲,并希望组织28个试点单位联合编写统一的法硕教材,以保证培养水平的一致。总之,限于西南、西北片新增单位较多,尚无很多的经验和深入的思考,故此,对于法硕整体的战略性发展思路没有提出很多的建议。由此,关于预定调查的与法律职业的接轨以及法硕与其他法学教育形式的关系等问题,也基本没有涉及。

作为试点单位的总结,也有个别人提出了对法硕设置合理性的疑虑及其理由。除了原已有人提出过的一般性质疑外,还提出了由于存在的问题而导致的实际部门不愿接受法律硕士的情况。

(二)关于组织和实施教学

关于这个部分,原本有一整套预先设计的专门问题。后在开会时,专家组又具体概括为考试环节、课程设置、教材、导师制、学制、教学方法和论文这七个比较关键的问题。希望能围绕这些问题展开讨论。但实际上,由于此项调查对象是参与法硕教学的各校教师代表,他们对法硕以及一般的法律教育问题很感兴趣,讨论热烈而又意见不一,见仁见智,各抒己见,因此常常使讨论出入于论题之内外。在讨论过程中,有关考试究竟要考什么、怎么考的问题,特别是教学中的理论与实践的关系如何处理的问题以及与此紧密相关的教学方法问题讨论得最多、最热烈;而有关学制、教材(模式)以及导师方面的问题,仅不同程度的有所涉及,没有得到充分的展开。

下面选取有代表性的一些发言摘要,以观其详。

里赞:我认为结合中国的司法、法治发展的情况,可能还是有必要办下去的。仅凭刚刚起步的情况来作评价,就放弃它,还操之过急。这条路也许有更广阔的方式,下面就讨论如何办的问题。

过去我们常讲理论联系实际,这是一条抽象的原则。我们要培养的是高级的司法官,知识的系统学习固然重要,但更应该注重的是思想,思维方式和理论方面的培养。离开了这个,谈不上提高。在教学中有这样的感觉,即如何操作不是很重要的,思维方式、理论素养、思想境界的提高更加重要。法硕已有一定的知识基础,不能盲目认为法硕是为培养实务人才的就忽视了它。办这个专业的意图应以培养思想、思维方式和理论素养为指导,不同于其他本科等的学习。司法实践中正是由于存在这些差距,才造成了现在的法官水平低的局面。法硕应学什么?我认为应比较地偏重法理、法律史,考试课程应向法学基础理论倾斜,突出综合素质。这些课程是背不出来的,恰恰在考试中能考出学生的思维水平。目前考试设置的考试科目造成了没有法律基础的人通过死记硬背甚至还能考出好成绩来。因此需要偏重法理学方面的考试、拓宽知识面的综合考试。通过考试做到择优。偏重理论、思维的培养,必须注重这些课程的设置。那种首先要给他们知识性培养的考试思路不太理想。这些学员真正有收获的不是专业知识,而是法律史方面的知识,这正是他们所缺的,对他们今后的工作思路、法律理念非常重要。因此我认为,基础理论课程设置对他们非常重要。将来在制定指导原则时应强调资料建设方面,我不赞成教材统一化,尤其是在研究生层次。

其实理论与实际根本没有严格的界限,而我国人为地分开了。因此常常把二者分离开来。在美国,对司法官员的培训根本就没有区分实际与理论,二者根本就合而为一。

考试的方法问题,目前是全国统考,今后是否能下放到学校,这样可以降低考试成本,是否可以通过片区考试的方式进行,促进区与区之间的创新、竞争,相互交流。

葛洪义:我赞成里赞的观点,我认为理论与应用不应分隔开来。有人似乎把这二者对立起来,其实实践中就包含了许多的理论问题。研究生层次应当上升到理论素养的提高。

考试时应涉及考什么,原则上应当是学什么考什么,而不能考没有学过的东西,可以考出从事法律工作的能力,例如文字表达能力等、逻辑能力和法律基础理论;不在于对法律有正确的看法,而是应当有自己的语言表达出这的观点,看是否具有科研的能力。考试的目标在于考出学生是否有培养前途,而不是靠背诵以后达到的某种分数就行。从考试方法上,全日制考生尚好,掌握一些;但在职考生的入学把关能否保证质量,目前必须重视。现在研究生水平出现滑坡,在很大程度上就是把关的问题,考试环节的监考制度必须严格起来。还有,考试改卷只要求要点,那真是要命,千万不能搞计算机阅读试卷。不要相信科学是万能的。

如何提高授课质量是一个大问题。教师授课时既不能把他们当研究生看待,又不能把他们当本科生讲授,这里我认为应解决好四个方面的矛盾:

一是理论学科与部门学科的关系问题,二是规模与质量问题,要搞评估。三是法律硕士与法学硕士关系,是否必须分得那么细;四是授课资源,资源匮乏与资源浪费问题,如由谁来讲课很重要。有些学校感到师资跟不上,解决的办法,一个是搞师资培训班,另外一个办法是由优秀教师巡讲。

我认为课程设置并不重要,重要的是教学效果、师资力量。尽管学校的入学考试是全国统一的,但教学力量却不一样,28个学校的师资力量不平衡,有的学校这门学科强,有的那门学科强,另外现在招考研究生很大程度上是为了创收,扩大规模,这样在保证质量上很难,因此该统一的还得统一,否则今后法律硕士的品牌就成问题,学生甚至不愿承认自己是法律硕士。

导师问题方面,法律硕士与法学硕士有很大差别,前者老师的作用小,而官员的作用大;因此起作用的是官员,不是导师。而法学硕士的面试都有导师参与。许多学校都是在论文定下后才定导师。这样导致学生学习的盲目性,而没有针对性,因此我认为入学时必须要配备导师,学生入学后能够知道要学些什么,并在导师的指导下有针对性的学习。

张晓晖:考试应当考虑对象。我们考试的对象有两部分,全日制的和在职的。全日制招考的是非法律类的学生,考试却要考察他们的法律知识,这与他们以前所受的训练不吻合。现在的考试设计,考得是没有受过法律训练的知识,他们只能靠背诵在短期内达到考试目标,我们要从外专业招收优秀学生的目标达不到。考试不要复杂,可参考其过去的本科知识,是否不要涉及法律知识,如只考政治、外语和其他某一门学科。出于平等考虑,对少数民族考生可以放弃考外语,只考汉语。

廖钟宏:首先,法律硕士设定在应用型,因此,应加强基础理论的观点我不大赞成。我理解这门专业培养的是运用型的,因此在入学考试与今后的考试都应当侧重运用,注重职业培养;它区别于法学研究生的一点就在于应用型。例如没有诉讼知识就是非常错误的。许多学生认为学习民诉法必须知道古代有无民诉法,这与今后的实际工作到底有什么联系,可能多少有一些,但基本没有关系。我认为对于司法实践工作,掌握这些是否必要?因此我认为如法制史等学科的知识是否应少一些,而应多些应用性的考试内容。

其次,由于面对的是应用型的学生,因此学期的考试是否应考案例,案例中包含许多的诉讼问题,他必须掌握应有的知识才能答出来,那么这对老师的阅卷要求很高。那种背诵式的考试我不赞成,学生要达到案例考试水平必须要自己狠下功夫,而不能靠短期的背诵。我认为考试包括入学考试和结业考试。更重要的是指导思想问题。我们的目标是应用型,入学考试要改革,放松进口,由考试变为不考试。目前考试有很多的弊端,毕业时要严格把关。入学后考试要有考试大纲。大纲要明确理解、运用,法律硕士生的理论和实践都很缺。再就是要处理好重点与一般的关系,应有重点学科,如程序法非常重要,但考试时却没有这一科目。还有就是提高与普及的关系,该专业应放在提高方面,考试重点是法律知识,然后是相关知识,基础理论课的考试应突出,少而精,考试方法上,开卷、闭卷都可以,也可以通过案例来考试,总的目的是提高思辨能力,注重应用型的培养。

我在教学中发现,教学的针对性很强,该专业的学生上课都上大课,教学不能按法学硕士的方式来,因为他们没有基础,不可能讲得太深,但又是要培养应用型的学生,在讲课中很困难,到底按什么办法、内容来讲授。一开始就讲案例,他们不懂,如果按本科生讲就不行,该专业的层次与教学内容存在矛盾,最后出现了只能按照本科生的考试要求进行考试的状况。

(有问:我们一上来就给一个案例,这样能否呈现出基本理论?案例分析法是否就意味着要抛弃法律基本理论概念等知识内容的讲授?)其实不一定,学生首先必须先掌握大量的知识，但我国不能为学生提供自己的条件，第二是学生自学及阅读大量的资料，构成自学小组进行讨论的基本条件达不到。因此与国外的案例教学法比起来，在我国是行不通的，美国不考虑学生是否掌握应有的知识，是因为别人首先假定这些学生已掌握了这些基本知识，老师不可能去给他们补课，而我国，老师还必须给学生补基础知识课。

赖达清：考试的指导思想很重要，我理解法硕培养的是法律高级应用人才，既然如此，就应放开，不考试，采取宽进严出的方式，这样公平。因为目前的供求矛盾大，入学资格上有很多弊端。从目前体制看，上面管得比较死；统一教材不利于竞争，但应有一个明确的考试大纲。具体说要正确处理这样几个关系：

一是理论与实践的关系，这批学生双方都缺，因此要并重。二是重点和一般的关系，要突出几个重点学科，除了实体法外，应强调程序法。三是提高和普及的关系，应放在提高上，注重考法学基础。

在考试方法上，闭卷、开卷均可。总的说来，赞成里赞的观点，要重视理论。

案例教学法是好，但在我国还难以实现。我国的师资队伍能否达到案例教学的水平，实际是不是启发式的，而是填鸭式，因此要有教学大纲，通过教学大纲可以了解如何教学，各个学校按照大纲根据教学力量组织教学。例如，在北京力量比较强，在西部则较弱。当然教学方式应是启发式教学，针对法律硕士应强调理论，突出主干课，提高理论，达到在实践上成为复合型人才，达到能解决实际问题的能力。教材在统与分上都有好处，统的坏处在于对各地主动性和积极性的发挥有局限。例如应用法学班的教材，是前一年出版的，还不如我校的教材，是否可以采取片区方式使用教材。

杨树民：我们研究的对象是法律硕士，它与法学硕士有区别，与硕士进修班也有区别。对于法硕，考试时到底如何考才合适。我认为要考思维能力，具体说就是“三基”即基本知识、基本能力和基本理论；和“三再”，即再学习、再教育和再提高。我赞成里赞的观点。法律硕士生学习方式不能与本科生水平相比，学时应有一个总的限制。

法学硕士生的硕士论文质量较差，写论文选大题目，象普法教育，而不是专题，我认为必须要写专题性的论文，而法律硕士的来源是其它各专业的，在论文上质量虽然不行，另外法律硕士入学成绩好，但复试成绩很差，因为法律基础知识太差。我主张入学考试要注重分析和逻辑思维能力等。

倪瑞生:我发现法律硕士生的文字表达能力欠缺,与硕士生的水平不相称,对搞理论研究有障碍。另一方面,考试时实践内容所占比例偏低。由于是应用型考试,因此在考试的题型,应侧重实践部分。当然,题型侧重实践方面,并不是要考疑难问题,而是知识型的实践考试。课程设置与教学方面,我赞成编写教学大纲,但难易程度要针对非法律专业学生,既要高于本科水平,又不能按专业研究生标准,第二是课程教学时数方面,对非常重要的部门法要增加课时。例如刑法,开始时是30学时,后增加到40学时,现在是70学时。

谭宗泽:入学考试考什么并不重要,考试可以有二种,一种方式是根本不考法律,只考外语、政治和语文,第二种是考法律主干课。我认为第一种更好。因为我在教学过程中要给法律硕士弥补过去没有的法律知识,虽然我们假定他们已掌握了法律知识,但实际上他们并没有掌握。因此我们不能有这种假定。不假定的前提是不用考法律,而是入学后按教学大纲进行教学,教学方式是否可用案例教学法,应根据各门学科的特点由老师自己来选择决定。

法律硕士课程的设置要把本科法律知识与硕士教育结合起来,法律本科知识的传授在教学过程中不能放弃。入学时英语水平要提高,不考法学;入学后必修课要多,选修课程要少,而且要为他们配备导师,不能采取放养的方式,第二入学后要编写详细地大纲。在导师方面第三年才选择导师,时间过晚,老师与学生之间无沟通,应在第三学期配备导师,教学方式由老师选择,不能统一、划一。学生的考试分数由导师对学生资料积累、论文、课堂考试相结合,最后在毕业时作全方位的统一考试。

林刚:我认为法律硕士与双学位、本科生的教学难以区别,法律硕士无法律教育基础,在授课时要为他们补课,在基础与提高方面存在着矛盾与难度,如何界定法律硕士,其法律基础问题应由什么方式解决,是采取自学、还是集中授课方式,不要让基础知识的学习流于形式,而实际状况是,学生毕业后觉得没有学到什么东西,基础知识没学到,则更谈不上提高。法律专业与非法律专业的学生就是不同,如民商法专业,法学硕士与老师的对话开展得很好,而法律硕士与老师的对话很难开展。

莫江平:我认为进行专门与修行的问题很重要。要招什么样的学生,也就是要考什么,我认为要考政治、语文与外语。现在许多学生的论文写得很差,在教学过程中外语课时太多,而应在入学时把好关,必须达到某种水平,第三是要考法律常识，也不能完全不考，可提供考试大纲，考试不必太深，经过这样筛选的学生起点就很高，其次是修行对他们应采取普及与提高的方式，首先必须达到本科水平，但肯定有提高，但根据课时既要普及，又要提高都不容易做到。关于老师问题，老师要达到既普及又提高的教学水平，由于学生的基本能力是具备的，因此要普及、提高在能力方面都比较容易接受，第四是要对学生灌输法律思考。

刘光华：我认为在导师的选择与配备上要注意平衡，不要都选到一个导师，其次是在教学中如果采取案例教学，还存在问题，应有更多的理论教学，用课堂解释的方法教学，与我国成文法的立法方式要结合。

刘想树：我们培养硕士到底是要培养什么类型的人才，我认为是培养有法律素养的应用型人才，其次是考试不要涉及任何法律内容，其好处是要求非法律基础的学生，我赞同考试不考法学内容，只考英语、政治和中文，特别是古文、法古文。教学方式上，这些学生只能用普法的教育，这很令老师为难，因为他们对法律知识欠缺，必须在课堂上普法，因此很难以施教，不太容易把握教学与提高。

蒋小兰：我认为培养法律硕士，关键是如何管理、如何教学和培养的问题，到底我们设置这个专业是为了什么。现在许多教师一味地批评、指责他们的法律知识差，难以培养，这实际上是一种歧视和苛求。总之，要回到国家开设这个专业的宗旨的问题上来，一是要宣传，二是要迎接挑战，而不是去苛求学生。

三、司法实际部门对法硕教育相关意见

此次座谈的对象是司法实务等部门（包括主要是重庆地方高级和基层法院、检察院、律师管理机构以及党政部门）在职攻读的法硕生。他们大多是这些部门的骨干或负责人，都有正规的法学专业训练背景，有着多年的实务工作体验，目前的角色正处于法律学校和法律实务部门两者之间。

预先设计的调研表涉及的问题点非常之多，问题的设计也是非常技术化的。归纳起来，这些问题分别指向以下四个方向：

（1）司法部门对介入法律教育领域的态度。

（2）法硕教育模式与满足法律实务人才需求的关系。

（3）对现行职业法中任职资格的规定，以及建立统一的国家司法考试的看法。

(4)从事司法实务工作,对写作能力、专业知识、职业技能和伦理等的要求是什么。

贺卫方教授在主持过程中,注意到了大家的发言和预期存在着的较大偏差(特别是对理论与实践关系的片面认识),对参加座谈者的发言做了必要的和有价值的引导。

下面选择其中的主要发言,详细的讨论应当参见“原始记录”。

李志雄(重庆梁平县委副书记,西政80级毕业生):我没有接触到这种毕业生,因此法硕教育的实际效益一时还看不出来,只能谈感受。

法律硕士的存在有无必要,我认为是肯定的,它弥补了过去教学中的不足,从搞科学研究来说,法学硕士可能更合适些,但从实际部门来说,更希望既有理论又有实践经验的人才,因为高级人才不只是理论研究型,应用更重要。我们县公检法系统,法律本科生只有我一人,担任要职的多是通过成人教育,如函授教育途径完成的。他们上去的原因很复杂,他们人际关系好,肯钻研,办案能力强。

课程设置上,根据我们在读的经验,方式方法有待改进。大部分教师把学生当作本科生来教,忽视实际中存在的理论问题。尤其是在职攻读生,他们更想通过学习后来分析具体案例。老师的课时有限,教学内容有的好,有的差些,没有适应法律硕士专业的要求,没有针对性。在职攻读的申请学位、答辩论文时,应当允许我们总结实践经验,在理论上放一马,不要把我们跟法学硕士生一样要求。我写的论文是《我国行政管理中的政令畅通》,就是总结自己的工作经验,我认为这是非常有意义的题目,没有参考过一本图书馆的书(因为没有这方面的资料),如果从理论的角度、参考资料的角度来要求,就很难过关。而这样做,总比找一堆资料抄袭要好。在职攻读这部分人入学考试,推荐应占一定的比例。实际工作中确实有许多有培养前途的人,但工作时间局限很大,如果从组织上予以保证,就可以报考,学习时间也就有保证,如果自己提出考试,组织上会认为不安心工作,不一定支持。

卢祖兴(壁山县法院院长):我们法院没有硕士,只有本科和专科,甚至有高小生。本科生都是党校或法院业大毕业的。他们有一定的司法工作经验,基本上能胜任工作,但局限是对法学理论和前沿动态知识不了解,司法观念比较陈旧,他们的角色就是个“匠人”。按照现在审判工作的要求,这些人无法达到。

他们非常需要学习,因此我认为,法律硕士的市场前景很好。我是 80 年代中期毕业的,至今深感有必要学习,我来读法硕,目的有两个:一是要武装,即知识更新,用知识来武装;二是包装,尤其是担任领导职务以后,不再学习,压力很大,因此非常希望有机会来学习。我们在工作中,每天要研究案例,需要加深知识厚度。我读书感觉收获很大,什么都学,而不局限于某一门知识,在法院里各个业务厅的工作我都能了解,所以我现在真正成了“复合型”人才,单位的人也都佩服我。

在课程上,希望搞专题讲座,讲关于前沿性的理论,适应在职学习的特点,再就是我们已有一定的法律训练,不必再象过去那样。

吴玉鸿(重庆司法局律管处处长):我很赞同前二位的观点,法硕是很有必要的。重庆市律师有 2000 多名,加上实习、助理律师有 4000 人,我们管理部门认为律师队伍应当充电,特别需要高级复合人才,特别是加入 WTO 的形势。重庆的律师学历层次还是很高的,主要是西政许多老师在兼职。但具体情况也不一样。

至于招生条件可以宽进窄出。现在社会上有研究生学历的很多,党校的、进修生等。既然法硕定位在应用型复合型人才,教学内容上要体现应用,可以采取讲座形式,不仅有专家、学者讲,也可以有实际部门的人讲授。教学可否采取学分制,灵活一些。毕业论文要理论结合实际,不要搞东拼西凑的抄袭,要结合自己的工作。我的论文就是“律师管理体制研究”,这与我的工作相关。另外应当有导师,论文题目可早些选定。

关于司法考试制度问题,我认为应当将现有的检法律师三家的考试统一起来,可以叫“国家司法统一考试”,因为现在这三家内部都是一致的,律考最规范,搞了许多年,有经验。

李胜龙(重庆高级法院):我补充几点,首先是教学定位,应当有统一的课程规划。我们现在学得的基础性的东西太多,应传授前沿性东西。关于考试,我们上课时间少,往往是考试前忙一个星期,很“水”,学习是为了应付考试,考试又是为了拿学位,而最多的是应付外语考试,我们至今还有 20 多个同学还没有过外语关,如果拿不到学位,学费 1 万 8 千元就付诸东流了。单位也要抱怨,没有学位,学员就要抱怨学校。

我们来主要是学习专业知识,不是外语,我是 82 级的,外语丢了多年,外语系老师在掌握过关指标时显失公平。在写论文中,许多同学都是应付态度,马虎了事。应寻找一条适应在职学生学习的路子,如何才能达到培养目标,如何才能使学生在学习过程中真正自觉地愿意去学习,而不是为了包装,拿学位。如果拿几万元钱交给学校,学校给我们一个文凭,这就名不副实。我来学习一年多了,真正觉得没有学到什么。

陈平(重庆检察分院):我是本校82级的,法硕很好,市场前景非常大,结合点是找准了的,院里的指导思想也希望培养这方面的人才,到目前为止还没有一名法硕,重庆检察院与西政正在办课程进修班,这对法硕是一个冲击,因为待遇是一样的,另外,社科院、党校也在办,更活跃,这些都比法硕要容易上,人们计算,读法硕不如读课程进修班。进修班是发毕业证书,而法硕是学位证书,拿不到学历证,有的单位不认,这就很麻烦。

在课程设置和考试形式上,都应符合专业的宗旨。应由既有理论又有实际经验的老师授课。部分老师可以达到要求,但有的老师司法实际经验太少。在课程安排上,对新学科、新知识的介绍太少;方式上多半是满堂灌,这样的好处是信息量大,但与同学的交流对话太少,几乎没有,老师讲的内容无论适合不适合,都得被动地接受。在考试形式上,是笔试和口试结合,对论文的重视不够,多数是应付。能否以论文形式为主,笔试为辅。同学反映大量的时间用在了外语上,三年下来究竟是学外语还是学专业?是丢了西瓜抓芝麻,结果最后芝麻也丢了。

李永清(基层检察院):第一,在实际部门不看学位,只看学历,他们不懂。我们在专业上花费的时间不比在校的研究生少,例如我们学民诉要60学时,在单位中为了办案也常常要看书查阅资料。因此司法部、学位办是否能满足我们的愿望,给予学历证明。第二,论文问题,论文要注重解决实际问题,成功的论文应当是结合实际的。第三,法律硕士的管理一定要严格,不能水,因为既然是要拿学位,就要保证学习时间,不能有任何借口推脱必要的学习,“工作忙”那都是借口,工作忙就不要拿学位;拿学位就要学习。第四,课程设置应当把实践中用得多的多开,开深,实践运用少得少开,不开。例如,法理学在研究生中开就没有必要。刑法、民法应加强。最后,我建议能否给我们学历。

郭永泉(河南基层检察院):法硕设置很重要,但对教育模式很悲观。刚考上时我对法硕充满希望,还有精英意识,但现在快毕业了,我反而没信心了。因为和党校、课程进修班没什么区别。学校把我们当摇钱树,层层盘剥,读完后我感到学校也黑暗,教育黑暗。

第一,法硕应有专业方向,设大的分类,如刑、民等,现在成了大杂烩。我是西北政法毕业的,我读法硕的感觉是甚至不如上本科时的水平。第二,师资力量不是很好,法硕层次应当掌握法律思维和技巧,现在一般来讲,从立法到司法受英美的影响大,老师有的讲苏联的,年轻些的讲英美的,而结合本土的却很少,与我国实际脱离。第三,利益导向问题,基层法院能来学习的很少,其实越是基层越是需要培养,我出来以后,基层的就再没有了。招生应当是担任一定职务的或即将担任领导职务的,因为他们上了以后,或单位领导是学历层次高的话,他在使用人才时,就会注意知识型,而没有法律意识的领导就注意官场的利益。第四,一定要把法硕专业办出影响,许多人认为法硕含金量不高,很水,认为还不如到大街上买个文凭,因此,法硕的前景不容乐观,如果办得不成功,今后很难发展。第五,关于司法统一考试,我认为可称之为"法律职业任职考试",这要比司法考试更专业些,避免利益之争。现在的无执照的律师很多,在大学执教的也应通过这个考试。

四、在读法硕学生反映的情况

关于和学生的座谈,贺卫方教授提醒同学们要在如何学习知识点的问题上多加思考。要注意到不同专业知识背景的人在来学习法学,如何使自己的知识对法学知识所带来的一种挑战,并最终引导到制度建设上来。针对导师制问题,贺卫方还提出双导师制,即一是督导师,给予一般的指导;二是到三年级时的专业导师,指导论文的设想。徐静村教授表示,将精选一批优秀的老师组成导师组,一年级为一般的,二年级后不限于导师组选导师,但参加论文指导,你有权选择导师,未被选上的作候补导师,老师与学生应有交流,相互促进。当有同学担心会硬性分配导师时,徐静村提出,以尊重学生的选择为出发点,但考虑不使教师的负担过于集中,学生可以有第二、三个选择的方案。

最后,徐静村教授鼓励同学们,指出法硕是按一级学科招生,宽口径培养模式,如果搞成窄口径的,那就与法学硕士没有区别了,再一个是应用型,与理论型有区别,我们要照顾两个方面,我们写论文是二级学位的,出口是二级学科的,这是一个矛盾,我们不反对论文方向,但知识的掌握应当是宽广的。我们法硕的知识面广,论文可以超过法学硕士的,比如写法医学方面的论文,你是学医学的,肯定要比一般法学的好,应发挥自己的长处,要树立信心。

需要说明的是,向学生调研的问题,按照预计包括两个方面,一是从自身经历提出对法硕的看法或评价;二是他们对法硕未来改革与发展的建议。此次参加座谈的学生,均为非法律专业毕业的在读法硕生,这决定了座谈实际内容的某种倾向性意见。对于前者,学生们似乎有说不完的话;对于后者,则又无话可说,或者只是一些想象。看来,要求对学生们发表比较宏观性的一些意见尚有困难。

通过调研,可以很明显的发现,学生大多是把法硕当作一般法律学程来看待的。他们的感受、意见、甚至牢骚、抱怨和宣泄是真实而又质朴的;也明显也地带有天真和理想的成分。他们是第一次接触法律这门高度专业化知识的学习,对学习法律抱有非常浓厚的兴趣和比较强烈的法律人的社会角色意识(希望自己成为从社会公众的观点所看到的那样一种人),也因此而带有比较盲目的预期。他们对自己正在经历着的学习的不满,在很大程度上是由于他们把法硕和自己原有学习背景加以有意无意地比较而导致的一种消极后果。并不否认的是,法硕教育模式本身实际中存在的一些问题以及各学校在办学中共有的一般性问题,无疑强化了他们的这种消极印象。这样,调研中所反映出来的这些问题,就不一般的属于法硕方面的问题,而应主要地归因于一般法律教育的问题。

下面选取一些有代表性的发言,可以使我们更清楚、具体地了解到这种情况。

阎海(东北财经大学):我对法硕的理解就是法学中的 MBA。我在招生简章上看到的是要培养高级复合型应用型人才,但入学后感觉不到高级所在和应用型所在。学校对学生的教育不重视,在教学方面老师总认为非法律出身的素质差,把我们当本科生,要么就讲纯理论,如经济法,有三分之二的时间讲经济法的调整对象。说我们素质差,我们不承认,律师考试我们远远高于法学硕士,这是我们自学来的。课程安排上也不尽合理,前紧后松。教材上与 MBA 的有很大差别,后者已有很多的版本,而法硕的却没有。我可以推荐两套教材,一是台湾王泽鉴的《民法学说与判例研究》;一是徐校长主编的诉讼法教材。关于培养管理,现在供应渐渐增多,而需求暗淡,近年来司法部门有一个不好的现象,就是要法学本科学生,而我们不去实际部门,培养我们干什么呢? 去教书,那是法学硕士做的。

王庆林(哈尔滨工业大学):我是学经济的,我比较喜欢法律,在《北京青年报》看到法硕招生广告,说法硕是新产品,培养复合型、应用型,所以就考了。入学后,发现不如本科教育,自己的经济学专业没有优势,就业上也没有出路。应用部门对我们有误解,都要法学本科的,就连学校老师也这样认为,例如图书馆的使用上也区别对待,找工作时人家认为我们没有导师,样样精通,样样不通。关于实用型上,我们学的是理论,没有案例教学。

罗曼丽(阜阳师范学院英语专业):国家教委对法硕的定位是很明确的,如果学法学不懂经济学是不行的,法律与经济关系联系紧密。从诉讼实际来看,做律师,从事法律服务,复合型人才非常重要。我没想到社会对我们的偏见,我认为国家的决策没错。而管理方面存在问题,老师认为我们是非法律出身,但实际上我们很刻苦;课程安排无计划,前紧后松。教学计划不科学,或一天都在上课,或到后来没课,另外就是三年太短。

我建议,第一,对法硕要转变观念,不能认为法硕就是法律的白痴;第二,要提高入学门槛,我们感觉入学考试很容易;第三,招生规模上至少要维持,而不是缩小;第四,学习时间最好是四年,课程安排上要统一;第五,就业上不要限制性别、年龄和婚姻状况。

韩永红(西南政法大学外语系):我是被推荐上的,接受推荐的考虑是为了把自己培养成复合型人才,因为外语只是工具,因此读法硕颇有心理准备。我们急需法硕的专门教材,本科生注重知识的系统性,但法硕不应仍然这样。我认为不应抄袭英美法系的案例教材,因为他们的思维方式与我们不同。应当组织优秀的法官、律师和学者编写法硕教材。教师可以指定好的书目。

邱世远(重庆师范学院英语专业本科):给我们上课的教授一辈子搞理论,他们年纪大了,不应苛求他们讲案例。能否开设一门案例研究课,由年纪轻的老师(在外面做兼职律师的)来讲。

彭皓(南京大学航空学院):我谈教师的走出去和请近来的问题。能否请法官、律师给我们讲座。教材上,我喜欢看杨立新的书,既有理论又有实践。没有导师不合理,我们在没有导师的情况下发表文章 20 多篇,说明我们的素质很好。如果有导师,不是更好吗? 关键在老师如何结合我们原来的专业进行引导,找到契合点,不让我们原有的专业知识浪费掉。

袁海:14门主干课太单薄,我以为14门课一年就可以学完。我们班的律考通过率是75%,我们完全有能力一学期学完14门课程。第二年可根据自己爱好专攻某一方向,第三年写论文和实习;规模不宜扩大。

马海生(山东师大历史系):招生规模太大,应当重视质量而不是数量,是否可以建立一种对于办学机构的淘汰机制。不符合招生条件的就不允许招生。为什么要招这么多学生,一句话,挣钱。《南方周末》上都有中国政法大学的招生广告,为什么不为本科生、研究生打广告?如果是这样,法硕永远办不好。把法硕当作挣钱的渠道,与国家的初衷相悖,到底是谁在破坏这个专业的前途?

宋世波(山东工业大学建筑系本科):我们班的同学思想很活跃,很有才华,素质很高,没有培养好,将是国家的损失。我呼吁,国家主管领导在舆论上让社会重视起来。这对法律硕士的发展非常好。课程上英语时间太长,可否划分一个标准,达到者可以免修。培养目标从上到下的思路都不明确。在培养上第一年、第二年要达到什么目标,都应明确。最后我认为,老师不能认为我们没学过法律就按本科来教育。大家领悟能力很好,法律是一门需要领悟的学科。规模上应缩小,在试验阶段要多出精品,然后再推广。

卢兴福(江苏理工大学机械系):我考法硕是为了改变工作环境,我对此了解不多,认为做律师能多挣钱。(当被问没有考南京大学或华东政法学院的法硕,未答)我考了两年考上的。考前读过很多法律书,西政的管理是放羊式的,希望有导师组,但现在还没有。学校环境很好,给了一种气氛。

王腊梅(重庆大学经贸系):我在大学学经济学时社会知识不够,考上法硕后这方面补上不少。可以借鉴MBA,明确法硕的目标,按照目标进行教学,应该把法硕继续办下去。目前我们的时间多荒废了。我们比高中毕业学习法律本科的要强很多,如果有制度化的管理,会很好的。

陈君(山西财经大学税收专业):如何结合本专业与法学,我考"助会",提高了法律的敏感度。经济学很务实,学习法律后我了解了许多的立法原因。

何建宁(华中师大政教系):我做过5年教师,我们学校的课程设置没有体现专业的初衷,非常浅,英语方面讲基础英语,不适合我们。我们是应用型的,但没有案例教学、模拟法庭,希望法官、律师、检察官给我们讲授。

钟小明(湖南商学院):应培养我们的内在实力,可否一入学就安排导师。

桂景波(南昌大学法律系):我认为固定导师和在一年之内学完14门主干

课不好。我主张与本科生混合听课，对我们关系不大的课，如法理学、法制史可以不学，其余时间搞案例教学，外语课太浪费时间，我们的听力课开始60几人，最后剩下4个人，老师还上得津津有味。应提高入学门槛，否则入门容易，社会上受歧视。

桂景波：（问：入学考试不考法律行不行）我认为要考，至少通过考试已经掌握了应有的法律知识，而且是必须掌握的知识。

王腊梅：能否开一些比较法课，在讲外国法时采用英文资料，把英语作为一门工具，而不是作为考试科目。

韩永红：有必要设法律英语，但现在没有好的教材。

葛春波（四川师范大学政教系）：入学考试考过的课程，进校后能否不再开了。课程设置应有特色，培养法律家的思维，可否开设一门"法律思维学"，在以往的知识背景下更好的领悟法律精神。

白世国（重庆师范政教系）：有四个问题，第一，入学开始内容少、简单；第二，对法律硕士的定位，要从两个方面看：一是硕士专业定位；二是入学后的学科专业定位；第三，课程设置上可采用学分制和选课；第四，要早设导师。我们太需要和老师交流了。希望学校考虑。

五、结语

总结重庆片区短短两天的调研会议，我们获得了有关主题的极为丰富、具体、生动的信息。这些信息，在反映了法硕教育实际状况的同时，更多的是能够引人深思。从工作成效上讲，已经达到了本次调研预期的目的。从中，我们似乎可以粗略地看到以下几个值得注意的特点：

1. 由于组织与配合的得当，在整个调研过程中，专家组工作模式的作用得到了充分的发挥。这不仅体现在工作期间时间安排的高效率上，更重要的是，在各个类型的座谈当中，通过合理的引导和技术性的设问，会议主持有效地把握了所讨论的各个议题和若干细节的思路和关键。

2. 教育机构，包括管理部门、特别是法律教育工作者，是对法律教育问题最富有讨论热情的一个群体，他们的意见和观点常常是毫无保留地呈现出来，有时甚至是无所顾及地针锋相对。这次调研，被充分展现出来的这部分丰富的意见具有很高的参考价值。同时值得注意的是，目前对于法硕教育乃至一般法律教育的认识，总体上还处于经验式的状态，感觉性的成分较大，教育理念尚缺乏系统的支持依据,因而,对法律教育一般概念的进一步宣传和普及,仍将是今后推进法律教育工作的一个重要任务。

3. 实际部门调研对象的意见,多取经受法硕教育感受的立场,虽然他们的意见在一定程度上代表了司法实际部门对的法律教育认识取向,但由于受这种立场的局限,未能像设想的那样,充分获取纯就司法实践部门而言,即以法律实务的观点来评价法律教育的信息。这是本次调研存在的一个小小的缺憾。

4. 学生的意见,如同他(她)们来自有着如此之大的专业背景差异一样,各色不一。显然,今天的学生已经很清楚地意识到了他(她)们自己正是某种教育模式的消费者的角色,正因此,他(她)们对于法硕教育的评价,就往往不是真正针对法硕本身的,而是更多地包含了他(她)们实际所感受到的回报如何的成分。

5. 受经济发展不平衡的制约,本片区所涉及的西南、西北地区在实施法硕教育中面临着较为突出的教育经费问题。

美国法律教育考察报告(2007)*

2007年1月11日至2月1日,中国法律硕士教育赴美培训团(第一批)在美国进行了为期20天的学习、考察和参观访问。这次活动由全国法律硕士专业学位教育指导委员会秘书处组织,由国家外国专家局立项,中国国际人才交流协会具体实施。美国佐治亚州肯尼索大学继续教育学院金克华教授为学习考察活动全程提供了周到、热情的服务和安排,并承担了翻译工作,为确保出国任务的顺利完成提供重要的帮助。

第一,组织本次学习考察活动的背景和意义,是鉴于我国法律硕士教育试办已整十年,为了解决我国应用型法律人才培养实践中面临的问题,借鉴发达国家成熟的法律人才培养模式和管理经验,提高我国法律教育管理人员业务素质的实际需要,进一步推动法律硕士教育的改革与发展,于是,2006年全国法律硕士专业学位教育指导委员会工作会议决定,分期分批组织全国法律硕士培养单位负责人及有关专家、指导委员会委员及秘书处成员组成"中国法律硕士教育赴美培训团"赴美培训交流。

第二,培训团人员构成与出访概况。本次培训团由法律硕士专业学位教育指导委员会秘书处副秘书长、司法部国家司法考试司教育指导处处长姜晶为团长。成员包括法硕指导委员会委员单位公安部教育培训处陈延超处长,法律硕士培养单位(按取得法律硕士培养资格先后顺序)华东政法学院研究生教育院副院长杨忠孝副教授等4人、西北政法大学研究生教育院院长王健教授、河南大学法学院副院长耿勇副教授、湖南大学法学院副院长郑鹏程教授、江西财经大学法学院副院长黄华生副教授、烟台大学法学院副院长金福海教授、西南财

* 本文是以全国法律硕士教育指导委员会秘书处名义完成的出国考察的工作报告,写于2007年2月10日。

经大学法学院院长高晋康教授、内蒙古大学法学院院长丁文英教授、东北财经大学法律硕士教育中心副主任任伟共14人组成。参加培训的人员均为法律硕士培养单位的负责人,法学专业人员(据美方评价:均来自中国的著名法学院校,在中国法学教育界是具有代表性的。)

所有成员在团长带领下,严于律己,勤奋认真,牢记出访使命,互相协助和支持。在出访过程中,无论从外事纪律、国际交往礼节,还是专业领域的学习和交流,都表现出色。安全、顺利、圆满地完成了预计的各项出访任务。

第三,培训团于2007年1月11日由北京乘美联航飞机出境,2月1日由旧金山直返北京。按计划在美进行了为期20天的访问、培训和交流活动。其间,培训团足迹遍及美国的芝加哥、纽约、波士顿、费城、安娜波利斯、巴尔的摩、华盛顿、亚特兰大、旧金山9个城市;参观了哈佛大学法学院、爱默瑞大学法学院、佐治亚大学法学院、佐治亚州立大学法学院、斯坦弗大学法学院、黑斯廷大学法学院6所法学院;访问了美国参议院、司法部、佐治亚州律师协会3个机构并进行了友好交流;此外,还与著名的 Kilpatrick StocktonLLP 律师事务所进行了座谈,访问了美国可口可乐公司总部,看望了美国前总统吉米·卡特夫妇。总之,在有限的时间里,与美国政界、法律界官员、法学院院长和高级管理人员、法学教授、律师事务所律师和中国留美法律学生进行了广泛的交流。特别是在亚特兰大市的爱默瑞大学法学院、佐治亚大学法学院、佐治亚州立大学法学院,培训团全体成员听取了法学院院长和管理人员关于办学情况、管理经验等方面的介绍,与同行进行了深入细致的访问交流,对美国法律教育界的最近发展动态有了具体而形象的了解和认识,获得了关于美国法学院办学状况、人才培养模式、律师考试、教学管理及就业状况的大量丰富信息,并增进了中美法律教育同行间的认识和友谊。

第四,本次出访获得的主要成果。由于全团人员基本是第一次访问美国,但又有长期从事本国专业教学和管理比较丰富的实践经验,对出访的目的和主题背景已有相当的理解和把握,大大增强了培训考察的针对性。因此,本次出访取得的收获是多方面的,可以说遍及了美国的历史传统、文化教育、社会生活、艺术,以及经济、政治、教育、法治等各个侧面。

就出访任务的主题而言,大体可以归纳如下几个方面:

1. 实际感受和了解到美国法律教育的一般情况,通过对几所法学院的接触,我们了解到,美国法学院正面临着内部教育管理模式的改革与重组的挑战和全球化背景下的压力。美国法律教育模式由19世纪后期开始塑造,经过一百多年的发展,现已相当的成熟和完善。但现有的体制和模式都正在经历着全球化时代的挑战。这使得美国法学院有进一步地开展对外交流与合作积极性和主动性,特别是从规模上讲与其地位相当的中国,以进一步保持其在国际上的战略领先或优势地位。尤其是资源相对弱势的中心大学以外的法学院,有着与我国开展合作交流的潜在空间。这对我国法学院开阔办学思路,拓展办学空间,增强法律教育和法学研究领域的国际合作意识有重要启发。

2. 关于法学院的招生考试制度(LSAT)。这是本次考察的一个重点。美国法学院的入学考试制度一直是世界上最独特的,其合理性与运作机制始终是我国法律教育研究和改革方案设计中关注借鉴的一个重点问题。此次考察我们接触到了两所法学院的招办主任,详细询问了解法学院考试制度的各个细节,获得了对命题专家组成方式、命题原则和理由、试题结构与题型、考务管理,考试实施效果等大量信息,并获取了书面资料,包括管理规章和考务工作文件手册等。这些为改革我国法律硕士招生考试制度提供了重要的参考和启发。

3. 以实践教学为导向的应用型法律人才培养模式。美国法学院的定位是为法律职业供应合格的人才保障。围绕这一目标,法学院的课程设置较十年前又有了新的显著的变化;在三年制的法学院训练中,以课程为核心的教学改革有了明显的变化:有限的基干的核心课(财产法、侵权行为法、合同法、宪法、民事诉讼法、刑法、法律研究与法律文书)保持不变,但以适应市场需要的职业分工的各个领域的专业知识都被作为课程组的方式予以呈现,设置了五六个或十来个不等的课程组。这类似于我国的专业方向。这种课程设置模式对我国的法律硕士培养模式的进一步改进,可以说是一个互相引证参考的很好途径。

4. 法律训练与司法考试。美国实行联邦和州双重司法体系,相应地,法律职业准入考试亦具有统一性和差异性两个方面。一方面,联邦政制的大背景要求美国法律职业资格的统一性,另一方面,各州又有其主动性和具体灵活性,即有权决定全国性考试在本州的效力,将其作为本州律师资格考试的重要组成部分。就法学院而言,由于法学院淘汰机制,考试通过率并不像在我国那样显得的突出而紧张,这对我国法学院的性质及其与司法考试的关系的再思考有重要启发。

5. 法学院高度重视就业工作与校友工作。美国自1990年代后期开始高度重视学生就业工作。通过各种途径建立法学院与毕业校友之间的广泛联系以获得办学资源,以及从职业能力培养和信息服务等管理环节加强对学生的就业指导工作几乎成了法学院全部的中心工作任务。这次考察,我们对此获得了极为深刻的印象。学生入学后即树立极强的就业意识。自一入校即考试找工作。法学院不过提供达此目的之环境而已。选择不同实践工作方向,则学不同课程组;就业意识亦渐渐因之而得以培养。另外,为找工作,来法学院谋取该法学院之校友关系,此著名法学院毕业生/校友画像或其它纪念物在法学院建筑、设施随处可见之故。法学院办学端赖校友极大帮助。设想某一位早年毕业的学生做了律师,他若招聘,自然倾向于选择本校毕业生,早早地向学校"订购"某某专长之毕业生者,实则产学研高度完美结合为一关系。职业推介工作受到高度重视。法学院行政管理人员不会很多,但就业指导中心人员力量强大,且设施条件优先保障。从事此种工作者每日专注于联络校友和开拓就业市场。此美国法学院又一大优点。近年来,我国法学院校毕业学生就业问题日益突出,借鉴美国经验,改进就业工作机制是当务之急。

6. 法学院评估工作。评估工作涉及管理/指导机构与作为办学单位的法学院之间的关系,我国法学院的管理机构偏重教育行政部门而疏于法律实务方面,美国则相反,纯由法律职业行业部门管理,即全美法律家公会(ABA)和美国法学院协会(AALS)。这两个机构在一百多年来的演变中,通过市场的作用,早已发展形成了一整套严密的关于法学院办学标准(如毕业生水准、师资、课程、法律能力训练方式、法律图书馆与教学设施等)的规则体系,严格维护着美国法律教育的质量水平和法律教育市场秩序。

此次在佐治亚州立大学法学院培训考察的当天,我们非常幸运地遇到了巴尔地摩法学院院长Home先生作为ABA法学院评估组组长对佐治亚州立大学法学院进行预评估。根据他的介绍,我们获得了如下宝贵信息:(1)一所法学院要进入法律教育市场,必须符合ABA制订的关于法学院资质的标准条件。而要取得ABA核准而成为法学院行业正式的一员,至少要连续观察四五年的时间,有三届毕业生才可提出申请。(2)在ABA看来,评估的目的是为了保持法律教育的质量。为此,法学院每七年接受一次ABA的评估。之前,法学院要进行将近一年时间的自评准备,填写并准备将近一米多高的评估表和相关说明文件(附件),内容包括教育目标、教学设施条件、办学现状及未来发展方向等。专家组正式开展评估工作的时间大约2天左右,主要是听取法学院评估报告的介绍和实地观察。但之前法学院往往邀请评估组组长来院进行沟通交流。(3)评估工作结束后8周内,评估小组要提供一份评估意见书反馈给法学院,法学院可以就反馈意见与评估专家组沟通交流。特别值得注意的是:评估小组的评估工作并不是要对该法学院做出任何诸如“合格”、“优秀”之类的实质性结论,而只是一份关于法学院办学水平质量的评价意见,包括一些建议措施。而且评估意见保密,一般不对外公开。如果是公立法学院,因涉及到州政府的财政拨款,可以获得评估意见。(4)评估小组由ABA成员学院自愿报名。被委派的评估专家与被评估的法学院采取回避。评估组成员大约四五人,包括大学管理者或法学院院长2名、法律图书馆馆长1名、诊所教育专家1名、不从事教学的法官或律师1名,其人员构成有着明显的针对性和专业性。(5)评估专家组在评估工作期间的差旅食宿等费用由接受评估的法学院承担(理由是ABA经费有限,评估专家工作辛苦),但不额外支付专家组成员的工资。

上述培训考察成果,有的是过去仅有概念而无实际感受的,有的是过去完全忽略或空缺的,当然也包括最新的信息动态。我们将在今后的工作进一步地梳理、吸收、消化,并结合我国的实际予以合理、有效的转化和应用。

我们相信,这次培训考察将对我国法律硕士教育的改革和发展起到良好的促进作用。

应当改革法律硕士的入学考试制度(2005)*

开场白:西北政法研究生教育概况

首先感谢会议主办者的邀请,提供这个交流、学习和安排我发言的机会。近年来,我参加过较多的国内较重要的法律教育研讨会,包括每年一度的法学教育研究会年会等等。但以法学研究生培养为主题的研讨会,这还是第一次,深感荣幸。

在会议的准备中,我已经向会议提交了一篇论文,就是"法律硕士(JM)教育的性质"。这篇论文已经收在了会议编印的材料里面,大家都可以看到的,在这里我就不再重复了。我今天想利用这个机会就另外一个比较具体的问题发言,就是关于法律硕士入学考试改革方面的一个话题。那么在开始讲这个题目

---

* 本文是笔者2005年4月23日在深圳举行的全国第三届法学研究生教学和管理研讨会上的发言稿。会上笔者首次提出法律硕士入学考试存在的明显不合理的政策性问题及改进意见。颇受与会者重视,主要观点摘要后在"中国教育在线"等教育网、《中国学位与研究生教育学会》(2005年第2期)等媒体发表。全国法学研究生教学和管理研讨会最初由北大法学院和湖南师范大学联合倡议于2003年在长沙召开,次年由四川师范大学承办在成都召开。此次由北大深圳研究生院承办在深圳召开。来自全国22所高校负责研究生教育的法学院领导和专家、司法部司法考试司杜国兴司长、北大校长助理兼深圳研究生院常务副院长史守旭等共近50人参加了会议。举办这个研讨会的目的在于促进全国各高等法学院校之间就教学和管理工作互相交流和互相启发。朱苏力院长在致辞中所说:主要是中国目前法学研究生层次类别和存在的问题很多,有必要把法学研究生教育培养的日常中遇到的问题、经验和具体做法进行交流。北大、清华、人大等可能都有不同的法律研究生教育经验,全国地方各个法学院也不一定有统一的模式,深圳研究生院就遇到了法律硕士身份地位、就业市场等问题,都需要探讨和解决。举办这样的研讨,未必一定要得到什么结论来,这也许不是重要的,重要的是各个学校都采取了什么措施,有哪些经验,希望能对这些有扎扎实实的讨论。这次会议的主题是"面向职业化的法学研究生教育改革",具体包括:法学研究生教育如何应对职业化的要求、法学研究生教育与司法考试、法学硕士与法律硕士在培养方式上的异同、法学研究生教育中实习环节的实施方法、判例教学对于法学研究生教育的意义、校外兼职导师对研究生的作用。按照会议计划的议程,4月23日上午为大会发言,有10位专家做了专题发言,下午进行了2个分组的讨论。会议共收到7篇研究论文,汇编成册。

之前,我先就我所服务的西北政法学院的研究生教育概况向各位领导和专家做一个简短的汇报。

西北政法学院是从 1979 年复校时开始研究生教育的。当年招收了 3 名刑法学专业的研究生,其中就有今天全国著名的田文昌律师,另外还有一位是宁夏自治区司法系统的精英人物龚明礼。他们由著名的刑法学家周柏森教授指导。这样,这所学校的研究生教育到今天已有 26 年的历史了。从这点来讲,西北政法的研究生教育起步并不晚,基本上与全国同时起步。不过,由于种种复杂的原因,发展到今天,还是相对比较落后的,目前沦为法科的第三世界的地位。刚才谭兵教授提到了第三世界,这里刚好说明一下,我这里所说的“第三世界”,是有我个人的界定的,就是说经过 2002 年国务院学位委员会第九次学位授权审批以后,法学界明显分化成四个世界:第一世界是拥有法学一级学科博士学位授权的六个机构,其中五所高校,就是北大、人大、政法大学、武汉大学、西南政法大学和一个社会科学院法学研究所。这是法学界的第一帝国。第二世界是拥有若干法学二级学科博士点院校,比如华东政法学院、中南财经政法大学、吉林大学、厦门大学、大连海事大学等等。第三世界是有法学硕士学位授权和有法学硕士点的院校,第四就是只有法学本科专业、授予法学学士学位的众多高校。因此,我们学院处于第三世界。

我们学校 1984 年获得硕士学位授权,正式开展研究生教育。1998 年又获得专业学位,也就是法律硕士这个专业学位的授权,因而又开展了专业学位的教育。那么到今天,授权的学科涉及哲学、经济学、法学、文学、管理学 5 个学科门类的 14 个二级学科点,其中法学一级学科下的 10 个二级学科当中已经有了 9 个,只是除军事法学科没有硕士点,其他学科都已经有了硕士点。连同法律硕士,一共是 15 个硕士点。

直到 1990 年代末以前,每年招生规模长期保持在五六十人左右,在校研究生的规模也就大约二三百人。但此后,随着国家实行“扩招”政策带来的招生规模的集聚猛增,到 2004 年招生规模达 472 人,2005 年,就是今年又增加到 538 人。在 2004 年全国报考研究生超过千的高校总排行榜上位于第 92 位,在陕西省排第 6 位,仅次于交大、西工大、西安电子科技大学等大学,在陕西省是属于报考和录取比例最高的院校之一,也就是一般我们的报录比是七或八比一,最低也是五比一。其他那些高校大都在三比一左右。学科方面有十个省级重点学科,刑法学科是陕西省唯一的法学学科基地。

说到学位授权,我要顺便介绍一下,目前全国的法学博士学位授权点,在西部地区的12个省/区当中,只有云南大学在民族学(当然也属于法学门类)下套招民族法博士生、兰大的民族学有博士点、西安交大的"思政"专业新批了博士点,以及川大和西南政法的法学博士点,另外要算上军事院校的话,还有解放军西安政治学院有军事法博士点,这是全国唯一的一个军事法博士点,除此之外,就西北地区而言,目前还没有法学二级学科博士点。这跟华南地区的空白状态是一样的。2005年1月,梁慧星老师在国务院学位委员会第21次会议上发言主张,应该通过行政调节的手段,解决区域性的法学博士点布局空白的问题。由于没有博士点,这给当地的办学和为地方区域提供司法服务都带来很大的压力。

这是我的一个简短的介绍。下面是我今天要发言的题目。我的题目是一个比较具体的问题,题目是"应当改革法律硕士入学考试科目的设置"。

主题:应改革法律硕士入学考试科目设置

法律硕士入学考试的科目设置经历了一个变化的过程,那么我们先看一看法律硕士入学考试科目的演变。

1995年批准、1996年实施法律硕士教育时的考试科目是分别按照法学专业背景和非法学专业背景分别来设计的。非法学专业毕业的考生要考的科目是政治理论、外国语、现代汉语、法学基础理论和包括刑法总论、民法总论在内的综合课,一共是五门;法学专业毕业的考生要考的是政治理论、外国语、民法、刑法、和综合,这里的综合包括了三门课——宪法、法理和中法史。从中可以看出,非法学专业背景的考生要考现代汉语,这是一个特色,另外就是法学专业背景的考生增加了宪法、中法史,所以入学资格上要求更高,也就是说两类考生的入学资格不平等,尽管他们都是报考的同样性质的法学教育项目。

1998年首次开展的在职攻读法律硕士学位教育的入学考试,采取的是联考的方式,统一定为英语、民法、刑法、综合(包括宪法、法理和中法史),政治理论由招生学校自行组织。

1999年根据当时已经受到关注的考试中存在的问题和改革的方向,决定从次年起,将统考、统一招生中单独考试和在职攻读三种方式的考试统一为法律硕士联考,称"三合一",另外还规定限制法学本科应届毕业生报考法律硕士。

到了2003年,按照教育部统一的研究生入学考试科目由5门减少到4门的新政策,统招和在职两类法律硕士的入学考试科目均改为:政治理论、外国语、业务一(即刑法、民法)、业务二(宪法、法理和中法史);统招法律硕士的政治理论为全国统一考试科目,在职攻读法律硕士则仍由招生单位自行组织。

这是第一个问题,考试科目设置的沿革。第二个问题,我要说现行考试科目中存在的问题。

我认为,目前最大的问题就是入学考试科目的专业课设计,和法律硕士培养目标和培养过程之间存在的矛盾。具体有下面三个方面:

第一,考试科目设置和现行的入学考试制度之间存在着矛盾。考生所要复习和通过的考试科目,都是考生未曾学习过的知识;换言之,接受法律硕士教育所需具备的资格条件,是来自于考生通过自学或其他途径得来的,这样,所考非所学,所学非所考。这就跟要求中学生高考时要考他未来所选大学本科专业的课程一样荒谬。我们说,法律硕士入学考试要考的内容,恰恰都是考生入门后将要学习的那些东西,如果考生都已经掌握了这些知识,那就没有必要录取进来再学习这些科目了。所以这跟同等学力申请硕士学位的资格考试还不一样。这种情况是以结果论的,够条件的,通过考试的,就可以提交论文申请学位了。所以,考试要考专业课,是很不合逻辑的。

第二,由于入学考试科目里面有专业课,这样就会跟学生入学后所学的课程存在一定程度的交叉或重复。比如宪法、法理、刑法、民法,这些课考试前考生要熟悉,考试要考,考试通过后还要再学习。

第三,“笔试定录取”和“复试走过场”的情形还比较严重。考生的能力测试、综合素质、逻辑思维和语言等这些需要在复试中进行的测验还很不成熟,作用发挥也有限。

针对前两个问题,我的观点是:应当取消现行法律硕士入学考试中的法学专业课的考试科目,在笔试阶段的考试,除了保留外语外,再就是考专业综合素质,在复试阶段进行综合考查。前者就是要考一些决定一个人是否适合学习法律和未来从事法律职业工作至关重要的那些方面的内容。复试阶段的综合考查则主要考查学生以往在读本科或者工作经历的业绩,如本科成绩单、年龄、经历以及课外活动能力等等方面。于是这里就涉及到改革的途径的问题,我认为作为替代现行考试制度的新的考试制度设计,应当从两个方面入手来进行:一个是把眼光向外看,借鉴美国法学院入学考试制度,就是 LSAT;另外就是眼光向内看国内目前的 MBA 入学考试。而这里面要特别发挥行业指导机构的作用,就是说由法律硕士行业指导机构(法指委)组织力量,加强对法律硕士入学考试制度的研究和实验,逐渐探索、摸索这种新方法。当然,这个过程实际也意味着要培养一批懂得新型考试制度的师资力量。因为我们的老师所熟悉和擅长的是笔试的一套命题的原则、方法和技术,对综合素质测试方面,还很生疏。所以要加强针对法律硕士招生特殊需要的复试技术的研究以及研究成果的培训推广工作。以上是我发言的主要内容和观点。

余说:目前法硕教育中存在的问题

最后顺便再提出几个我认为目前法硕教育中存在的问题。我认为,目前我国的法律硕士教育中还存在着这样一些需要大家共同考虑和解决的问题:

第一是就目前而言,法律硕士还没有发展出一套成熟的培养教育模式,还没有跳出 14 门核心课的大学本科法学教育模式,法律硕士教育追求的理念和 14 门核心课的教学体系的混合,就是目前的法律硕士的办学模式。

第二是法律硕士作为专业学位的概念,还有待得到社会公众进一步的认识和接受,这也包括有些教育管理者、教师甚至法律硕士学生自己在内。正是由于这个问题没有解决,所以法律硕士毕业生往往受到一些用人单位的怀疑,法律硕士跟法学硕士的区别及其特有的价值常常为人们混淆。

第三是法律硕士行业指导机构在举办法律硕士教育中应当发挥更加积极主动的作用。诸如某些基本的、必要的教学资料编写、行业性信息交换和资讯共享服务系统的建立、招生标准培养规模就业导向等重大政策的统一执行和协调等等问题,都是可以由行业指导机构加以统筹、规划予以推动的。

第四是法律硕士教育的培养目标应当更进一步具体细化,使之成为具有可操作性的人才规格标准;不仅是教育单位、法律硕士自己,而且是社会都可以方便评估的人才标准体系。

第五是由于法律硕士教育尚处于摸索阶段,所以至今还没有编写出一套适当的、完整的和比较完善的课程和教学资料体系,法律文书写作课、法律职业道德与责任课以及包括诊所教育在内的实践性教学方法还远没有受到多数院校各方面的重视,虽然有些院校正在尝试,但运用和实施得也不够。

第六是法律硕士的毕业论文,急需研究制定符合法律硕士教育性质的、能够反映法律硕士专业学位自身特色的、最低限度的行业标准。

第七是目前只是在评审申报法律硕士专业时有一套评价标准，使用范围有限，因此，可以说还没有一套公开的、比较完善的和可行的法律硕士教育评估体系。

法律硕士教育在我国的环境下受到的影响究竟是什么？这是我最近常想的一个问题。我觉得，从举办法律硕士教育这些年来的实践经验、各方面反映出来的对法律硕士教育的说法和意见来看，可能有这样两方面的因素严重影响或制约着法律硕士教育的发展，一个是中国的科举观念；另一个就是中央统一实施的教育政策与行业特殊要求之间的协调问题。

最后我还想借这个机会提出一个十分具体实际的问题，向各位领导和专家请教，就是应否接受同等学力学生报考法律硕士？因为报考在职攻读法律硕士的学历条件明确规定为大学本科毕业，而统招法律硕士招生是套在当年的全国研究生统考制度当中，从政策上允许同等学力考生报考，因此出现这两类报考条件的不平等情况。那么招生单位如何在中央教育政策和学校自身要求之间加以权衡和选择呢？这个问题提给大家，希望得到指教。

谢谢各位！

附：关于本文观点的摘要报导

法律硕士入学考试制度存在三大问题

- *专家提出应以综合素质测试取代现行的专业课考试*
- *应尽快研究设计科学合理的复试标准和复试程序*
- *招生政策上应统一考生的学历资格*

4月23日在深圳北大研究生院召开的第三届全国高校法学研究生教学与管理工作研讨会上，西北政法学院研究生部主任王健教授指出，近年来，教育部关于研究生入学考试管理制度改革的力度还是相当大的，取得的成效也十分显著，但就目前我国的法律硕士入学考试制度来讲，还存在着三个显而易见的问题需要探讨和解决：

首先是入学考试的科目设计不尽合理。目前两类法律硕士入学考试的科目是：政治理论、外国语、业务课一、业务课二;其中这两门业务课总共要涉及法学理论、宪法学、中国法律史、刑法学、民法学五门法学专业科目。对于非法学本科专业背景的考生而言,这些科目都是他/她们从来没有学过的。也就是说,接受法律硕士教育所需具备的专业资格条件,只能通过自学或其他途径获得。这样的考试科目设置的不合理,就跟要求高考考生必须具备他/她将要报考的大学本科专业课程一样,是荒谬的。实际上,法律硕士入学考试要考的专业课内容,恰恰是考生入门后希望掌握的内容。而今不仅笔试要考这些科目,不少学校在复试环节还以笔试或口试的方式重复着这些科目,这样一来,入学考试科目与法律硕士的培养方案之间就形成了一定的交叉、重复。同样的科目反复学,反复考,考了又学,影响、弱化了考试和培养教育各自功能的发挥。

第二,目前的研究生招生注重初试与复试的功能分担,越来越关注和强化复试标准和复试程序的制度化建设。但法律硕士招生中,"笔试定录取"和"复试走过场"的情形仍较普遍。测验考生的综合素质、思维逻辑和语言文字表达水平和能力等技术手段非常欠缺。

第三,在职攻读和全日制统招两类法律硕士在报考资格上存在着政策性不协调、不平等的问题。报考在职法硕的学历条件必须是大学本科毕业,且一般应有学士学位,而统招法律硕士则允许同等学力考生报考。对此,教育部应从政策上予以调整,即按照法律硕士教育性质的特殊要求,将报考法律硕士的学历资条件统一明确为大学本科为起点,以与国家统一司法考试的报考资格相一致。

针对考试科目设置问题,王健教授主张:应当取消现行法律硕士入学考试中的法学科目,研究设计出初试阶段的"综合考查"和复试阶段的"专业素质测试"的完整的考试内容与考试方法;探索改革的途径可以从两个方面入手:一个是把眼光向外看,借鉴美国法学院入学考试(LSAT)经验;再就是眼光向国内看,考察 MBA 最新的考试改革模式。鉴于我国的法学院教师熟悉传统的笔试命题的原则、方法和技术,而对综合素质、能力方面测试的考试技术还很生疏,所以,在这个过程中,要特别注意发挥行业指导机构,即全国法律硕士教育指导委员会的作用,也就是说,由"法指委"组织专家力量,深入研究法律硕士入学考试制度,积极探索新的考试方法。

资料来源:《中国学位与研究生教育学会会讯》学会秘书处编 2005 年第 2 期(总第 44 期),2005 年 7 月 12 日出刊

关于将在职法律硕士报考年限由五年减为三年的建议(2006)*

国务院学位办、全国法律硕士教育指导委员会秘书处：

在职法律硕士自1998年开办以来，为政法实际部门提高学历层次做出了很大的贡献。目前报考在职法律硕士的年限规定为5年，即报考者必须具有5年从事法律以及与法律相关实际工作经历，方可报考。在比较广泛地听取报考者意见的基础上，经过认真研究和分析，我们认为宜将报考年限由5年缩减为3年。主要理由如下：

一、5年条件无法满足已积累一定的实践经验但不足5年的在职人员渴望学习的要求；

二、目前国内的其他专业硕士学位报考年限，除MBA规定5年外，大多规定为3年左右，个别甚至不设工作年限（见附件）；

三、改为3年后，可扩大在职人员报考生源范围，有利于广泛选材，也扩大报考者的报考机会。

目前，我国司法机关接受系统法律教育的人员结构比例还很低，由于种种原因，高校法学专业本科生毕业后大量充实广大基层司法机关尚存一定的难度，要么进不去（中心城市），要么不愿去（边远、广大基层单位）。这为在职法律硕士教育提供了广阔的发展空间，宜适时、适势改变现行之规定，以求发展。

---

* 基于对法律硕士招生环节的观察、调研及国家有关学位政策分析，笔者对在职攻读法律硕士报考的年限问题提出了政策性调整建议，即报考者工作年限条件由5年减为3年，并将此意见于2006年1月5日致信国务院学位办和全国法律硕士教育指导委员会秘书处。学位办文理医处采纳了此项意见，并在当年做了相应的调整，见《关于2006年招收在职人员攻读硕士学位工作的通知》文件中关于在职攻读法律硕士报考条件的规定（学位办[2006]33号，2006年6月1日）。

以上意见,仅是基于个人及本单位在对法律硕士教育实际工作情况调研和分析的结果,特向学位办和指导委员会领导提出,望审查。

王　健

2006年1月5日

附:各专业学位报考年限条件比较表

	专业学位名称	报考年限条件/年	备注
1	法律硕士(J.M)	5	
2	教育硕士(Ed.M)	3	
3	体育硕士	不限	大专毕业满3年
4	艺术硕士(MFA)	不限	大专毕业满3年
5	公共卫生硕士(MPH)	3	
6	军事硕士	3~4	
7	工商管理硕士(MBA)	5	
8	会计硕士(MPAcc)	2	
9	公共管理硕士(MBA)	3	
10	工程硕士	本科毕业满4年;有学士学位满3年;有学士学位不满3年但有4年工程实践经验	电子与通信工程、控制工程、计算机技术不限
11	农业推广硕士	本科毕业满4年;有学士学位满3年;大专学历、有中级职称且有6年以上工作经验	
12	兽医硕士	本科毕业满4年;有学士学位满3年;大专学历、有中级职称且有6年以上工作经验	
13	风景园林硕士	本科毕业满4年;有学士学位满3年;有学士学位不满3年但有4年以上工作经验	

关于筹备召开2005年法指委工作会议的意见*

姜晶副秘书长：

2004年第二届法律硕士教育指导委员会成立后，至今尚未开展工作，而各院校又都面临着大量需要解决的问题。在这种情况下召开这次工作会议，我认为十分必要。现将您提出的任务和我在草拟“会议通知”过程中考虑到的有关情况或问题专门汇报如下。

一、关于本次工作会议的主要任务

在设计这次会议的议题时，我最拿不准的就是这次会议究竟要解决什么问题，达到什么效果或者说目的？综观这试办十年来的经验和现实状况，目前需要解决的问题实在是越来越多。重读杜司长去年所做《关于新一届指导委员会及秘书处今后工作设想和思路的汇报》，我从中大致理出来的问题就有以下10个大的方面，即：

(1)修订完善99版指导性培养方案；

(2)总结和深入研究双导师制等特色培养方式问题；

(3)法硕专用教材的编写和出版问题；

(4)跟踪研究发达国家法学教育最近发展动态，并结合我国法律职业化建设的理论研究问题；

(5)法律硕士教育的师资与管理人员的培训问题；

(6)导师指导、论文及学生管理等培养环节的业务指导规章制度的出台问题；

(7)法硕毕业生就业宣传和推广工作问题；

---

* 这次会议于2005年8月下旬在重庆召开。西南政法大学承办了这次会议。

(8)保障法律硕士教育质量的评估指标体系建设问题;

(9)在职法律硕士招收、培养和学位授予工作中的问题;

(10)法硕教育的规模与发展布局问题。

当然这些还都只是大的问题方面,里面显然还涉及许多具体的但很实际的小问题。

一方面,这些问题,无论哪一个,都是目前法硕教育中亟待解决的重要的、迫切的问题;另一方面,我想这些问题又都无法通过一两次会议(比如这次工作会议)全部解决。如果全都列到这次会议的议题表里面,我又担心因为准备和时间上的不足而冲淡解决这些问题的有效性(面面俱到,但都涉入不深),所以,从法指委开展工作的思路上,我觉得可否这样考虑:(1)法指委的工作会议未必限定为一年一次;每年可根据实际需要开一次或一次以上的会议。(2)每次会议尽可能专门集中研究和讨论一两个比较重大的问题,解决一个是一个,能够管几年用,省得出现大厦竣工不久就出现不敷实用的窘境甚至质量故障那样的情况。

几经考虑,我觉得这次会议,可将建立和完备法硕教育的行业管理规范和评估体系及实施方案作为两大突出的重点,顺带讨论并有可能的话,解决其他相关的迫切问题。

着重解决管理规范不足的问题,我觉得应是本届指导委首先应当抓的一项工作。查阅现有的法硕管理规范,我们现在只有《全国法律硕士专业学位教育指导委员会章程》(1998)和一个1999版的指导性培养方案。无法满足法指委更进一步开展工作在制度上的需要。当然,管理性规章制度的出台,又首先需要在法指委下建立开展相关工作的机构,有了机构,方有职能,方有履行职能的工作规程(即规章制度),也就是说,在法指委下设立哪些履行某种职能的工作机构,比如说培养质量监督工作协调小组,等等,这也是需要考虑的问题。但不管怎样,法硕教育工作的开展,必须设计构造比较完善的工作运转体系,不然,许多工作就只能是临事议制了,其不规范、不可预期等缺陷是不言而喻的。

至于评估问题,从行政管理的角度讲,这是教育部和学位办最感兴趣的大事,其急迫和重大不必多言。从专业教育发展来讲,自创办以来,法硕规模已达50家(今后还会增加),然而举办法硕究教育竟需要具备怎样的条件,一个法硕毕业生需要达到怎样的规格条件,一所举办法硕教育的法学院究竟需要建立怎样的最低限度的培养标准和质量保障体系，等等，至今尚缺乏一套可适用的、相对合理科学的评价标准，所以两方面来讲，的确需要把评估问题也摆在首要的位置上面。

以上是我关于这次会议议题所应突出重点内容的大致考虑。

二、关于本次会议议题的实施意见

基于以上考虑，又重读去年换届时福森部长、启迪副部长的讲话以及杜司长工作计划等文件的精神、要旨，现将草拟的议题的个人意见具体说明如下：

1. 法律硕士专业学位教育评估问题

这个问题自然应由全体委员集体讨论，但如果预先有个可供讨论的底本，效果会更好。鉴于目前有关法硕教育的评估体系尚属空白，建议会议上可以2004年新增法硕授权单位评选文件中的"新增法律硕士专业学位培养单位应具备的条件"为底本，作为供各位委员审查和研究讨论的起点。

关于评估工作的开展方式，我的意见是：

第一，在这次会议上，先由各位委员对底本充分发表意见，进行比较全面的研究和讨论，并汇集整理各种意见。

第二，要想在这次会议上形成最后的评估方案，我觉得一定会比较匆忙仓促。但如果要确定下来起草评估体系和评估实施方案的专门工作小组，以"法指委"名义委托该工作小组再做进一步的调研，最终形成《全国法律硕士专业学位研究生培养质量评估方案》和该方案的"实施方案"两个文件，还是十分必要的；如果可行，那么我认为这两个文件应在本年内起草完成。

第三，再提交"法指委"审查通过，然后发布和组织实施。争取2006年内进行一次评估工作。

2. 法硕教育指导性培养方案（1999年）的修订和完善问题

这个问题自应围绕1999版培养方案作为讨论的起点，就该方案实施6年当中还存在的一些问题，以及与目前对于法硕教育规律的新认识或现实情况比较起来不足或滞后之处，例如该方案中涉及到的培养目标（即法律硕士毕业资格水准指标设计）、入学条件、课程设置（教学内容的厘定、组织与实施）、培养过程的组织与管理（如双导师制等）、毕业资格的确认和学位授予制度（包括论文问题）等重新审查，提出修订意见。

修订完善培养方案的工作方式，我的意见可仍然按照评估工作开展方式进

行,即:

第一,本次会议上重新审查1999版培养方案,汇集整理各种意见。

第二,确定修订工作小组,委托该小组进行深入细致的调研,调研重点应当围绕会议讨论形成的共识而有针对性地开展,并形成新的培养方案草案版本(同样应在今年内完成)。

第三,提交"法指委"审查通过,然后发布和实施。争取2006年秋季开学启用新版培养方案。

培养方案的修订工作,原计划无专门规定,按杜司长的工作计划是这样分配的:培养工作由王保树、孙笑侠、周叶中三位委员牵头;培养方式改革与教材建设工作由韩大元、邵建东两位委员牵头。我觉得,修订培养方案是一项专门的工作,对确定法律硕士教育模式至关重要,又加之培养方案本身涉及的问题相当全面而复杂——包括培养目标、学制、培养方式、课程与教材、实务能力训练、学位授予等诸多环节,所以应以更多力量投入修订工作。

我还建议,在确定承担修订方案牵头人选时,除了要有来自法学院校的委员外,另外,还一定要有法律实务部门的委员参加(理由是:法律实务界是法硕教育的消费市场,培养方案的制定、调整或修订均应以法务市场的实际需要为导向,故修订培养方案,不能仅封闭于法学院内部);浙江大学孙笑侠对法硕教育已有多年研究积累和深入思考,代表院校牵头人担当此任完全合适,至于代表实务界的牵头人,最高法院的董文濮、最高检察院的王少峰、中政委的魏建荣、全国律协的贾午光均可担任,选其一二即可。

3. 法硕教育指导性规章制度建设问题

按杜司长工作计划里面,指导性规章制度建设的重点是制定培养过程中,包括导师指导、论文规格、学生管理等方面需要加以规范的基本评价标准。这几方面,自然需要分别制定专门的一系列的规章制度。

除此之外,我觉得这里还应当包括"法指委"自身管理制度和工作方式的规划化建设问题,因为我们现在仅有一个1998年的"法指委章程",还缺乏履行具体工作职能的专门机构,如履行法硕教育质量分析与监督、法硕培养指导方面的专门小组,所以我建议可考虑成立这两个方面的专门工作机构,并制定相应的工作规程,以便开展工作。

本次工作会议上,我建议可征求各位委员意见——在法硕整个的培养和管理诸多环节当中，最基本的需要制定哪些规章，把这个问题确定下来，接下来就好操作了。

规章制度建设工作原定由朱勇、陈明华两位委员牵头负责。

4. 法律硕士招生及相关管理制度改革问题

招生制度的改革是法硕教育改革和发展中的一个比较现实问题，也是吴启迪在换届大会上的讲话中提出来的。随着近年来法硕教育发展的实际情况，以及其他专业学位教育改革的经验，我认为确有许多问题需要提出来讨论。对此，我从去年就开始进行调研，并提出了一些自己的设想，以“法律硕士入学考试制度存在三大问题”为题，发表在最近刚出的《中国学位与研究生教育学会会讯》(2005 年第 2 期)上，归纳起来，我的意见主要是：

(1)应以综合素质测试取代现行专业课考试，即考试科目的设计上的改革；

(2)招生政策上应统一两类考生(统招法硕和在职法硕)的学历资格，也就是将报考统招法硕的学历条件提高到本科，取消大专报考资格，与在职法硕报考资格一致，并与司考资格相一致。

(3)将报考在职法硕的工作年限由目前的 5 年减至 3 年；

(4)制定基本的关于法硕招生复试标准和复试程序指导性规范意见。

以上意见，我希望能够列入本次工作会议议题予以专门的研究和讨论，在吸取各位委员的讨论意见后，能够作为专项研究课题做进一步的调研和论证，最终希望能够形成专门的报告，并将涉及招生政策的部分提交国务院学位办批准执行。

5. 加强法律实务界与法律硕士培养单位密切联系问题

这个议题下面实际上可以有多方面的展开，可以说贯穿于法律硕士培养的整个过程。例如培养过程中的双导师制的问题、在职法律硕士录取中如何切实体现政法实际部门推荐意见的问题、法硕培养基地建设问题，等等，都可在会议上就现实存在的问题、缺陷、不足和改进对策进行总结、交流和探讨。

三、其他可在本次会议上安排布置的秘书处工作

最后还想提出几条，是有关“法指秘”近期可开展的一些工作方面的建议：

1. 组织开展“全国法律硕士杰出成就奖(首届)”评选工作

我感觉，法硕举办已有 10 年，尽管存在许多问题需要改进和完善，但同时也应该总结一下法律硕士教育取得的成绩，而检验教育成效最简单直接和最有说服力的,就是看看通过我们法硕教育培养出来的人才在法治建设和社会发展中的成绩如何。因此,组织一次全国性的法律硕士杰出成就奖的评选活动,不仅有利于向社会公众展示法硕教育和法硕人才的良好形象,有利于鼓励和激发目前在读的法律硕士学生以及今后可能的法律硕士生对法硕教育的兴趣,其本身也是法指委总结法硕教育经验的一个重要方面。至于具体实施方案,再议不迟。但这个事情,我觉得做起来还是非常值得的。

2. 创办"中国法律硕士教育网"

构造一个权威的法硕教育网,提供信息服务和咨询,交流经验和探讨法硕教育问题等等自然是有意义的一件事。只是个如何实施落实的问题。秘书处可委托某个有积极性的院校具体承担此任。

3. 组织法律硕士培养管理部门的人员培训工作

法硕会员目前已有 50 所,尤其是对于晚近批准的会员单位,都存在着经验不足的问题,急需业务上的、政策上的、同行之间的指导和沟通交流。特别是各院校直接从事法律硕士教育工作的管理人员,非常需要业务上的培训。

实际上,法律硕士导师的培训过去就一直提出但未及实施,这同样是非常紧迫的事情,但鉴于导师培训计划实施起来,一时还有一些实际上的困难,所以可先就各会员单位的负责人或管理人员进行业务培训。如果秘书处认为此意见可行且有必要的话,我愿意随后草拟一份"法律硕士教育管理工作培训实施方案"。

4. 组织考察英美等国法律院校。

开办法硕教育前后,应该说我们对美国等国的法律教育模式做过不少的了解。但我感觉还是不够,也就是说考察的成效还发挥的不够。究竟哪些国外培养经验反应在了我们举办法硕教育的实际当中了呢?总之,应该做进一步深入的考察。

此致

敬礼

王　健

2005 年 8 月 1 日

关于筹备召开法指委2006年度工作会议的意见*

法硕指导委员会秘书处：

根据上年8月重庆工作会议和目前法硕教育开展的实际情况，这里提出对本年即将召开的法硕教育工作会议的几点意见，供参考。

一、“法指委”近期主要工作总结

自上年8月指导委员会重庆工作会议以来，秘书处的工作可以归纳为以下几个方面：

1. 抓紧四个规章草案的修订

对上次会议上讨论的三个规章组织继续征求意见和修订工作；规章起草人根据会议记录提出的意见和进一步的调研，修订完成了这些文件，并提交本次会议。本次会议的一项重要任务，就是要对这些规章做最后的讨论和通过这些规章。此外还将重庆会议的录音记录整理编辑成册，成为供相关部门和院校研究参考的有用资料。会议纪要也发表在了“中国学位与研究生教育”网上；法硕教育规章制度建设的探索工作，也引起了其他一些专业学位教育界（如军事硕士）的关注和良好的、积极的反应。

2. 组织修订“培养方案”

2005年9月秘书处布置了法律硕士研究生指导性培养方案的修订工作（见法指秘[2005]2号文件），成立了由浙江大学孙笑侠教授为主持人、8位教授参加的修订工作组。主持人已于2005年底完成后交修订小组其他成员研究，提出修改意见。

---

* 这次会议于2006年4月10～11日在湖南大学召开，会议讨论了《法律硕士指导性培养方案》等4个行业管理文件；研究了法律硕士由试点转为正式实施的各项工作；研究、部署了2006年指导委员会各项重大活动的筹备工作。

3. 制定积极政策,组织和指导各培养单位做好2005年在职法硕的招生工作

根据国务院学位办关于在职攻读专业学位研究生录取工作文件的精神和规定,秘书处经过调研和征求指导委员会主任委员、副主任委员的意见,及时制订和发布了关于2005年在职攻读法律硕士研究生录取工作的指导意见(法指秘[2006]2号),提出了录取建议分数线,要求各招生院校参考执行。同时还要求各院校在录取工作中重视和做好录取调剂工作,并要求各单位做好录取工作总结(包括组织措施、录取情况、存在问题、政策建议及录取考生清单等)。

4. 筹备今年法硕试办十周年纪念各项活动

法律硕士自1995年批准试办、1996年开始实施,至今已走过十年路程,在探索更新法律教育观念、推动法律职业制度建设和构建社会主义法治等方面做出了贡献。因此组织开展各种方式的纪念活动具有多方面的重要意义。目前,各项筹备工作已经启动。

5. 组织专家对法律硕士的招生制度改革问题进行调研

针对法律硕士招生制度改革问题,秘书处组织专家进行了充分的调研,提出了改革考试科目、统一考生报考资格(为本科)、将报考年限条件的规定由5年减至3年等政策性意见。其中有些有望得到实施。

总之,自重庆会议以来,秘书处在各方面的大力支持和配合下加快了工作步伐,有力地推动了法律硕士教育的改革和发展。

二、关于筹备召开本年度法指委工作会议

秘书处有意在今年3月召开指导委员会工作会议。我觉得这次会议的议题可以归纳为这么几个:

(一)通报2005年在职法律硕士招生录取情况

我建议指导委员会在召开当年工作会议时,应当就当年的招生录取情况进行全面的总结和评价。介绍当年的录取政策、各学校招生工作的执行情况、分数线划定标准以及评价,并对下年的招生规模提出政策性建议以及质量监督保证措施。这虽然是学位办每年关于专业学位招生录取文件中要求的内容,但就法硕教育而言,这方面的工作还从未开展过。毕竟,法指委是联结教育行政管理部门、法硕培养单位以及司法实务部门的重要纽带。法律硕士招生工作是指导委员会应当关注的一个大事。

这个报告,可招募专人协助起草,但显然应由秘书处来做。

(二)讨论和通过四个规章

“法硕教育规程”、“法硕论文规范”和“法硕教育评估指标体系”、“法硕培养方案”四个规章已在修订和征求意见中,这次会议若能通过,则对完备法硕教育制度框架意义重大。

(1)“法硕教育规程”和“法硕论文规范”这两个规章,我最迟将在2月底之前保证修完并以邮件发送秘书处。

(2)关于“法硕教育评估指标体系”,上年重庆会议上讨论的文本,基本上是教育部法学专业本科教学水平评估体系的翻版,指标设计过于复杂,也不完全适合法硕专业学位教育的情况。我一直希望,设计法硕的评估标准体系,可充分借鉴工程硕士评估体系的设计思路和某些方法。这个体系是由清华大学校长王大中主持的“工程硕士专业学位教育机制的创新与实践”项目的一部分,获2005年国家教学成果特等奖。应该说,在目前的各种专业学位评估指标体系中,这是比较好的、最具有借鉴价值的一个版本。

(3)培养方案,培养方案的修订无疑是完善法硕教育模式的一个大事。笑侠已有了一个初步草案,最近正在对这个草案进行论证和修订。

总之,因为这些规章要在这次会上审议通过,那么规章草案能否修订得合适,能否避免在会议讨论中发生较大意见分歧是个需要考虑的问题。所以一定要在会前把这些规章修订得差不多,以便会议审议时能够比较顺利地通过。当然,这四个规章最好是在开会之前确定下来集齐,以便制成会议材料发给大家开会用。

(三)关于法律硕士结束试办转正的问题

这涉及试办单位转正的条件和如何向学位办提出的问题。鉴于法硕评估指标体系正在建立,相关规章也正在起草和审议当中,法硕教育试办虽已十年但尚无任何评估经验,所以不妨先征求学位办的意见,并参考其他专业学位转正的经验做法,结合法硕的实际情况,来决定转正的问题。但不管怎样,法硕要转正,肯定而且起码要完成一份对法硕教育试办十年来的总结性评价报告。要写报告,就必须要有数据资料,就要安排采集各种信息数据的调研工作。这方面的指标和表格我正在考虑和设计,也争取在2月内做完。至于围绕转正是否要组织专家对培养单位的实地考察或走访,希望秘书处斟酌。我觉得,实地考察和走访也可以作为撰写转正报告的实际调研的一个组成部分。

（四）进一步落实法硕试办十周年纪念活动各项具体工作

三、关于组织开展法硕培养单位的培训工作

法硕自开办十年来，还从未开展过主管部门以及培养单位之间的业务交流或业务培训方面的活动。法硕会员单位目前已50家，不论是最初批准的试办单位，还是晚近批准的新会员，都需业务、政策、同行之间的交流和沟通。特别是对于新批院校，非常需要业务上的培训和指导。此次工作会议可以衔接这样一个培训会。参加培训人员的范围可以包括50个会员单位的负责人或主要管理人员。培训的内容应当包括我国专业学位研究生教育的重要方针、政策，法律硕士创办和发展综述，各单位举办法律硕士之经验和改革尝试等。以秘书处名义编印《法律硕士教育指南》作为培训材料是必要的。编辑“指南”的具体工作我愿意承担，现已在编辑中。

四、其他

1. 为了保证会议按期召开，所有会议所需的文件都应在2月底之内完成。这其间，秘书处应当加紧督和协调促各项文件的修订整理工作，并至少在3月初编辑完成，交付印刷。

2. 我有一项建议，还是去年重庆会议时我曾提出过的，就是希望能够将关于法律硕士考试制度的改革问题列为法指委的专门研究课题。课题研究的目的是针对法律硕士招生考试制度进行改革，特别是要论证报考资格、考试科目以及复试程序和复试标准问题。这当然属于对策性应用型研究课题。希望能得秘书处与国务院学位办的沟通、协调，予以确定。

此致

敬礼

王　健

2006年2月6日

目前在职法律硕士招生中存在的问题及改进意见(2007)*

自从1988年开展在职攻读法律硕士教育以来,在职法硕的招生录取工作积累了大量的经验。总的来讲,我们认为学位管理部门和招生单位对于在职法硕的招生管理制度在不断地改进和完善,有力地保障了在职攻读学位工作的正常发展。与此同时,据我在近年具体组织这项工作的体验和观察,以及对其他法硕招生单位招录情况的了解,认为也存在着一些需要研究和解决的实际问题:

1. 报考条件方面,党校毕业文凭问题比较突出,招生中面临压力较大。关于党校文凭的学历认定问题,教育部曾在2004年6月21日发布的《教育部办公厅关于党校函授教育学历有关问题的意见》(教学厅函[2004]15号)中明确,党校举办的函授教育不纳入国民高等教育系列。同时指出,按照《中共中央关于面向21世纪加强和改进党校工作的决定》(中发[2000]10号),"取得党校函授教育学历,待遇参照国民教育相应学历的有关规定。"现在的问题是,与其他种类的专业学位不同,在职攻读法律硕士专业学位的考生生源以政法系统为主,其中有不少是党校毕业文凭,不让这些人报考在职攻读法律硕士学位,对各地,尤其是中西部内陆地方的基层司法机关干部素质的提高影响很大。

2. 国务院学位办招生政策、招生单位自主招生与政法系统推荐报考要求三者之间如何紧密协调的问题。中央政法"五部委"每年都发布推荐报名工作的

---

* 本文是笔者针对在职法律硕士招生工作中涉及的一些政策性问题汇集、归纳后写成的,曾于2007年3月5日作为招生工作总结报告的一部分报送国务院学位办文理医处和法律硕士教育指导委员会秘书处。

专门文件,其中关于录取方面规定,凡纳入"推荐计划的报考人员,政法各部门将于录取阶段商全国法律硕士专业学位教育指导委员会,采取相应照顾录取政策优先重点录取。"那么这里所说的"照顾录取政策"由谁制定?又怎样"优先重点录取"?都缺乏进一步的操作办法。政法机关在向学校了解对于他们重点推荐的确属在本系统政治、业务素质都相当好的考生如何享受照顾录取政策或优先录取时,招生单位非常被动或为难,因为国务院学位办授权招生单位自行制订录取标准,并以总分最低分、总分平均最低分和外语最低分分别东西部高校的排行作为监督、管理或处分的重要指标依据。这些往往成为招生单位确定录取的单一依据。

3. 关于招生数量限额管理的问题。招生限额的管理制度对于调控和规范学校招生,以保证招生质量无疑有积极的作用,但从每年下达的招生数量分配表上看,全国各法律硕士培养单位的培养条件或能力,与其招生名额之间并不完全协调。最明显的,综合大学法学院与全国五大政法大学之间,无论从培养应用型法律人才的办学经验,还是从师资队伍、图书资料、与法律实务部门的业务联系以及教学设施设备条件等方面来讲,客观上尚有明显的差距。但政法大学的招生数额却低于大学法学院。现有的培养能力和条件没有得到充分的发挥。因此,招生数额的分配比例与不同类型法律硕士培养单位之间不尽协调。

这方面还有个问题:高校被确定的招生指标在当年由于保障质量的原因而未必能全部用完,这个问题在2006年的招生中比较突出。许多法学院坚持不过低下划录取线,结果使原定的招生指标剩余较多。这就会带来一个问题:要完成招生计划,就要降低分数线,降低分数线又要受上级监督惩罚,而不降低分数线,又没法向学校交代,又要面临学校认为招生工作没有做好的很大压力。所以招生部门左右为难。受生源市场越来越少的影响,特别是今年可能将新增30个单位(总数将达80个),明年这一问题肯定会更加突出。一旦出现这情况,实际上,原来的为保障质量而予以限额的管理办法,实际上在一定程度上就失去意义了。

以某大学为例,2006年报考考生867人(比上年还增加了52人),下达的限额290人,最后按文件要求划定联考分数168分进入复试,录取269人,剩余指标21个。该校知道:如果划线164分,就能完成290名招生计划任务。今年这种情况不在少数。当然也有个别反例,自定联考分数线过低。

4. 关于排行榜问题。由学校自主确定进入复试的分数线，对保证学校的招生自主权和结合具体实际情况选拔法律人才具有重要作用。但目前的排行榜只是分东部、西部考生总分最低分、总分平均分最低分和外语最低分三项排列指标，缺乏进一步细致的、必要的分类。例如排行榜不分考生民族成分，一律统排，体现不出对来自政法系统少数民族考生的优惠政策。在全国统一招收硕士研究生初试分数设定上，民族考生享受较大优惠政策（以今年 B 类地区为例，法学类初试线 330 分，民族考生 267 分）。在职攻读的民族考生，尤其是来自新疆、宁夏和青海等民族地区的考生，本该正是充分体现国家考试优惠政策的对象，他/她们不存在"留不住，下不去"的问题，长期坚守在边疆政法战线上，为国家的安全、稳定和民族团结做贡献。因此也应当象全国统一招收硕士研究生考试民族考生享受一定优惠政策那样予以相应地优惠。近年来，我们在实际招生中一直关注这个问题，试图在联考分数线划定上适当区分汉族考生和民族考生，尤其是给长期从事边疆基层政法实践工作的民族考生以必要的优惠。但在目前的排行榜方式的管理下，很难实现。

针对上述问题，为更好地推动在职攻读法律硕士专业学位教育的发展，我们提出以下政策调整的建议：

（1）2005 年全国法律硕士专业学位教育指导委员会秘书处根据国务院学位办有关文件发布了指导招生录取工作的文件，提出了联考合格成绩的指导性分数线，这对全国各法硕培养单位招生工作起到了很好的作用。建议指导委员会今后每年都相应地发布指导当年招生录取工作的文件，使之成为一项工作惯例，以便有针对性地解决在职法律硕士招生中的具体问题。

（2）可以考虑有条件的开展接受党校学历文凭报考在职攻读法律硕士专业学位研究生的试点工作，即规定凡属政法系统工作的现职人员，经本系统一定级别的部门（如省）严格甄别认为确属业务骨干，并经专门的学历认证后的考生，给予其以党校学历身份报考的资格，以便那些确实属于政法系统政治业务素质高的考生能够享受法律硕士教育。此项试点立足于我国社会主义法治的现实国情出发，故仅限于报考法律硕士，暂不涉及其他专业学位。

（3）由目前上限封顶式的管理，改为采取灵活的、动态的招生限额管理办法；对在招生工作中自觉坚持质量标准，严格自律，招生工作规范，招生工作水平和质量有保障的培养单位，可准予该招生单位自定下个年度的招生限额；对录取数没有达到当年招生限额且有培养条件的招生单位(如以培养法律人才为主的政法大学),放开其下一年度的招生限额。而对于业内认为确属过低的分数线,监管办法自应一仍其旧。这样做会有明显的好处:一是使国学办的指标管理制度不断随着新问题、新情况而更加有效和实用,二是招生管理部门可免受学校招生工作业绩评价压力之累。

(4)建议教育部“学研中心”改进排行指标体系设计,为体现研究生培养的民族政策,增加民族考生指标项目,将汉族考生与民族考生的各项最低分数区分排列。

关于在职攻读法律硕士研究生招生管理工作改进意见的报告(2010)

国务院学位办、全国法律硕士教育指导委员会秘书处：

在国务院学位办、全国法律硕士教育指导委员会秘书处的领导下，在职攻读法律硕士教育工作取得了显著成绩。招生工作规程和质量监督管理措施不断完善，政法院校与实务部门联系日益密切，为党政、司法和社会管理机关的队伍建设做出了重要贡献。为了更好的促进在职攻读法律硕士教育工作的发展，经过我们认真地总结和分析，现将目前招生管理工作中的有关问题汇报并建议如下：

一、关于招生指标的限额管理问题

经过不断探索，目前招收在职攻读专业学位研究生工作已经形成了一套比较完善的管理措施。招生限额管理制度的功能在于调控学校的招生规模，规范学校的招生行为，旨在确保培养质量。不过，作为一种调控手段，限额管理的客观效果一定程度上要受全国各培养单位不同办学条件和生源总量等因素的制约。从近年来高校招生工作的实践和学位办公布的年度录取结果排序显示，招生指标的分配与各高校实际招生效果之间的不协调现象日益明显；报考政法大学的生源数量、指标限额和录取结果与其他多数法学院之间的差异越来越大；"低分能上"和"高分不能上"的问题越来越突出。

以2008年为例，全国79个招生单位中有62个总分最低成绩没有达到全国平均线(174分)。这些单位要么为完成招生计划而大幅降低分数线，如西南财经大学(限额150，录取150，总分最低线128分)、兰州大学(限额100人，录取100人，总分最低线155分)、沈阳师范大学(限额40人，录取40人，总分最低线141分)等；要么即便大幅降低分数线，也只能录取到数量有限的考生，如对外经济贸易大学(限额150人,录取80人,总分最低分155人)、河北大学(限额100人,录取42人,总分最低线148分)、中国人民公安大学(限额80人,录取31人,总分最低线149分)、中南民族大学(限额40人,录取9人,总分最低线165分)等,从而使预先下达的招生指标或者说限额管理的措施失去了实际意义,最典型的例子是解放军西安政治学院——限额100人,录取1人。

另外,少数一些高校又持续面临报考生源充足、分数线远高于全国平均分数线、指标限额明显偏少而高分考生不能被录取的困难和压力。这种情况,尤以华东政法大学、西南政法大学、西北政法大学最为突出。从2009年的情况看,报考这三所学校、总分在190~200分左右的考生都将因为指标限额而根本无法录取。而这个问题在实践中并不能完全通过正常的调剂政策来解决——有些考生基于办学条件、规模效应等因素表示即使考不上,宁愿下年再考也不愿调剂到别的学校。就是说,调剂政策在解决优秀考生入学问题的作用是有限的。

事实上,目前全国115个法硕培养单位由于自身的办学条件及其所在地区人口、经济和社会发展程度的不同,生源的质和量上都存在较大的差异。其中以举办法科教育为主的(华东、西南、西北)政法大学,开办法律硕士教育时间早,在全国处于均衡分布状态,无论办学条件、办学经验、办学目标任务,以及多年来招收和培养法学本科生和研究生的规模,都远优于其他大多数高校的法学院,为所在大区政法队伍建设发挥着其他高校不可替代的作用。这些办学优势应在指标限额分配管理上得到体现,不应当与其他大多法学院等量齐观。

另外,从2008年招生结果看,当年下达的全国招生总规模为8165人(自定以200人计),最终实际录取6864人,仅达到预计招生任务量的84%。也就是说,如果在录取时对原定招生指标限额进行合理、必要的调整是有空间的。

基于以上分析,我们建议:

第一,对于报考生源质量好、联考成绩高、招生工作规范、严格自律的高校,要么由其根据当年报考实际情况自定招生计划;要么参照原定招生限额和全国总分平均分线上生源实际情况,在录取时追加适当的录取指标。

第二,对于业内认为确属分数线过低的,或招生工作中存在各种不能保障质量问题的,监管管理办法自应一仍其旧。

这样做的好处是,其一,使指标限额管理措施更符合招生工作的实际,增强指标分配、使用和管理的针对性和有效性;其二,体现对这类高校的信任,并更好地发挥这些学校在培养应用型法律人才中的重要作用,从而保护这些学校的办学积极性;其三,招生管理部门可免受学校招生工作业绩评价压力之累;其四,由于指标分配与办学条件挂钩,有利于于促进培养单位的学科建设。

二、关于录取结果排序管理的问题

对于在职法律硕士录取的结果进行排序,既是对培养单位自定分数线和自主录取的一种监督手段,同时又是确定下一年招生限额指标的重要依据。作为管理手段,这无可厚非,但有三个问题需要进一步考虑:

第一,全国各招生单位的录取规模有大小差异,平均成绩的结果一样,但"总"的基数完全不同。因此,总分平均分的关键是据以计算结果的总量,忽视各校的录取规模、单纯以平均成绩进行排序,并不能反映各院校招生质量水平的高下(见下表)。由于彼此之间缺乏可比性,因此这种排名就如同举重比赛不区分若干公斤级别而混合进行一样,失去了意义。那么如何对各类差异较大的招生单位进行评价,是一项需要进一步研究的课题。

2008 年部分高校录取结果

排名	招生单位	平均成绩/分	录取人数/人
2	北京大学	224.80	127
3	解放军西安政治学院	224.00	1
4	华东政法大学	223.85	250
5	同济大学	221.96	50
6	南京大学	220.13	189
8	西南政法大学	218.98	210
9	中央财经大学	218.86	79
22	福州大学	207.94	53
23	安徽大学	207.66	159
24	四川大学	207.50	74
25	南京师范大学	207.06	138

第二,招生结果排序区分东部院校与西部院校。排序结果的运用是连续三年总分平均分在末 5 位(西部院校末 3 位)且低于指导分数线的下年停招;连续

两年在末5位(西部院校末3位)且低于指导分数线的下年通报批评并减少招生限额。我们认为,在全国总排序的同时单列西部排序,旨在从政策上扶持和保护西部院校的办学和人才培养工作。

但在实际中我们也发现有这样的情况,即排序在西部最后3位的院校,其平均成绩在东部院校末5位以上,例如西北大学,2007年的平均成绩是185.04分,居西部排序表倒数第3,非西部排序表倒数第9;2008年平均成绩187.55分,又居西部排序表倒数第3,但在全国排序倒数第19位,总分最低分排序居全国第14位(175分)。该校连续两年在后3位,并因此已经受到了"减少2009年招生限额"的处罚,但如果将该校列入东部排序范围,就不属于"持续招生质量差、排名较后"的高校。也就是说,作为一所西部院校,该校的招生实际情况与学位办单列西部排序的初衷形成了矛盾,对此应当引起注意并加以研究和改进。

第三,从全国统招研究生考试为少数民族单独划定合格分数线的经验看,排行体系的设计中,应将民族考生作为一个单项指标,以便招生单位在制订录取方案时,考虑对政法系统的民族考生给予优惠录取的政策。因为新疆、青海、宁夏、广西、贵州、云南、四川等地政法系统的民族考生,正是需要体现国家考试优惠政策的对象,他/她们不存在"留不住,下不去"的问题,长期坚守在边疆和基层政法战线,为国家稳定和民族团结做出了贡献,有理由像报考全国统招研究生那样享受一定的优惠政策。有些学校近年来也试图为民族考生制订一定的优惠录取政策,但按照目前的排行管理方式,很难实现。

建议:为在在职法律硕士录取中同样体现民族政策,增加民族考生指标项,将汉族考生与民族考生的各项最低分数区分排列。

以上是我们近年来对在职攻读招生实际情况的观察和一些认识,谨供学位办和法指秘领导参考。不周之处,敬请指正。此致

敬礼!

王　健

2010年1月20日

关于近期法律硕士教指委工作的意见和建议(2012)*

一、关于第六届法律硕士教育论坛的主题

筹备召开的工作会议和法硕论坛,应以十八大精神、中央政法部门人才队伍建设规划、"高教三十条"、"2011 计划"、学位 29 次会议(2012 年 2 月)有关文件精神以及"卓越法律人才计划"为基础和背景,重点讨论在职攻读法律硕士教育制度的完善和发展问题。理由是:

1. 中央政法部门未来人才队伍建设规划把在职培训教育作为提高政法队伍业务水平的一条重要途径,而在职攻读是法律硕士教育一种重要类型,是提高政法队伍业务水平和学位层次的一条直接、重要的渠道,中央政法"五部委"历来高度重视,积极参与在职攻读法硕教育工作,每年都发布文件组织报考,自 1998 年开设以来,为培养"留得住、下得去、用得上"的人才起了不可替代的作用。

2. 推进在职攻读法律硕士专业学位研究生教育改革,是第三届教指委的一项重要工作任务(见 2011 年 3 月教指委三届一次会议丁露秘书长工作报告)。2012 年 2 月国务院学位 29 次会议《关于深入推进研究生培养机制改革,进一步提高研究生教育质量的意见》中也提出要"完善在职人员申请硕士学位研究生招生考试制度"。因此,研讨这一主题,是贯彻落实教指委工作任务和深入推进研究生培养机制改革的需要。

3. "2011 计划"和"卓越法律人才教育计划"等新一轮教育改革宏观政策,都强调"专业学位研究生培养要密切结合行业需要,突出职业导向,考核与评价

---

* 2012 年 12 月法律硕士教指委秘书处委托笔者就召开年度工作会议和法律硕士教育论坛的主题提供意见,随后又就学位办 2013 年 1 月召开的全国专业学位教指委秘书长联席会议准备相关意见,本文即为这两个会议的准备而提供的意见和建议。

与行业职业资格标准衔接,与任职教育有机结合”,而在职攻读法律硕士是突出体现人才培养与部门行业需求直接对接的最好途径。研讨这一议题,也有利于法学院校与政法部门合作推动全日制法律硕士教育的改进和发展。

4. 目前在职攻读法律硕士教育自身也存在应当改进和完善的问题。

二、关于案例教学和案例库建设问题

根据学位办通知,秘书处于2012年12月18日向各培养单位转发了学位办《关于加强专业学位研究生教育案例教学和案例库建设工作的意见(征求意见稿)》,要求各单位就本单位开展案例教学和案例库建设方面的情况总结上报秘书处。从反馈情况看有以下几点意见:

1. 学位办关于开展案例教学和案例库建设的指导意见,阐明了案例教学在专业学位教育中的重要性,阐明了把案例教学作为推动专业学位研究生培养模式改革的一个突破口的必要性,其各项推动措施和要求,不仅对于法律专业学位教育进一步重视和强化案例教学具有重要指导意义,而且为法学院校深入推进案例教学提供了教育政策上的保障和依据。因此,从指导各个专业学位形成特色培养模式的角度来讲,出台这个指导意见是十分必要的。

2. 法律教育兼有学术性和实践性双重属性,在部门法的教学中,向有以案例(或判例)辅助部门法知识体系进行讲授的传统。近年来,随着职业导向的法律教育教学改革的深入,法律诊所、模拟法庭、法律论辩、实务训练等的被引入和推广,法学院校更加重视和开展包括案例教学在内的法律实践教学活动。中国人民大学法学院与最高人民法院长期合作编写和连续出版《中国司法审判要览》,北大法学院也出版了《北大评案》,通过先进的理念和内容结构设计展开了在这一方面的重要尝试,其他著名的政法院校也都编辑和出版了各种不同的案例评析、案例教学材料,或在有关法律网站建立了案例库。也就是说,法律专业学位教育在运用和开展案例教学方面已有相当丰富的经验,为应用型法律人才培养起到了重要作用。

现在的问题是,法硕教指委需要对所有这些丰富的经验和做法加以汇集整理和总结提炼,包括对应用型法律人才培养规律的探讨,并经过研讨和论证,凝聚为教指委指导开展这项工作的规范性文件进一步加以推广和运用。

3. 按照新的政策精神和对法律专业学位教育的认识,案例教学在法律专业学位教育中的深入推行,直接涉及培养方案的修订问题,其实质是在培养方案中如何协调以我国制定法为主的部门法知识体系与有效运用相关判例之间的关系问题,并不是简单地在现有法律教学中引入判例或以案说法的问题。这里需要说明的是,法律教学中所说的"案例",准确地讲就是法院的"判例",与MBA、MPA等专业学位领域所讲的"案例"的意义并不相同。2011年最高人民法院发布了《关于案例指导工作的规定》(法[2011]354号),标志着中国特色案例指导制度的初步确立,同时也是促使法学院校更进一步地重视和加强判例教学的一个重要背景。因此,法硕教指委有必要在学位办的文件正式出台之后,依照相关文件精神并结合进一步开展案例教学的需要,对上述相关问题进行专家论证设计,在此基础上,对现行的三个法律硕士指导性培养方案,即"法律硕士(非法学)"、"法律硕士(法学)"和"在职攻读法律硕士"进行修订。这既是一个教学改革的过程,也是一个探索的过程,不会一蹴而就。

4. 从全国法硕单位目前的情况看,建设统一的案例库,涉及教学资源的研发和利用、尤其是知识产权界定和相关解决措施等诸多方面的协调问题,因此条件暂不成熟。

三、关于综合改革试点验收工作及相关问题

该项工作于2010年启动,2011年9月教指委根据学位办文件要求进行了中期检查,并向学位办报送了检查总结报告(法指委[2011]4号)。按照学位办原计划,综合改革试点将于2013年6月进行验收和总结。根据2011年中期检查和试点实施过程中不断收集到的反映意见来看,这方面的情况和主要问题是:

1. 专业学位综合改革试点工作,体现了国家对发展专业学位教育的重视和决心,不论对政法大学,还是对综合大学法学院办好法律专业学位教育来讲,都是一个重要的推动。纳入试点范围的法学院校,更是利用这个机会积极探索应用型法律人才培养模式和组织管理方式,总体上,为办好本单位的法律专业学位起到了积极作用。

2. 由于组织和评选综合改革试点工作方式缺乏针对性,列入试点范围的院校举办法律专业学位教育的时间差距过大,包括了前后相差十年的总共19个单位,其中1996年第一批法硕点6个(北大、人大、中国政法、吉大、西南政法、武大)、第二批1个(南京大学)、第三批3个(安徽大学、湘潭大学、黑龙江大学)、第四批2个(清华大学、云南大学)、第五批4个(上海交通大学、南京师范大学、海南大学、贵州大学)、第六批2个(中央财经大学、河北大学)、2007年第七批1个(沈阳师范大学),加之法学教育条件、实力和办学水平参差不齐,使得综合改革试点过程希望创新和突破的问题、遇到的困难以及试点工作取得的成效差异较大,客观上为概括提炼和总结评价带来困难。可以预计,验收时仍将面临这一困难(中期检查时的结果是:11个院校“优秀”、6个“良好”,2个“一般”)。

3. 试点中提出的问题主要有:(1)招生方面试图进行的改革受现行政策框架的约束而无法创新和突破;(2)法学院对经费需求与学校分配制度之间存在矛盾,希望出台有关经费的政策性支持措施;(3)对于“先试先行”的方针理解和把握不准;(4)教指委对试点工作的指导作用发挥有待进一步加强,等等。

建议:今后学位办在制订专业学位或相关其他改革政策时,应本着分类指导的原则,多考虑不同专业学位类别各自的特殊性。改变按照高校地位(如985学校或研究生院高校)和行政隶属关系(中央部委和地方省属高校)分配资源的做法。

四、关于在职攻读法硕教育问题

本教指委根据专业学位发展形势和政法队伍建设需要,于2012年12月召开的教指委年度工作会议和法律硕士教育论坛上集中讨论了在职攻读法律硕士教育问题,比较重要的有:

1. 关于培养单位的确定。这个问题实质就是2009年新增的第八批专业学位培养单位是否准予招收和培养在职攻读专业学位研究生。目前全国118个法硕培养单位中,只有前七批开展在职攻读研究生工作,2009年新增的38个法硕培养单位一直没有准予招收在职攻读法律硕士,这些单位不时提出何时招生的咨询,但一直无法回答。

建议:应对所有法硕培养单位如何发挥在职攻读法硕教育中的作用进行专题研究和统筹考虑。可以考虑以下原则,一是以“五部委”提出的全国政法系统人才需求为基础,综合考虑人大、政府法制部门和社会管理部门需求。二是在此基础上,由“五部”、教指委和学位办提出委托培养单位名单,作为在职法硕培养基地(例如卓越法律人才计划即确定承担不同类型法律人才培养单位),除宁夏、西藏外,全国各省每省至少设置一个基地;不必所有院校都一定要承担在职法硕培养任务,不承担在职法硕任务的院校专心办好全日制法硕教育;三是在宁夏和西藏暂无法硕点的情况下，采用对口支援和委托培养的方式为两地进行定向培养。

2. 在职法硕招生限额分配办法和排行榜管理改进问题。近年来招生实践和学位办公布的年度录取结果排序看，招生限额的分配与各高校招生效果之间的不协调现象日益明显；报考政法大学的生源数、指标限额和录取数与其他多数法学院之间的差距越来越大；“低分能上”和“高分不能上”的矛盾越来越突出。尽管学位办规定采取调剂、或后期调整限额加以缓解，但终究不是解决问题的根本办法。

招生规模与培养单位的数量直接相关。招生规模的确定，往往涉及许多复杂因素和实际情况。再加上限额的具体措施根本上也并不能够实现保证质量的目的。因此，可否考虑重新设计招生规模，基本思路是，以“五部委”按照人才规划提出每年人才培养需求数量，再按照所确定的委托培养单位数量和逐年分解的需求规模，大致核算出各单位当年招生规模的基数，再结合其他需求因素，最后确定各单位当年招生规模。

在职法硕招录工作中的排行榜管理存在一定技术性缺陷，应由有关方面组织进行专门研究和改进。

3. 在职法硕招生政策改进和调整问题，一是在报考条件方面将工作经历（3年以上）与学历条件（本科或学士）作为各自独立的条件而加以分离，改变目前以取得本科学历或学士学位之后满三年工作的做法；二是在招录过程中如何纳入考生单位推荐意见并以此作为录取考生重要依据的问题。

五、法律专业学位新增单位评审中如何发挥教指委作用问题。

2010年通过的《硕士、博士专业学位设置与授权审核办法》规定了新增专业学位授权审核，完全由国务院学位办组织评审；新增硕士专业学位授权申请，由学位授予单位所在省（自治区、直辖市）学位委员会组织评审，或由其自行组织评审，报国务院学位委员会审批。（第12条、第13条）据此，教指委在新增法律专业学位点的评审环节没有任何作为，失去了对法律专业学位点准入的控制。这是否会导致像法学本科专业设置失控（全国目前620多个）那样的局面，令人担忧。

我们认为，学位授权由国务院学位委员会和学位办控制没有问题，但在新增专业学位点的环节不应排斥行业组织的参与并发挥其应有的作用。

六、关于启动"法律博士专业学位研究生教育"项目的设计论证工作

关于这个问题的动议,两年前即向姜晶副秘书长做过汇报,其间又与华东、西南政法大学研究生教育管理部门负责人进行过多次的沟通和交流,均认为应该作为今后法科博士层次人才培养改革的一个方向。同时收集、研究参考了"教育博士"和"工程博士"论证设计报告。据了解,2011 年,中国政法大学与最高人民检察院合作招收了 5 名博士生,"尝试培养应用型的博士",其思路是,将学校导师与实务部门导师(政法部门有学术经验的一线领导)结合,共同指导和培养博士生,该项工作现已扩展到最高人民法院,并正探索与公安部的合作。多年来法学界讨论的主题,问题指向多集中在法学本科、法科研究生(包括法学和法律硕士)方面,对法学博士研究生教育培养、改革发展方面的问题关注不是很多。这个问题从不同的角度观察,可能会有不同的结论。说复杂也相当复杂,但说简单也不复杂。无论设置与否,都能找出各自充分的理由。

综合考虑法律职业的性质和特点、我国三级学位管理体制和专业学位教育发展战略的形势和需要,建议由教指委组织开展"法律博士"项目的设计论证工作。理由是:

(1)随着经济社会发展和全球化发展趋势,我国中高级政法工作岗位的管理者需要具有对处理重大复杂或特殊问题进行应用对策研究的知识和能力。

(2)尽管现有相当数量的法学博士毕业生进入政法等社会管理部门工作,但博士研究生教育主要仍以传统的学术训练和理论创新为目标,与现实需求有所不同。

(3)为解决应用型人才培养机制不足的问题,教育部门正在努力发展服务国家重大现实需求的应用型高级人才培养渠道,即专业学位教育,并迅速完善专业学位教育体系,目前已经设置了临床医学、兽医、口腔医学、教育、工程 5 种专业博士,作为我国设置的第三个专业硕士学位,法律硕士有必要、也有可能设置其对应的高级专业学位教育项目。

建议:委托"立格联盟"院校开展法律博士的设计论证和起草工作,2013 年上半年完成初稿起草,下半年召开两次论证会议,争取提交 2014 年学位委员会讨论通过和实施。

关于深化法律硕士教育改革问题的两封信(2013)

姜晶副秘书长:

最近,教部、发改委、财政部联合下发的教研[2013]1号《深化研究生教育改革的意见》及学位第30次会议文件,法硕教育如何应对?

《意见》是教部首次发布学研工作方面的综合性、纲领性文件,至少2020年前,这都将是学研工作的基本指针。提高质量和需求导向被认为是该文件和学位30次会议的总基调(教部称一条主线),涉及的专业学位的内容主要,约略摘编,计有以下各项:

1. 招生类别和选拔制度改革方面,提出"积极发展硕士专业学位研究生教育,稳步发展博士专业学位研究生教育,重视发展非全日制研究生教育";改革招生计划分配方式,统一管理全日制和非全日制招生计划;推进学术学位与专业学位分类考试,"完善专业学位研究生考试办法,注重选拔具有一定实践经验的优秀在职人员"。

2. 培养模式方面,(1)要求把科学道德和学风教育纳入培养环节,广泛开展社会实践和志愿服务活动。(2)建立以提升职业能力为导向的专业学位研究生培养模式。面向特定职业领域,培养适应专业岗位的综合素质,形成产学结合的培养模式。引导和鼓励行业企业全方位参与人才培养,充分发挥行业和专业组织在培养标准制定、教学改革等方面的指导作用,建立培养单位与行业企业相结合的专业化教师团队和联合培养基地。加强实践基地建设,强化专业学位研究生的实践能力和创业能力培养。大力推动专业学位与职业资格的有机衔接。(3)构建符合专业学位特点的课程体系,改革教学内容和方式,加强案例教学,探索不同形式的实践教学。(4)加强研究生职业发展教育和就业指导,提高研究生就业创业能力。(5)加大考核与淘汰力度。加强培养过程管理和学业考核,实行严格的中期考核和论文审核制度,畅通分流渠道,加大淘汰力度。建立学风监管与惩戒机制,严惩学术不端行为,对学位论文作假者取消学位申请资格或撤销学位。完善研究生利益诉求表达机制,加强研究生权益保护。

3. 导师队伍方面,改变单独评定导师资格的做法,强化与招生培养紧密衔接的岗位意识,防止形成导师终身制。强化导师责任。建设专兼结合的导师队伍,完善校所、校企双导师制度。重视发挥导师团队作用。

4. 评价和管理监督方面,发布培养单位质量保证体系建设规范。按照一级学科和专业学位类别分别制定博士、硕士学位基本要求。学术学位注重学术创新能力评价,专业学位注重职业胜任能力评价。按照一级学科和专业学位类别,分别设立研究生培养指导委员会,负责制订培养标准和方案、建设课程体系、开展质量评价等。专业学位研究生培养指导委员会应有一定比例的行业和企业专家参加。定期开展自我评估,加强国际评估。建立毕业生跟踪调查与用人单位评价的反馈机制,主动公开质量信息。建设教育行政部门监管主导,行业部门、学术组织和社会机构参与的外部质量监督体系。加大学位论文抽检力度。建立专业学位教育质量认证体系,鼓励培养单位参与国际教育质量认证。规范在职人员攻读硕士专业学位的管理。将在职人员攻读硕士专业学位纳入研究生学业信息管理系统。

5. 开放合作办学方面,推动高校和行业合作,共建培养平台和协同创新机制。推动双边和多边学位认证和国际合作办学,开展"双学位"、"联合学位"项目。

强化政策和条件保障等等。

总之,《意见》内容丰富,招生、培养、学位及监督管理诸多方面都涉及法硕教育今后发展走向,也一定是今后学位办与秘书处互动话题和工作部署的重要内容。围绕这个意见,此次学位30次会议,已有相应文件提交讨论。

上述这些,我们已经做了,有些虽未完全推开但过去早有考虑,现在可能需要在过去已有积累的基础上,结合《意见》重新予以考虑和规划,相机推进。例如,法硕办学标准设置问题、评估实施问题、三类法硕招生考试改革问题、培养方案适时修订问题、学位与职业资格衔接关系问题、加强质量监控和信息服务等问题、设置法律博士问题。这些可能都需要在新政策精神基础上认真研讨。

另外,凭我感觉,眼下是提出设置"法律博士"的最好时机,您曾说过,事好没机会白搭,机会来了没抓住更白搭。而现在正恰是积累和机会兼备,及时提出,定能出彩。直觉告诉我,是向学位办提出设置律博士的时候了。

王健顿首
2013 年 8 月 3 日

姜副秘书长好,

是的,最近我也在不时认真研读 1 号文件和 30 次学位会相关文件,领会精神,并据此考虑与法硕相关之工作设计。今天又再次罗列,主要有这么几项:

(1)论证和设置"法律博士学位",并确定相应招生规模及与现行法学博士关系问题;

(2)在现有三类(法律硕士[法学]、法律硕士[非法学]、在职攻读法律硕士)招生工作当中如何完善招生考试办法;如何落实 1 号文件中提出的在专业学位招生中"注重选拔有一定实践经验的优秀在职人员"和"对具有特殊才能的人才建立专门的选拔程序"这一指导意见。

(3)在法律硕士教育中如何"建立以提升职业能力为导向的"研究生培养模式。我认为这一表述,可以说集中反映了目前对于各类专业学位人才培养模式改革和发展的一个具有顶层设计意义的概念。与此相关的另一个重要问题是,如何"大力推动专业学位与职业资格的有机衔接";此问题之前在司法部征集课题时既已提出,如何从事,有待落实。

(4)此次学位 30 次会议,具体出台了一系列围绕落实 1 号文件第五项"改革评价监督机制"方面的举措,其核心,就是建立质量标准或行业规范、推动开展评估(政府随机评估和自我评估)工作、抽查博硕学位论文并建立相应工作机制。我认为,这三个密切关联的方面都涉及法硕教指委下一步的工作任务。

根据《关于加强学位与研究生教育质量保证和监督体系建设的意见》及其三个附件,即附件一"学位授予单位研究生教育质量保证体系建设基本规范";附件二"学位授权点合格评估办法";附件三"博士硕士学位论文抽查办法",我建议教指委应考虑:

其一,制订"法律专业硕士学位研究生教育管理工作规程"(以下简称"管理工作规程"),该"规程"核心在于为如何举办法硕教育提供一个基本规范性文件,其存在和实施,客观上自然起到保证教育质量的作用。

顺便提及,2006年教指委武隆会议时,曾先生主持下我们即讨论过我起草的一个工作规程,遗憾后来未能坚持和发挥作用,不过这起码也能证明,我们很早就有过这方面的考虑和尝试的。

其二,以附件二的规定为依据,制订与“管理工作规程”相配套的“法律专业硕士学位研究生教育合格评估实施办法”。

附件二仅仅规定了评估的原则、期间、评估方式评估程序、评估范围、结果认定等问题,实际上是个评估工作实施方案,而无评估所依据的标准,即评估一旦开展,专家到底以什么为标准衡量参评的法硕单位,或者教指委拿什么标准给各个法硕单位用以指导其进行自我评估。我以为,法硕的办学标准,不论是准入、常规办学,还是评估,都只能是一个标准,而不能申报时一个标准、取得授权后日常办学又一个标准、评估时再来一个标准。过去这方面我们认识和思路不太统一,或有点乱,现在应当统一和明确。

其三,在“管理工作规程”之外,制订一个与之配套的“法律专业硕士学位论文标准”及其实施办法。

与其二情形类似,现有文件的附件三,也只规定了“博士硕士学位论文抽检办法”,具体包括抽检论文的方式、方法、范围、抽检结果的运用等问题,实际上是一个抽检论文工作的规定,同样关键的问题是,还缺乏一个评价论文的书面标准;不管哪个机构来组织进行论文抽检,一旦论文抽出来了,送给专家评价,那么专家到底依据什么来进行评价呢,这个问题仍须教指委出台本专业学位论文具体的评价标准,否则,抽检论文无法进行。这个问题,由于各高校法学教师对法学硕士论文、法律硕士论文之间认识上的混乱不一而变得更加重要。

以上工作,教指委都多少有过讨论或关注,只需在新形势下重新部署即可迅速推进完成,应当说,法硕是诸专业学位中起步较早的,经验多,积累也多,因此稍加用力,即会大有成就。

王　健

2013年8月6日

关于部署开展法律专业学位点评估工作的意见(2014)

秘书处：

今年1月29日，国务院学位委员会和教育部印发了《学位授权点合格评估办法》(学位[2014]4号)，6月26日，又发布了《关于开展学位授权点合格评估工作的通知》(学位[2014]16号)、《关于开展2014年学位授权点专项评估工作的通知》(学位[2014]17号)。这些文件，确立了我国今后开展学位授权点评估工作的基本制度框架，包括评估范围、评估组织、评估内容、评估方式、评估程序和处理结果等内容，也给法律硕士教指委提出了新的工作任务，需要秘书处尽快安排和部署，主要是学位[2014]17号文件提出的对2009以后新增法硕点的合格评估工作，分述如下：

第一，关于评估的范围。根据17号文件规定，2009年至2011年之间批准新增的专业学位点(这些学位点目前已均有一届毕业生)必须接受“专项评估”。法硕学位点符合参评条件的共36个(2009年35个、2010年1个)。2011年批准的2个点(中央司法警官学院、山东政法学院)因属“服务国家特殊需求人才培养项目”，按文件规定，不在此项评估范围之列。

第二，关于评估的标准。该文件原则性提出，合格评估主要是检查学位点研究生培养体系的完备性，包括师资队伍(队伍结构、导师水平)、人才培养(招生、培养方案、课程教学、学术训练或实践教学、学位授予)、质量保障(制度建设、过程管理、学风)等，具体评估指标与内容由教指委制订。

关于法硕的评估标准，教指委已于去年即按学位办要求起草和制订了《法律硕士专业学位基本要求》(2013年9月上海、11月沈阳、2014年4月北京会议先后讨论)，这个文件可以作为此次合格评估的主要依据。同时可参考另外两个文件，一是教指委2009年3月30日通过的《第八批新增法律硕士专业学位研究生培养单位评审办法》(法指委[2009]3号),这里面规定了当时申报的35家评审通过的准入条件。此外,还可以参考此次合格评估的《学位授权点抽评要素》,以及教育部学位中心提出的、经教指委修改的《法律专业学位研究生教育水平评估指标体系》。

第三,关于评估的方式。文件要求为通讯评议和会议评议两种方式,一般不进校实地评估,但如果确有必要,也可挑选部分单位实地考察,实地考察工作方案和名单要与学位办共同确定,费用由学位办统一安排。

鉴于实地考察向来敏感,极易影响正常工作的开展,完全采用通讯评议,又恐各位委员之间统一把握评议尺度不一,彼此参差而影响评估质量,因此,我意见采取会议评审方式,不采用实地考察和通讯评议方式。

第四,评估工作的基本流程是:

(1)教指委按文件要求研究制订《法律硕士专业学位专项评估工作方案》,确定评估方式、评估指标与内容、材料报送和相关安排等事项,提交学位办,由学位办转发参评单位。但文件没说提交该"工作方案"的具体时间。

(2)参评单位按"工作方案"要求准备和提交评估材料,提交方式为电子版上传指定信息平台("全国学位与研究生教育质量信息平台"),向社会公开。建议秘书处下载印制成册提供各位委员,以便会议评议时书面审查。

(3)教指委委员评阅材料后,对学位点进行表决,只分出"合格"和"不合格"两种结果,并根据《学位授权点合格评估办法》和专家表决结果,对学位授权点提出处理意见,于2015年11月30日前报学位办。

根据以上工作任务和要求,建议在今年底以前召开教指委工作会议,研究和制订《法律硕士专业学位专项评估工作方案》,确定此次评估的方式、评估标准、参评单位报送评估材料的种类、标准和截止时间等事宜,尽早完成工作部署,交学位办转发各参评单位,以便各单位有较充分的时间进行准备,待明年上半年适当时候再进行会评,争取圆满完成首次评估工作。

以上意见,谨供参考。

此致

敬礼

王　健

2014年8月22日

西北政法大学王健教授谈如何统筹全国的法律教育

——以法律职业为目标导向是法学教育的出路*

现在关于法律教育的众多议论，大都是流、表、现象，而不是源、里和根本。这就好比病因和病症的关系一样。要研究和解决中国法律教育中的问题，首要的任务是要找准病根，做诊断，而不能只是描述症状。

目前中国法律教育中的根本问题，总的来说，就是法律人才培养的层次和结构、数量和质量不能适应或满足政法队伍建设的实际要求；法律人才培养模式繁杂而矛盾，与国家法制统一的要求不相称；法律教育管理体制严重混乱。

中央领导对政法队伍建设和法律教育改革问题高度重视，就法律教育体制改革问题要求全国统筹规划。为此，记者于 3 月 29 日在北京采访了长期以来一直关注中国法学教育的西北政法大学教授王健。他的主要观点是，必须立足我国的历史和现实，借鉴发达国家法律人才培养和管理的有益经验，建立以法律职业为目标导向的法律教育管理体制和法律人才培养模式。

法律院校的发展规模

记者：改革开放 30 年来，在依法治国方略的推动下，我国的法律教育事业取得了显著成绩。据说，目前全国已有六百多所普通高校开设了四年制的法学本科专业，在校法律本科生约达 30 万人，请您简单介绍一下这方面的情况。

王健：从教育部有关管理部门备案统计的情况看，到 2008 年，全国已有 617 所高校开设了法学本科专业。按照法学一级学科概念口径统计，还有 100 多个法学硕士授权点，包括法学一级学科和二级学科的有 35 个法学博士授权点，其中一级学科有 12 个；至少 19 个博士后流动站开设了法学专业，还要看到的是，

* 本文系蒋安杰采写的报道，载《法制日报》2009 年 4 月 1 日第九版。

有 34 所高校开设了法学或知识产权第二学士学位，另外，还有 80 个法律硕士专业学位点。最近，国务院学位委员会和法律硕士教育指导委员会正在组织新增法律硕士点的评审工作，相信全国法律硕士专业学位的布点规模会很快超过 100 个。

但是，这还不是全部。法律人才培养的平台还包括中央党校、军事院校、40 多所民办高校、遍布全国的电大、附设在高校的继续教育学院、自学考试等机构，这些机构也都开办有专科和本科层次的法学学历教育或者非学历教育。国家法官学院、国家检察官学院及其在各省的分院，全国 38 所公安、警官类高职高专院校的 184 个专业布点也是政法队伍培养专业人才的重要组成部分。总之，完全可以得出这样的结论，我国是目前世界上法律教育发展速度最快、规模最大的国家，基本建立起了布局、结构、层次比较完整和发达的法律人才培养体系。

法学教育存在的问题

记者：法律院校的发展突飞猛进，规模与数量都在成倍地增长，目前法律教育事业存在的主要问题是什么？

王健：任何对开放初期法治建设状况的记忆，都不会否认这样一个事实：就是由于“文革”十年的中断和破坏，国家迫切需要大量的法律专业人才。由于青黄不接和急需，当时采取了“多渠道、多途径、多形式”三多的方式推动法律教育。上面说的法律教育发展成就，都基于这样一个时代背景。但是在取得巨大成就的同时也出现了许多问题，有些还是需要非常迫切解决的、比较重大的问题，是三多变成了三乱。这也引起了教育界、司法界甚至是社会舆论的广泛关注。但据我观察，现在关于法律教育的众多议论，大都是流、表、现象，而不是源、里和根本。这就好比病因和病症的关系一样。要研究和解决中国法律教育中的问题，首要的任务是要找准病根，做诊断，而不能只是描述症状。

目前中国法律教育中的根本问题总的来说，就是法律人才培养的层次和结构、数量和质量不能适应或满足政法队伍建设的实际要求；法律人才培养模式繁杂而矛盾，与国家法制统一的要求不相称；法律教育管理体制严重混乱。

具体来讲，首先，法律人才的培养和人事用人制度之间存在不同程度、不同形式的脱节；东部和沿海发达地区的就业难、人力资源浪费和内陆，特别是基层、西部地区人才匮乏现象并存；法科毕业生进入司法机关，必须同时通过司法考试和公务员考试,增大了就业难度。

第二,法律教育的服务意识滞后,特别是在管理机制上,法律院校总体上缺乏法律实务部门的参与和引导,办学形式相对来讲还很封闭。据我们统计,全国600多个法学专业布点,有73%是最近10年间新增的。

第三,法律人才培养的层次相当繁复,从大专、本科、第二学士学位、法律硕士专业学位、法学硕士、博士研究生,这些法科层次和类型的设置缺乏统筹规划,而且设置初衷与开办实效之间错位或背离。例如,法学硕士研究生教育本来是为了造就法学教学和理论研究型人才的,但大量毕业生并不从事法学研究工作,甚至法律专业工作。法学作为第一职业学位,它的起点既有高中,又有大学本科,甚至研究生层次,互相矛盾。法律人才培养模式也不健全,通过司法考试之后必要的岗前职业培训环节空缺,法律职业继续教育环节薄弱;国家法官学院、检察官学院和全国各政法成人高校的办学定位和发展目标不甚明确,长期摇摆在学历教育和在职培训之间。

第四,法律教育的管理体制极不统一,开设法学专业的高校,隶属于教育部等十多个中央部委和全国各地政府。高度分散的管理体制,一方面造成了行政管理效率低下,质量监督保障和信息统计的困难;另一方面,这些高校被划分为985、研究生院、211、博士授权单位、硕士授权单位、学士授权单位、独立学院、民办高校等等非常复杂的"身份"等次,很像中国古代的九品中正制,高校被划分为三六九等,在办学经费投入、专业设置和学位点审批、招生指标、留学名额、科研项目及评奖等教育资源分配上形成很大差异,打破了以往在专门人才培养的均衡格局,导致法学专业的低水平重复建设和优质法律教育资源的分散浪费。

第五,东西部法律教育资源分配差距过大。这里有两个突出例子:一个是目前西北五省区至今没有设法学博士点,是全国仅有的一个空白点;第二个例子,在西北五省区政法队伍中,目前只有3名法学博士——陕西省高级人民法院的安东院长、审判员赵合理,青海省高级人民法院董开军副院长,法学硕士研究生学历的大约只有2%,远低于全国总体水平。

如何看待法学院排行

记者:前一段时间,教育部发布了法学院排行,引起了不小的轰动。西北政法大学没有进入前十名的排列。您是否主张给全国法学院排行?如果排行,设定怎样的评价指数是相对公平的?您认为目前的法科毕业生就业如此艰难,与当今的法学院校遍地开花是否有直接的关联？就业人数是否也应该作为排行考量的标准？

王健：这个问题很有趣。一般来说，大家都比较关注同业内部的排位问题。教育部前段时间发布的排行，是一次全国性的高校一级学科评估结果。就是说不光有法学，还有很多其他一级学科。它是去年上半年由教育部学位与研究生教育发展中心组织的。评估组织工作的最大特点是自愿参加，不带任何行政强制色彩。例如，西南政法大学就没有参加法学学科的评估。也因此，并不是所有中国好的法学院都参加了这次评估。这是其一。其二，评估的评价指标体系，包括权重设计，我还没有看到，但从申报表上所提取的数据种类和观测点设计上，还是比较注重学科的学术条件。

这样的评估导向，结果可想而知。比如说，一所高校培养了许多法律实务人才，为国家各个区域的党政、司法和社会管理机关培养了许多骨干，办学成绩很大，但是如果评估指标体系没有或者只有学术性人才培养情况，那么就不可能得高分，尽管学校的实际贡献很大。由于评估体系本身就处在不断探索、改进和变化当中，所以评价的结果，也只能起参考作用，只能在界定条件的情况下，它才有意义。

但是目前法学教育界还没有提炼出适合自身的评估制度，有的法学院校可能会抱怨这个排行。我个人也认为这个排行榜与全面、准确、科学、实际地反映法学院校的结构和功能还有一定的差距。所以当务之急，法学界要关注法学学科建设，尽快研究和设计由法学家制订的评估指标体系。

如何统筹全国法学教育

记者：您认为要加大统筹和调控全国法律教育的力度，总的目标和方向应当是：建立以法律职业为目标导向的法律教育管理体制和法律人才培养模式，具体应该如何操作呢？

王健：对于这个问题，我去年专门花了整整一年的时间调研和归纳，现在仍然在继续做。初步的建议有这么五条：

第一条建议是政法机关要介入法律人才培养活动的组织、指导和管理环节。不论从理论上讲，还是从实践上讲，法律人才培养活动都不能摆脱法律实际部门的指导和管理。好比开饭馆，必须要考虑饭馆所在环境的吃饭人的口味。

我建议,由中央政法委员会、最高人民法院、最高人民检察院、司法部、公安部、教育部和有关政法高校领导、专家组成一个类似美国 ABA 式的机构,比如“法律教育指导委员会”之类的机构,来统筹规划和指导全国的法律教育工作。机构下面可以设教学指导、考试、质量监督与评估等若干专门机构,委员会常设办公机构设在政法机关,充实管理干部,加强和严格规范管理;其管理权限划分办法由教育部和政法部门协商确定。该委员会与现有的“国家司法考试协调委员会”相互配合和协调工作,从而建立起以法律职业为目标导向的法律教育管理工作机制。

第二条建议是将全国五所政法大学调整由政法部门统一领导,建立以“五校”为主干的政法人才培养基地。中国政法大学、华东政法大学、西南政法大学、西北政法大学和中南财经政法大学是 1950 年代按照全国大区均衡布局的思路创办的应用型政法人才培养基地,曾先后由中央政法委员会、最高人民法院、司法部管理(个别学校曾一度与教育部交叉管理),为我国各级政权建设和发展民主与法治培养了大批人才。为了集中统一和有效发挥为全国各大区域培养政法人才的作用,可将目前分属不同管理部门的五所政法大学重新调整由政法部门统一领导。

针对目前基层和边疆地区政法队伍数量紧缺和素质薄弱的问题,以五所政法大学现有的法律硕士教育为平台,根据政法机关人才培养规划和队伍建设的实际需要,举办一定规模的政法班,招收法学或非法学专业应届或往届本科毕业生,由中央财政提供支持,在职业资格认定(司法考试和公务员考试)、政法编制和学习、生活和工作待遇等方面采取特殊优惠政策和定向培养的方式,集中解决内地基层和边疆地区政法队伍断档等突出问题。

第三条建议是优化法律人才培养的层次结构,建立基本统一的法律人才培养模式。结合我国的国情条件,保留目前全国高校的四年制大学本科法学专业教育,实行教学研究型法律人才和职业型法律人才培养分类管理的办法,通过一定的政策调节手段,控制法学学术型各学科专业的硕士、博士研究生教育规模,扩大法律硕士研究生招生规模,使两者的比例结构逐步调整到三比七左右,真正把法律硕士教育作为培养政法实务和社会管理等部门需要的法律专门人才的主渠道。当前要尽快启动法律硕士招生考试科目设计研究项目,以“职业综合素质测试”代替目前的法学综合考试。

第四条建议是建立二段式国家统一司法考试模式和通过考试后的职业培训制度。把目前每年一次的司法考试改为二段式考试,凡受过大学本科法学专业教育的,均视为通过第一次考试,经过审核后直接进入第二次考试;应届法律硕士研究生毕业直接进入第二次考试,并大幅度提高法律硕士毕业生的考试通过率。并根据全国各地区的实际情况和需要,建立以五所政法大学为主干的岗前培训基地,要求凡进入政法机关从事法官、检察官职业的,必须在通过司法考试和录用考试后经过为期一年的职前培训。

第五条建议是要强化统筹、完善全国法学学科专业布局的力度,填补西北五省区法学博士学位授权空白,为培养扎根西部的高级政法专门人才创造条件。

《法律人:理论与实务》序

我国自1995年首次开办法律硕士专业学位教育以来,目前全国培养单位已发展为39所(新近又增加6所高校),法律硕士专业学位研究生和政法部门在职攻读法律硕士专业学位人员在校生规模达到2万多人,全国累计8848人完成学业获得法律硕士专业学位。再从2004年全国研究生考试统计情况看,在报考人数超过万人的17个专业当中,法律硕士位居第三位(34899人),仅次于工商管理和计算机应用技术,成为本科后教育最主要选择的专业之一。法律硕士专业学位教育已成为广受社会关注并具有相当社会影响的一个专业学位教育领域。

设置法律硕士教育的初衷,旨在培养应用型高级法律职业人员,以适应为现代化建设提供法律服务专门的、职业化的法律家队伍的需要。而如何理解和对待实践性与研究型,或者换作另外一种表述,即应用型与学术型,及其相互间的关系如何措置,这些问题越来越成为法学院和实务界共同关注的热门话题,由此也引发了诸多的讨论。

我注意到在许多的讨论中,人们往往比较片面地持单一的观点,在有意无意渗入的二者水火不容的前见下,或强调实践性而忽略研究型;或突出研究型而不论实践性,或做主次上的排列,犯有相当简单化的毛病。似乎开设法学理论课程,这就是研究型,科目表上增加了诉讼实务,或者增加非课堂教学的时间,就表明重视实践性人才的培养。这种倾向比较普遍。

其实,仅就我国的现状而言,究竟什么叫研究型?什么叫实践型?典型的研究型或实践型到底是什么样的?缺乏起码的办学条件设施并因而导致法律人才培养结果不佳的那个法学院所进行的某种方式的法律训练能不能算是研究型或实践型?实践型是否意味着仅仅是训练驾御法条和分析案例的技术而不顾其条件,并将其背后蕴涵的法律思想乃至可能被提炼升华的法律原则或法律规范推到法理、法律史等课目上去训练?诸如此类的问题,目前还远远没有得到深入细致的研究和讨论。

在涉及这个问题的讨论中,还有一个十分常见的、沿袭多年的说法就是"理论联系实际",或者叫做"理论与实际相结合"(注意我这里所说的,是就我国的一般法律教学活动场合的这种说法,而不是否认存在着相对的纯粹的理论或实践的活动的意思)。我总怀疑这种表述或提法的本身就有问题——似乎一边儿已经存在着一个孤零零的"理论",而另一边儿是与它毫不相干的同样是孤零零的"实践",现在的问题就是要想办法把这两样东西(有机地)结合起来。这实际上就把"实践"理解成了没有大脑的机械运动,而"理论"就如同视法学院为哲学系。而两者的结合,也就是要将哲学家置于法官的角色。在整个生活日趋职业化的今天,这岂不荒唐?所以多年来,越是提倡理论联系实际,理论与实际的脱离就越成为一个"理不清,剪还乱"的老大难问题。

从历史经验来看,在法律教育中的确存在着学术性(academic training)和实务性(practical training)这两种不同的理念和实践的倾向。正如美国法学家弗里德曼所说的:这两对原则之间的整合与分离的斗争从来就没有停止过。当代发达国家改革的趋势,都在努力通过各自不同的方式来构造某种尽可能不使两者偏废的制度。例如在判例法传统为主的国家,接受法律训练的入门条件被不断提高,而法典法传统的国家则逐渐强调判例研究的价值,这些做法的结果,都延长了法律学习的年限。这是国外的情况,那么中国呢?我以为,关于法学院要以某某型为导向的说法过于笼统、空泛。实际上,如果我们肯定法律教育的理想是要追求培养完美的法律人才这个目标的话,则学术性训练和职业化训练都不可缺少。但这个目标相当的高,甚至可说是人类一直不断追求着的一个崇高理想。那么现实中该怎么办呢?我想:目前设置于大学当中的法律院系,对于它的性质、目标和任务,可能需要被认定为仅仅是培养理想法律人才的制度设计中的一个环节;这种教育模式并不足以同时满足达到这个目标的要求;从整体来讲,还需要进一步的、具有职业性相对分工意义的制度性构造。

汇集成册的这182篇作品,是西北政法学院2002级190余位全体在职攻读的法律硕士生平日刻苦钻研的一个阶段性成果。据这部文集的组织者介绍,这个来自法官、检察官、律师、企/事业单位法律顾问等各个法律职业领域的群体,是怀着希望提升自身的法律修养，试图将理论与实务有机结合的心情而回到久违的法学院教室的。入学以来，他/她们便自发成立了兴趣学习小组，热心举办学术讲座，无论课内还是课外，相互之间以及与导师之间，常常展开热烈的讨论。这种对业务研究的浓厚兴趣、渴求知识（未必仅仅是体现在书本上的那些知识）的精神，反过来鼓舞和激励着我。我相信，在这样的训练过程中，一定常常表现为两种或者多种思维方法之间的碰撞与交锋；一定暗含着对法学教科书或讲义与各种司法文件或文书的差异的对照和比较；一定发生着在法学原理/原则与现实中千差万别的个案之间的判断与取舍；咀嚼原理、消化知识、玩味技巧，由此而获得的内心感受和迸发出的思想火花，是否都能尽如人意地展现在这部作品里面，可能要由抱有不同欣赏眼光的读者去评判，但就努力尝试理论与实务的结合而言，我以为，这部文集值得我们认真去对待。

王　健

2004 年金秋

学位论文要过五关

——写在《司法实务与理论研究》文集前面的话*

在职攻读法律硕士学位，通俗地讲是为了获取文凭，以为身份升等和进阶之凭据。而得此凭据的标志，就是要提出一篇证明自己学识水平和能力达到相应程度的作品。某种意义上讲，所谓攻读研究生学位，其核心或者说关键所在，就是要完成一篇合格的学位论文。至于在此之前进行的各种课程的修习，都不过是为了最后这篇论文而要在知识和方法上的储备而已。所有的研究生毕业和获取学位，都要经过学位论文的写作并通过答辩。但究竟什么是学位论文，它与一般其他的书面作品究竟有什么不同。这个问题应当说是每一位准备申请答辩者都回避不了的。

学位论文在英文里叫作 dissertation，意思是指有系统、有深度地论述性作品，特指学位论文，而不同于普通的论文（article）或文章（paper）。可见，学位论文是一种特殊的书面作品。这既是西方的学术传统，也是目前我国学位制度所要求的。那么学位论文不同于一般书面作品的特殊性体现在哪里呢？这是从研究内容上和表达形式上讲的，也就是说，学位论文的内容和形式都比一般书面作品有着极其严格的要求。内容上，作者要在某个研究领域里独立取得重要的发现、发明或贡献，发前人所未发，言前人所未言，在老师指导下把研究过程和取得的重要结论意见转变为清晰完整的文字；形式上，则要求作品的标题与摘要、体例与结构、语法与文字、注释与标点，参考资料著录等等，都严格遵循通行的学术规范。这样的作品，无疑是最好的精神产品，也最能让读者放心和获

---

* 本文为孙梁、张晟洁主编：《司法实务与理论研究》，陕西出版集团、陕西人民教育出版社 2012 年版，序言。

益。这样的论文一旦通过，国家或其授权的高校就要颁发一个标志作者学识水平达到一定高度的证明文件，它是终身性的，具有强烈的标志意义。

懂得了这个道理，也就明白了为什么学位论文要比一般课程论文有难度，也就容易理解为什么管理部门和导师对学位论文的严格要求了，从而有可能在心态上重视论文的写作，或者说有可能在论文写作中精心细致认真了。有的同学面对写论文往往不知所措，要么内心畏惧或恐慌，要么就是概念上朦朦胧胧，隐约感觉到学位论文跟一般论文不同，但又说不清，道不明到底差别在哪里，只是觉得学位论文可能要比普通论文字数要多。这些都是根本上没弄清楚到底什么是学位论文导致的结果。

学位论文虽然要求严格，比一般论文写起来有一定难度，但是也不要怕它，要知道任何的学位论文，也都是人写出来的，而天上掉下来的，用不着神秘。在职攻读法硕的各位同学，大都有了一定的实践工作经验，如果选题得当，结合本职工作和学业积累，应当有写好论文的信心。我常说跟同学讲，论文的确是作者写出来的，但关键在于修改，甚至可以说论文是改出来的。标题是否贴切醒目、关键词的选取是否规范、论文摘要该如何做、正文结构是否合理或篇幅比例是否恰当、各部分之间逻辑关系是否严密、论文主题是否明确和有意义、内容范围的界定是否准确而没有遗漏、研究材料的收集和运用是否经过了认真的摔选、正文中自己写下的每句话从何而来、是否经得起深入推敲或多打几个问好，全文校对是否可靠，等等，这些都要在修改时仔细审查，而且往往是要伴随着不断学习的过程。总之，修改论文如秋风扫落叶，一遍一遍不胜其烦，但要不厌其烦，越改越完善，无限接近完美。

如果我们把读研得学位比作一路过关斩将的话，那么学位论文的写作能否成功，能否经得起时间考验，至少要过五关：

第一关，论文首先要通过作者自己的审查把关。论文出自自己之手，是作者制造出来的产品，自己当然应对它有个评价，是否令自己满意，是否达到了自己预期的写作目标。这样一篇标明自己名字的论文公开后，自己有没有信心为之承受担当，做到文责自付。

第二关，自己觉得可以出手了，接下来就要经受论文指导老师的最后审查。正常情况下，论文在写作过程中一直伴随着导师不断的评价和指导，但最后的定稿，一方面意味着要经过导师宽容或者苛刻的评价眼光，同时也包含着老师的责任在里面。

第三关,是要通过同行专家的匿名评审。按照惯例,通讯评议通常由 2 名专家进行双盲式的匿名审查。因其评价的客观公正而成为保证论文质量的一道重要措施。而当专家甲和专家乙意见不尽一致,甚至评价意见相差较大的情形时,完善的学位授予管理办法会从制度上和程序上予以补救,以保证学术评价的公正合理。当今信息时代,网络技术的运用异常发达,这对学位论文的创作和评价实是一把双刃剑。为了提高匿名评审的效率,在专家匿名评审之前,很多高校增加了反抄袭剽窃审查工作环节。本校前些年即用此法,曾将论文提交系统检索时,发现某生学位论文重复率竟高达 99%,除姓名是自己的,其余皆径取他人成果,实在令人震惊!

第四关,一旦论文侥幸通过盲审,接下来的就是作者和论文要一并展示在答辩委员会面前,除涉密论文按规定另行处理外,作者必须公开接受答辩委员的质询和辩难。作者要向答辩委员会进行充分地、合乎逻辑的或自圆其说地阐释和讲解。当然,答辩会上参加旁听的任何人,都享有向作者提问和要求做出解答的权利。

第五关,答辩圆满、论文获得通过后,学位申请就要提交学校的学位委员会进行审议。学位申请获得学位委员会的通过,虽然攻读学位的最终目的已经达到,但这并不意味着学位论文从此就进了保险箱,收获的学位证书亦可高枕无忧。学位论文提交有关图书馆保管收藏,从此进入公共流通领域,成为广众可以随意方便检索和利用的对象。从近年来投诉和撤消学位的案例看,公众的检索和使用无疑是对学位论文最后的和不加时限的审查,这种审查对于论文和学位都具有根本意义。学位论文因质量问题而引发的撤消学位是无法弥补的。因此,对每一位学位获得者而言,这道关是永远敞开着的,头顶高悬的利器有可能随时会掉下来,使得自己以往为博取功名而付出的全部努力归零。

从多年来的实际情况来看,在职攻读法律硕士研究生的论文写作,应当注意的细节还有很多。而最重要的,已在上面说了很多,这里就不再罗嗦了。

上面所讲的,其实可适用于所有的法科研究生。之所以写在这里,是因为 2009 级在职法硕各位同学临近毕业,答辩在即,适逢全班同学积平日学习所得,汇成《司法实务与理论研究》一书,付梓之际,杨舒雯班长特邀我为文集做序。我一时不知该从何说起,思忖良久,写下上面的话,权当跟各位同学的临别赠言吧。

我期待各位同学不仅能够出色地完成追求学业历程中的这篇文章,更祝愿诸位在职业生涯中写出更美妙的文章。

王　健

2012 年 10 月 13 日

寄语政法招录试点班各位新同学

——参加2009级开学典礼有感

春光明媚,校园里迎来了2009级政法干警试点班的新同学。这不止给学校注入了新的活力,更为探索如何解决人才培养和单位录用之间的现实矛盾提供了一个新的契机。今年是我国实施政法干警招录改革试点工作的第二年。与2008年有所不同的是,法律硕士教育项目第一次被纳入到招录培养模式之中。全国10所政法院校将按照国家计划为县级法院和检察院定向培养2年制的法律硕士研究生1448名。我们首次迎来了肩负国家使命的法律硕士生168名。这多少意味着,法律硕士教育作为“应用型法律人才”培养的主渠道作用有了进一步的确认和体现。作为一名关注和参与政法招录改革试点工作的教师,除了对各位的到来表达由衷的欢迎之意以外,还有几句话愿意说出来,为大家如何利用好这短暂的两年时间做一个参考。

第一,牢记自己的双重身份。政法招录试点工作的特殊性,决定了试点班的所有同学都兼有两种身份:一个是在读学生,另一个是准公务员。当我们通过层层选拔的入学考试——教育考试和公务员考试之后,就已经获得了这两种身份。这两者的结合,类似于日本司法研修所的“司法学徒”(legal - apprentice)。作为一名学生,行为要受校纪校规约束,要从学习者的角度安排好自己的生活,做学生该做的一切事情;作为准公务员,又要时时以公务员的标准来要求自己,以便为将来投身司法做准备。一身兼有两种角色,无疑是我们校园里最为独特的一个群体了,为其他同学树立良好的行为示范的意义也是不言而喻的。由于招录试点工作是非同寻常的一项举措,所以这个群体必将被赋予神圣的政治意义,学校也寄予了很高的期望。

第二,把“理实兼备”作为学业目标。招录试点工作的培养环节有一项特殊要求，这就是“教、学、练、战一体化”。这句话的本意，旨在强调实践能力之于法律专业训练的重要价值。而在这方面，谁都不会怀疑所有的政法大学对于学以致用、对于应用能力的重视和强调，它实际上已经构成了政法大学的风格或传统，不论在配置教学资源的观念和方式上，还是在可能提供的教学条件方面，都是如此。但是，强调实务训练，强调应用能力培养，并不是可以忽略思维能力、忽视问题意识和研究能力的要求。要成为一名完善的、合格的法律人，必须确立这样的目标，既要通晓法律理论，又要娴熟于实际技能；不仅要做纸面上法律人，还要做行动中的法律人；不仅要有口头表达、写作、检索和查找文献资料能力、调查和概括问题能力、组织安排事务等实践训练，还要紧密结合法学理论，把抽象的理论和生活实际经验结合起来的研究。理实并重、理实兼备、两不偏废，这是学习法律专业的重要特点。这对每一位同学来讲，既是眼前的学习任务，也是一个挑战，当然，也是对学校管理者和教师们探索和完善培养模式的一个挑战。

第三，处理好就业与职业使命的关系。同学们已经有了自己工作岗位。这些岗位广泛分布在我国各地县级司法机关，是即将投身贡献之所在，颇有一种法律人“上山下乡”的意味。在我国司法体系结构中，县级司法机关处于底层，一切案件都由此做初步处理，是综合处理各种社会关系、解决纠纷的最前沿，是全面学习和直接体验各种公务和司法的重要场所。县以上的地、市和省级单位，主要是监督指导和复核性的工作。如果没有县一级的基础训练，就不会了解整个司法体系的运作机制，也难有远大的发展前途。另外，在社会生活的概念中，县城大多远离繁华大都市。经济、社会条件千差万别，语言、习惯、民俗、风情各异，所有这些，无疑突显了同学们的就业与法律职业使命的密切关系及其所具有的特殊价值。对此应有相当的心理准备。

王　健

2010 年 3 月 26 日

探索法律硕士教育行程纪略

1996 年:

法律专业硕士学位(以下简称“法硕”)设立后首次招生消息见诸报端,遂旁证博览,加意研习,写成论文“中国的 J. D. ? ——评法律专业硕士学位教育”,在《比较法研究》第 2 期发表,引起主管部门官员的关注。姜晶评价:此乃法律硕士教育研究的“第一篇论文”。

1997 年:

在贺卫方教授指导下参编《中国法律教育之路》一书;论文“略论二十世纪中国的法律教育”,在《比较法研究》第 4 期发表。

1998 年:

论文“中国近代的法律教育”(中英文版),在《中国法律》季刊(香港)第 2 期发表。

1999 年:

译文“二十世纪初期中国的法律教育”,在《南京大学法律评论》春季号发表。

2001 年:

3~4 月,参加司法部霍宪丹主持的全国法硕调研;5 月初在苏州大学参加研讨和撰写《法律硕士专业学位教育的改革与发展》报告,该报告后收录在《中国法律硕士专业学位教育的实践与探索》(法律出版社 2002 年),并于 2002 年获司法部法学教材与法学优秀科研成果二等奖;8 月,参加吉林大学法学院在牡丹江举办的法律职业共同体研讨会,发言收录在张文显主编的《司法改革报告:法律职业共同体研究》(法律出版社 2002 年);10 月,博士论文《中国近代的法律教育》由中国政法大学出版社出版,该书 2007 年 12 月获首届中国法学教育研究成果一等奖;同月,参加在中国人民大学举办的教育部法学学科教学指导委员会暨中国法学会法学教育研究会（以下简称“法学教育两会”）成立大会。12月，参加霍宪丹主持的司法部“JM教育培养目标、培养要求和课程设置结构改革研究”项目研究，2004年完成，成果《中国法律硕士教育改革》亦获首届中国法学教育研究成果一等奖。

2002年：

年初，参加国家检察官学院举办的建立国家统一司法考试研讨会，发言稿收录在孙谦、郑成良主编《司法改革报告：司法考试、司法官遴选、司法官培训制度》（法律出版社）；4月，参加在杭州举行的全国首届法硕教育论坛，编写会议综述发表在“法律思想网”；9月，参加在上海华东政法大学承办的法学教育两会第二次年会，提交“近代中国的司法考试”、“韩国司法考试与相关制度简析”2篇论文，并做大会发言；参与陈明华教授主持的司法部重点项目“西部地区法学教育改革与法律人才培养”，该项目2006年完成，成果《中国法学教育改革与法律人才培养：来自西部的研究与实践》2007年由中国法制出版社出版；论文“设计科学合理的司法考试制度”收录在中国政法大学出版社出版的《法律方法与法律思维》第1辑。

2003年：

9月20～23日，参加在重庆举行的法学教育两会年会，在小组讨论中做“法律教育中实施素质教育的几点思考”的发言，并参加西南政法大学五十周年校庆纪念活动；12月22日申报的全国教育科学“十五”规划课题“中国法律教育改革与发展问题研究”批准立项，该项目于2008年底完成。

2004年：

4月，在京参加全国法律硕士专业学位教育指导委员会（以下简称“教指委”）换届暨首届法硕教育论坛；11月27～28日，参加苏州大学王健法学院举办的“杨兆龙先生百年诞辰纪念暨学术思想研讨会”，主题发言“杨兆龙先生对中国法律教育的观察与批判”，归纳了杨兆龙法律教育思想的主要内容，评价其当代意义；11月，着手开展法硕入学考试问题调研，12月3～5日在海口参加法学教育两会第四次年会，在会议闭幕式总结中做“法律硕士（JM）入学考试科目设置改革之议”的发言。

2005年：

4月1～2日，参加教育部高等法学教育指导委员会（GCHLE）和美国法学院协会（AALS）联合主办、中国政法大学在北京承办的2005中美法学院院（校）长会议（Chinese and American Law School Deans' Conference），提交关于中国西部法律教育状况的论文；4月23日，参加北京大学法学院在深圳举办的第3届全国法学研究生教学和管理研讨会，做题为“应当改革法律硕士的入学考试制度”大会发言，主要观点发表在7月12日出刊的《中国学位与研究生教育学会会讯》2005年第2期，题为“法律硕士入学考试制度存在三大问题”；5～6月，受秘书处委托，开始研究法硕教育工作规范和法硕学位论文问题，翻译美国法学院审核标准和专业写作引证体例等参考文件，草成《法律硕士专业学位教育工作规程》、《法律硕士学位论文规范指导意见》，同时为筹备法硕教指委年度工作会议做准备；同月，在《华东政法学院学报》2005年第3期发表“法律硕士（JM）教育的性质”论文；6月18日，参加广东商学院法学院举办的法学研究生教育改革研讨会，做题为“关于法科研究生教育改革的几个问题”发言；8月23～24日，参加在重庆武隆召开的全国法硕教指委第二届第二次工作会议，会上做关于法硕教育工作规程和法硕学位论文规范指导意见草案说明，会后完成“会议纪要”，发表在《政法教育研究》2005年第2期；10月13日，参加司法部司法考试司在北京召开的“国家司法考试及其相关制度建设理论研讨会”筹备会；12月30～31日，参加曾宪义教授主持的教育部重大攻关项目“中国传统法律文化研究”，主持承担第七子课题“中国的法律教育：传统及其现代发展”写作任务。此外还承担了西北政法大学教改重点项目“法律硕士教育学理与应用模式研究”；“中国法律教育研究文献述要”收录在中国社科院法学所图书馆编辑的《法律文献信息与研究》第2期。

2006年：

1月5日，向国务院学位办提交《关于将在职法律硕士报考年限由五年减为三年的建议报告》，得到学位办官员认可和支持，当年6月发布的在职攻读法硕报考政策即做出相应调整（学位办[2006]33号）；4月10～11日，参加法硕教指委第二届第三次工作会议（湖南大学承办），会议再次审议了法硕教育工作规程、学位论文规范及培养方案修订草案，其中“培养方案”和“学位论文规范”于当年8月由国务院学位办发布实施；4月22～23日，参加在京召开的法硕教指委专题工作会议，研究在职攻读法律硕士考试科目设计调整、考试大纲和复习指南的修订和分工编写等问题；8月3～4日，参加司法部国家司法考试协调委员会在大连召开的国家统一司法考试制度研讨会，写成会议综述“国家统一司法考试制度的完善与发展”，后发表在《华东政法大学学报》2008 年第 2 期；参加川大法学院承办的法学教育两会；8 月 22 日，参加司法部司法考试司在西安召开的《国家司法考试模式研究》课题论证会；11 月 8 日，向中国人民大学法学院举办“中国 - 非洲法学教育与法律文化论坛”，向会议提交了“当代中国的法学研究生教育概览”，后发表在中国政法大学出版社出版的《中国法学教育研究》（第 4 辑）；11 月 12 ~ 16 日，参加秘书处在和敬宾馆举办的新增单位评审初审核申报材料整理工作；12 月，为法硕教育实施十周年纪念大会暨第三届法硕教育论坛进行各项前期筹备，受秘书处委托起草法硕教育发展十年总结，获全国优秀法律硕士教育工作者奖，唯因航班延误，12 月 28 日的会议惜未能参加。

2007 年：

1 月 11 日至 2 月 1 日，随中国法硕教育赴美培训团（第一批）赴美国学习、考察和参观访问，访问结束后写成《中国法律硕士教育赴美培训团学习考察总结报告》；3 月 15 ~ 22 日，按照秘书处安排，作为第 7 工作组成员，对广西师范大学、中南民族大学、新疆大学三所申请新增法硕培养单位进行实地考察；4 月 27 ~ 28 日，参加秘书处在北京西苑宾馆召开的考察工作总结会，根据这次考察的结果写成的“关于举办法律硕士教育应注意的几个问题”，经修改发表在《甘肃政法学院学报》2009 年第 1 期；6 月 27 ~ 28 日，秘书处在北京华融大厦举办新增法硕培养单位负责人培训会，编印培训材料《法律硕士教育指南》（第二版），并为培训班做专题讲座；11 月 30 ~ 12 月 1 日，参加在南京召开的本年度法学教育两会，提交论文《我国法学教育规模状况之分析：兼论管理体制对法学学科建设可能的影响及建议》；此外，发表论文“中国法律硕士教育的创办、发展与成就：1996 - 2006”（《法制与社会发展》第 5 期）、“法律硕士（JM）学位论文规范化探究”（四川大学法学院里赞教授主编《望江法学》第 1 期，法律出版社），研究报告“中国西部法学教育改革与人才培养现状分析”收入郭捷教授主编的《中国法学教育改革与法律人才培养》一书（中国法制出版社），自刊《法科研究生教育论札》。

2008 年：

1 ~ 6 月，对中国法律教育改革与发展中的现实问题进行系统总结和梳理，提出《法律教育体制改革意见》，报中央政法委；1 月 20 ~ 21 日，参加在深圳举办的法硕教指委工作会议暨第四届法硕教育论坛，提交《如何选题：关于法律硕士学位论文的写作》；7～8月，根据国务院学位办开展专业学位综合调研的要求和秘书处委托，汇编各高校调研材料，撰写《法律硕士专业学位教育调研报告》；7月19～20日，参加美国福特基金会项目组在北京九华山庄召开的"中国法制30年变迁与未来"项目评审与理论讨论会，承担对该项目法律教育与法律职业部分的评议；8月11～13日，承担中央政法委《社会主义法治理念读本》"法学教育与法律职业群体的现状"、"提高法律职业伦理操守"两节的编写；8月22日，参加中国政法大学举办的以法律职业为导向的六年制法律人才培养模式研讨和评价会议；12月22～25日参加新增法硕培养单位初审工作会议；12月27日，向秘书处提出《2008年全国招收在职攻读法律硕士研究生成绩统计分析报告与相关政策调整意见》。

2009年：

3月12日，向国务院学位办、秘书处提交《关于法学本科专业应届毕业生调剂录取为法律硕士专业学位研究生的政策调整与相关问题》的报告；3月29～31日，作为特邀评审委员参加教指委在北京友谊宾馆举行的新增法硕培养单位评审答辩会；同时接受《法制日报》记者就如何统筹全国的法学教育问题的采访，提出"以法律职业为目标导向是法学教育的出路"（《法制日报》2009年4月1日第9版）；8月，"法学研究生教育质量保障研究"一文发表在法律出版社出版的《法学教育研究》第一卷；9月，论文"大陆西部地区的法律教育：现状与问题"在台湾《月旦民商法杂志》第13期刊发；10月，参与组织和筹办在西安举行的法学教育两会，提交会议论文《政策调整与法律教育面临的新挑战》，又根据本次会议写成"法学教育改革与发展的新动向"一文，发表在《中国大学教学》第12期，11月4日《法制日报》第9版刊登了该文简版；12月26～27日参加中国人民大学法学院承办的法硕教指委年度工作会议暨第五届全国法律硕士教育论坛；论文"法律硕士教育制度的改革与发展：一个政策分析"在《政法论坛》第2期发表。

2010年：

1月20日，与华东政法大学研究生教育院杨忠孝、西南政法大学研究生部李燕联名向国务院学位办和秘书处提出《关于在职攻读法律硕士研究生招生管理工作改进意见的报告》；有感于西南政法大学建校六十周年活动，撰文"西政的校史及其他”，发表在《法制日报》4 月 14 日第 10 版；7 月 2 ~ 4 日，秘书处在贵阳组织第七、八批新增法硕培养单位政策和业务培训班，做“法律硕士研究生招生工作的组织和实施”专题报告，并选编了《法律硕士（JM）教育管理工作文件汇编》作为培训教材；此外，发表了“招生政策的调整与法律硕士教育面临的新挑战”（《南京大学法律评论》春季号）、“构建以法律职业为目标导向的法律人才培养模式：中国法律教育改革与发展研究报告”（《法学家》第 4 期）。

2011 年：

3 月 18 日，受国务院学位委员会、教育部、人社部之聘担任法硕教指委委员，出席在北京会议中心召开的第三届教指委成立大会暨第一次工作会议；9 月 23 ~ 25 日参加在北京西苑饭店召开的法硕教育综合改革试点工作检查总结汇报会；11 月 18 日，参加第二届全国法学名家论坛，做“当前法学教育改革与发展的若干问题”的发言。

2012 年：

3 月 23 日，秘书处在京举办的法律硕士教育网站培养单位（118 个）通讯员培训工作会，做“法律专业学位教育管理制度与培养模式”专题报告；3 月底，应国务院学位办、秘书处要求为当年在职攻读法硕招生政策出台提供咨询意见；4 月 26 日向国务院学位办和秘书处提出《关于 2012 年为西藏自治区法院和检察院定向培养在职攻读法律硕士研究生项目的报告》，后获准由西北政法大学承担为西藏定向培养 20 名在职法硕招生任务；11 月 25 日参加北京航空航天大学法学院举办的“新兴工业化时代法学教育高峰论坛”，提交“当前法学教育改革与发展的几点思考”论文并发言；12 月 15 日在《法制日报》（第 9 版）“中国法学教育院长谈”栏目发表“努力培养应用型法律人才”文章，谈全球化背景下我国法学教育改革和发展热点问题；11 月 5 日，应邀为中央司法警官学院教师和管理人员做法律硕士教育专题报告，此间为该校法律硕士管理规章制度文件提供咨询意见；12 月 29 ~ 30 日参加在广州举行的教指委年度第二次工作会议暨第六届法律硕士教育论坛，做“法律硕士学位论文评价标准探讨”发言。

2013 年：

4 月 13 ~ 14 日，参加教指委在京举行的法律硕士研究生教育综合改革试点项目（19 个）验收汇报会；5 月 28 日，参加复旦大学法学院举办的法律教育院校长论坛暨复旦大学法学院国际咨询委员会第一次会议，做“促进建立以需求为导向的法律教育体系”会议发言;8 月 3 日、6 日致函秘书处,就教育部、发改委、财政部联合下发《深化研究生教育改革的意见》精神在法硕教育中如何落实问题提出应对意见;9 月 23 日,参加法硕教指委在上海委托复旦大学法学院举办的《法律硕士专业学位基本要求(草拟稿)》论证会;论文“构建以法律职业为目标导向的法律人才培养模式”获第三届中国法学教育研究成果二等奖;11 月 30 日,参加福建师范大学法学院举办的全国第十八届高校法学院院长联席会,做大会发言《当前公正廉洁执法面临的形势、问题及其原因:法律职业伦理的几点思考》。

2014 年:

2 ~3 月,应邀先后参加福建师范大学、兰州理工大学、大连大学、石河子大学、国际关系学院申报法律硕士点专家论证会,陕西师范大学、哈尔滨工程大学、长安大学、江苏省学位办、内蒙古自治区学位办组织的专家评审会,此间写成“申报和建设硕士专业学位点的几个问题”,发表在 6 月出版的《陕西学位与研究生教育》第 11 卷第 1 –2 期,2015 年被评为该年度优秀论文作者;4 月 4 日在京参加法硕教指委年度第一次工作会议,对教育部学位中心提出的“法律硕士专业学位水平评估指标体系”,提出应考虑遵循最大公约数、坚持针对性、指标的相对稳定性、评估标准公开四点修改原则及具体意见,呼吁设置“法律博士专业学位”;8 月 22 日,向秘书处提交部署开展法硕学位点合格评估工作计划;10 月 3 日,向教育部学位中心评估处《法律专业学位学生质量评估指标体系(征求意见稿)》提出书面反馈意见;11 月 2 日,在教指委年度第二次工作会议上介绍《法律博士专业学位设置方案(征求意见稿)》起草说明;12 月 20 ~21 日,参加秘书处在深圳举办的新增法律硕士培养单位培训工作,选编培训材料,主持专题报告会议。

附录 1

全国法律硕士培养单位名录(1996－2014)

说明:1996 年我国开办和实施法律硕士教育以来,国务院学位委员会办公室共组织了 11 次授权审批工作。截止 2014 年,全国共有 186 所高校和研究机构招收和培养法律硕士专业学位研究生。这些机构以其悠久的法科教育传统和办学实力而成为目前我国培养法官、检察官、律师、法学家等应用型法律专门人才的重要基地。

1996 年第一批(8 所)

北京大学
中国人民大学
中国政法大学
对外经济贸易大学
吉林大学
武汉大学
华东政法学院
西南政法大学

1997 年第二批(5 所)

厦门大学
南京大学
中山大学
中南财经政法大学
西北政法大学

1998 年第三批(9 所)

复旦大学
浙江大学
黑龙江大学
湘潭大学
四川大学
安徽大学
苏州大学
山东大学
郑州大学

1999年第四批(6所)

清华大学
南开大学
兰州大学
辽宁大学
山西大学
云南大学

2003年第五批(11所)

中国人民公安大学
河南大学
上海交通大学
江西财经大学
海南大学
贵州大学
中国社会科学院研究生院
烟台大学
南京师范大学
湖南大学
西南财经大学

2004年第六批(11所)

中央财经大学
内蒙古大学
东北财经大学
福州大学
华中师范大学
解放军西安政治学院
河北大学
大连海事大学
上海财经大学
华中科技大学
湖南师范大学

2007年第七批(30所)

中国海洋大学
中央民族大学
东南大学
中南大学
青岛大学
新疆大学
重庆大学
沈阳师范大学
河北经贸大学
南昌大学
华侨大学
天津师范大学
暨南大学
青海民族学院
西北大学
广东商学院
北京师范大学
上海大学
浙江工商大学
华南理工大学

同济大学
安徽财经大学
广西师范大学
北方工业大学
中国刑事警察学院
宁波大学
中南民族大学
江西师范大学
西安交通大学
深圳大学

2009 年第八批(35 所)

北京交通大学
北京航空航天大学
北京理工大学
北京科技大学
北京工商大学
首都经济贸易大学
天津财经大学
山西财经大学
东北师范大学
延边大学
长春税务学院
华东理工大学
上海海事大学
上海师范大学
上海对外贸易学院
中国科学技术大学
山东科技大学
中国地质大学
武汉理工大学
华南师范大学
广西大学
广西民族大学
西南交通大学
西南科技大学
西南民族大学
贵州民族学院
云南财经大学
云南民族大学
西北民族大学
扬州大学
甘肃政法学院
中国青年政治学院
广东外语外贸大学
中共中央党校
四川省社会科学院

2010 年第九批(1)

河海大学

2011 年服务国家特殊需求人才培养项目(2)

中央司法警官学院
山东政法学院

2014年第十一批(68)

本次新增专业学位授权审核方式改由各省级学位委员会和自主设置高校自行评审,国务院学位委员会审批,为历年新增法律硕士点最多的一次。

北京联合大学法学院
天津工业大学法学院
天津商业大学法学院
河北联合大学法学院
河北师范大学法学院
石家庄铁道大学法学院
燕山大学法学院
太原科技大学法学院
内蒙古科技大学法学院
大连海洋大学法学院
辽宁师范大学法学院
渤海大学法学院
吉林师范大学法学院
哈尔滨理工大学法学院
东北农业大学法学院
哈尔滨师范大学法学院
哈尔滨商业大学法学院
上海政法学院法学院
江苏师范大学法学院
浙江理工大学法学院
安徽师范大学法学院
福建师范大学法学院
东华理工大学法学院
江西理工大学法学院
青岛科技大学法学院
山东师范大学法学院
山东财经大学法学院
河南师范大学法学院
河南财经政法大学法学院
长江大学法学院
长沙理工大学法学院
湖南商学院法学院
广州大学法学院
桂林电子科技大学法学院
广西师范学院法学院
西南石油大学法学院
泸州医学院法学院
四川师范大学法学院
西华师范大学法学院
昆明理工大学法学院
云南师范大学法学院
西藏民族学院法学院
兰州理工大学法学院
西北师范大学法学院
石河子大学法学院
南京航空航天大学法学院
南京理工大学法学院
中国人民武装警察部队学院
中国农业大学法学院
中国传媒大学法学院
国际关系学院法学院
天津大学法学院
东北大学法学院
东北林业大学法学院
华东师范大学法学院
上海外国语大学法学院

中国矿业大学法学院
南京农业大学法学院
西南大学法学院
外交学院法学院
江苏大学法学院
南华大学法学院
江南大学法学院
合肥工业大学法学院
中国民航大学法学院
河北科技大学法学院
浙江工业大学法学院
重庆工商大学法学院

附录 2

法律硕士教育研究资料目录(1994－2015)

按:法律硕士教育研究资料广泛分布在法学或教育学领域的期刊、报纸和网络上,形式包括研究论文、学位论文、普通文章、评论、研究综述、新闻报导等。此处逐年汇集了法律硕士教育自创办以来的主要研究性或一般介绍性作品,不包括教育行政管理部门发布的各种相关文件、全国法律专业学位研究生教育指导委员会举办的年度法律硕士教育论坛上发表的论文、调研报告,以及公开发表的涉及法律硕士内容的一般法学教育类作品。尽管这些对研究法律硕士教育问题具有重要意义,但是限于篇幅,此处从略。

1996 年

王健:"中国的 J. D.? ——评'法律专业硕士学位教育'",载《比较法研究》1996 年第 2 期。

1998 年

李军、黄宝印:"适应依法治国的需要,大力发展法律硕士专业学位研究生教育",载《学位与研究生教育》1998 年第 4 期。

孙燕:"公安系统在职干部进行研究生教育的发展方向——在职攻读法律硕士专业学位",载《公安教育》1998 年第 3 期。

1999 年

刘彤:"法律硕士专业学位教育及其完善——兼与美国 JD 教育制度比较",载《河南教育学院学报(哲学社会科学版)》1999 年第 3 期。

2000 年

石静遐:"全国法律硕士专业学位研究生案例教学法研讨会综述",载《对外经济贸易大学学报》2000 年第 1 期。

2001 年

周宸立:"21 世纪台湾法学教育之新趋势——法硕乙",载《法学家》2001 年第 2 期。

樊军、程瑛:“对我国法律硕士教育的思考”,载《北京成人教育》2001年第9期。

2002年

曾宪义:“法律硕士专业学位教育的创见与发展”,载《学位与研究生教育》2002年第1期。

霍宪丹:“让法律硕士(JM)教育成为法律教育的主渠道”,载《中国高等教育》2002年第1期。

“全国JM(法律硕士专业)教育论坛在杭州召开”,载《中国律师》2002年第5期。

霍宪丹:“JM教育——依法治国的人才库”,载《中国律师》2002年第7期。

霍宪丹:“中国法律硕士专业学位(JM)教育的探索与改革”,载《中国律师》2002年第7期。

何勤华、张传:“从发达国家的法学教育看中国法律硕士的培养”,载《学位与研究生教育》2002年第12期

全国法律硕士专业学位教育指导委员会秘书处组编:《中国法律硕士专业学位教育的实践与探索》(霍宪丹主编),法律出版社2002年版。

2003年

王晨光、李红:“在职法律硕士专业学位教育管理探索”,载《清华大学教育研究》2003年第5期。

2004年

李红:“谈法律硕士专业学位研究生培养”,载《学位与研究生教育》2004年第1期。

王琪:“法律硕士专业学位研究生教学方法改革初探”,载《黑龙江省政法管理干部学院学报》2004年第3期。

王琪、董玉庭:“法律硕士培养目标及相关问题分析”,载《黑龙江教育学院学报》2004年第4期。

齐天宇:“开展法律硕士教育初探”,载《教育与职业》2004年第5期。

夏薇、张秀萍:“我国JM教育与美国JD教育比较”,载《理工高教研究》2004年第12期。

2005年

李明发、汪兴海:“法律硕士课题体系建设探究”,载《学位与研究生教育》2005年第1期。

王民:“论法律硕士专业课程设置之变革”,载《中国法学教育研究》2005年第1期。

张传:“论法律硕士培养中诊所法律教育体系建设”,载《江淮论坛》2005年第2期。

霍宪丹:“法律硕士教育定位的背景和基础”,载《华东政法学院学报》2005年第3期。

王健:“法律硕士教育的性质”,载《华东政法学院学报》2005年第3期。

戴莹:“法学硕士和法律硕士培养方式之比较”,载《华东政法学院学报》2005年第3期。

夏薇、张秀萍:“中国JM教育与美国JD教育比较及其借鉴”,载《北京航空航天大学学报》(社会科学版)2005年第3期。

刘恒:“中国法律硕士培养模式的思考”,载《中山大学学报》(社会科学版)2005年第4期。

江小荃:“法律硕士教育反思”,载《山东省农业管理干部学院学报》2005年第5期。

姜朋:“现实与理想:中国法律硕士专业学位教育”,载《中外法学》2005年第6期。

乔玉君:“法律硕士:造就优秀律师的摇篮”,载《中国律师》2005年第6期。

贾玉:“关于法律硕士培养的若干建议”,载《学位与研究生教育》2005年第12期。

2006年

霍宪丹、孙笑侠:“中国法律硕士教育研究——JM教育培养目标、要求、课程与论文改革研究报告”,载《清华法学》(第9辑),清华大学出版社2006年版。

赵万一:“论我国法律硕士教育改革的基本理念和思路”,载《学位与研究生教育》2006年第3期。

孙园植:“法律硕士入学考试的缘起”,载《中国法学教育研究》2006年第4期。

方流芳:“法律硕士(JM)入学考试评析和改革思路”,载《中国法学教育研究》2006年第4期。

黄华生、易有禄:“财经院校法律硕士教育发展之路——以江西财经大学法律硕士教育为例”,载《中国法学教育研究》2006年第4期。

朱春霞:“法律硕士培养与跨学科研究生教育发展研究”,载《高教论坛》2006年第5期。

董士忠:“法律硕士教育现存问题探析”,载《学位与研究生教育》2006年第5期。

何跃春:“对当前我国法律硕士教育的思考”,载《中国高教研究》2006年第5期。

2007年

方流芳:“法律硕士教育面临的三个问题”,载《中国政法大学学报》2007年第1期。

何建辉:“论法律硕士的‘合法性’”,载《渭南师范学院学报》2007年第1期。

郎爽、吴令伟:“法律硕士专业学位教育中的现存问题及解决建议”,载《黑龙江政法管理干部学院学报》2007年第1期。

张学龙:“采取有效措施,确保法律硕士专业学位研究生培养质量”,载《法制与社会》2007年第1期。

崔玉华:“我国法律硕士(JM)培养中存在的问题及建议”,载《鲁东大学学报》(哲学社会科学版)2007年第3期。

吕欣、王庆海:“法律硕士论文写作中的问题及解决”,载《当代法学》2007年第4期。

王健:“中国法律硕士教育的创办、发展与成就:1996 - 2006”,载《法制与社会发展》2007年第5期。

李勤:“刍议我国法律硕士教育的完善”,载《法制与社会》2007年第5期。

姜红仁:“法律硕士教育中几个关系的理论探讨”,载《黑龙江高教研究》2007年第6期。

郝晓明:“法律硕士专业学位研究生培养的实践与探索”,载《法学家》2007年第6期。

周涛:“法律硕士专业学位教育的问题与建议”,载《现代企业教育》2007年第6期下。

姜红仁:“对实现法律硕士(JM)培养目标的思考”,载《北京理工大学学报》(社会科学版)2007年第6期。

王健:“法律硕士(JM)学位论文规范化探究”,载里赞主编:《望江法学》2007年冬季号总第一期,法律出版社2007年12月。

2008年

张德瑞:“回顾、反思与改造——中国法律硕士教育历程之检视”,载《郑州大学学报》(哲学社会科学版)2008年第1期。

郭洁:“在职法律硕士的培养目标与课程设计的原则”,载《中国法学教育研究》2008年第1期。

胡加祥:“法学硕士研究化,法律硕士专门化——我国法学专业研究生培养模式刍议”,载《学位与研究生教育》2008年第2期。

付春杨:“在理想与现实之间——从问卷调查看法律硕士教育存在的问题”,载《学位与研究生教育》2008年第2期。

李伟:“法律硕士入学考试制度的剖析与完善”,载《中国高教研究》2008年第2期。

何建辉:“法律硕士与法律职业的对接——兼及法律硕士培养模式的完善”,载《河南社会科学》2008年第4期。

游钰:“在职法律硕士培养目标的实现与课程体系建设”,载《长江大学学报》(社会科学版)2008年第4期。

朱立恒:“论法律硕士专业学位教育的现状与改革”,载《河北法学》2008年第5期。

姜红仁:“把握法律硕士培养质量的三个关键环节”,载《江西金融职业大学学报》2008年第5期。

霍宪丹:“中国法律硕士专业学位教育制度的实践与反思”,载《河南省政法管理干部学院学报》2008年第5期。

强昌文:“联考法律硕士教育存在的问题与对策探析——从安徽大学法律硕士教学实践谈起”,载《安徽大学法律评论》2008年第1辑(总第14辑),安徽大学出版社2008年8月。

廖永安等课题组:“落实法律硕士实务型人才培养目标之我见”,载《湘潭师范学院学报》(社会科学版)2008年第5期。

何灵巧:“法律硕士信息素质教育研究”,载《图书情报工作》2008年第11期。

王春婕:“中国法律硕士教育:实践、问题与建议”,载《中国成人教育》2008年第11期。

2009年

王健:“举办法律硕士教育应注意的几个问题”,载《甘肃政法学院学报》2009年第1期。

刘艳芳:“论我国法律硕士的职业化教育改革”,载《安徽农业大学学报(社会科学版)》2009年第1期。

邢钢:“我国法律硕士研究生教育的科学发展观”,载《学位与研究生教育》2009年第3期。

韩文生:“法律硕士研究生思想政治工作中存在的问题与对策”,载《中国法学教育研究》2009年第3期。

强梅梅:“我国法学专业硕士研究生培养现状的分析与思考——从法学硕士与法律硕士的比较切入”,载《中国法学教育研究》2009年第4期。

王云霞:“论法律硕士培养目标的实现——兼谈研究生教育中应用型人才培养”,载《知识经济》2009年第3期。

王民:“回顾与再思考:中国政法大学法律硕士教育观察”,载《政法论坛》2009年第4期。

陈学权:“我国法律硕士专业学位教育之改革”,载《现代教育科学》2009年第4期。

周海玲:“关于法律硕士专业教育的若干思考”,载《河南职业技术师范学院学报》(职业教育版)2009年第4期。

王健:“法律硕士教育制度的改革与发展:一个政策分析”,载《政法论坛》2009年第5期。

陈宗波、周世中:“在职法律硕士专业学位研究生培养若干前置问题探究”,载《社会科学家》2009年第8期。

陈宗波:“论判解研究法在在职法律硕士教学中的应用”,载《高教论坛》2009年第10期。

2010年

罗霄、赵卢伟:“浅析全日制法律硕士的就业现状与就业指导策略——以复旦大学法律硕士为例”,载《江苏教育学院学报》(社会科学)2010年第1期。

丁国峰:“法律硕士教育中存在的若干问题和改进办法”,载《牡丹江教育学院学报》2010年第2期。

强昌文:“全日制法律硕士教育改革基本思路”,载《江淮论坛》2010年第2期。

冀祥德、王崇华:“规范与特色:中国法本法硕培养反思”,载《西部法学评论》2010 年第 4 期。

饶艾、易明:“‘Seminar’抑或‘法律诊所’——我国法律硕士教学模式选择”,载《西南交通大学学报》(社会科学版)2010 年第 4 期。

黄晓亮、王嘉伟:“反思法律硕士教育的定位与模式——以法律硕士学位论文为视角的分析”,载《中国法学教育研究》2010 年第 4 期。

刘纹静、刘新凯:“我国法律硕士教育的现实困境及相应对策探讨”,载《中国法学教育研究》2010 年第 4 期。

郝振江:“日本法科大学院制度的功能定位及对我国法律硕士教育的启示”,载《周口师范学院学报》2010 年第 4 期。

史凤林、王继军、王淑娟:“法律硕士专业教育的特色与建设”,载《三晋法学》2010 年第 5 期。

王健:“招生政策调整与法律硕士教育面临的新挑战”,载《南京大学法律评论》2010 年春季卷。

董锟:“对法律硕士定位的思考——记一次遗憾的面试经历”,载《中国研究生》2010 年第 7 期。

李刚:“论法律硕士培养中的中国法制史教学”,载《南方论刊》2010 年第 7 期。

林泰、黎学基:“中国法律硕士教育目前存在的问题及对策”,载《黑龙江高教研究》2010 年第 8 期。

彭磊、杨军:“法律硕士菜单式培养模式研究”,载《湖北经济学院学报》(人文社会科学版)2010 年第 9 期。

吴英姿:“‘法本法硕’与法学人才培养模式改革”,载《教育与现代化》2010 年第 9 期。

徐建平:“法律硕士专业学位研究生人才培养创新机制初探——以云南大学为例”,载《黑龙江省政法管理干部学院学报》2010 年第 9 期。

李新权:“关于公安院校法律硕士人才培养的思考和认识”,载《公安教育》2010 年第 10 期

黄振中:“律师职业的理想与现实:关于法律硕士研究生对律师职业选择的调查思考”,载《中国律师》2010 年第 11 期。

韩文生:“关于法律硕士研究生(法学)培养的思考和建议”,载《中国法学教育研究》2010 年第 1 辑。

陈晴、泽朗初:“我国应用型硕士研究生培养模式探究——以法律硕士培养为例”,载《三峡大学学报》(人文社会科学版)2010 年第 32 卷增刊。

2011年

蔡立东、吕欣:“法律硕士专业学位培养方式新探”,载《高教研究与实践》2011年第1期。

韩文生:“法律硕士研究生就业状况及相关分析”,载《中国法学教育研究》2011年第1期。

张东海、陈曦:“研究型大学全日制专业学位研究生培养状况调查研究”,载《高等教育研究》2011年第2期。

冀祥德、李庆明:“诊所法律教育:中国法律硕士培养制度改革的基本方向”,载《法学杂志》2011年第2期。

魏阳、叶火杰:“诊所法律教育在法律硕士培养中的应用探析”,载《宁夏社会科学》2011年第2期。

蒋雪岩、史书鸣:“中国法律硕士教育的检视与改革——论JM教育及其‘法本法硕’培养模式与机制的构建”,载《黄冈师范学院学报》2011年第2期。

胡弘弘、王丹丹:“法律硕士(法学)专业教学方式的创新研究”,载《中国法学教育研究》2011年第3期。

王璟:“法律硕士(法学)专业学位研究生培养机制的问题和对策”,载《科学与管理》2011年第3期。

徐建平:“完善在职法律硕士人才培养工作对策研究”,载《云南大学学报》(法学版)2011年第5期。

包万平、李金波:“全日制法律硕士(法学)人才培养的问题与对策”,载《研究生教育研究》2011年第6期。

李雪:“困境与反思——起步中的法律硕士(法学)”,载《中国研究生》2011年第6期。

史凤林、郭晓娟、贾素霞:“法律硕士教育制度的反思与理念创新”,载《三晋法学》2011年第6期。

王满生、谷声燕:“法学硕士与法律硕士同质化问题及其改革思路”,载《高教论坛》2011年第9期。

胡弘弘、谭中平:“法律硕士(法学)研究生的培养目标与定位”,载《中国高教研究》2011年第11期。

杨佶、唐唯嘉:“法学硕士与法律硕士培养模式比较研究”,载《教学研究》2011年第11期。

洪小潞:“法律硕士专业学位培养模式调查报告”,载《出国与就业》(就业版)2011年第14期。

李轩:"'法律硕士(法学)'教育模式之弊与法学教育改革",载《安徽大学法律评论》2011年第1辑。

安徽大学法学院:"安徽大学法律硕士专业学位研究生教育改革:经验、思路与举措",载《安徽大学法律评论》2011年第1辑。

仇晓光、王双玉:"法学教育教学改革问题探讨——以法律硕士教育为中心的研究",载《科教文汇》2011年5月(中旬刊)。

李培锋:"论法律硕士教育超越美国JD模式的发展思路",载刘仁山主编《法学教育反思录》,北京大学出版社2011年版。

2012年

万猛、李晓辉:"法律硕士教育:全球发展与中国展望",载《中国大学教学》2012年第1期。

杨晓凤:"法律硕士(法学)的培养模式研究",载《法制与经济》2012年第1期。

任楷、张希华:"论我国知识产权法律硕士的培养",载《科教导刊》2012年1月(上)。

章晓莉:"法律硕士专业学位研究生教育多元化交互式教学模式研究",载《文教资料》2012年1月号中旬刊。

史凤林、刘倩、王飞飞:"研究生教育的转型与法律硕士教育的理念创新",载《山西大学学报》(哲学社会科学版)2012年第2期。

黄振中:"'双导师制'在法律硕士教学与培养中的完善与推广",载《中国大学教学》2012年第2期。

韩文生:"关于法律硕士专业学位研究生培养的思考与建议——以中国政法大学法硕培养为例",载《中国法学教育研究》2012年第2期。

黄先雄:"'卓越法律人才教育培养计划'下法硕教育的实践与反思",载《现代大学教育》2012年第2期。

谭万霞:"法律硕士教育质量评价体系之构建",载《高教研究与实践》2012年第3期。

张大海:"论法律硕士教育对传统法学教育的影响",载《郧阳师范高等专科学校学报》2012年第3期。

史凤林、王飞飞、刘倩:"法律硕士教育的定位与培养模式的创新",载《吉林教育》2012年第4期。

夏扬:"法律英语在法律硕士专业学位教育中的定位与教学组织",载《研究生教育研究》2012年第4期。

张曼、王思锋:"法律硕士专业学位人才培养机制改革",载《教育评论》2012年第4期。

李燕、王路:"研究生教育转型发展背景下法律硕士教育改革思考",载《西南政法大学学报》2012年第4期。

杨佶、唐唯嘉:“研究生教育转型发展与西部高校法律硕士培养模式改革”,载《新课程研究》2012年4月(中旬)总第255期。

冀祥德:“论中国法科研究生培养模式转型之必要——从以培养法学硕士为主转向以法律硕士为主”,载《环球法律评论》2012年第5期。

李立景:“民族性、区域性、国际型——民族院校法律硕士培养三位一体模式创新初探”,载《大学教育》2012年第6期。

胡莹、赵坚:“硕士专业学位论文的基本要求及评价——以上海法律硕士等类别评价指标体系研制为例”,载《研究生教育研究》2012年第6期。

孙爽:“贵州大学法律硕士教育方法改革初探”,载《商品与质量》2012年6月刊。

蒋鹏飞:“财经院校法律硕士学科建设刍议”,载《湖北第二师范学院学报》2012年第7期。

陈芳烁:“我国全日制法律硕士的历史、现状、问题”,载《法制与社会》2012年8月。

张娟娟:“媒体英语素材在法律硕士专业英语教学应用中的探究”,载《中国报业》2012年9月(下)。

唐潇潇:“试论法律硕士专业学位教育制度发展的制约因素及其突破——基于法律硕士招生、培养和就业的思考”,载《长江师范学院学报》2012年第8期。

章晓莉:“法律硕士专业学位职业化培养方式新探”,载《理论视野》2012年第12期。

李玉虎:“我国法律硕士专业研究生教育的目标定位及其改进途径”,载《法学教育研究》(第6卷),法律出版社2012年版。

王健:“法律硕士研究生招生工作的组织与实施”,载《法学教育研究》(第7卷),法律出版社2012年版。

2013年

刘志刚、宋伟卫、丁玉玲:“法学教育的转型与法律硕士专业学位研究生培养模式的探索”,载《研究生教育研究》2013年1期。

李飞、嵇海霞:“‘法本法硕’教育改革的基本思路”,载《研究生教育研究》2013年第2期。

郑毅、李苗苗:“我国法律硕士教育制度若干问题刍议”,载《教育与考试》2013年第2期。

李燕:“论法律硕士培养之基本教学手段与现代教育技术的结合”,载《广西政法管理干部学院学报》2013年第2期。

周佳丽、廖兴界:“浅析行动学习法在在职法律硕士培养中的应用”,载《高等教育研究》

2013 年第 3 期。

董邦俊、刘奕志:“论我国法律硕士教育之改进——基于对法律硕士生(非法学)实证考察的分析”,载《江西科技师范大学学报》2013 年第 4 期。

李德进:“法律硕士如何提高就业率”,载《湖北广播电视大学学报》2013 年第 5 期。

袁碧华:“法律硕士考核标准的反思与重构”,载《高教探索》2013 年第 5 期。

刘丽:“‘国际化’背景下我国职业化法律硕士培养的改革”,载《当代教育理论与实践》2013 年第 6 期。

欧福乐:“全日制法律硕士(非法学)专业学位的课题体系建设”,载《时代法学》2013 年第 6 期。

薛源:“中国法硕士项目的困境及发展对策研究”,载《研究生教育研究》2013 年第 6 期。

冯辉、张妍、焦楠:“关于提升法律硕士学位论文写作质量的研究报告——以‘学位论文工作坊’为中心”,载《青年与社会》2013 年第 7 期。

哈书菊:“论法律硕士实践性教学基地建设”,载《继续教育研究》2013 年第 10 期。

邓海峰、魏晶:“锻造‘顶天立地’的精英型法律实务人才——清华大学全日制法律硕士研究生教育综合改革与创新”,载《学位与研究生教育》2013 年第 12 期。

刘雪斌:“高校人权教育和培训模式的新尝试——吉林大学法律硕士(非法学)人权与社会公益法务项目方向简介”,载《中国人权评论》2013 年第 1 辑。

李勇军、陈松涛:“试论法律硕士研究生教材的建设与使用”,载《中国法学教育研究》2013 年第 4 辑。

金福海、范李瑛、于永芹、刘经靖、郭静:“改革法律硕士(法学)教育培养制度的思考”,载《科教导刊》2013 年 5 月(上)。

杨婵、谷萍:“学位档案管理为法律硕士教育发展服务的探索”,载《兰台世界》2013 年 7 月中旬。

翁里、李洋:“法律硕士专业学位研究生培养机制改革初探——以浙江大学法律硕士培养为视角”,载《现代企业教育》2013 年 8 月(下期)。

郭德香:“我国法律硕士教育的现状及其改革研究”,载《教育与职业》2013 年 11 月下第 33 期。

2014 年

陈学权:“批判性思维教学在我国法律硕士教育中的误用及矫正”,载《研究生教育研究》2014 年第 2 期。

刘勇:“论法律硕士专业学位入学考试制度的完善”,载《研究生教育研究》2014 年第 3 期。

杨忠孝:“法律硕士专业学位实践基地建设的路径选择”,载《上海教育评估研究》2014年第3期。

刘月凤:“以就业为导向对法律硕士培养模式的思考”,载《高等教育》2014年第4期。

张林鸿、宁立标:“论在职法律硕士研究生招生制度的改革”,载《教育文化论坛》2014年第4期。

付子堂、李燕:“论法律硕士教育与职业资格考试衔接机制”,载《西南政法大学学报》2014年第5期。

戴一飞:“法律硕士联考二十年:制度回顾与政策反思”,载《政法论坛》2014年第6期。

刘俊敏、江晓双:“法律硕士人才培养困境及其破解——以上海大学全日制法律硕士(非法学)为例”,载《长春理工大学学报》(社会科学版)2014年第6期。

常安、孙森淼:“法律硕士(法学)培养模式探析”,载《云南大学学报》(法学版)2014年第6期。

姚显森:“法律硕士专业学位教育中‘诊所模式’的功能优势及实现路径”,载《公民与法》2014年第6期。

夏扬:“中国法硕士对外学历教育的困惑与出路”,载《学位与研究生教育》2014年第7期。

张洪成、黄瑛琦:“全日制法律硕士研究生课程体系和教学方法改革探索”,载《学位与研究生教育》2014年第10期。

任瑞兴:“论我国法律硕士教育中的法学知识类型”,载《公民与法》2014年第10期。

夏新华、朱伟涛:“法律硕士实践教学的改革与创新”,载《当代教育理论与实践》2014年第12期。

韩文生:“法律硕士研究生培养模式探讨”,载《中国法学教育研究》2014年第2辑。

黄志勇、符龙龙:“推行双导师制、构建法律硕士教育特色”,载《前沿》2014年5月号(总第359、360期)。

王浩:“法律硕士教育培养模式的改革与思考——武汉大学法律硕士培养创新思路介绍”,载《经营管理者》2014年12月上期。

吴情树:“论在职法律硕士学位论文的写作与指导”,载《法学教育研究》(第11卷),法律出版社2014年版。

2015年

王健:“在职法律硕士研究生招录工作的现状、问题与对策”,载《研究生教育研究》2015年第1期。

刘磊:“法学研究生与导师比例失衡问题研究——基于法律硕士招生的实证考察”,载

《江汉大学学报》(社会科学版)2015年第1期。

"法律硕士(法学)专业研究生培养模式的问题与对策",载《理论观察》2015年第2期。

何潇:"法律硕士专业学位研究生双导师机制研究",载《高教学刊》2015年第3期。

张义祥、戴菲:"法律硕士'双导师'培养模式研究",载《法制与社会》2015年第4期。

学位论文

聂其苗:"论我国法律硕士教育的现状与改革",首都师范大学课程与教学论专业2005年硕士学位论文。

李野:"我国法律硕士教育的困境与出路",黑龙江大学2006年法律硕士学位论文。

何跃春:"中国法律硕士培养机制研究",湖南大学2007年法律硕士学位论文。

林剑:"我国法律硕士诊所式教育探讨",兰州大学2008年法律硕士学位论文。

张博琦:"全日制法律硕士模拟法庭课程规范研究",大连海事大学2009年法律硕士学位论文。

王彦:"法律硕士教育改革的对策",首都师范大学2009年硕士学位论文。

赵永艳:"对大学生群体'考公务员热'现象的社会学分析——以X大学法硕专业学生为例",吉林大学社会学专业2009年硕士学位论文。

何洪奇:"法律硕士实践教学研究——以我国西南地区部分法硕培养单位实践教学为视角",广西师范大学2011年法律硕士学位论文。

曾晖:"法律硕士职业化培养问题研究",南京师范大学2011年法律硕士学位论文。

徐希磊:"法律硕士就业结构调查与分析——以南方某大学为例",广西师范大学2012年法律硕士学位论文。

马峥:"法律硕士研究生就业结构的调查与研究——以南方D大学为例",广西师范大学2012年法律硕士学位论文。

王飞飞:"法律硕士应用型人才结构要素的实证分析",山西大学2012年法律硕士学位论文。

王璟:"高层次应用型法律人才培养模式探究——中国法律硕士(JM)教育的改革与发展",南京理工大学高等教育专业2012年硕士学位论文。

陈志新:"论中国法律硕士的诊所法律教育",吉林大学法学2012年法律硕士学位论文。

马晴雪:"全日制法律硕士教育实践的研究——兼论安徽大学法律硕士教育",安徽大学2012年法律硕士学位论文。

韩学辉:"议法律硕士教学方法的完善",兰州大学2012年法律硕士学位论文。

龙伟林:"法律硕士实践课程规范化研究——以贵州省法律硕士实践课程为例",贵州师范大学课程与教学论专业2014年硕士学位论文。

报纸与信息

秉直:“国务院学位办公室在中国人民大学召开设置‘法律专业硕士学位’研讨会”,载《法学家》“法学信息”1994年第3期。

郑文:“加快培养高层次复合型应用型法律人才”,载《法制日报》2000年6月23日。

张硕:“法学硕士和法律硕士的本质区别”,载《中国成人教育信息报》2000年12月28日。

李丽萍:“明年法律硕士报考人数激增”,载《中国青年报》2000年12月13日。

计科宪:“‘法律硕士’招生之忧”,载《现代教育报》2004年1月7日。

焦庆乐:“法律硕士教育广受关注 我国现有法律硕士8848人”,载《法制日报》2004年6月17日。

梁捷:“全国法律硕士专业学位教育指导委员会提出 扩大法硕招生 培养高质量人才”,载《光明日报》2004年6月20日。

庄亦正、于宜辉:“法院实施五年人才规划 法官本科学历占85%,又有百余人攻读‘法律硕士学位班’”,载《无锡日报》2005年6月6日。

“哪些院校招收法硕、MBA、教育硕士?”,载《中国教育报》2005年9月29日。

邱春艳:“法律硕士教育10年之争”,载《法制早报》2006年12月4日。

葛修院、张树春:“我省成立法律硕士教育中心 填补我省研究生教育领域的一项空白”,载《河北日报》2006年5月15日。

刘俊、徐金余:“扬州广陵区委大力支持法官职业化建设 法院26名干警攻读法律硕士”,载《江苏法制报》2006年3月14日。

郝晓明:“报考法硕不可忽视的三个问题”,载《中国教育报》2007年10月24日。

李海英:“2008年全国研究生招生政策变化不大 沈阳三所高校可招收法律硕士”,载《辽宁日报》2007年9月18日。

粘怡佳:“简析法律硕士就业现状及其对复合型人才培养的启示”,载《中国大学生就业》2007年7月10日。

“培养更多高层次法律人才 汕头29名学生获得复旦法律硕士学位”,载《汕头日报》2009年3月28日。

王丽丽:“高检院公诉厅联手知名高校合力培养公诉精英 2015年‘高端公诉人才法硕班’有望超百人”,载《检察日报》2013年10月14日。

吴情树:“在职法律硕士教育的思考”,载《法制日报》2014年11月12日。

图书在版编目（CIP）数据

高级法律职业人才培养之路/王健著. —北京：法律出版社，2015. 12
ISBN 978 -7 -5118 -9000 -9

Ⅰ. ①高… Ⅱ. ①王… Ⅲ. ①法律—人才培养—研究—中国 Ⅳ. ①D926. 174

中国版本图书馆 CIP 数据核字（2015）第 320210 号

责任编辑/徐 蕊 **装帧设计**/凌点工作室

出版/法律出版社 **编辑统筹**/法律教育出版分社
总发行/中国法律图书有限公司 **经销**/新华书店
印刷/北京嘉恒彩色印刷有限责任公司 **责任印制**/沙 磊

开本/710 毫米×1000 毫米 1/16 **印张**/26 **字数**/390 千
版本/2015 年 12 月第 1 版 **印次**/2015 年 12 月第 1 次印刷

法律出版社/北京市丰台区莲花池西里 7 号（100073）
电子邮件/info@ lawpress. com. cn **销售热线**/010 - 63939792/9779
网址/www. lawpress. com. cn **咨询电话**/010 - 63939796

中国法律图书有限公司/北京市丰台区莲花池西里 7 号（100073）
全国各地中法图分、子公司电话：
第一法律书店/010 - 63939781/9782 **西安分公司**/029 - 85388843 **重庆公司**/023 - 65382816/2908
上海公司/021 - 62071010/1636 **北京分公司**/010 - 62534456 **深圳公司**/0755 - 83072995

书号：ISBN 978 - 7 - 5118 - 9000 - 9 **定价：**59. 00 元